Heino Gehrts

Justinus Kerner und die Zeit der Aufklärung

Herausgegeben von Heiko Fritz

IGEL VERLAG

HAMBURG

Schriften zur Märchen-, Mythen- und Sagenforschung Band 2

Gesammelte Aufsätze 2

Heino Gehrts

Justinus Kerner
und die Zeit der Aufklärung

Herausgegeben von Heiko Fritz

Mit einem Vorwort von Uwe Schellinger und Sven Gallinat

Schriften zur Märchen-, Mythen- und Sagenforschung Band 2

Gesammelte Aufsätze 2

LITERATURWISSENSCHAFT

Heino Gehrts

Justinus Kerner und die Zeit der Aufklärung

Herausgegeben von Heiko Fritz

Schriften zur Märchen-, Mythen- und Sagenforschung Band 2, Gesammelte Aufsätze 2

1. Auflage 2015

ISBN 978-3-86815-700-0

Coverbild: pixabay.com

© IGEL Verlag *Literatur & Wissenschaft*, Hamburg 2015

www.igelverlag.com

Igel Verlag Literatur & Wissenschaft ist ein Imprint der Diplomica Verlag GmbH

Hermannstal 119 k, 22119 Hamburg

Printed in Germany

Die Deutsche Bibliothek verzeichnet diesen Titel in der Deutschen Nationalbibliografie.

Bibliografische Daten sind unter http://dnb.d-nb.de verfügbar.

Uwe Schellinger und Sven Gallinat

Schamanen, Spuk und Zaubermärchen: Biographie und Nachlaß des wissenschaftlichen Grenzgängers Heino Gehrts

Der Philosoph und Germanist Heino Gehrts (1913–1998) war ein Privatgelehrter, der sich mit eigenständigen Denkansätzen einer ganzen Reihe von
Forschungsbereichen zugewandt hat, die nicht unbedingt im Zentrum des
hegemonialen Wissenschaftsbetriebes stehen. Diese Position als wissenschaftlicher Grenzgänger dürfte mit dazu beigetragen haben, daß seine wissenschaftliche Lebensleistung lange Jahre weitgehend unbekannt geblieben
ist und letztlich nur von wenigen rezipiert wurde.

Zwischen 1954 und 1998 hat Heino Gehrts über 70 Publikationen (Aufsätze, Monographien, Herausgeberschaften) zu mehreren Forschungsfeldern
vorgelegt, zahlreiche Vorträge gehalten und einen umfangreichen inhaltli-
chen Austausch mit Kolleginnen und Kollegen sowie mit Bekannten und
Freunden gepflegt.

Über 15 Jahre nach seinem Tod scheint nun allmählich eine ernsthafte
Beschäftigung mit dem Gesamtwerk von Heino Gehrts in Gang zu kommen,
um dieses für aktuelle Debatten fruchtbar zu machen.[1] Eine Analyse seiner
zwischen 1954 und 1998 publizierten Arbeiten, die Gehrts als „Erscheinungs-
forscher" in der Tradition des Philosophen Ludwig Klages[2], als Erforscher
von Symbolen, Märchen, Mythen und Ritualen, als Völkerkundler und als
Schamanismusforscher sowie als Erforscher mediumistischer und somnambuler Phänomene zeigen, muß aktuell als ebenso dringende wie erfolgver-
sprechende Forschungsaufgabe angesehen werden. Dabei ist zu erwarten, daß
die vielfältigen Inhalte seines überlieferten und mittlerweile erschlossenen
wissenschaftlichen Nachlasses für die Rezeption des Werks von Heino
Gehrts bedeutsame Hintergrundinformationen bereithalten.

---

[1] Vgl. Heiko Fritz: Heino Gehrts – ein Märchen-, Mythen- und Sagenforscher für die Gegenwart, in: ders. (Hrsg.): Heino Gehrts: Schriften zur Märchen-, Mythen- und Sagenforschung.
Gesammelte Aufsätze 1: Aspekte der Märchenforschung, Hamburg 2014, S. 5–29.

[2] Das wissenschaftliche Werk von Heino Gehrts ist im Wesentlichen vor dem Hintergrund der
so genannten „Erscheinungswissenschaft" des Philosophen Klages zu lesen. Vgl. hierzu
Reinhard Falter: Ludwig Klages. Lebensphilosophie als Zivilisationskritik, München 2003,
S. 11 u. 40–42.

Der Nachlaß Heino Gehrts: Bestandsgeschichte

Große Teile des wissenschaftlichen Nachlasses von Heino Gehrts werden seit 2005 (mit verschiedenen Nachträgen 2013) im Archiv des Instituts für Grenzgebiete der Psychologie und Psychohygiene e.v. (IGPP) in Freiburg i.Br. aufbewahrt.[3]

In seinen zahlreichen Publikationen und Vorträgen hat Gehrts viele der klassischen Themenbereiche des verwahrenden Instituts (IGPP) in direkter Weise berührt.[4] Bis 1993 stand Gehrts auch persönlich immer wieder in Kontakt zum IGPP.[5]

Insofern wurde der Aufbewahrungsort seines Nachlasses von den Angehörigen in durchaus bewußter Weise ausgewählt.

Mehrere Publikationen von Gehrts befassen sich mit Fällen von Somnambulismus und Besessenheit in der ersten Hälfte des 19. Jahrhunderts, darunter auch einschlägige und einflußreiche Arbeiten zu Justinus Kerner und dessen Umfeld, sowie – wohl am bedeutendsten – zum berühmt gewordenen Fall des „Mädchens von Orlach", der vermeintlich „besessenen" Magdalena Gronbach.[6] Weitere Schwerpunkte seiner Studien, die sich auch im vorliegenden Nachlaß widerspiegeln, bildeten die Märchen-, Mythen- und Sagenforschung, damit verbunden die Erforschung von Schamanismus und der Wirkungsweise bzw. Bedeutung von Ritualen und Symbolen.

---

[3] Zu diesem Archiv (im Folgenden: IGPP-Archiv) siehe Eberhard Bauer: Patrolling the Borders. An Overview of the Library Holdings and Archival Collections of the Institute for Border Areas of Psychology and Mental Health, in: Paranormal Review 72 (2014) 18f; Achim R. Baumgarten: Unbekannte Archive: Archiv des „Instituts für Grenzgebiete der Psychologie und Psychohygiene e.V.", in: Mitteilungen aus dem Bundesarchiv 11 (2003) Nr. 3, S. 81f; Uwe Schellinger: Das Archiv des „Instituts für Grenzgebiete der Psychologie und Psychohygiene e.V." in Freiburg: Prämissen, Probleme und Perspektiven [42 Absätze], in: Forum Qualitative Sozialforschung [online Journal], 1 (2000) 3 (online-Journal]; Uwe Schellinger: Kaum zu fassen: Die spezifische Problematik der historischen Überlieferung paranormaler Erfahrungen im 20. Jahrhundert, in: Zeitschrift für Anomalistik 11 (2011) Nr. 1+2+3, S. 166–196.

[4] Vgl. die Publikationen bis 1988 in Wolfgang Giegerich: Bibliographie Heino Gehrts, in: Gorgo. Zeitschrift für archetypische Psychologie und bildhaftes Denken 15 (1988), S. 59–62; weiterhin die Bibliographie (bis 1991) in Heino Gehrts: Von der Wirklichkeit der Märchen, Regensburg 1992, S. 165–167. Eine ergänzte und erweiterte Bibliographie wurde im Zuge der Nachlaßerschließung von den Bearbeitern erstellt.

[5] Insbesondere in Person des IGPP-Mitarbeiters Eberhard Bauer. Vgl. IGPP-Archiv, 10/40: Personenakten/26 (noch unverzeichnet).

[6] Heino Gehrts: Das Mädchen von Orlach. Erlebnisse einer Besessenen, Stuttgart 1966.

6

Der promovierte Philosoph Gehrts bewegte sich während seiner Schaffenszeit zwischen 1947 und 1998 fast ausschließlich im außerakademischen Raum. Den institutionellen Rahmen seines Schaffens boten stattdessen verschiedene kulturwissenschaftliche Vereinigungen und Gesellschaften, wie die „Klages-Gesellschaft", die „Europäische Märchengesellschaft", die „Gesellschaft für wissenschaftliche Symbolforschung oder etwa der „Forschungskreis Externsteine" um Walter Machalett.

Mit dem Institut für Grenzgebiete der Psychologie und Psychohygiene e.V. in Freiburg (IGPP) bzw. dessen Direktor Hans Bender (1907–1991) stand Heino Gehrts seit 1960 in Kontakt. Anfänglich tauschte man sich über den von Gehrts eingehender untersuchten und gedeuteten „Spukfall Kornitzky" in Berlin sowie über den Fall des „Mädchens von Orlach" aus.[7] Schon 1961/1962 publizierte Gehrts dann in der institutsnahen Zeitschrift „Neue Wissenschaft" über Justinus Kerner.[8] Weiterhin hatte sich Professor Bender während des Entstehungsprozesses der Monographie „Das Mädchen von Orlach" (1966) die Zeit genommen, das Buchmanuskript durchzulesen und eine Veröffentlichung befürwortet.[9] 1989 veröffentlichte Gehrts dann noch einmal in der Institutszeitschrift „Zeitschrift für Parapsychologie und Grenzgebiete der Psychologie" einen Beitrag über Leben und Werk Justinus Kerners.[10]

Schon bald nach dem Tod von Gehrts im Oktober 1998 kam es zwischen seiner Witwe, Christine Gehrts, und dem Psychologen Eberhard Bauer vom IGPP zu ersten Überlegungen hinsichtlich des Verbleibs des wissenschaftlichen Nachlasses von Gehrts. Diese wurden dann zunächst eher lose fortgeführt, bis das IGPP den Nachlaß schließlich im Jahr 2005 durch Ankauf übernehmen konnte.

---

[7] Siehe Heino Gehrts an Hans Bender (13.11.1960), in: IGPP-Archiv, E/21: Redaktion der Zeitschrift „Neue Wissenschaft" 1960–1968 (noch unverzeichnet); siehe weitere Schreiben von Gehrts an Bender vom 13.11.1960 und vom 10.6.1961, in: ebd.

[8] Heino Gehrts: Justinus Kerners Forschungsgegenstand, in: Neue Wissenschaft. Zeitschrift für Grenzgebiete des Seelenlebens 10 (1961/62), S. 130–143.

[9] Vgl. Heino Gehrts an Hans Bender (14.8.1966) sowie 21.8.1966: Hans Bender an Heino Gehrts (21.8.1966), beide in: IGPP-Archiv, E/21: Redaktion der Zeitschrift „Neue Wissenschaft" 1960–1966 (noch unverzeichnet).

[10] Heino Gehrts: Vom unüberbrückbaren Gegensatz. Marginalie zu einem neuen Buch über Justinus Kerner, in: Zeitschrift für Parapsychologie und Grenzgebiete der Psychologie 31 (1989), H. 1/2, S. 20–51. Zu Gehrts' Beschäftigung mit Justinus Kerner siehe auch den Beitrag von Eberhard Bauer im vorliegenden Band.

Ein erster größerer Teil der Unterlagen wurde daraufhin im Sommer des Jahres 2005 von Lübeck, dem Wohnsitz von Christine Gehrts, nach Freiburg i. Br. transferiert. Danach wurde der Nachlaß von 2005 bis 2013 zunächst unbearbeitet im Archiv des IGPP aufbewahrt. Dieser bestand vor allem aus der umfangreichen, zumeist wissenschaftlichen Korrespondenz sowie den Materialsammlungen von Heino Gehrts, verteilt auf Ordner, Karteikästen und Sammelmappen.

Mitgeliefert hatte Christine Gehrts im Jahr 2005 auch die Kopie einer handschriftlichen Auflistung der von ihr vorgeordneten Nachlaßmaterialien im Umfang von 17 Seiten. Schon eine erste Durchsicht im Rahmen der nachfolgenden Erschließungsarbeiten ergab jedoch, daß erhebliche Teile der Unterlagen, die auf dieser mitgegebenen Liste aufgeführt waren, im Juni 2005 überhaupt nicht aus Lübeck nach Freiburg gebracht wurden; vielmehr ließen sich erhebliche Lücken feststellen.

Durch die im Juli 2013 erfolgte Wiederaufnahme des Kontaktes zu Christine Gehrts seitens des IGPP konnten verschiedene diesbezügliche Fragen geklärt werden. Im Oktober 2013 kam es schließlich zu einer weiteren Zusendung von Nachlaßmaterialien an das IGPP durch Frau Gehrts, überwiegend bestehend aus Aufsatz- und Vortragstyposkripten und Teilen des belletristischen bzw. essayistischen Frühwerks von Heino Gehrts. Dadurch konnten erhebliche Teile des Nachlasses ergänzt sowie Lücken geschlossen werden.

Der Charakter der nach wie vor fehlenden Nachlaßmaterialien, wie sie aus der Liste von Christine Gehrts hervorgehen, ist schwer einzuschätzen. Jedoch dürfte es sich überwiegend um weitere Materialsammlungen in Form von Zeitungsausschnitten und Fotokopien handeln, vereinzelt auch um Abschriften und Übertragungen von Märchen und Sagen, sowie um weitere Teile des belletristischen und essayistischen Werkes. In Bezug auf das wissenschaftliche Werk konnten die Lücken offenbar weitestgehend geschlossen werden. Einige der noch fehlenden Titel sind „Bild und Name der Geliebten", „Der Stein auf der Brust – eine altirische Liebesgeschichte", „Zauberkunde – Aberglauben" sowie „Liebe und Eros im Märchen".

In dem vorliegenden Nachlaß befinden sich andererseits aber auch Unterlagen, die von Christine Gehrts 2005 in ihrer Übersichtsliste nicht erfaßt wurden, so etwa verschiedene Materialsammlungen[11] und eine Sammelakte zum Spukfall der Anna-Liese Kornitzky.[12]

Der nunmehr vorliegende Gesamtbestand weist einen Umfang von 222 Archiveinheiten auf insgesamt 5 Regalmetern aus. Der Entstehungszeitraum der Nachlaßunterlagen und der im Nachlaß enthaltenen Sammlungen erstreckt sich über den Zeitraum von 1933 bis 1998.

Der Nachlaß enthält dabei neben der Korrespondenz vorwiegend Materialsammlungen, Exzerpte und Aufzeichnungen zu weitestgehend allen von Gehrts in seinem Werk berührten Themen, unter anderem die Aufzeichnungen aus den Recherchen zu Somnambulismus und Besessenheit zur Zeit Justinus Kerners, sowie Materialien und Aufzeichnungen zu verschiedenen Märchenthemen und Märchentypen, zu rituellen Motiven und zum Schamanismus. Unter den überlieferten Manuskripten befinden sich viele Vorträge, die bislang noch nicht in schriftlicher Form veröffentlicht sind, sowie auch einige anscheinend unveröffentlichte Aufsätze. Am bedeutendsten dürfte aber ein mehr als 1000 Seiten umfassendes, bislang unveröffentlichtes Manuskript mit dem Arbeitstitel „OYPANOΣ" sein.[13]

Heino Gehrts kann als Beispiel eines überaus produktiven Privatgelehrten gelten, der aufgrund der fehlenden akademischen Einbindung, etwa in den universitären Rahmen, zwangsläufig anderweitige Foren und Wege für die Darstellung und Verbreitung seiner wissenschaftlichen Ergebnisse suchen mußte. Die überlieferte Korrespondenz gibt Aufschluß über die hierbei von Gehrts gewählten Strategien und die dabei entstandenen Netzwerke. Die aufbewahrten Materialien vermitteln zudem einen Blick auf spezifische Sammlungs- und Recherchemethoden im Bereich wissenschaftlicher „Grenzgebiete". Aufgrund seiner vielfältigen Inhalte dürfte der Nachlaß von Heino Gehrts für Fachbereiche wie die Germanistik, Ethnologie, Historische Anthropologie, Philosophie, Wissenschaftsgeschichte sowie die Volkskunde von größerer Bedeutung sein.

---

[11] Nun IGPP-Archiv, 10/24/105 bis IGPP-Archiv, 10/24/108.

[12] IGPP-Archiv, 10/24/222.

[13] Im Nachlaß zu finden unter den Stichworten „EPΓON I" bis „EPΓON IX" (IGPP-Archiv, 10/24/5 bis IGPP-Archiv, 10/24/11).

Zur Biographie von Heino Gehrts

Heino Gehrts wurde am 9. Juni 1913 unter dem Namen Heinz Friedrich Gehrts in Hamburg als Sohn des Prokuristen Heinrich Hermann Christian Gehrts (1874–1951) und dessen Frau Elsa Paulina Winkler (1889-1959) geboren.[14] Der Vater war leidenschaftlicher Sammler. Über seine Verbindungen zum Hafen war der Vater an ein umfangreiches Sortiment an exotischen Artefakten aus Afrika und der Südsee gelangt.

Heino Gehrts begann nach seinem Abitur im Wintersemester 1933 in Hamburg das Studium der Chemie, offiziell mit dem Berufsziel des „Industriechemikers".[15] Schon als Schüler hatte er sich an chemischen Experimenten versucht[16], sein vorrangiges Interesse galt allerdings der Alchemie. Diese Vorliebe sei auch der Grund gewesen, warum er das Studium der Chemie aufgab und 1936 zur Philosophie als Hauptfach, sowie zur Germanistik und Physik wechselte, wie Gehrts später selbst des öfteren angab.[17] Ausschlaggebend dürfte aber eher die zunehmende Beschäftigung mit dem Philosophen Ludwig Klages (1872–1956) gewesen sein, mit dessen Werk Gehrts etwa 1933 bekannt geworden war[18], einhergehend mit der Entwicklung eines wissenschaftskritischen Impetus und der Feststellung, daß sein Interesse nicht den Naturwissenschaften und dem naturwissenschaftlichen Weltbild, sondern eher der Natur- und Wesensphilosophie galt.[19]

Wie bzw. durch wen Heino Gehrts an den in der Zeit des Nationalsozialismus weit rezipierten Ludwig Klages herangeführt wurde, ist nicht bekannt. Sicher ist jedoch, daß er sich schon bald nach Beginn seines Studiums im Umkreis von Klages-Freunden und Klages-Jüngern bewegt hat, insbesondere in der Gemeinschaft um die Brüder Robert und Hans Lott und im „Arbeits-

---

[14] Zur Biographie siehe Renate Freifrau von Lamezan: Dr. Heino Gehrts – Sein Leben und sein geistiges Vermächtnis, in: Arbeits- und Forschungskreis Walther Machalett: Rückschau 2002 zur 36. Arbeitstagung, S. 3–5. Den Verfassern lag zudem ein von Christine Gehrts verfaßter Lebenslauf (20.12.2011) vor.

[15] Vgl. den Antrag auf Einschreibung in die Universität Hamburg vom 19. April 1933 (Universität Hamburg, Arbeitsstelle für Universitätsgeschichte).

[16] Vgl. Heino Gehrts an Ina Kocksholt (16.12.1992), in: IGPP-Archiv, 10/24/209.

[17] Ebd. Es handelt sich hier um eine von Gehrts in seinen letzten Lebensjahren offensichtlich häufiger geäußerte Anekdote.

[18] Vgl. Heino Gehrts an Heide Göttner-Abendroth (24.1.1982), in: IGPP-Archiv, 10/24/207.

[19] Die Kritik am durch die Aufklärung und die Naturwissenschaften geprägten Welt- und Wissenschaftsverständnis der Gegenwart ist ein zentrales Element in der Philosophie von Ludwig Klages. Vgl. auch den Vortrag „Wie man ein Märchenforscher wird" (undatiert), in: IGPP-Archiv, 10/24/171.

kreis für biozentrische Forschung" (A.K.B.F.).[20] Gehrts lernte Robert und Hans Lott im Sommer 1933 bei einer Zusammenkunft der Hamburger Klages-Freunde im Hause von Kurt Saucke kennen. Im selben Sommer 1933 war auch der A.K.B.F. von einer Leipziger Studentengruppe ins Leben gerufen worden mit dem Ziel der Förderung und Verbreitung der Klages'schen Philosophie.[21] Der Arbeitskreis versammelte bald alle in Deutschland ansässigen Anhänger von Klages, darunter auch einige seiner älteren Freunde wie Erwin Ackerknecht, Rudolf Bode, Werner Deubel, Heinrich Döhmann und Carl Haeberlin, und erreichte zu seiner Hochzeit eine Mitgliederzahl von mehr als siebzig Personen.[22]

Ein nachwirkend prägendes Ereignis für Heino Gehrts wie für viele andere Personen aus dem Klages-Kreis war eine vom „Arbeitskreis für biozentrische Forschung" organisierte Tagung in Bad Harzburg zu Pfingsten des Jahres 1935. Einschließlich Heino Gehrts zählte die Tagung insgesamt 31 Teilnehmer. Referenten waren unter anderem Egon von Niederhöffer, Otto Huth und Kurt Seesemann. Wichtiger als die Referate waren jedoch das persönliche Kennenlernen der Teilnehmer und die hergestellten Kontakte. Tatsächlich wurden in diesen Tagen Verbindungen geknüpft, die auch Jahrzehnte später, auch und besonders für Gehrts, noch Bestand und Bedeutung haben sollten.[23] Noch während der Vorbereitung einer zweiten Tagung mußte der Arbeitskreis 1936 jedoch auf Anweisung der Gestapo aufgelöst werden.[24]

Seit dem Sommer 1939 arbeitete Heino Gehrts an seiner philosophischen Dissertation, ursprünglich unter dem Arbeitstitel „Der Ring des Lebens und das Schicksal der Einzelseele in der Unsterblichkeitsphilosophie Jean Pauls". Kurz nach Kriegsausbruch erhielt er seinen Gestellungsbefehl, wurde aber vorübergehend wieder aus dem Militärdienst entlassen, da er kurz vor dem

---

[20] Vgl. Heino Gehrts an Anneliese Krantz-Gross (26.8.1995), in: 10/24/191. Informationen zu den Brüdern Hans Lott (1902–1972) und Robert Lott (1904–1993) finden sich im Nachruf auf Robert Lott von Heino Gehrts, in: IGPP-Archiv, 10/24/215.

[21] Zu Gehrts' Mitgliedschaft im Arbeitskreis vgl. unter anderem Heino Gehrts an Wolfgang Beurlen (um 1948), in: IGPP-Archiv, 10/24/189.

[22] Vgl. Hans Eggert Schröder: Ludwig Klages: Die Geschichte seines Lebens, Bd. 2.2 (= Sämtliche Werke, Supplement), Bonn 1992, S. 1218f. Vgl. auch Falter: Ludwig Klages, S. 68f.

[23] Vgl. Schröder: Ludwig Klages, S. 1219. Zu Gehrts eigener Teilnahme an der Tagung siehe unter anderem Heino Gehrts an Anneliese Krantz-Gross (26.8.1995), in: IGPP-Archiv, 10/24/191.

[24] Laut Hans Eggert Schröder, dem Klages-Biographen und damaligen Geschäftsführers des Arbeitskreises, geschah diese mit der Begründung von Seiten der NS-Administration, daß die Weltanschauung von Klages mit der nationalsozialistischen Weltanschauung unvereinbar und deshalb nicht zu dulden gewesen sei. Vgl. Schröder: Ludwig Klages, S. 1219f.

11

Examen stand. Die mündlichen Prüfungen absolvierte Gehrts Ende 1939 im Eilverfahren, an der Dissertation schrieb er, unterbrochen von mehreren Truppenübungen, noch bis zum Sommer 1941 und reichte sie schließlich unter dem Titel „Ewigkeit und Tod im Lebensgefühl Jean Pauls" an der Universität Hamburg ein. Als Gutachter der Arbeit fungierten Wilhelm Flitner und Robert Petsch. Am 18. Dezember 1941 wurde Heino Gehrts durch die Universität Hamburg promoviert.[25]

Als Heino Gehrts im Februar 1942 von seiner erfolgreichen Promotion erfuhr, befand er sich bereits in Weißrußland in der Gegend um Witebsk und Polosk[26], wo er seit Januar des Jahres als Funker im Infanterie-Regiment 251 stationiert war.[27] Aus den Eindrücken jener Zeit an der Ostfront entstand seine unveröffentlicht gebliebene Novelle „Mit gekreuzten Bajonetten".[28] Nach einem mehrmonatigen Lazarettaufenthalt wurde Gehrts im Juni 1943 dem Infanterie-Regiment 303 zugeteilt, in welchem er es daraufhin bis zum Unteroffizier brachte.

Das Regiment war Teil der Turkestanischen 162. Infanterie-Division, in der unter Führung deutscher Offiziere überwiegend Kasachen, Tadschiken und Usbeken dienten. Über diese Soldaten kam Gehrts erstmals mit den vorderasiatischen Kulturen und dem armenischen Märchengut in Kontakt.[29] Die Division zog Richtung Italien, wo Heino Gehrts schließlich im Juni 1944 als vermißt gemeldet wurde, da er mittlerweile in amerikanische Kriegsgefangenschaft geraten war.

Die Gefangenschaft führte ihn über Aversa in Italien in die USA, zuerst nach Arizona, dann im Wesentlichen in die Kriegsgefangenenlager Camp

---

[25] Heino Gehrts: Ewigkeit und Tod im Lebensgefühl Jean Pauls, unveröffentlichte Dissertation, masch., Hamburg 1941. Vgl. hierzu auch den Vortrag „Meine Dissertation und ich oder Ewigkeit und Tod im und um den Zweiten Weltkrieg" (undatiert), in: IGPP-Archiv, 10/24/171. Die Promotionsakte von Gehrts konnte im für die Universitätsüberlieferung zuständigen Staatsarchiv Hamburg allerdings nicht mehr aufgefunden werden. Für Auskünfte zum Studium und Promotionsvorgang von Gehrts danken wir der Arbeitsstelle für Universitätsgeschichte in Hamburg sowie dem Staatsarchiv Hamburg.

[26] Vgl. Heino Gehrts an Gisela Pichler (9.2.1992), in: IGPP-Archiv, 10/24/209.

[27] Die Angaben zu Gehrts' Laufbahn in der Wehrmacht entstammen, soweit nicht anders vermerkt, einer Auskunft der Deutschen Dienststelle (WASt) Berlin vom 28.8.2013 sowie einer Auskunft des Archives des Suchdienstes des Deutschen Roten Kreuzes (DRK) in München vom 9.10.2013.

[28] Im Nachlaß in IGPP-Archiv, 10/24/175 sowie in IGPP-Archiv, 10/24/176. Vgl. auch Heino Gehrts an Sabine Wienker-Piepho (3.2.1997), in: IGPP-Archiv, 10/24/210.

[29] Vgl. Heino Gehrts an Walter Scherf (23.3.1997), in: IGPP-Archiv, 10/24/210.

Clark, Missouri („the toughest camp in the country"[30]), und Fort Logan, Colorado. Im Frühjahr 1946 kam Gehrts über Belgien nach England, wo er die meiste Zeit in den Lagern in Alvaston und Nuneaton verbrachte, bis er im Oktober 1947 über das Munsterlager in Niedersachsen aus der Kriegsgefangenschaft entlassen wurde.[31]

In den USA war Heino Gehrts unter anderem als Lagerlehrer beschäftigt worden. Einige Aufzeichnungen aus jener Zeit sind im Nachlaß erhalten geblieben, darunter ein in Camp Clark entstandener Entwurf zu „Lectures on Philosophy".[32] Im englischen Alvaston, einem Lager mit etwa 1000 Internierten, hatte Gehrts schließlich über mehrere Monate das Amt des Studienleiters („Director of Studies") bekleidet, was ihm nach eigenen Angaben eine „eigene Bücherei, ‚Drei-Zimmer-Wohnung', Schäferhund und Katze" beschert hatte.[33]

Über die nationalsozialistische Vergangenheit oder Gesinnung von Heino Gehrts ist wenig bekannt. Nachgewiesen ist seine Mitgliedschaft in der NSDAP seit dem 1. Mai 1933[34], sowie die Aufnahme in den NSD-Studentenbund im Jahr 1937.[35] Aus einem Vermerk in den Unterlagen der Universität Hamburg geht zudem eine Mitgliedschaft in der SA seit Mai 1933 hervor.[36] Darüber hinaus ist über weitere bzw. konkretere Tätigkeiten von Gehrts im NS-Apparat nichts aufzufinden. Gehrt selbst hat seine NS-Vergangenheit als „im übrigen völlig belanglos" bezeichnet.[37] Angesichts der bekannten Nähe des Klages-Kreises bzw. des „Arbeitskreises für biozentrische Forschung" zur Deutschen Glaubensbewegung, also zum metaphysischen Zweig der völkischen Ideologie im Nationalsozialismus, ist diese Einschätzung aber sicherlich zu hinterfragen.[38]

---

[30] Heino Gehrts an Walter Hanemann (10.9.1954), in: IGPP-Archiv, 10/24/189.

[31] Vgl. ebd., sowie Gehrts' Angaben im Kriegsgefangenschafts-Entschädigungsantrag vom 28.6.1954. Auch hierfür sind grundlegend die Auskunft der Deutschen Dienststelle (WASt) Berlin vom 28.8.2013 sowie des Archives des Suchdienstes des Deutschen Roten Kreuzes (DRK) in München vom 9.10.2013.

[32] IGPP-Archiv, 10/24/173.

[33] Heino Gehrts an Walter Hanemann (10.9.1954), in: IGPP-Archiv, 10/24/189.

[34] Mitgliedsnummer 3027416; Mitgliederkartei „Heinz Gehrts", in: Bundesarchiv (ehem. Berlin Document Center), NSDAP-Gaukartei.

[35] Siehe „Berufungs-Antrag in den N.S.D.St.B." vom 9.7.1937, in: Bundesarchiv (Sammlung BDC), PK, Gehrts, Heinz.

[36] Sturm 4/45, Dienstgrad: SA-Mann (Auskunft Universität Hamburg, Arbeitsstelle für Universitätsgeschichte).

[37] Heino Gehrts an Thomas Dehler (3.3.1967), in: IGPP-Archiv, 10/24/189.

[38] Vgl. hierzu Ulrich Nanko: Die Deutsche Glaubensbewegung, Marburg 1993.

Aus der Kriegsgefangenschaft nahm Gehrts neben verschiedenen Freundschaften, unter anderem zu einer schottischen Familie, auch eine über die vergangenen Jahre angesammelte Büchersammlung mit.[39] Diese konnte er in der Folge für seine Arbeit gut gebrauchen: Die Wohnung seiner Eltern in Hamburg war 1943 in Folge der Luftangriffe komplett ausgebrannt, womit nicht nur der Großteil der Sammlungen des Vaters, sondern auch weite Teile von Gehrts' frühen Aufzeichnungen, seine Vorarbeiten an der Dissertation und seine Bücher verloren gegangen waren.[40]

Wie viele andere ausgebombte Hamburger verschlug es die Eltern ins Dassendorfer Waldviertel östlich von Hamburg, wo sie seit Juli 1943 eine notdürftige Unterkunft fanden und wo auch Heino Gehrts nach seiner Rückkehr aus der Kriegsgefangenschaft über mehrere Jahre lebte.[41] In Dassendorf lernte Gehrts die Lehrerin Christine Schmidt kennen, die er 1948 heiratete. 1949 kam die gemeinsame Tochter zur Welt, wenige Jahre später der gemeinsame Sohn.

Die ersten Jahre nach 1947 waren der beruflichen Orientierung und der Suche nach einer Beschäftigung gewidmet, die ihm und seiner Familie den Lebensunterhalt sichern könnte und die seinen Interessen und Fähigkeiten entspräche. Zu diesem Zweck nahm Gehrts seit 1948 zu einigen ehemaligen Bekannten aus dem früheren Klages-Kreis, insbesondere aus dem „Arbeitskreises für biozentrische Forschung" und aus den Harzburger Tagen, Kontakt auf, darunter Otto Huth, Hans Eggert Schröder, Wolfgang Beurlen und Kurt Seesemann, in der Hoffnung, daß diese ihm Tätigkeiten oder Kontakte im wissenschaftlichen Bereich vermitteln könnten.[42] Die Bemühungen blieben jedoch erfolglos, genauso wie die Suche nach Arbeit als Vortragender an Volkshochschulen. So blieb es zunächst bei einer für Gehrts wenig befriedigenden Mitarbeit an einem Reiseführer sowie bei einer lockeren Mitarbeit an einem Sachwörterbuch.

Es war daher im Wesentlichen die Tätigkeit von Christine Gehrts als Lehrerin, die der Familie den Unterhalt sicherte, während Heino Gehrts die gemeinsamen Kinder betreute und sich nebenbei als freier Schriftsteller ver-

---

[39] Vgl. Heino Gehrts an Walter Hanemann (10.9.1954), in: IGPP-Archiv, 10/24/189.

[40] Vgl. Heino Gehrts an Hans Eggert Schröder (2.9.1948), in: IGPP-Archiv, 10/24/189.

[41] Auskunft der Archivgemeinschaft Schwarzenbek vom August 2013.

[42] Siehe Heino Gehrts an Otto Huth (ca. 1948); an Hans Eggert Schröder (2.9.1948); an Wolfgang Beurlen (um 1948) und an Kurt Seesemann (7.10.1949), in: IGPP-Archiv, 10/24/189 bzw. IGPP-Archiv, 10/24/193.

suchte. In den Jahren bis 1955 entstanden so vorwiegend Gedichte, eine Reihe an Erzählungen und Dramen, sowie Übertragungen von Arbeiten des schottischen Dichters William Blake (1757–1827) aus dem Englischen ins Deutsche. Doch wiederum blieben die Bemühungen, zumindest einige jener Arbeiten bei Verlagen unterzubringen, erfolglos.

Das dürfte auch der Grund dafür sein, warum Gehrts das belletristische und essayistische Schreiben, sowie das Übersetzen belletristischer Literatur schon bald wieder weitestgehend aufgab, um sich stattdessen der wissenschaftlichen Forschung zu widmen.

Die erste Arbeit, die schließlich auch veröffentlicht werden konnte – abgesehen von einem 1954 erschienenen kurzen Kommentar zur Sprache der deutschen „prisoners of war" in amerikanischer Kriegsgefangenschaft – war ein 1955 in der „Zeitschrift für Deutsche Philologie" erschienener Aufsatz über die Rattenfängersage.[43] Offenbar schon seit diesem Jahr (1955) befaßte sich Gehrts intensiver mit einem seit 1950 der wissenschaftlichen Öffentlichkeit bekannten Spukfall, dem sich 1934 in Berlin ereigneten „Spukfall Kornitzky".[44] Seit 1958 forschte Gehrts dann eingehender zum Fall des „Mädchens von Orlach".[45] Es waren diese beiden Fallstudien, in deren Zuge es 1960 zu ersten Kontakten zwischen Gehrts und dem IGPP kam, wo mit Hans Bender der bekannteste deutsche Parapsychologe und „Spukforscher" tätig war.[46]

Im November 1960 erwog Bender Gehrts gegenüber eine Publikation zum Kornitzky-Falls für die von ihm redaktionell betreute Zeitschrift „Neue Wissenschaft" und bat ihm um ein Manuskript.[47] Gehrts lehnte dieses Ange-

---

[43] Heino Gehrts: Zur Rattenfängerfrage, in: Zeitschrift für deutsche Philologie 74 (1955) S. 191-207.

[44] Siehe dazu Eberhard Bauer: Fanny Mosers „Spuk". Sondierungen und Rekonstruktionen an drei historischen RSPK-Fallberichten, in: Zeitschrift für Anomalistik 10 (2010), S. 322–346, hier S. 334–343. Der „Fall der Chemikerin Frau Dr. A. Kornitzky in Berlin" war 1950 durch die Spukforscherin Fanny Moser erstmals bekannt geworden. Vgl. Fanny Moser: Spuk. Ein Rätsel der Menschheit, CH-Baden 1950, S. 283–289.

[45] Vgl. IGPP-Archiv, 10/24/121; 10/24/122; 10/24/123; 10/24/124.

[46] Zu Hans Bender siehe Elmar R. Gruber: Suche im Grenzenlosen. Hans Bender – ein Leben für die Parapsychologie, Köln 1993; Eberhard Bauer: Hans Bender und die Gründung des „Instituts für Grenzgebiete der Psychologie und Psychohygiene", in: Jürgen Jahnke/Jochen Fahrenberg/Reiner Stegie/Eberhard Bauer (Hrsg.): Psychologiegeschichte – Beziehungen zu Philosophie und Grenzgebieten. München-Wien 1998, S. 461–476; Anna Lux: „Vom spielenden Gelingen. Der Parapsychologe Hans Bender und die mediale Öffentlichkeit", in: Historische Anthropologie 21 (2013) H.3, S. 343–366.

[47] Hans Bender an Heino Gehrts (9.11.1960), in: IGPP-Archiv, E/21/3.

bot freundlich ab und beantwortete es seinerseits mit der Bitte um eine Publikationsmöglichkeit für seine Forschungen zum „Mädchen von Orlach".[48]

Das folgende Jahrzehnt nutzte Gehrts für die Erarbeitung von verschiedenen Studien zu Phänomenen der Besessenheit, des Somnambulismus und des Spuks. Verschiedentlich konsultierte er dafür das IGPP und insbesondere dessen Leiter Hans Bender.[49] Zu einer Veröffentlichung seiner Einschätzung des Kornitzky-Falls kam es jedoch auch weiterhin nicht.[50] Hingegen konnte Heino Gehrts 1966 mit seiner umfänglichen, auf weitreichenden Recherchen beruhenden Monographie „Das Mädchen von Orlach" erhebliche Aufmerksamkeit erlangen.

1968 hatte Heino Gehrts begonnen, in Alt-Mölln, wo er mit seiner Familie seit 1961 lebte, ein Haus zu bauen. Diese Aufgabe hielt ihn – laut eigener Aussage – über die folgenden Jahre zunehmend und zeitweise gänzlich von seiner Forschungsarbeit ab.[51] Gleichwohl hatte er damit begonnen, an seiner ritualistischen Deutung der indischen Nationalepen „Mahābhārata" und „Rāmāyana" zu arbeiten.[52]

Allerdings begannen seine bereits veröffentlichten Werke nun langsam Früchte zu tragen: so beispielsweise in Form einer Anfrage, einen Rundfunkbeitrag zum Thema „Das Böse" zu verfassen,[53] sowie durch den 1968 über den Bouvier-Verlag zustande gekommenen Kontakt zur Psychologie-Dozentin Hildegard Buder, in deren Seminar Gehrts in den darauffolgenden

---

[48] Heino Gehrts an Hans Bender (13.11.1960), in: IGPP-Archiv, E/23: Redaktion der Zeitschrift „Neue Wissenschaft" (1960–1968) (noch unverzeichnet). Gehrts war sich zu diesem Zeitpunkt unsicher, wie er mit seinen Kenntnissen zum Kornitzky-Fall umgehen sollte, da er hier in „sehr intime Bereiche vorgestoßen" sei und seine Auskunftsperson nicht diskreditieren wollte.

[49] Vgl. 10/24/208 sowie IGPP-Archiv, E/23: Redaktion der Zeitschrift „Neue Wissenschaft" (1960–1968) (noch unverzeichnet).

[50] Als einziges Ergebnis blieb offenbar eine im Zuge der Kontakte zu Anna-Liese Kornitzky entstandene umfangreiche Akte, in der ihre Lebensgeschichte und ihre Erlebnisse dokumentiert sind (IGPP-Archiv, 10/24/222). Gehrts selbst hatte diese Akte aufgrund der persönlichen Inhalte ursprünglich „mit dem Vermerk versehen […], daß sie Eigentum der Frau K. sei" und im Falle seiner Geschäftsunfähigkeit ihr „ungelesen zurückzugeben sei." Vgl.: Heino Gehrts an Luise Resatz (14.2.1968), in: IGPP-Archiv, 10/24/203. Zu einer solchen ist es jedoch nie gekommen, die Unterlagen verblieben im Nachlaß von Gehrts.

[51] Vgl. u.a. Heino Gehrts an Luise Resatz (9.1968), in: IGPP-Archiv, 10/24/203.

[52] Vgl. „Wie man ein Märchenforscher wird" (undatiert), in: IGPP-Archiv, 10/24/171.

[53] Vgl. Heino Gehrts an Luise Resatz (9.1968), in: IGPP-Archiv, 10/24/203.

Jahren einige Vorträge zum europäischen Brüdermärchen[54] und seiner in Arbeit befindlichen Bücher zu den indischen Epen hielt.[55]

Die Märchenforschung auf dem Hintergrund einer schamanistischen Deutung und damit ein weiterer bedeutender Schwerpunkt im Werk von Gehrts schlug sich deshalb erst seit Anfang der 1980er Jahre sichtbarer nieder – überwiegend in seinen Beiträgen für die „Europäische Märchengesellschaft", deren Mitglied er auf Empfehlung von Luise Resatz einige Jahre zuvor geworden war. Einen Höhepunkt bildete hier zweifellos die von Heino Gehrts selbst im Rahmen der „Europäischen Märchengesellschaft" organisierte, geleitete und eingeführte Tagung mit dem Titel „Zaubermärchen und Schamanentum" im August 1983[56], sowie der daraus entstandene Sammelband „Schamanentum und Zaubermärchen" (1986).[57]

Einen weiteren Höhepunkt seiner Beschäftigung mit dem Schamanismus stellt sicher auch die durch Heino Gehrts 1983 besorgte zweite Auflage des Schamanen-Buches des Ethnologen Hans Findeisen (1903–1968) dar.[58] Schon während der Entstehung des Buches „Das Mädchens von Orlach" hatte Gehrts versucht, mit dem bedeutenden Schamanenforscher in Kontakt zu treten. Doch Findeisen war, noch bevor es zur persönlichen Bekanntschaft gekommen war, 1968 gestorben.[59]

In seinen späten Jahren setzte sich Heino Gehrts vermehrt mit dem Thema „Tod" auseinander. Sein Interesse daran war zwar durch eine Tagung der

---

[54] 1967 hatte Gehrts eine entsprechende Monographie vorgelegt. Siehe Heino Gehrts: Das Märchen und das Opfer. Untersuchungen zum europäischen Brüdermärchen, Bonn 1967.

[55] Vgl. Heino Gehrts an Luise Resatz (9.11.67), in: IGPP-Archiv, 10/24/203. Wegen seines symbolforschenden Ansatzes fand Heino Gehrts' Arbeit bei vielen Psychologen im Geiste C. G. Jungs regen Anklang, wie auch Gehrts selbst einige Erfahrung mit dem Werk Jungs gesammelt hatte. Vgl. dazu etwa Heino Gehrts an Hildegard Buder (4.2.1973), in: IGPP-Archiv, 10/24/189.

[56] Siehe auch die Korrespondenz im Zuge der Vorbereitung der Tagung, in: IGPP-Archiv, 10/24/207.

[57] Heino Gehrts/Gabriele Lademann-Priemer (Hrsg.): Schamanentum und Zaubermärchen (= Veröffentlichungen der Europäischen Märchengesellschaft, Bd. 10), Kassel 1986.

[58] Hans Findeisen/Heino Gehrts: Die Schamanen: Jagdhelfer und Ratgeber, Seelenfahrer, Künder und Heiler, Köln 1983.

[59] Ähnlich wie im Falle von Gehrts sind auch Leben und Werk des wesentlich in das NS-Wissenschaftssystem involvierten Hans Findeisen bislang nur spärlich aufgearbeitet. Vgl. etwa Markus Mosen: Angewandte Ethnologie im Nationalsozialismus. Hans Findeisen und sein Eurasien-Institut, in: Jahrbuch für Soziologiegeschichte 1991, Wiesbaden 1992, S. 249–265 oder Hartmut Walraven: W. A. Unkrig (1883–1956). Korrespondenz mit Hans Findeisen, der Britischen Bibelgesellschaft und anderen über Sibirien und den Lamaismus, Wiesbaden 2004.

„Europäischen Märchengesellschaft" zu „Tod und Märchen" im Herbst 1989 ausgelöst worden, beschränkte sich aber nicht nur auf den Bereich des Märchens.[60] Vielmehr ging es Gehrts allgemeiner um den Tod als ein kulturell und psychologisch prägendes Moment im Erleben von Zeit und Zeitlichkeit. Auch in seinen letzten Lebensjahren blieb Heino Gehrts publizistisch aktiv. Er veröffentlichte nun vor allem in der Zeitschrift „Märchenspiegel", einer „Zeitschrift für internationale Märchenforschung und Märchenpflege". In den 1990er Jahren entstanden auf diese Weise noch einmal 20 Arbeiten.

Am 10. Oktober 1998 verstarb Heino Gehrts nach kurzer Krankheit.

Sicherung und Erschließung des Nachlasses

Die Bearbeitung der Unterlagen von Heino Gehrts wurde 2013 nicht zuletzt auch in Anbetracht des sich jährenden 100. Geburtstages des am 9. Juni 1913 im Hamburg geborenen Wissenschaftlers projektiert. Zu diesem Zeitpunkt schienen sein Leben und sein Werk fast gänzlich in Vergessenheit geraten zu sein.[61]

Die archivische Sicherung, Erschließung und Verzeichnung der Unterlagen erfolgte zwischen Mitte Juli 2013 und Mitte Januar 2014 im Rahmen eines Projektpraktikums durch einen Studierenden vom Fachbereich Interdisziplinäre Anthropologie der Albert-Ludwigs-Universität Freiburg. In der technischen Bearbeitung wurden die üblichen Tätigkeiten durchgeführt: Umbetten der Unterlagen in archivgerechte Mappen und Karton sowie in diesem Zuge die Entmetallisierung sämtlicher Unterlagen.

Es folgte ein erster Abgleich mit der von Christine Gehrts erstellten Übersichtsliste, der zahlreiche Lücken im vorliegenden Bestand erkennen ließ. Somit waren weitere Recherchen nach Nachlaßteilen erforderlich.

---

[60] Vgl. dazu auch Heino Gehrts an Anneliese Guerin (1.1.1991), in: IGPP-Archiv, 10/24/209. Vgl. Ursula Heindrichs/Heinz Albert/Ulrike Kammerhofer (Hrsg.): Tod und Wandel im Märchen (Veröffentlichungen der Europäischen Märchengesellschaft, Bd. 16), Kassel 1991.

[61] Bei den überlieferten Unterlagen handelt sich um einen fast idealtypischen Gelehrtennachlaß. Bewertung und Erschließung erfolgten in Anlehnung an folgende Vorgaben: Regeln zur Erschließung von Nachlässen und Autographen RNA, hrsg. von der Deutschen Forschungsgemeinschaft, Unterausschuß für Nachlaßerschließung/Deutsches Bibliotheksinstitut, Berlin 1997. Es existiert mittlerweile eine umfangreiche Literatur zur Erschließung von Gelehrtennachlässen. Siehe beispielsweise Marion Kazemi: Gelehrten-Nachlässe im Archiv zur Geschichte der Max-Planck-Gesellschaft und ihre Bedeutung für die Forschung, in: Archive in Thüringen (2004), Sonderheft, 24–29.

Fast vollständig vorhanden waren zu jenem Zeitpunkt ausschließlich die Korrespondenz und der große Korpus an Materialsammlungen, welche zum größten Teil bereits sorgfältig und nachvollziehbar vorsortiert vorlagen. So waren die Materialsammlungen, Notizen und Exzerpte – vermutlich von Heino Gehrts selbst – bereits auf einzelne Mappen verteilt und mit Stichworten zur jeweiligen Charakterisierung versehen worden. Die Ausnahme bildete ein zusammengeschnürter Stapel an losen Blättern mit Aufzeichnungen aus dem letzten Lebensjahrzehnt des Autors zu den Themengebieten „Zeit, Tod, Tote, Mahrtenehe, Jenseitsehe, Totenehe und Wiederkunft".[62]

Auch waren die Einzelmappen schon weitgehend in eine Reihenfolge gebracht worden, die ihre Zusammengehörigkeit erahnen ließ. Darüber hinaus waren die Kisten, in denen die Mappen aufbewahrt und an das IGPP abgegeben worden waren, bereits mit groben Charakterisierungen der darin befindlichen Inhalte versehen, etwa „Notizen, Sammlungen, Belege zu verschiedenen Märchen", „Kerner, Orlach, Somnambule", „Ausarbeitungen, Notizen, Sammlungen (vorw. zu Mythologie)", „Zu Vorträgen, Klages, Schuler, Talayesva", „Mahabharata, Ramayana, Blake", „Schamanismus, Autoren" und „Texte, Begriffe A–Z".[63]

Die bereits vorhandene Ordnung und die Titel der jeweiligen Akten wurden im Zuge der archivischen Erschließung weitestgehend beibehalten. Was jedoch in der vorgängigen Ordnung weitgehend fehlte, war eine konsequente Trennung der Materialien nach Fremdliteratur, sowie eigenen Notizen und Manuskripten.

Der Übergang von Exzerpten, stichwortartigen Notizen über Ausführungen eigener Gedanken bis hin zu ersten Ausarbeitungen in den Nachlaßmaterialien ist oft fließend, was eine nachträgliche Trennung erschwerte.

In die erstellte Rubrik „Werkmanuskripte" wurden daher nur jene Akten aus der ersten Lieferung aufgenommen, die ausschließlich oder fast ausschließlich aus eigenen Manuskripten/Typoskripten des Nachlassers bestanden, darunter etwa die unveröffentlichten „OYPANOΣ"-Texte. Einen größeren Teil dieser Rubrik macht der Korpus von in maschinenschriftlich fixierter Form vorliegenden Aufsatz- und Vortragsmanuskripte, sowie das belletris-

---

[62] IGPP-Archiv, 10/24/018 und IGPP-Archiv, 10/24/105 bis 10/24/107.
[63] Ob diese Charakterisierungen noch von Heino Gehrts selbst stammen oder erst nach dessen Tod durch die Witwe im Zuge der Inventarisierung erstellt wurden, ist nicht bekannt.

tische und essayistische Frühwerk aus, der das IGPP dann erst mit der zweiten Lieferung im Oktober 2013 erreichte.

Auch in der Rubrik „Wissenschaftliche Materialsammlungen" befinden sich vereinzelt Manuskriptentwürfe und ausgearbeitete Manuskripte, wie etwa das Nachwort zum „Talayesva" oder die kleineren Beiträge „Kalaf zwischen Krone und Tod. Vom Wesen des Rätsels", „Vom Volksrätsel", „Metaphysik der Symbole (Archetypen)" und „Symbol: Definition".[64] Den Hauptbestandteil dieser umfangreichen Rubrik machen jedoch Fotokopien, Exzerpte und Notizen aus Werken anderer Autor/innen aus.

Auch die überlieferte Korrespondenz von Heino Gehrts, die den Zeitraum von 1948 bis 1998 umfaßt, war bereits nach nachvollziehbaren Kriterien auf verschiedene Ordner verteilt worden, überwiegend nach Absender bzw. Empfänger geordnet, wobei einzelne, ihm offenbar sehr nahe stehende Personen wie etwa die Märchenforscherin Luise Resatz (1913–1992) oder die Theologin Gabriele Lademann-Priemer eigene Ablageordner bekommen hatten. Für das letzte Lebensjahrzehnt von Gehrts war dagegen wieder auf das Sortieren nach Eingangs- bzw. Ausgangsdatum zurückgegriffen worden. Auch in diesem Fall wurde die vorgängige Ordnung im Zuge der Erschließung für die Rubrik „Korrespondenz" übernommen. Bemerkenswert ist in diesem Zusammenhang, daß nicht nur die an Heino Gehrts adressierten, sondern auch die von Gehrts selbst geschriebenen Briefe in Form maschinenschriftlich erstellter Zweitexemplare bereits seit 1948 dokumentiert und aufbewahrt worden sind – zumindest soweit es sich um wissenschaftliche Korrespondenz handelte.

Über das bisher genannte Nachlaßmaterial hinaus kristallisierte sich während der Erschließung außerdem noch eine Gruppe an Unterlagen heraus, die nicht so recht in den Kategorien „Manuskripte", „Wissenschaftliche Materialsammlungen" oder „Korrespondenz" aufgehen wollten. Dabei handelt es sich vor allem um mehrere Sammlungen von Manuskripten, Materialien und Briefen fremder Provenienz, überwiegend befreundeter Privatgelehrter. Diese Unterlagen machen mitsamt der Sammlungen von Zeitschriften und Sonderdrucken nunmehr die Rubrik „Sonstige Sammlungen" aus.

Zwei jener Sammlungen beinhalten Unterlagen des Hamburger Privatgelehrten Hans Lott (1902–1972). Lott, den Heino Gehrts bereits seit 1933

---

[64] Zum Talayesva: IGPP-Archiv, 10/24/045; zum Rätsel: IGPP-Archiv, 10/24/070; zum Symbol: IGPP-Archiv, 10/24/067.

kannte, war eigentlich gelernter Handwerker und dadurch weitgehend abgeschnitten von der akademischen Welt. Um seine Gedanken zur Deutung des
Werkes von Ludwig Klages und zur zeitgenössischen Wissenschaft dennoch
einem größeren Kreis von Menschen zur Kenntnis zu geben, versandte Lott
regelmäßig Rundschreiben an seine Freunde und Bekannten aus dem Klages-
Kreis, darunter auch an Heino Gehrts. Die so über die Zeit gesammelten
Rundschreiben machen den Kern der Sammlung „Hans Lott – Werke" aus.[65]
Auch die Werke-Sammlung zu „Titia-Luise" dürften im Zuge der Korrespondenz mit Luise Resatz nach und nach von selbst entstanden sein[66], ebenso
wie die Akte „Volkskundliches von Ilse Lindner".[67]

Hinzu kommen Unterlagen, die einen eigenen Nachlaßcharakter haben,
sich aber in dem Bestand von Heino Gehrts befinden. Hier ist vor allem die
gesammelte Korrespondenz zwischen Hans Lott und dem bekannten Schriftsteller Ernst Jünger (1895–1998) zu nennen, überliefert sind zudem Aufzeichnungen und Manuskripte des Pädagogen Hans Einfeldt und des Volks-
kundlers Ebermut Rudolph.[68]

Seit Ende der Erschließungs- und Verzeichnungsarbeiten steht der Nachlaß mit der Bestandsnummer „IGPP-Archiv, 10/24" im Archiv des Instituts
für Grenzgebiete der Psychologie und Psychohygiene e.V. in Freiburg i.Br.
für die wissenschaftliche Nutzung zur Verfügung.

---

[65] IGPP-Archiv, 10/24/214.
[66] Vgl. IGPP-Archiv, 10/24/216 und IGPP-Archiv, 10/24/217. „Titia-Luise" war der Künstler-
name von Luise Resatz.
[67] IGPP-Archiv, 10/24/211.
[68] IGPP-Archiv, 10/24/212, IGPP-Archiv, 10/24/213 und IGPP-Archiv, 10/24/215.

Das Findmittel zum Nachlaß ist folgendermaßen gegliedert:

A. Einleitung

1. Bestandsgeschichte
2. Leben und Werk von Heino Gehrts
3. Bearbeitung des Bestandes
4. Bibliographie von Heino Gehrts
5. Sekundärliteratur zu Heino Gehrts

B. Verzeichnungsteil

1. Werkmanuskripte
2. Wissenschaftliche Materialsammlungen
3. Korrespondenz
4. Sonstige Sammlungen

Der Historiker Uwe Schellinger (Wissenschaftlicher Mitarbeiter am Institut für Grenzgebiete der Psychologie und Psychohygiene e.V. in Freiburg i.Br./IGPP) und Sven Gallinat (Studierender der Interdiziplinären Anthropologie) haben den im IGPP aufbewahrten wissenschaftlichen Nachlass von Heino Gehrts archivisch erschlossen.

Anmerkungen des Herausgebers

Grundlage der hier vorliegenden Arbeiten von Heino Gehrts sind die ursprünglichen schreibmaschinengeschriebenen Originale aus seinem Nachlaß, auch dann, wenn der Text zur Veröffentlichung gelangt ist. Kam es zu einer Publikation eines Aufsatzes, ist dies bei der Überschrift erwähnt.

Die in den Aufsätzen vorkommenden eckigen Klammern stammen nicht aus dem Originaltext, sondern sind Einfügungen, die der Herausgeber vorgenommen hat, entweder zum Zweck einer eindeutigeren Begriffsbezeichnung oder zur Worterklärung. Die Anmerkungen und Quellenangaben in den Fußnoten stammen von Heino Gehrts.

Der Herausgeber dankt den Mitarbeitern des Instituts für Grenzgebiete der Psychologie und Psychohygiene e.V. in Freiburg i.Br. für ihre Unterstützung und Mitarbeit an diesem zweiten Band, – insbesondere Eberhard Bauer, Uwe Schellinger und Sven Gallinat.

JUSTINUS KERNER

Wir dürfen wohl vermuten, daß auch die Orlacher Tagebücher ans Licht getreten wären, noch ihrer ursprünglichen Gestalt sehr nahe, wenn nicht in diesem Falle die Berichterstatter auf den begabten Schriftsteller und einsichtigen Arzt gestoßen wären, der den Unerfahrenen die Aufgabe abnahm.

Mit Kerner haben wir am Ende den Betreuer genannt, der die andern alle in den Schatten stellt. Keiner vermag machtvoller zu schützen, sowohl gegen die Behörden wie gegen die entferntere kritische Öffentlichkeit, keiner vertrauensvoller zu lauschen, eindrucksvoller niederzuschreiben, gewaltloser zu deuten. Durch ihn ist die Orlacher Begebenheit, die zwar ihre dörfliche Umwelt mächtig aufwühlte, im übrigen jedoch ein lokales Ereignis war und Lokalsage geblieben wäre, in die Literatur- und die Wissenschaftsgeschichte eingegangen. Durch ihn wird die Frage, die sie stellt, öffentlich, so daß sie zwar umgangen, aber nicht verleugnet werden kann, und sie faßt dergestalt die Fragen, die alle ähnlichen Geschichten stellen – alle jene verwandten, nur lücken- und bruchstückhaft, in Sagendunkel überlieferten – stellvertretend in sich zusammen. Wir hätten daher in dieser geistesgeschichtlichen Übersicht noch anzugeben, was die Orlacher Geschichte in der geistigen Entwicklung Kerners bedeutete und welches Gewicht innerhalb der gesamten Berichterstattung über die Begebenheit sein Zeugnis hat.

Das 19. Jahrhundert ist mit dem Wissenschaftler Kerner nicht fertiggeworden, sondern hat versucht, ihn zu ignorieren, und je eifriger man den „gemütvollen schwäbischen Dichter" pries, um so deutlicher ist oft dahinter das Anliegen spürbar, entweder die vermeintlichen Entgleisungen Kerners überhaupt zu vertuschen oder doch wenigstens die eigene Verachtung dafür zu verhehlen. Der um die vorige Jahrhundertmitte aufkommende Okkultismus hat selbstredend in Kerner stets einen seiner bedeutendsten deutschen Wegbereiter gesehen, im Übrigen aber empfanden selbst Kerners Biographen diese Seite ihres Helden als Verhängnis. So weiß sich etwa Josef Gaismaier, der 1905 die poetischen Werke herausgab am Ende, als er einen Teil der einschlägigen Schriften, so gut es geht, erklärt und entschuldigt hat, nur so zu helfen, daß er den anderen Teil unter den „Verdacht einer groben Mystifikation" beiseite schiebt. Das tut er ohne den leisesten Versuch einer sachlichen Nachprüfung, obwohl er doch für die Geschichten Besessener, für unsere Geschichte selbst noch Zeitgenosse von Augenzeugen war. Man kann daran ermessen, wie wenig erst Beurteiler Kerner gerecht wurden, die von seinen sonstigen Verdiensten, als Dichten, nicht überzeugt waren. Erst in unserer Zeit beginnen die alten Fronten, die in der Bewertung Kerners sichtbar werden, sich zu verschieben, – unter anderem gerade, weil sich inzwischen die zum Teil aus dem Mesmerismus entwickelte hypnotische Therapie und ihre seelenkundlichen Ergebnisse auf die Psychologie wissenschaftlich ausgewirkt haben.

Gaismaier hätte bezüglich der kernerschen Geistergeschichten nicht von einer Mystifikation sprechen dürfen, wenn er nicht mit dieser Behauptung auf ein landläufiges Vorurteil hätte bauen können: daß man diesen Teil von Kerners Schaffen halb und halb zu seiner dichterischen Produktion zählen müsse, daß dichterische Produktion überhaupt der Phantasie entspringe und daß daher die Dichterseele gerade nicht zum unverfälschten Abspiegeln der Wirklichkeit tauge. Schon David Friedrich Strauß brachte, allerdings in weit geistvollerer Weise, Kerners Dichtertum mit seinen Geisterstudien in Zusammenhang: Kerners Dichtung sei wesentlich bestimmt von der Sehnsucht des Romantikers und von Schmerz und Tod als ihren Stacheln; sie blicke daher notwendig in ein Jenseits hinüber, das diese Pein zu stillen vermöge. Dieses Jenseits aber sei bildlos, unendlich und leer – infolge der aufklärerischen „Entmythologisierung", dürfen wir hinzufügen – und schenke daher nicht die ersehnte Erfüllung, – weswegen die Dichterseele mit Freuden von den Visionen der Somnambulen Besitz ergreife. Das turbulente Geistervolk indessen, auf das sie dort stoße, erweise sich auf die Dauer des hohen Anliegens nicht würdig, und die weitgespannte Empfindung zerbräche im humoristischen Gelächter. Kerner aber, als Romantiker, habe sich des rationalen Bodens, auf dem allein dabei der Lacher fußen könne, längst begeben und schwebe mit seinem Humor daher überm Bodenlosen.

Ohne Zweifel hat Strauß, der nicht nur Kerners Werke, sondern auch den Dichter selber kannte, mit diesen Thesen wesentliche Züge der kernerschen Geistigkeit richtig entworfen. Nur in einem Punkte, scheint mir, hat er Entscheidendes übersehen: die anfängliche Hinnahme des Geisterwesens und die bleibende Überzeugung von ihrer Möglichkeit – bei allem Zweifel, bei aller Unsicherheit – lassen sich nicht aus den Bedürfnissen der kernerschen Seele und Dichterseele ableiten, sondern nur aus einem eigenen Gehalt der Geistererscheinung an „Wirklichkeit". In weit höherem Maße, als Strauß es erscheinen läßt, war das somnambulische Jenseits eine Macht, die Kerners kritisches Bewußtsein überfiel, ein ganz und gar Unerwartetes, von dessen harter

Tatsächlichkeit er sich zuvor nicht einmal hätte träumen lassen können. Diese Beobachtungen befriedigten mithin nicht bloß ein Bedürfnis, sondern sie überwältigten auch durch ihr gewaltsam sich aufdrängendes Dasein Kerners kritische Vorbehalte. Die Fronten, von denen wir hier gesprochen haben, verliefen auch durch Kerners eigenes Gemüt.

Man mag am Ende urteilen wie man wolle, ehe man diesen entscheidenden Sachverhalt gesehen hat, bleibt man gegenüber allem Geisterwesen, das man bestreitet, ein schmollendes Kind: daß die Begegnung mit dem Gespenst und mit dem Dämon ein Zusammenprall mit etwas quasi Massivem, mit dem Unumgänglichen und dem Unausweichlichen ist. Nur wer dies eingesehen hat, und zwar in seiner tiefsten Bedeutsamkeit, in seinem schicksalhaften Bezuge, seiner shakespearischen Notwendigkeit, der vermöchte weiterzuschreiten zu einem Verständnis dieser Erscheinung und etwa dann auch zu einer Kritik an Kerner und seinen Freunden, – dem vielgescholtnen Eschenmayer insbesondere, dem selbst der große David Friedrich aus mehr als einem Grunde nicht gerecht werden konnte.

Bezeichnen wir in der Entwicklung Kerners die Punkte, an denen die Wirklichkeit der Geister auf ihn eindringt. 1786 zu Ludwigsburg geboren, war er geistig schon ein Kind des rationalen Jahrhunderts, vom ersten Tage an prägte dessen Grundhaltung seinen geistigen Wuchs. Die beiden bedeutenderen unter seinen Brüdern, beide älter als er, Georg und Karl, jener Arzt und zeitweilig ganz für die französische Revolution eingenommen, dieser Soldat, mathematischen Verstandes, später Bergrat *[Rat für Berg-, Hütten- und Eisenwerke]* und hoher Verwaltungsbeamter, helfen den rationalen Ansatz bezeugen. Auch Justinus selbst geht, nachdem er sich für das ärztliche Studium entschieden hat, folgerichtig diesen Weg; denn es ist bereits die moderne Naturwissenschaft, auf der seine Medizin ruht. Das wird kenntlich an seinen ersten wissenschaftlichen Schriften; 1808 promoviert er mit einer Experimentalarbeit über das Gehör der Tiere, veröffentlicht 1813 ein topographisch-balneologisches *[bäder- bzw. heilkundliches]* Werk über das Wildbad im Schwarzwald und untersucht einige Jahre später kasuistisch *[durch Beschreibung von Krankheitsfällen]*, in Tierversuch und chemischen Experimenten die damals in Württemberg häufigen Fleischvergiftungen. Die Einstellung zu diesen Untersuchungen und ihren Ergebnissen könnte auch von einem heutigen Naturforscher nicht sinngerechter umrissen werden als Kerner es damals tat: „Die Überzeugung hegend, daß nur die treuste Beobachtung in medizinischen Dingen weiterführen kann, suchte ich Tag für

Tag auf das genauste das Bild der Vergifteten abzuzeichnen ... So wurde dieses Tagebuch zwar eines eintönig und gedehnt; allein nur Thatsachen können hier weiterführe." – „Hypothesen vergehen, aber die treue Beobachtung steht ewig fest, brauchbar in allem Wechsel der Systeme, Gewinn für alle kommenden Tage."

Diese positivistische Einstellung, die Absicherung des Wissens in der Tatsache, der methodische Zweifel gegenüber der Deutung, beherrscht auf dem Grunde auch Kerners dämonologische Forschung. 1836 schreibt er, gegenüber der Kritik an diesem Schriften, an Sophie Schwab, daß auch ihm die Geister – als Tatsache – gar nicht lieb seien, daß diese Sachen auch seiner eigenen Phantasie immer entgegen waren, daß ihm statt der Geister eine andere, treffende Erklärung ganz recht sei; „aber ich kam auf sie rein nur auf dem Weg kalter Beobachtung, und was man so beobachtet und erkennt, muß man eben annehmen, ist es einem auch gegen die eigene Phantasie." Doch auch hier hofft er nun, daß seine eigenen Beobachtungen wenigstens veranlassen, „daß auch andere als ich solche Dinge nur wenigstens auch beobachten, dann wird man schon später finden, zu was sie führen, meinetwegen auch zu was anderem als Geistern. Zu einer Naturwahrheit werden sie führen." Aus diesen Sätzen geht nun jedenfalls eine klare naturwissenschaftliche Einstellung Kerners zu seinem Gegenstand hervor – ohne poetisches, theologisches oder philosophisches Vorurteil; allerdings hat die Hypothese zu diesem Zeitpunkt die hohe Wahrscheinlichkeit einer Tatsache erlangt, der auszuweichen Kerner vorderhand keinen Weg sieht.

Das ist schon einige Jahre später nicht mehr der Fall, hier hat Strauß offenbar richtig gesehen, und der Zweifel reicht nun in wurzelhafte Tiefe, bis in den Glauben hinab, auch wenn ihm Justinus niemals so radikalen Ausdruck verliehen hat wie sein Sohn Theobald, der eben seinerseits ein Sohn des 19. Jahrhunderts war . Indes müssen wir uns hier versagen, das weitere Feld der Religiosität einzubeziehen, obwohl es naturgemäß eng mit der Einstellung zur Geisterwelt zusammenhängt. Es sei nur darauf hingewiesen, daß von 1840 an das Lebensgefühl und die Gläubigkeit des Dichters durch andere, persönliche Erlebnisse eine neue Farbe erhalten – durch bittere Todesfälle nämlich, deren erster der Tod des Bruders Karl ist. Für das Jahr 1839 aber sei die tiefwurzelnde Skepsis wenigstens mit einem Zitat belegt, aus dem mir hervorzugehen scheint, daß Justinus, zum mindesten zeitweilig, in sich einen noch radikaleren Agnostiker *[der die rationale Erkenntnis des Göttlichen oder Übersinnlichen leugnet]* sah als in dem derzeitigen „Atheisten" par excellence, seinen Freunde David Friedrich Strauß: „Ich meine oft, ich sei vor Gott noch verdammter als Strauß und könne den Strauß noch um Fürbitte für mich bitten. So ist mein Gefühl, – ich kann das nicht machen." Wir begnügen uns mit diesem andeutenden Satze, um die Darstellung des wissenschaftlichen Zweiflers durch die des theologischen abzurunden, und wenden nun zurück, um die allmähliche Einführung in die entgegengesetzten Gewißheiten zu schildern.

Kerner war selbstredend seit der Universitätszeit mit dem Magnetismus vertraut, ja, er war selbst als Knabe schon – von Gmelin – magnetisch behandelt worden. Am Anfang der zwanziger Jahre begegneten ihm dann, unfehlbar, in Weinsberg auch zwei somnambule Mädchen als Patienten, Christiane Käpplinger und Karoline Stähle. Das eine Mädchen durchschaute sich selbst, erkannte den im Magen eingewachsenen Perlmuttersplitter und wußte sich medizinisch so zu beraten, daß er sich löste, zerbrach und abging, – überhaupt vermochte sie allgemein die Heilkräfte bestimmter Pflanzen, die man ihr in die Hand gab, zu ermessen; das andere Mädchen besaß eine höchst wunderbare Hellsicht durch die es einerseits Entferntes zu schauen vermochte, andererseits aber im Schlafe das Nahe durch ein vagierendes *[sich unstet bewegendes]* Sehvermögen, bald mit der Fingerspitze, bald mit der Nasenspitze, dem Knie, dem Ellbogen wirklich sah. Über die beiden Fälle berichtete Kerner 1824 in seiner „Geschichte zweier Somnambulen", in der er protokollarisch seine Beobachtungen niederlegte, – ohne daraus weitergehende, etwa gar religiöse Folgerungen zu ziehen. Es war, der Methode nach, ein nüchternes, naturforscherisches Werk, – obwohl die Seele des Dichterarztes in einzelnen Geister- und Jenseitsvisionen ohne Zweifel schon auf das überwältigende Ergebnis der Seherin von Prevorst vorbereitet ward.

Diese kam Ende 1826 zu ihm nach Weinsberg, schwer leidend, aber von einer so zauberhaft zarten Geistigkeit, Todesnähe und Jenseitigkeit, daß die an ihr zu beobachtenden Erscheinungen durch ihr Wesen von vornherein den Stempel einer im Raume anwesenden Wahrheit erhielten. Ihr somnambules Gesicht war nicht nur auf die inneren Kräfte der Natur gerichtet, der Pflanzen und Steine, und auf Verborgenes oder Entferntes in der Sinnenwelt, sondern ihr Blick drang auch tief in die geheimen Bezirke der innersten Seele und in das Reich über den Tode. Anfangs stand Kerner nur als Arzt an ihrem Bett, er wollte sie heilen und mußte danach trachten, ihren somnambulen Hang und Geisterverkehr einzudämmen und zu unterbrechen. Er hat daher anfangs mit Härte und fast gewaltsam sie in die Wachwelt hinüberzureißen versucht.

Aber der sanften Gewalt dieser Schwachen und Kranken, dem Wunder ihrer Wirklichkeit und Welt war seine Nüchternheit und waren seine bisherigen Überzeugungen nicht gewachsen. Das Buch, das er 1829 über diese Frau veröffentlichte, ward daher zu einem religiösen Bekenntnis, dem Eingeständnis, daß eine Geisterwelt in die unsere hereinrage. Zum Beweise dafür dienten ihm die zahlreichen Tatsachen von einem Verkehr der Kranken mit abgeschiedenen Seelen. Und nicht nur er allein war tief von dieser Frau beeindruckt, sondern auch viele von seinen Freunden und Besuchern, die von weit und breit nach Weinsberg kamen, – für die meisten war ein Tor in eine Wunderwelt aufgestoßen, das selbst unter entgegenstehenden Erlebnissen nie wieder ganz zufallen konnte.

An den genannten drei Somnambulen hatte Kerner gut-magnetischen Zustand erlebt und ihn dargestellt. Aber schon bald wurde er auch mit einer anderen magnetischen Erscheinung bekannt; den „kakodämonisch *[schlechtdämonischen]*-magnetischen Zustand, den kakodämonisch-magnetischen Kreise, wo im Gegensatz vom gutmagnetischen Kreise (wo das Gute, der Schutzgeist hervortritt) – das Böse hervortritt und nun der Kampf ... mit dem Guten entsteht". Diese Erscheinungen kulminieren *[erreichen ihren Höhepunkt]* in der Besessenheit, und Magdalena Gronbach war der erste Fall dieser Art, mit dem Kerner zusammentraf. Auch hier zeigte sich, daß „magnetische" Bewußtseinszustände vorkamen, daß diese Krankheit mithin auch zu den „magnetischen Leiden" gehörte. Wie bei den ersten leichteren Fällen erwies sich auch bei den Besessenen, daß sie durch Besprechen mit religiösen Formeln, insbesondere durch den Namen Christi, und magnetische Manipulation zu heilen waren, ein Heilverfahren, das Kerner magisch-magnetisch nannte. In den „Geschichten Besessener neuerer Zeit" stellte er eine Reihe von Fällen dar und belegte, daß das Leiden im griechisch-römischen Altertum, in evangelischer Zeit und später als Besessenheit wohlbekannt war, stets von anderen Geisteskrankheiten unterschieden und auf eine der seinen entsprechende Weise geheilt wurde. Wie die heidnischen und die christlichen Exorzisten wandte sich auch Kerner nicht an den Kranken, sondern an den Dämon und befreite durch dessen „Austreibung" den Menschen von der Krankheit. Der einzige Unterschied zwischen den alten und den neueren Besitzungen sei, daß sich die Dämonen ehedem als Teufel, neuerdings aber als Tote ausgäben. Bei der Manipulation wurde nach Kerners Entdeckung von unten nach oben verfahren, der Dämon von Leibesregion zu Region getrieben und die jeweils durchlaufene und schließlich der ganze Mensch gegen seine Rückkehr „verschlossen".

In der „Nachricht von dem Vorkommen des Besessenseyns" berichtet Kerner über einige weitere Fälle und erweitert insbesondere den Kreis der Erscheinungen durch die Annahme der schon evangelisch bezeugten „stummen Dämonen": wo der Verdacht auf ein derartiges Leiden vorliegt, muß der vermutete Dämon zum Zwecke der Austreibung zunächst zum Sprechen gebracht werden. Kerner äußert die Vermutung, daß eine große Anzahl bisher als unheilbar betrachteter körperlicher Erkrankungen so verursacht sei und auf seine Weise geheilt werden könne. Den Verdacht, daß der Arzt selbst dem Kranken den Dämon erst „einimpfe" – suggeriere, nach heutiger Ausdrucksweise – weist er weit von sich. Bemerkenswert ist, daß Kerners Vorschlag, ein körperliches Leiden durch Personifikation der Heilung zuzuführen, hochbedeutend – und unverächtliche – Entsprechungen in der Heilkunst der Naturvölker hat. Kerners eigene aussichtsreiche magisch-magnetische Kuren nehmen nach mehreren glücklichen Heilungen ein jähes tragisches Ende, als der von ihm als Magnetiseur verwendete Schneider Dürr sich – in Kerners Abwesenheit – übernahm, einen Schwächeanfall und Lähmungen erlitt und Kerner, da Dürr unersetzlich war, die Kranken, die auf dem Wege der Heilung waren, entlassen mußte. Doch hat Kerners Sohn in späteren Jahren seines Vaters Heilweise in einigen Fällen noch mit Erfolg angewandt.

Wie bemerkt, wendet sich der Arzt oder Exorzist an den Dämon, wenn er den Besessenen heilen will. Kerner erlebte nun, daß sein Verfahren nur dann wirksam war, wenn der Heiler es auch in dem vollen Bewußtsein, wirklich einer solchen Person gegenüberzustehen, durchführte. Eine Besessenheit magisch-magnetisch, aber als bloße seelische Störung der primären Person heilen zu wollen, führt zu keinem Erfolg. In dieser Form drängte sich also die beherrschende Wirklichkeit der zweiten Person dem Heiler unausweichlich auf: wenn er heilen wollte, hatte er gar keine Wahl, so wie er schon vorher keine Wahl hatte, wenn er nur zu dem Wesen vor ihm sprechen wollte. „Die Sau ist nicht da, ich bin da!" lautet die Antwort des Schwarzen, wenn man trotz seiner Gegenwart die Anrede „Magdalene" gebraucht.

Noch überwältigender war das Erlebnis, wenn sich der Dämon für einen erst jüngst verstorbenen Toten ausgab, der etwa gar noch Zeitgenosse der Lebenden und sogar mit ihnen bekannt gewesen war. Eschenmayer, als er die Heilung der Caroline Stadelbauer im Kernerschen Sinne im Verein mit Gesinnungsfreunden unternahm, hatte es mit dem dämonisch gewordenen toten

Beamten Weisert, Vater eines lebenden Pfarrers, zu tun und erst in zweiter Linie mit dem Mädchen, und der Oberpräzeptor Dr. Eyth, ein hochgebildeter Mann, Vater des Schriftstellers Max von Eyth, hat sich bis zur Veröffentlichung des gedruckten Berichtes trotz grundsätzlicher Zweifel (auch Eschenmayers) nicht von dem Eindruck lösen können, es mit einem ihm aus seiner Knabenzeit wohlbekannten Manne zu tun gehabt zu haben.

Rechnet man zu diesen planeren *[glätteren]* Erlebnissen die ungeheuer aufwühlenden Stunden versuchter, mißlungener oder geglückter Exorzismen, wie sie in Kerners Haus erlebt wurden – wo der Minister von Wangenheim unter die Nacht hinausfloh, um auf Augenblicke dem Kampfe um die Befreiung der Maria Uz zu entgehen; wo der General Karl Kerner, wie er sagte, so im Innersten erschüttert wurde wie kaum unter den Schrecken des russischen Feldzuges, den er in allen Phasen miterlebt hat – rechnet man dies zusammen, so mag man begreifen, wie Kerner zum Anwalt einer Wirklichkeit wurde, die seine Epoche nicht wahrhaben wollte und die auch nur der anerkennen konnte, der in irgendeiner Form Anteil am Erlebnis hatte.

Schon bei der Ausarbeitung des Buches über die Seherin hatte Kerner auch andere Deuter und Zeugen zu Wort kommen lassen, ebenso verfuhr er in den Geschichten Besessener; aber erst 1835 ergab sich die Möglichkeit, dies Verfahren auf einen größeren Kreis von Beobachtern auszudehnen, die alle unabhängig ihr Zeugnis beitrugen. Mit Spukvorfällen waren bereits die Geistererscheinungen der Seherin verbunden gewesen ebenso wie die des Mädchens von Orlach. Nun traten im Gefängnis von Weinsberg ohne Besessenheit oder Somnambulismus spukhafte Licht-, Schall- und Geruchserscheinungen auf, zu deren Untersuchung, da sie in dem Verfahren gegen eine inhaftierte Frau eine Rolle spielten, Kerner als Oberamtsarzt herangezogen wurde. Kerner hat diese Erscheinungen mit einer größeren Anzahl von Beobachtern überprüft, sie mit den meisten als Tatsachen befunden und darüber eingehend in dem Buche „Eine Erscheinung aus dem Nachtgebiet der Natur" berichtet. Dazu druckte er einen der erstaunlichsten Spukberichte aller Zeiten ab, der ihn von dem Schweizer Obersten Pfyffer mitgeteilt worden war.

Dies Geisterbuch Kerners ist das methodisch gelungenste, blieb aber gleichwohl das anstößigste und wurde wenig beachtet. Denn das Zeitalter besaß wohl zu den Somnambulen und den Besessenen noch einen sachangemessenen, den psychiatrischen Schlüssel nämlich; da aber bei dem Gefängnisspuk das Gespenst selbst den Gegenstand bildete und nicht mehr die mediale Seele, so war Kerners kritische Gegenwart genötigt, sich die Beobachter selbst zum Gegenstande zu wählen, – ihre Leichtgläubigkeit, unkritische Einstellung oder tendenziöse Wundersucht. Und die gegnerischen Anwürfe fanden auch mühelos ein Faktum, an dem sie einhaken konnten; denn die Angeklagte um die es sich handelte, saß wegen betrügerischer Schatzgräberei in Untersuchungshaft.

Demgegenüber hätten wir nun, über das bereits Gesagte hinaus, nach den Gewißheitsquellen zu fragen, aus denen Kerners wissenschaftliche Wandlungen und seine neuen Überzeugungen herrührten. Da ist nun zunächst das Entscheidende, daß Kerner, bei aller inneren und schicksalhaften Teilhabe am wissenschaftlichen Rationalismus der ausschließlichen Anwendung seiner Methode widerstrebte. Für den Mesmeristen war es ja offensichtlich, daß gewisse Gegenstände durch die rationale Grundeinstellung sowohl wie die experimentellen Methoden und die kritischen Maßstäbe der Erfahrung als möglicher Gegenstand der Forschung von vornherein ausgeschaltet wurden: zahllose Erlebnisse der Schauung entfielen für die messende, wägende Nachprüfung. Wir hatten jedoch anfangs betont, daß auch Mesmer schon seinen Gegenstand, einen uralten menschlichen Erfahrungsbereich, in neuer Weise aufgriff, aus dem Geiste des rationalen Jahrhunderts, mit seiner Terminologie, mit dem Versuch einer naturwissenschaftlichen Bewältigung. Wir fügen jetzt hinzu, daß es bei dem wissenschaftlichen Gegensatz von Mesmerismus und Rationalismus letzten Endes gar nicht um die Richterrolle der Vernunft ging, um die Stellung der ratio als oberster Instanz, sondern in Wirklichkeit um die sinnliche Grundlage ihres Existentialurteils: ob Berührung, ob Tastbarkeit allein den Ausschlag gäbe oder ob Schaubarkeit ebenfalls einen Wirklichkeitsanspruch begründe. Schon 1824 wendet sich Kerner in jener Somnambulen-Schrift „gegen diejenigen, welche, eingeschlossen in die isolierende Glastafel (tabula vitrea) ihres Schädels, keine Ahnung von einer Sympathie der Dinge und einem höheren Geistesleben haben, denen alles Geistige, was nicht an ihrer kalten Gehirnwand sogleich in palpablen *[deutlichen, greifbaren]* Tropfen sich sublimiert *[veredelt]*, Trug und Lüge ist."

In dieser metaphorischen Stellungnahme kennzeichnet Kerner also die rein rationalistische Methodik als isolierend und kalt – der Beobachter versperrt sich gegen die Anteilnahme am Gegenstande –, als gläsern – er ignoriert das Undurchsichtige –, als ausschließlich körperbezogen – nur das Palpable, das Tastbare, nennt er real. Die sublimierten Tropfen bringen zum Ausdruck, daß auch die erahnten Dunstkreise und Auren, in denen je ein gut Teil der romantischen und der mesmeristischen Wirklichkeit besteht, nur dann und als wirklich gelten sollen, wie sie sich greifbar niederschlagen lassen. Es ist leicht zu sehen, daß die Naturwissenschaft auf ihrem eigenen Gebiet seither entsprechende methodische Korrekturen vollzogen hat, hier interessiert uns nur die Auseinandersetzung zu Kerners Zeit. Palpabel waren die Phänomene, um die es ihm ging, nicht; erlebbar waren sie dem, der sich hingab; sie vermochten tief zu erschüttern und die menschliche Innerlichkeit zu wandeln, – aber mit Händen zu greifen waren sie allerdings nicht.

Gerade der Dichter aber wird nicht gesonnen sein, nur das Handgreifliche als wirklich gelten zu lassen, und damit kommen wir zu der Umkehr des oben zitierten Vorurteils über die Dichter: nicht weil ihn das Phantastische ergötzt, behauptet der Dichter auch gegen das Vorurteil der Theorie unwägbare Daseinsmächte, sondern weil ihn ein unbeirrbarer Wirklichkeitssinn, der Spürsinn für das Bedeutende auch dann noch an Erlebnisse und Erscheinungen bindet, wenn diese verständigerweise „eigentlich" nicht sein könnten. Gerade als Dichter war Kerner mithin befähigt, die Existenz der Geister hinzunehmen wie den naturwissenschaftlichen Grundüberzeugungen treu zu bleiben, und der Boden unter seinem Humor, den Strauß vermißte, weil es weder mehr die Gläubigkeit noch die vernunftgemäße Überzeugung sein konnte, ist das Erlebnis selber, in dem die widersprüchlichsten Anschauungen und Begriffe coincidieren *[zusammenfallen]*. Nicht jeder freilich vermag in diesem Standort auch fest zu fußen, es bedarf dazu unter anderem einer weitgespannten Lebensfülle, wie sie nun allerdings dem Dichter Kerner wirklich eigen war, – und es bedurfte in jener betont rationalen Zeit und bei eigener Teilhabe an ihr des kernerschen Humors, um nicht selbst isolierender Verschrobenheit zu verfallen.

Das Bezwingende aber, das die einseitig-rationalistische Einstellung in diese doppelpolige gewandelt hatte, bedarf noch einer treffenden Bezeichnung, um es in seiner ursprünglichen Mächtigkeit vollends zu enthüllen: die Begegnungen, durch die sich Kerner wandelte und die ihn in einer gleichsam absichtvollen Stufung zu einer endgültigen und entscheidenden Neuausrichtung geleiteten, hatten initiatischen Charakter. Wir denken dabei nicht an eine bewußte Führung durch „höhere Geister" – gemäß theosophischen *[religiösweltanschauliche Richtung, die in meditativer Berührung mit Gott den Weltbau und den Sinn des Weltgeschehens erkennen will]* oder verwandten mystischen Anschauungen – sondern halten es für wahrscheinlicher, daß dabei ein inneres Menschheitserbe, ein uralter Erlebenskern Schale um Schale freigelegt wird und daß sich dementsprechend auch der zugeordnete Kosmos ändert. Solche Erlebnisse, durch die sich die Wirklichkeitszone eines Menschen im Weltkreis allgemein-menschlicher Erlebensweite entscheidend verschiebt, nennen wir Initiationserlebnisse. Bei allen ursprünglichen Völkern werden derartige Erlebnisse bewußt herbeigeführt, am durchgreifendsten in Gestalt der Jünglingsweihen und Mannbarkeitsriten, und auch hier ist entscheidend das Erlebnis der Wirklichkeit des Todes und der Geisterwelt beteiligt. In unserer Kultur erlebt man die Initiation nur mehr zufällig, und es war für Kerner das Schicksal selber, das ihn durch eine Reihe von Begegnungen, die sich stuften gemäß seiner inneren Aufbereitung, initiierte. Die in solchen Weihen, ob nun bei den Papuas [Menschen der indonesischen Provinz in Papua Barat, dem indonesischen Teil Neuguineas] oder in Schwaben, eingefleischte Wirklichkeitsstimmung liegt unter aller Wissenschaftlichkeit, ist für Argumente nicht erreichbar und kann nur durch ein neues, tiefer greifendes Initiationserlebnis „aufgehoben" werden.

Es liegt auf der Hand, daß dergleichen Erlebnisse im Grunde nur in Gestalt von Bekenntnissen verlautbart werden können, daß das irrationale Erleben auch nach irrationalem Ausdruck strebt. Immerhin wurde eine verständliche und angemessene Aussage dadurch erleichtert, daß Kerner, so außerordentlich sein Anliegen auch war, doch mit ihm nicht etwa allein stand. Es gab nicht nur viele befreundete Forscher, die sich ebenfalls der „Nachtseite der Natur" verschrieben hatten, sondern auch jene allgemeinere, vorwiegend spekulative Richtung, die romantische Naturphilosophie, die gleichermaßen wie die Pioniere des Nachtgebietes an Sinnzusammenhängen statt an Kausalketten orientiert war.[1] Und so sehr sich auch einzelne ihrer Vertreter von Kerners Gegenstand distanzierten, so nahe stimmten doch beide Richtungen in ihrer Denkweise und zum Teil auch in ihrer Terminologie zusammen. Auch dort hätte also Kerner für seine Befunde eine weniger aufreizende Sprachform vorgefunden. Wie wenig indes ein gleichsam entschärfter Aufputz Kerners Sache war, dafür bietet die Überlieferung unserer Geschichte ein drastisches Beispiel.

Welsch berichtet vom Erscheinen des Schwarzen und fährt dann fort „Magdalene versichert, deutlich die Worte von ihm vernommen zu haben: Gelt ich bin auch da. ... – Nun kam es ihr vor, als gehe er auf sie zu und

---

[1] Vergleiche zum Beispiel die Aussage von du Prel: „Beim Fliegen der Vögel, diesem auch träumenden prophetischen Geschlecht, möchte vielleicht neben ihren mechanischen Einrichtungen eine ähnliche Aufhebung der Schwerkraft zum Teil stattfinden."

greife ihr mit kalter Hand in den Nacken, und sie verfiel wie gewöhnlich in einen der Epilepsie ähnlichen Krankheitszustand ..." – Kerner setzt stattdessen: „Er sprach: ,Nicht wahr, ich bin auch da? ...' – Als er dieses gesprochen, ging er auf sie zu, griff ihr mit kalter Hand in den Nacken, sie verlor ihr Bewußtsein, und er war nun in ihr." – Was hier Vorlage und was absichtsvolle Änderung ist, liegt klar. Der Döttinger Pfarrer glaubte dem Oberamtsarzt ein möglichst objektiv gefaßtes Protokoll liefern zu müssen, Kerner aber verschmäht es, schon in der Schilderung auf das rationale Gleis auszuweichen. Er strich die relativierenden Wendungen und gab das Erlebnis, wie es erlebt wurde, quasi naiv, wieder. Die Frage, wer das wahrhaft Wirkliche nun sprach, ist nicht von vornherein entschieden. Kerners Kritiker zwar wären dem Pfarrer beigefallen, aber ohne Blick und Wort für das eigentlich Widerfahrene, ohne das Bemühen um die unmittelbarste Bekundung des seelischen Erlebens, würde die Wissenschaft es bald nur noch mit dem Gespinst abgezogener Vorstellungen und relativierender Ansichten zu tun haben. Ohne eine gewisse Überzeichnung entscheidender Züge wäre auch Kerner von seiner Umwelt gar nicht ernst genommen und in seinem Hauptanliegen nicht verstanden worden.

Das Weltbild, in dem die Geister sich bewegten, deckte sich weitgehend mit dem überlieferten altchristlichen. Auch Kerner bot daher seine irrationalen Beobachtungen anfangs in diesem Rahmen dar, und es mag ihm erwünscht gewesen sein, daß er den heiklen Gegenstand der zu erwartenden Kritik sogleich in der bewältigten Form einer Weltanschauung vorlegen konnte. Im übrigen besaß aber gerade er zu einer eigentlichen Systematik des Beobachteten weder große Neigung noch Begabung. In seinem Buch lehnt er es im Anschluß an die Geschichte des Mädchens von Orlach ausdrücklich ab, aus den Eröffnungen der Geister und Somnambulen ein System zu machen. In den späteren Auflagen der „Seherin" zitiert er für die allgemeineren Auswertungen Schubert, Görres und Eschenmayer. Besonders der letztere hatte mit ihm das Erlebnis der Frau Hauffe geteilt; gerade er aber neigte auch zu extremen Schlußfolgerungen, denen der Mitte wahrende Zweifel Kerners nur ungern sich anschloß und die auch in der Tat der Aufnahme der Kernerschen Werke nicht günstig waren, – obwohl des öfteren nur der Zweifel am Ganzen es gewesen sein mag, der sich bei Freunden wie Feinden unter Schonung Kerners unaufrichtig genug in einer Kritik an Eschenmayer entlud. Besonderen Anstoß gab Eschenmayers Theorie von der heiklen Stellung der Menschenseele zwischen satanischer Unnatur und göttlicher Übernatur, die er eben grade als eigenen Beitrag in Kerners „Geschichten Besessener" entwikkelte und deren anstößigster Punkt seine Ansicht von Zauber war: der Tübinger Professor der Philosophie und Psychologie fand sich auf Grund von Erlebnissen, Berichten und Prozeßakten zu der Annahme gedrängt, daß die Besessenheit überhaupt erst in einen Menschen Eingang fände durch bewußt ausgeübten Schadenzauber. Daß Eschenmayer diese Theorie nicht in vollem Umfange und mit ihrem ganzen Gewicht in Kerners Buch verfechten konnte, lag an dem weltklugen Staatsrat Karl Kerner, der dem Bruder ernste Vorstellungen wegen der nach einem solchen Schritt nicht mehr zu beschwichtigenden amtlichen Kritik machte und ihn mit Entzug des Schutzes, den sein weitreichender politischer Einfluß gewährte, bedrohte!

Eschenmayer fand seine Theorie später an der besessenen Caroline Stadelbauer aufs genaueste bestätigt – ohne auf das Verfängliche einer solchen „somnambulen" Bestätigung aufmerksam werden zu können. Kerner aber, der dieses Erlebnis nicht geteilt hatte, fand, daß Eschenmayer einer Täuschung erlegen sei, wohl gar einem Betruge, trat also dem Freunde in diesem Falle mit den gleichen Zweifeln entgegen, die sonst gegen ihn vorgewendet wurden. Was für eine höchst besondere Art von Wirklichkeit war es doch, die er und seine Gesinnungsfreunde erforschten!

Da Eschenmayer als Mediziner begann und damals auch eine nüchterne Schrift über den Krupp *[akute Entzündung der Kehlkopfschleimhaut]* verfaßt hat, so muß bei ihm eine der kernerschen analoge geistige Wandlung sich abgespielt haben; ihre Ergebnisse waren nur umso radikaler, als Eschenmayer in weit höherem Maße Theoretiker war als Kerner. Kerner ist letzten Endes der Skeptiker, der sich in der Anschauung der Erscheinung hält, ohne Existentialurteile zu fällen, und er ist der praktische Arzt, dem es auf die Heilung des Patienten ankommt und für den die Theorie der glücklich verlaufenen zweitrangig ist. Der bloß Erlebende, der Praktiker durfte die Geister hinnehmen, ohne sich hinsichtlich ihrer Existenz zu entscheiden. Eschenmayer aber, als Metaphysiker, konnte dabei nicht stehen bleiben, sondern mußte ja oder nein sagen – und stand dabei unter dem gleichen initiatischen Zwange wie Kerner. Das Verhältnis der beiden Männer läßt sich mit kurzen Worten indes überhaupt nicht erschöpfen, sondern nur vor dem weiten Hintergrunde der damaligen geistigen Situation orten, und werten ließen sich ihre Überzeugungen nur an einem Pegel, der auch den Stand des von ihnen untersuchten Menschheitserbes anzeigt.

Es ergab sich im Laufe der Zeit, daß Kerner die Somnambulen und Besessenen in sein Haus aufnahm, um sie dort zu beobachten und zu heilen. Dies geschah viele Jahre hindurch, und sein Haus geriet auf diese Weise in den Ruf – bei Verständigen wie Unverständigen – dem Auskunftsbedürftigen stets mit einer Seherin aufwarten zu können. Überhaupt entsprach der Ruf Kerners in allen Schichten eben den jeweiligen Bedürfnissen und Denkgewohnheiten. Während einige in ihm geradezu den Hexenmeister sahen, an den man sich mit den absurdesten Anliegen um magische Beratung wenden konnte, – war er bei den kühler Gesinnten eben wegen seines Hanges zum „Nachtgebiete" verrufen, und das Oberamt Weinsberg galt bei diesen um seiner Abgelegenheit willen und infolge Kerners Wirken für abergläubischer als andere. Ohne Zweifel war es auch so, daß Kerner in den Sympathiemitteln des Volkes, in den Kunstgriffen der Schäfer und Schmiede nachprüfenswerte Vorbilder sah, umso mehr, als deren viele vom Mesmerismus her verständlich wurden. Die Seherin von Prevorst selbst hatte ihn, aus ihren Gesichten, mit solchen Mitteln bekannt gemacht, und er scheute sich nicht, ihre Lehren zu beherzigen und selbst mit magischen Formeln und Amuletten zu kurieren. Es ist die Frage, wie es ihm ergangen wäre, wenn er nicht am Anfange seiner Laufbahn sich wissenschaftlich auf ganz unverfänglichen Gebieten betätigt hätte, wenn er ein simpler Praktikus gewesen wäre und nicht gerade der Amtsphysikus, der zudem noch unter dem mächtigen Schutze seines Bruders stand, der Exzellenz in Stuttgart. So aber war er einigermaßen geschützt gegen die Anfeindungen der Aufklärer, es war ein Wall zugleich für den Oberamtsarzt wie für seine Schützlinge.

JUSTINUS KERNERS FORSCHUNGSGEGENSTAND

[Erschienen in „Neue Wissenschaft. Zeitschrift für Grenzgebiete des Seelenlebens", 10.Jg, Bern 1961/62, S. 130–143.]

Der erste wohl, der in Deutschland bewußt und entschieden gefordert hat, daß Geisterspuk und verwandte Erscheinungen als ein wichtiger und würdiger Gegenstand der Naturforschung zu untersuchen seien, und der selbst systematisch solche Forschungen betrieben und derlei Erfahrungen gesammelt hat, war der Weinsberger Oberamtsarzt Justinus Kerner, dessen Todestag sich am 21. Februar 1962 zum hundertsten Male jährte. Das Ansehen dieses seltenen Mannes und die Beurteilung, die sein wissenschaftliches Streben bei den Zeitgenossen und bei der Nachwelt fand, sind je nach dem Charakter der Zeit und der Menschen äußerst verschieden bis zur völligen Gegensätzlichkeit. Das ist etwas höchst Eigenartiges und angesichts der Meinung Kerners, daß er einem naturwissenschaftlichen Anliegen folge, gar nicht zu verstehen. Denn auf naturwissenschaftlichem Gebiet gibt es wohl Hypothesen, die verfochten und bestritten werden, die lange Zeit unbewiesen bleiben, die anerkannt und wieder verworfen werden, – aber in der Auseinandersetzung darüber gibt es eine gewisse Stetigkeit, in jeder Epoche eine gewisse Einhelligkeit der Wortführer, gemeinsame Sprache, gegenseitiges Verständnis, wechselseitige Zugeständnisse, und vor allem fußen die Urteiler auf einem gemeinsamen Besitz an Beobachtungen und Tatsachen, und erst in einer gewissen Höhe der Abstraktion beginnt die Auseinandersetzung um ihre Bewertung und Deutung. Der Streit um die Ergebnisse der Kernerschen Forschungen aber beginnt schon unmittelbar beim Gegenstand. Diesem selbst wird überhaupt sein Dasein, seine Gegebenheit bestritten, schon an diesem Punkte scheiden sich die Geister, und ein großer Teil wendet sich schon dort als von etwas völlig Nichtigem auf Nimmerwiederkehr von ihm ab. Woher rührt es, daß im Gegensatz zum naturwissenschaftlichen Objekt der Gegenstand der Kernerschen Forschung unverbindlich ist? Von welcher Art ist dann, was ist überhaupt dieser sein über hundert Jahren niemanden geradezu verpflichtende Gegenstand? – Auf diese Frage sind längst mancherlei Antworten gegeben worden. Der Gedenktag des Wegbereiters gibt uns Anlaß, im Zusammenhang seiner eigenen Erlebnisse eine bedingte Antwort aufzusuchen und auf die unbedingte hinauszublicken.

Kerner war nicht nur Oberamtsarzt, sondern gehörte mit Uhland zu einem Kreise schwäbischer Dichter, die als Spätlinge der Romantik gelten. Auf sein dichterisches Werk gründet sich denn auch sein Nachruhm, – vornehmlich auch unter jenen, die eine Huldigung nicht umgehen, sie aber beileibe nicht seinem eigentlichsten Anliegen spenden wollten; natürlich hielten sie sich darin noch für großmütig, daß sie dem Dichter seine Geistertorheiten nachsahen. Als ob nicht ein Dichtererbe stärker verpflichtete als jedes andere Gedankenerbe! – da doch im Gegensatz zu der landläufigen Meinung, daß die Geschöpfe des Dichters Spielbälle seiner Einbildungskraft seien, vielmehr im echten Dichter sie allesamt aus einer tiefempfundenen Wirklichkeit wiedergeboren werden, – nur scheinbar seine Geschöpfe, in Wahrheit er nur das Mittel, das ihnen zum Offenbarwerden verhilft. Im Gegensatz zu den falschen Lobrednern seines Dichterruhmes sind wir daher mit aller Entschiedenheit der Meinung, daß Kerners höchstes Verdienst nicht in seinen Dichterwerken gründet – unter denen gleichwohl einige, fast namenlos, zum bleibenden deutschen Erbe gehören – sondern daß er die Jahrhunderte allein überragt als Wegbereiter in die Welt der Geister. Darin stimmen wir mit seiner eigenen Ansicht von seiner Wirkung völlig überein. Wie Goethe sein dichterisches Werk neben seiner Farbenlehre geringer einschätzte, so brachte auch Kerner – und dies ist mehr als ein bloßer Vergleich – in einem bekannten Spruche zum Ausdruck, in der Nachwelt lebe er als Arzt wie als Dichter nur flüchtig: „nur wenn man von Geistern spricht, denkt man mein noch und – schimpft tüchtig."

Kerner wurde 1786 in eine Zeit geboren und kam zu geistiger Reife in ihr, die weltanschaulich von zwei Gegensätzen beherrscht wurde: einerseits der Hochschätzung der menschlichen Vernunft als der alleinigen sicheren Führerin des Menschen im Erkennen und Handeln, also dem Rationalismus, einer Überzeugung, die bis in unsere Tage herrschend geblieben ist und unser gesamtes Dasein mit allen Verflechtungen und selbst noch unser Irrationales weithin durchdrungen hat, – und andererseits von einer mystischen Weltschau, welche den Menschen in elementaren Gewalten eingebettet und von ihnen durchströmt sah, einer Lehre, die durch Mesmer den entschiedensten Ausdruck fand. Denn durch ihn hatte diese Lebensansicht auch zu einer Praxis geführt, nämlich zu der des sogenannten Lebensmagnetismus, der gestattete, den Menschen in Zustände zu versetzen, in denen seine Vernunft offenbar von den Elementen, von Nacht und Natur überflutet wurde. Zwischen diesen Polen ist auch Kerners Lebenswerk ausgespannt, die Kraftlinien beider verflechten sich in ihm.

Kerners Schaffen beginnt und endet in Versen, ein dichtes Gewinde von Liedern, Gedichten, Balladen und Sprüchen umschlingt sein Leben. Als Fünfundzwanzigjähriger schreibt er die „Reiseschatten", eine romantisch verdichtete Schilderung der wirklichen Reise, die er nach Abschluß seines Studiums unternahm; als Teil einer Novelle dichtete er das Märchen „Goldener", das als Volksmärchen gilt und sogar einem seiner Typen den Namen lieh. Das „Bilderbuch aus meiner Knabenzeit" beschloß die Reihe bedeutender dichterischer Prosawerke. Alles übrige von Gewicht ist wissenschaftliches Werk, vor allem Pionierarbeit auf dem Gebiete der heute so benannten Parapsychologie. Den Anfang machen jedoch durchaus rationale naturwissenschaftliche Untersuchungen: die Doktorschrift nach Experimenten über das Gehör der Tiere; eine Darstellung über das Wildbad im Schwarzwald; zuletzt zwei Experimentaluntersuchungen über das „Wurstgift", das heißt die heute so genannte Fleischvergiftung. So angefangen zu haben, war ein Glück; Kerner begründete damit ein wissenschaftliches Ansehen, das ihm die Anfeindungen wegen der mesmeristischen Schriften tragen half. Waren die Veröffentlichungen über das Wurstgift doch sogar mit staatlicher Unterstützung erschienen. Überhaupt begünstigten ihn einige äußere Umstände bei seinen zwielichtigen Forschungen sehr: er gehörte einer alten Familie württembergischer Staatsbeamter an, zum Vater hatte er einen Oberamtmann, als Bruder eine hohe Stuttgarter Excellenz und war selbst württembergischer Oberamtsarzt. Ohne diese Stellung, ohne diese Verbindungen, ohne die alten, rational zu bemessenden Verdienste, ohne ein Dichtertum, das zur Nachsicht stimmte, hätten ihn angesichts seiner mesmeristischen Überzeugung, Behandlungsweise und Werke wirkliche Gefahren bedroht. Denn der Staat und seine Beamten vom König bis zum Polizisten herab, der Adel und die Geistlichkeit, waren überwiegend rational eingestellt und verabscheuten entgegengesetzte Ansichten, unter anderem weil sie diese als Angriffsspitzen des militanten *[streitbaren]* Katholizismus ansahen.

Kerner war früh mit dem Lebensmagnetismus bekannt geworden, schon bevor er Medizin zu studieren begann. Auf der Universität galt der Mesmerismus, zumindest unter der jüngeren Generation, als die umwälzendste Entdeckung der Zeit, als ein Heilmittel, dessen Wirkungen noch gar nicht zu ermessen waren. Als daher in der Weinsberger Praxis Anfang der zwanziger Jahre zwei „Somnambule" auftauchten, begegnete ihm damit leibhaftig, was ihm geistig längst zu eigen geworden. Aber nun konnte er die wunderbaren Zustände, durch die im schlafenden Menschen erstaunliche neue Fähigkeiten erwachen, selbst beobachten. Das eine Mädchen durchschaute sich selbst, erkannte den im Magen eingewachsenen Perlmuttersplitter und wußte sich medizinisch so zu beraten, daß er sich löste, zerbrach und abging, – überhaupt vermochte sie allgemein die Heilkräfte der Pflanzen, die man ihr in die Hand gab, zu ermessen; das andere Mädchen besaß eine höchst wunderbare Hellsicht, durch die es einerseits Entferntes zu schauen vermochte, andererseits aber im Schlafe das Nahe durch ein vagierendes *[umherziehendes]* „Sehvermögen", bald mit der Fingerspitze, bald mit der Nasenspitze, dem Knie, dem Ellbogen wirklich sah. Über die beiden Fälle berichtete Kerner 1824 in seiner „Geschichte zweier Somnambulen", in der er protokollarisch seine Beobachtungen niederlegte, – ohne daraus weitergehende, etwa gar religiöse Folgerungen zu ziehen. Es war, der Methode nach, ein nüchternes, naturforscherisches Werk. Einige Jahre später jedoch wurde ihm der nüchterne Beobachtungswille durch eine neue Erscheinung überwältigt, die sein Weltbild veränderte, so daß er auch in der Darstellung – zunächst – nicht mehr nüchtern, beobachtend, naturforscherisch bleiben konnte.

Es kam nämlich Ende 1826 zu ihm nach Weinsberg in die Behandlung eine Frau, deren somnambules Gesicht nicht nur auf die inneren Kräfte der Natur, der Pflanzen und Steine, und auf Verborgenes oder Entferntes in der Sinnenwelt gerichtet war, sondern deren Blick auch tief in die geheimen Bezirke der innersten Seele und in das Reich über dem Tode, in die Geisterwelt drang. Kerner wollte von Geistern so wenig etwas wissen wie irgendein anderer Gebildeter seiner Zeit. Ihr Dasein war mit seinen Überzeugungen unvereinbar; überdies wollte er die Frau heilen und mußte danach trachten, ihren somnambulen Hang und Geisterverkehr einzudämmen und zu unterbrechen. Er hat daher anfangs mit Härte und fast gewaltsam sie in die Wachwelt herüberzureißen gesucht. Aber der sanften Gewalt dieser Schwachen und Kranken, dem Wunder ihrer Wirklichkeit und Welt war seine Nüchternheit und waren seine bisherigen Überzeugungen nicht gewachsen. Das Buch, das er 1829 über diese Frau veröffentlichte, ward daher zu einem religiösen Bekenntnis, dem Eingeständnis, daß eine Geisterwelt in unsere hereinrage. Zum Beweise dafür dienten ihm die zahlreichen Tatsachen von einem Verkehr der Kranken mit abgeschiedenen Seelen. Und nicht nur er allein war tief von dieser Frau beeindruckt, sondern auch viele unter seinen Freunden und Besuchern, die von weit und breit nach Weinsberg kamen, – für sie alle war ein

Tor in eine Wunderwelt aufgestoßen, das selbst unter völlig entgegenstehenden Erlebnissen nie wieder ganz zufallen konnte.

Die Frau war Friederike Hauffe, geborene Wanner, durch Kerners Buch – nach ihrem in den Löwensteiner Bergen gelegenen Geburtsort – als die Seherin von Prevorst weltbekannt geworden. Der Einfluß, den das Leidensleben dieser Frau auf die Weltansicht bedeutender Männer und damit auf ganze Wissenschaftszweige gewonnen hat, läßt sich gar nicht abschätzen. Das Entscheidende aber ist, daß Kerner durch sie sich derjenigen Wirklichkeit gegenübersah, der er fortan als Forscher dienen mußte, der der Geister, und die durch ihn fortzeugend bis in unsere Gegenwart hineinwirkt, ja, die jetzt erst zu eigentlicher durchgreifender Wirksamkeit gelangt. Denn es steht in unseren Tagen eine Reihe von Wissenschaften an dem Scheideweg, wo sie entweder abermals die Ergebnisse Kerners verwerfen und Einbuße leiden – oder sie annehmen werden, um sich mit einem neuen und tieferen Leben zu bereichern[1].

Es entsprach der verwandelten Wucht der Erlebnisse, daß Kerners Buch über Friederike kein Bericht sein konnte, sondern ein Bekenntnis werden mußte. Dies war unumgänglich. Aber ohne dies hätte er auch wissenschaftlich seine Aufgabe, den Blick überhaupt erst einmal auf diese Wirklichkeit zu richten, nicht erfüllen können. Man mag es wegen der unmittelbaren Wirkung, der anzuregenden Diskussion, beklagen, daß Kerner seine Rechenschaft nicht nüchterner ablegte, er selber beklagte später diesen Fehler, und er versuchte in den folgenden Schriften, den religiösen Gehalt zugunsten beobachteter Tatsachen zurückzudrängen, – in Wahrheit und auf lange Sicht beurteilt, konnte Kerner seinen Gegenstand nicht vertreten, indem er ihn als ein undurchsichtiges wissenschaftliches Problem hinstellte, sondern nur so, daß er sich zu ihm als einer lebendigsten Wirklichkeit bekannte. Erst vermöge der Ergriffenheit eines Menschen erhielt dieser Gegenstand sein Gewicht.

Wir nennen Erlebnisse, durch welche sich die Wirklichkeitszone eines Menschen im Weltkreis allgemein-menschlicher Erlebnisweite entscheidend verschiebt, Initiationserlebnisse. Bei allen ursprünglichen Völkern werden derartige Erlebnisse bewußt herbeigeführt, am durchgreifendsten in Gestalt der Jünglingsweihen und Mannbarkeitsriten, und auch hier ist entscheidend

---

[1] Vergleiche hierzu das Kapitel „Die Seherin von Prevorst" in R. Baerwald: Die intellektuellen Phänomene, Berlin 1925, wo vom Standpunkt der „Telepathischen Richtung" eine Analyse des parapsychischen [übersinnlichen] Gehaltes der medialen [vermittelnden] Erscheinungen Friederike Hauffes versucht wird.

das Erlebnis der Wirklichkeit des Todes und der Geisterwelt beteiligt. Eben diese Zeremonien der Urvölker bezeichnen wir ja als Initiationsriten. In unserer Kultur erlebt man die Initiation nur mehr zufällig, und es war für Kerner das Schicksal selber, das ihn durch seine Botin, die Seherin Friederike, initiierte. Die in solchen Weihen, ob nun bei den Papuas oder in Schwaben, erlebte Wirklichkeit liegt unter aller Wissenschaftlichkeit, ist für Argumente nicht erreichbar und kann nur durch ein neues, tiefer greifendes Initiationserlebnis „aufgehoben" werden. Wo es nicht in dieser Weise aufgehoben, sondern durch Schickung oder Gewalt an seinem angemessenen Ausdruck oder Bekenntnis gehindert wird, stirbt die Seele. Eine auf dieser Welt nicht ganz seltene Todesursache.

Wir haben durch die Schilderung der Begegnung mit Friederike Wanner bereits Wesentliches über Kerners wissenschaftlichen Gegenstand ausgesagt, wenden uns jedoch, bevor wir ihn weiter ergründen, noch einmal zu dem Fortgang seiner Begegnungen und Veröffentlichungen zu. An den ihm bisher bekannt gewordenen Somnambulen hatte Kerner den sogenannten gutmagnetischen Zustand beobachtet, in dem das – moralische – Gute die Erscheinungen beherrscht. Nun wurden ihm Erscheinungen bekannt, in denen das Böse sich hindurchrang, und Ende 1832 begegnete ihm zum erstenmal ein Fall, da ein gutes, harmloses Bauernmädchen von einem „bösen Geiste" – nach dessen eigenem Zeugnis von einem vor Jahrhunderten gestorbenen Mönche – besessen war. Immer wieder wurde das „Mädchen von Orlach" bis zum März 1833 in ganz normalem Zustande von dem Totengeiste überfallen, ihr eigenes Bewußtsein erlosch, und aus ihrem Munde sprach mit grober Stimme ein anderes Ich, das sein eigenes, ganz anderes, längst gelebtes Leben, seine eigenen Taten und Gesinnungen zum Hintergrund hatte. In den nächstfolgenden Jahren begegneten Kerner noch weitere Besessene, darunter vor allem die Frau Maria Utz, deren Besessenheit ganz typisch war und durchaus den Besessenheitsschilderungen des „Neuen Testamentes" entsprach. 1834 ließ er die „Geschichten Besessener neuerer Zeit" erscheinen, und 1836 folgte diesen die „Nachricht vom Vorkommen des Besessenseyns", in der er einige weitere Fälle schilderte und insbesondere näher auf die inzwischen von ihm entwickelte Therapie – die magisch-magnetische Methode – einging. Auch diese Begegnungen wiesen auf die Wirklichkeit einer Totenwelt, denn alle diese unglücklichen Kranken fühlten sich von Geistern Verstorbener gequält, deren Angaben über ihre Lebensschicksale sich zum Teil durch Vergleich mit den Akten bewahrheiten ließen. Doch gab es hier bereits, wie aus dem Briefwechsel Kerners mit seinem Freunde Eschenmayer hervorgeht, Schwierigkeiten. Es zeigte sich, daß die ursprünglich einfach erscheinende Tatsache, des „Hereinragens einer Geisterwelt" offenbar vielschichtiger gegliedert war, und daß ihr noch andere Deutungen gerecht werden konnten. Kerner allerdings erkannte klar, daß seine Aufgabe auf diesem Gebiet angesichts einer nach immer verdünnteren Rationalismen strebenden Wissenschaft nicht die Aufdeckung der Schwierigkeiten, sondern die Behauptung der Phänomene war.

Hierzu bot sich ihm schon 1835 eine glänzende Gelegenheit. Bereits die Geisterbegegnungen der Seherin von Prevorst wie die Besessenheit des Mädchens von Orlach waren mit Spukvorfällen verbunden gewesen. Nun traten im Gefängnis von Weinsberg ohne Besessenheit oder Somnambulismus spukhafte Licht-, Schall- und Geruchserscheinungen auf, zu deren Untersuchung, da sie in dem Verfahren gegen eine inhaftierte Frau eine Rolle spielten, Kerner als Oberamtsarzt herangezogen wurde. Kerner hat diese Erscheinungen mit einer größeren Anzahl von Beobachtern überprüft, sie mit den meisten als Tatsachen befunden und darüber eingehend in dem Buche „Eine Erscheinung aus dem Nachtgebiete der Natur" berichtet. Dazu druckte er einen der erstaunlichsten Spukberichte aller Zeiten ab, der ihm von dem Schweizer Obersten Pfyffer mitgeteilt worden war.[2] Es ist bezeichnend, daß Kerners Kritiker diese aufwühlende Geschichte aus einer anderen Welt meist mit Stillschweigen übergingen. Derlei ließ sich naturwissenschaftlich nicht verstehen, mußte also unwirklich sein, und jedes Wort darum war verschwendet. Die Mitteilung Pfyffers war nur eine von vielen, die Kerner inzwischen erreicht hatten; er veröffentlichte diese Materialien von 1831–53 laufend in den „Blättern aus Prevorst" und in seiner Zeitschrift „Magikon". – Damit sind die originellen Arbeiten Kerners auf seinem eigentlichen Gebiete genannt. Er hat sich später nur noch einmal in einer eigenen Schrift über das Tischrücken geäußert – hier berührt also sein Leben und Forschen die Anfänge der okkultistischen Bewegung – und er hat nach selbst gesammeltem Material eine Lebensbeschreibung von Mesmer verfaßt, – also des Mannes, der mit seinem Lebensmagnetismus dem naturwissenschaftlichen Rationalismus am entschiedensten zuwidergewirkt hatte.

---

[2] Mit eigenen Nachforschungen neuerdings dargestellt bei F. Moser, Spuk, Zürich 1950, S. 303.

Haben wir den Gegenstand Kerners bisher mehr aus seiner Umwelt verstanden, als etwas, das sich ihm aufdrängte, so müssen wir doch den Schicksalsanlaß zu dieser Begegnung auch und noch tiefer in ihm selber aufsuchen. Wir verzichten darauf, ihn mit der Tatsache in Verbindung zu bringen, daß es in seiner Familie Fälle von Gemütskrankheit gegeben hatte. Denen, die seine Forschungen als Verirrungen ansehen, bot sich damit eine beliebte Ausflucht an, sie abzutun. In Wahrheit bleiben die Phänomene, selbst wenn ein solcher Zusammenhang bestände, noch immer einer Erklärung bedürftig, da die überall und immer wiederkehrenden Erscheinungen und die ihnen angeblich zu Grunde liegende Geisteskrankheit selbst dann die Aufgabe stellten. Sind doch die Vorstellungen selbst der Irren nicht weniger verbindlich für unsere Vernunft als die klarsten Begriffe der Wissenschaft: eine Psychologie, die Irrtum, Irrsinn und andererseits etwa das Gespenst nicht zu erklären vermag, irrt sicher auch, wenn sie Wahrheit, Scharfsinn und Sachwelt zu erklären vermeint.

Einen wesentlichen Einblick in die Notwendigkeit, mit der das Gespenst in der Welt Kerners erscheint, gewinnen wir aber, wenn wir Kerner als Dichter deuten, und zwar nicht als den Dichter überhaupt, der die Geister angeblich als Phantastereien aus sich hervortreibt, sondern als den ganz bestimmten Dichter mit allen Nötigungen, die zu seinem Ausdruck, seiner Weltgebärde führen. Wir gewinnen das Verständnis durch einen Vergleich, – und zwar des 1786 geborenen schwäbischen Spätromantikers Kerner mit dem 1763 geborenen fränkischen Vorläufer der Romantik Jean Paul. Beider Dichten und Dichterleben war nämlich entscheidend vom Erlebnis des Todes bestimmt, und zwar bei diesen beiden in höchstem Maße und stärker als bei irgendeinem anderen Dichter ihrer Epoche. Wir dürfen dies Urerlebnis wohl als Teil ihrer – freilich auch zeitbedingten – Substanz betrachten und fragen hier nur nach seiner Auswirkung auf ihr Werk. Zu welchen Gestaltungen führt die zunächst unerträgliche Spannung zwischen Todesbedrohtheit und Lebenswunsch?

Jean Paul, in erster Linie Epiker, verwindet sie in der Handlung. Nicht nur durch die Distanz zwischen verschiedenen Handlungsträgern, sondern in der einzelnen Gestalt durch die episch-sinnvolle Zeitspanne, die sich zwischen die Augenblicke innerer Todesnot und die der Lebensfülle einlagert. Im Epos des Gesamtlebens aber gedeiht ihm die ausgleichende Zeit zur metaphysischen Dauer und das todesbange Leben krönt sich durch Unsterblichkeit. Unter den großen deutschen Dichtern ist daher Jean Paul der entschiedene

Verfechter der Fortdauer und hat die Seelenzukunft mit den strahlendsten Bildern ausgemalt. Doch war Jean Paul, dieser einzigartige Epiker, auch in hohem Maße Lyriker – wenn seine Lyrik auch nicht in den herkömmlichen Formen zu Worte kam – und als solchem, der im nämlichen Augenblicke leidet und auflebt, konnte ihm kein Verlauf und keine Dauer Genüge tun. Als Lyriker mußte er daher in der Zeitlichkeit die Ewigkeit, das All im Augenblick erleben. Diese merkwürdige dichterische Doppelpoligkeit Jean Pauls brachte es mit sich, daß ihm auch der „epische" Unsterblichkeitsglaube zu lyrischer Unmittelbarkeit geriet und durch und durch lebendig ward als ein Ausblick aus der dunkel-engen Lebenssekunde in das ewig-lichte All.

Wie vollendet sich nun die dichterische Welt des um dreiundzwanzig Jahre jüngeren Kerner? Der epische Ausgleich war ihm, dem Lyriker von Geburt, verschlossen. Aber auch der eigentlich lyrische Ausgleich, das Aufleuchten des Ewig-Unendlichen im engsten Nu, war ihm versagt. Innere und äußere Welt waren zwischen 1790, da Jean Paul in seine romantische Schaffensperiode eintrat, und 1810, da Kerner die „Reiseschatten" schrieb, einer gewaltigen Umwälzung unterworfen. Nicht bloß zwei Jahrzehnte verflossen mit dem Wechsel vom 18. zum 19. Jahrhundert, zwischen Bastille-Sturm und Freiheitskriegen, sondern es schlug ein Zeitalter in das andere um, und früher oder später mußte jeder Lebende den Umschwung im Denken und den Wechsel im Erleben an sich selber erleiden. So scheint etwa die dichterische Welt eines Eichendorff, der doch mit Kerner fast gleichaltrig war, derjenigen Jean Pauls noch wesentlich verwandter; die tiefe Gläubigkeit des katholischen Schlesiers wirkte als ein stark retardierendes [verzögerndes] Moment. Der Ludwigsburger Dichter aber hatte früh die rationalistische Umstimmung erlebt: Versachlichung der Welt, Entfärbung der Landschaft, Schwächung der Gläubigkeit. Denn was Kerner immer gelehrt und selbst gepredigt hat: eine wurzelhafte religiöse Gläubigkeit besaß er nicht; zu glauben vermochte er nur aus dem Geist der Wissenschaft, und das meint, mit einem immer lebendig bleibenden Zweifel[3].

Für seine Lyrik bedeutete die Umstimmung, daß der Todesschatten nicht mehr, wie bei Jean Paul, in der Aura des Lebendigen sich auflöste. Der flammende Lichterkranz um alles Lebendige, der in Jean Pauls Welt dem Vergänglichen den Ewigkeitsschimmer gibt, war für ihn erloschen. Daß dies geschah, verrät schon der Titel von Kerners Wanderbuch: nicht Reisebilder

---

[3] Vergleiche Briefwechsel II, 143 Mitte.

bietet es, die leuchtend und farbig wären, sondern Reiseschatten, und die damit zugleich gemeinte Sache, nämlich das Schattentheater, zeigt, daß sich das Licht wirklich von den Bildern gelöst hat, daß die Lichtquelle nicht mehr, wie in der Landschaft Jean Pauls, in den Erscheinungen glüht, sondern sie nur noch von weitem als Schatten auf den Schirm der Seele wirft. Wandel und Flüchtigkeit der Bilder, in die der eigentliche Romantiker mit Sehnsucht und Fernweh hineinschaut, wird dabei zum dämonischen Zuge der Schatten, der die Wehmut in tödlichen Schmerz verwandelt.

Mit einem solchen Lebensgefühl läßt sich der Todesnebel nur noch durch Sachliches, das ihm entgegensteht, zerteilen, – den Tod kann nur der lebende Tote, der Wiedergänger, aufhellen. Hierher gehören die wiederkehrenden Toten seiner Balladen. Hierin liegt auch der wirkliche Zusammenhang zwischen Kerners besonderem Dichtertum und seinem wissenschaftlichen Gegenstande. Es wäre nun freilich albern, wenn man meinte, Kerner hätte sich die Totengeister zum Troste zusammengefabelt. Dieser Möglichkeit stand ja gerade die wurzelhafte Skepsis, welche ihn erst unter die Schatten getrieben hatte, entgegen. Daß der Wiedergänger das einzige annehmbare Argument in der Unsterblichkeitsfrage sei, war schon ein mit der Aufklärungsphilosophie logischerweise zugleich entstandener Gedanke, – ein Gedanke, den Jean Paul bezeichnenderweise nicht teilte. Gewichtigere Beweisgründe als eine halbstoffliche Totenseele waren ihm der unantastbare „Glanz des All" und die unsagbaren Empfindungen der lebenden Seele, nicht das Gespenst, wohl aber die Geisterfurcht. Wo dagegen nur mehr das Begreifliche gilt, muß auch das Jenseitige sich begreifbar verkörpern, um als Tatsache zu gelten.

Die Forderung war auch schon lange vor Kerner in beispelhafter Weise erfüllt worden. Kurz nach der Jahrhundertwende hatte der sächsische Arzt Wötzel einen Bericht veröffentlicht über „Meiner Gattin wirkliche Erscheinung nach ihrem Tode". Diese Schrift blieb bis in unsere Tage bekannt und wirksam[4]; sie ist ein selbstkritisches und sachliches Ergebnis der Aufklärung: der Zweifler verabredet mit der sterbenskranken Gattin ihr Erscheinen nach dem Tode, – eine Verabredung, die in pietistischen *[vertieft frömmigen]* Kreisen auch unter Handwerkern schon länger im Schwange war, – aber für Wötzel ist die wirkliche Erscheinung dann kein „erschütternder Durchbruch" mehr, sondern er bleibt auch der Erscheinung gegenüber skeptisch-beobachtend und scheut sich nicht, den handgreiflichen Beweis zu suchen.

---

[4] Zum Beispiel Bruno Grabinski „Spuk und Geistererscheinungen", Graz 1953 S. 217ff.

Zugleich achtete er auf das Verhalten des Hundes und widerlegt damit den Verdacht der „Subjektivität". Schon bei Wötzel findet sich demnach 1804 der Ansatz eines Forschens, das bei Kerner einen vorläufigen Höhepunkt erreichte. Der Zusammenhang zeigt dabei klar, daß der Gegenstand nicht ein Ausfluß poetischer Gelüste war, sondern daß gerade die rationale Grundgesinnung nach ihm streben mußte, – genötigt freilich, weil der Lyriker an der Schattenwelt litt.

Diese Nöte und Bedürfnisse der menschlichen und der dichterischen Seele Kerners, die wir damit ans Licht gebracht haben, bedeuten nicht mehr, als daß er innerlich vorbestimmt war, dergleichen zu erleben, er war offen und empfänglich nach dorthin, dies war die Richtung, in der er aufmerken mußte. Dies war das offene Tor, durch das er dann in die Welt der Seherin hinübertrat – gegen die Widerstände seines kritischen Verstandes. Die Geister waren ihm selbst, wie er in einem brieflichen Entwurf seiner Grundeinstellung versichert, gar nicht lieb. Seiner eigenen Phantasie sogar (!) waren diese Dinge, wie er meint, immer entgegen. Aber die Beobachtung habe ihn zu diesen Annahmen genötigt, nur die Anerkennung der Beobachtungen fordere er, sie würden auf irgendeine Deutung dereinst schon führen, – „meinetwegen auch zu was anderem als zu Geistern"[5]. Gleichwohl ward ihm vorgeworfen, daß er seine Beobachtungen in einer den Gebildeten seiner Zeit nun einmal verhaßten Einkleidung brächte und daß seine Geister im Verhältnis zu dem wirklich Geschehenden auch nur eine Hypothese wären.

Dieser Vorwurf ist, unter einem gewissen Gesichtswinkel, nicht völlig unbegründet. Ein Beispiel: in dem Protokoll eines Pfarrers über das Einsetzen eines Besessenheitszustandes heißt es: „Magdalena versichert, deutlich die Worte von ihm (das heißt dem Dämon) vernommen zu haben: ‚Gelt, usw. ...'. Nun kam es ihr vor, als gehe er auf sie zu und greife ihr mit kalter Hand in den Rücken, und sie verfiel wie gewöhnlich in einen der Epilepsie ähnlichen Krankheitszustand."[6] Kerner hingegen sagt in seinem nach diesem Protokoll verfaßten und gedruckten Bericht: „Er (das heißt der Dämon) sprach: ‚Nicht wahr, usw. ...' Als er dies gesprochen, ging er auf sie zu, griff ihr mit kalter Hand in den Nacken, sie verlor ihr Bewußtsein, und er war nun in ihr." – Das heißt er sprach nun mit den Umstehenden aus ihrem Munde mit

---

[5] Briefwechsel II, 106.
[6] Aus der vom Verfasser vorbereiteten kritischen Ausgabe aller Unterlagen zur Geschichte des Mädchens von Orlach.

seiner Stimme und seinem Ich. Man sieht, daß Kerner es verschmäht, sprachlich auf Stelzen zu gehen, schon in der Schilderung der Erlebnisse eine rationale Eselsbrücke anzubauen. Er läßt das Versichern, das Vorstellen, die Vergleiche weg und spricht rein und unmittelbar von dem, was erlebt wird.

Die Kritiker Kerners hätten sicher der Darstellungsweise des rationalistischen Pfarrers beigestimmt, – in der Meinung, daß sie, von Vorurteilen frei, das gewiß Wirkliche wiedergebe. Der Berichterstatter bezieht alles auf das – besessene – Mädchen, gibt wieder, was sie versichert und daß sie es versichert, sagt, was ihr zu geschehen schien und daß es ihr so schien und wie sie selbst vergleichsweise – dem Beobachter erschien. Kerner aber hat bewußt diese relativierenden Wendungen gestrichen und das Erlebnis, wie es erlebt wurde, quasi naiv, wiedergegeben. Die Frage, wer von dem wahrhaft Wirklichen spricht, ist durchaus nicht von vornherein entschieden. Zwar liegt unserem ganzen Zeitalter die rationalistische Distanzierung weitaus näher, aber ohne den Blick dafür, was denn eigentlich erlebt wird, ohne das fortgesetzte Bemühen darum, der unmittelbarsten Bekundungen des seelischen Erlebens habhaft zu bleiben, würden wir es bald nur noch mit dem Gespinst abgezogener Vorstellungen und relativierter Ansichten zu tun haben. Da tut dann ein Kerner not, der vom wirklich Erlebten spricht, wenn nötig, auch mit drastischer Wendung.

Aber in gewissem Sinne hatte Kerner – abgesehen von den inneren Nötigungen – auch gar keine Wahl, was er als wirklich gelten lassen wollte. Wer mit einer Besessenen reden will, kann nur mit dem Geiste reden, der aus ihr spricht. Wer das eben erwähnte Bauernmädchen in ihrem Zustande mit Magdalena ansprach, der erhielt von dem Dämon die grobe Antwort: „Die Sau ist nicht da, ich bin da!" Wer vollends einen Dämon beschwören und austreiben und den oft furchtbar leidenden Menschen von seiner Qual befreien wollte, der konnte den Dämon nicht wie eine fixe Idee besprechen. Wer den Kampf gegen den Dämon aufnahm, als sei dieser keine Person, sondern nur etwas Eingebildetes, der wurde oft sehr handgreiflich eines anderen belehrt. Kein Rationalist vermochte einen solchen Dämon zum Weichen zu bringen – davon hatten Kerner vielfältige Erlebnisse und Versuche überzeugt. Er selbst und sein bester Freund und Gesinnungsgenosse, Professor Eschenmayer, waren nicht imstande, der Dämonen Herr zu werden, denn sie hatten sich zwar von der Richtigkeit der hier wiedergegebenen Ansichten überzeugt, aber sie mußten auch erleben und bei einer Selbstprüfung sich eingestehen, daß ihnen die hohe Unmittelbarkeit des Erlebens und Wirkens – der unerschütterte Glaube, wie sie meinten – nicht eignete, die der Heiler brauchte. Daher war es auch nicht Kerner selbst, der die ihm ins Haus gebrachten Besessenen heilte, sondern – nach mancherlei Fehlschlägen – ein Mensch von gründlich anderem Sinn.

Dieser einzigartige Mann, auf den wir nun noch einmal den Blick wenden wollen, weil an ihm das Besondere des Gegenstandes, mit dem Kerner es zu tun hatte, aufs Deutlichste hervortritt, war ein Schneider aus Kirchheim unter Teck, namens Jacob Dürr. In die deutsche Literatur, nämlich in Immermanns grimmige Satire auf den Weinsberger Spuk und Geistertrubel ist er in sehr entstellter Gestalt eingegangen. Kerner selbst hat ihn schließlich verkannt. Für umso eigenartiger, ja fremdartiger dürfen wir den Mann darum halten.

Dürr war arm. Er war einer von jenen, die mit der Seele wirken und darum nicht mit Geld entschädigt werden, ja sich mit Geldesgut nicht belohnen lassen dürfen. Den Behörden, der Polizei war er verdächtig als ein „Medicaster", der gegen die Vorschrift Arzneien verabreichte und der sich mit allerlei verpöntem Aberglauben befaßte. Aber Kerner hatte ihn entdeckt als einen Menschen, der mit unbedingtem Glauben auf die Kranken wirkte. Unbändig war der Trieb in ihm, die unter Dämonen Leidenden zu heilen. Wo er einen „stummen Dämon" witterte, brachte er ihn im ersten Ansturm zum Sprechen. Wo er ihn zum Sprechen gebracht hatte, war er unbeugsam, bis er ihn ausgetrieben hatte. Dieser Mann besaß nicht bloß den Glauben an die Wirklichkeit, von der Kerner Zeugnis ablegt, er war durchdrungen von ihr und selbst Teil und Erscheinung davon. Er beherrschte ein altes Spruchwissen; besaß Amulette und andere magische Mittel und wußte sie herzustellen; er war im Besitze eines Zaubergürtels. Er sprach – gegebenenfalls – eine für andere Menschen unverständliche Geistersprache, die er ihnen auch nicht verständlich machen konnte. Er sah die Dämonen, die Kerners Haus belagerten, als es eine Besessene beherbergte. Er war so wenig ein Bürger der Epoche, daß er einen Dämon, der dem Namen Gottes nicht weichen wollte, im Namen des Teufels beschwor. Essen konnte er nur wenig, durch den Genuß geringer Mengen Weines oder Kaffees ward er sogleich exaltiert *[überschwenglich]*. Als Kerner einst den Schneider zu sich rief, daß er ihm bei der Heilung einer Besessenen helfe, wußte nicht nur Dürr sogleich, wie schlimm es um diese stand, sondern er übergab die Sache auch ohne Zögern „einem Starken", der Kerner so lange unsichtbar beistand, bis Dürr selber kommen konnte. Ein andermal mußte er sein Kommen vorläufig weigern. Der Grund dafür ist nicht zu erraten: Dürr hatte damals alltäglich zwei Stunden mit 21 Himmelsfürsten zu reden und durfte sich dieser Pflicht nicht entziehen, weil es ihm sonst schlecht ergangen wäre. „Ich kann nicht bälder kommen", schreibt er, „ich muß bei meinem Gesetz bleiben und könnte nicht um vieles Geld kommen; sonst würde ich meine Gaben verschätzen. Dies werden Sie mir nicht übelnehmen. Außer diesem Gesetz lasse ich mich gar nicht treiben."

Man sieht, dies ist wahrlich eine andere Wirklichkeit, und zwar eine, von der man schon nicht mehr sagen kann: Dürr versichert ... dem Dürr kommt es vor ... der Dürr fällt in eine gewissen Nervenkrankheiten usw. verwandte Exaltiertheit ..., denn wenn man so spräche, wäre diese Wirklichkeit schon von grundauf zerstört und wäre unwirklich gemacht. Diese Wirklichkeit war so fremd, sie dünkte selbst denen, die, wie Kerner und Eschenmayer, Dürrs Hilfe genossen, so entlegen, daß sie von diesen Dingen nur nebenher und als von abstrusen *[absonderlichen, törichten]* Eigenheiten des Mannes reden, die sie in Kauf nehmen, um der Hilfe willen, die er unzweifelhaft den Kranken bringt. Selbst ein Kerner, dem die Gaben des Hinhorchens, des Mitfühlens und Mitschwingens in so hohem Maße eigen waren, bemerkt nicht, daß dieses der Zeit so fremde Brimborium *[überflüssiges Drumherum]* die unerläßliche Bedingung war für Dürrs Vermögen, überhaupt heilend zu wirken. Selbst ein Kerner vermochte sich am Ende in eine solche Seele nicht mehr einzufühlen und verdächtigte ihn, in einer langwierigen und merkwürdigen Besessenheitsgeschichte, in der Eschenmayer die Führung hatte, betrogen zu haben. Es kann aber kein Zweifel daran sein, daß Dürr auch in diesem Falle echt war und daß Eschenmayer sich in seinem Glauben an ihn nicht getäuscht hatte. Wir dürfen vielmehr feststellen, daß der Erlebensgrund, der in Kerner durch die Begegnung mit den lebensmagnetischen Erscheinungen, vor allem durch die mit der Seherin, gelegt worden war, nicht ausreichte, um auch diese Erscheinung zu tragen. Eschenmayer aber ging selbst da noch mit, wo Kerner zurückblieb, – nicht allerdings, weil er die größere Erlebensbreite, sondern weil er eine weitere Glaubenswilligkeit besaß. Eschenmayer urteilt auch da noch, wo er nur glaubt. Kerner urteilt nur da, wo er beobachtet und unmittelbar miterlebt; gleich jenseits davon beginnt bei ihm nicht der Glaube, sondern der Zweifel. Eschenmayer hielt dem Schneider sieben Jahre lang bis zu dessen Tod die Treue und bleibt so der einzige, der mit ganzer Liebe und ganzem Vertrauen ein Zeugnis von dem seltenen Manne ablegt. Der Unterschied in den Ansichten der beiden Freunde belegt in willkommener Weise, daß Kerner durchaus nicht der Typus des Gläubigen, sondern der des kritischen

Wissenschaftlers ist. Um einen Dürr zu verstehen, fehlten der Wissenschaft damals indes die angemessenen Begriffe.

Daß Kerner in Bezug auf Dürr irrte, davon mag uns für den gegenwärtigen Zweck zweierlei überzeugen. Der Kerner-Nachlaß in Marbach bewahrt von Dürr zwei kurze Briefe an Kerner, aus deren einem wir oben zitierten. Eine knappe graphologische Beurteilung der Schrift ergibt folgendes (der Gutachter wußte von Dürr nichts außer dem Inhalt der vorgelegten Briefe und daß der Schreiber mit Kerner zusammenhänge): „Das ist ein sonderbarer Heiliger, eigensinnig und eigenwillig, aber auch wirklich eigenartig und sehr eigenwüchsig. Er besitzt bäuerliche Kraft, Schlagfertigkeit, Kraft und Zähigkeit, wenig von hoher Geistigkeit und weltlicher Gewandtheit und Förmlichkeit, aber eine überzeugende Redlichkeit und Gewissenhaftigkeit, eine urtümliche Klugheit und Weisheit, Einfallsreichtum, ja auch einige Pfiffigkeit. Er ist ein Unikum *[origineller Mensch, der oft auf andere belustigend wirkt]*. Er lebt in der Bilderwelt und besitzt Schaukraft der Seele." – Das Urteil entspricht völlig dem, was wir auch auf Grund einer wohlwollenden Bewertung, wie etwa der Eschenmayers, erwarten würden. Es entspricht weiter dem, was wir heute auch angesichts des Typs, zu dem Dürr gehört, erwarten würden. In dem Kirchheimer Schneider begegnet uns nämlich, wie sämtliche oben angeführten Züge beweisen, einer der letzten echten Schamanen auf deutschem Boden. Die wirklich von Dürr überlieferten Eigenheiten, das graphologische Urteil und die völkerkundlichen Berichte stimmen zu einem einheitlichen Bilde völlig zusammen. Noch stärker als die äußeren Mittel – Sprüche, Geistersprache, Amulette, Zaubergürtel – weisen darauf die seelischen Züge: der Zwang zum Fasten, die Disposition *[Veranlagung]* zur „Exaltation" auf den Genuß geringer Mengen von Rauschmitteln – vor allem aber das, was die oben zitierten Sätze erweisen: daß die Kraft Dürrs unabdingbar gebunden ist an ein eigenes Gesetz, an die Erfüllung innerlicher, zeitlich gegliederter Verpflichtungen. Es ist der überall begegnende Zusammenhang, der in der Südsee etwa in dem Begriffspaar tabu-mana, in Indien in Gestalt von Buße und Glut erscheint. In Irland begegnet die Bindung als geis, im germanischen Norden als heit, – in beiden Fällen ist der Gewinn menschliche Größe und disponible *[verfügbare]* Macht.

In dem Verhältnis Kerners zu Dürr haben wir einen Tatsachenzusammenhang entdeckt, der uns den Gegenstand Kerners nunmehr noch genauer zu bestimmen erlaubt. In Dürr, für den das, was Kerner erforschte, Alltagswirklichkeit war, tritt uns eine Gestalt des Menschen entgegen, die im Gegensatz zu fast sämtlichen anderen Typen ihrer Gegenwart uralt ist. Der Oberamtsarzt Dr. Kerner und der Tübinger Universitätsprofessor Dr. Eschenmayer begegneten damals innerhalb ein und derselben Kultur noch dem Schamanen Dürr, der als Typ um Zehntausende von Jahren älter war. Gleichaltrig waren mit ihm, dürfen wir annehmen, die Somnambule, die Seherin und vor allem die Besessene, mit der Dürr daher in einem notwendigen Zusammenhang erscheint, – einem Zusammenhang, den der Oberamtsarzt für sich nicht mehr herstellen und den er auch nur zum Teil noch, unter dem unmittelbar gegenwärtigen Eindruck, nacherleben kann. Ihn in die seherische Seite des Zusammenhanges zu initiieren *[einzuweihen]*, gelang der Friederike Wanner noch, die wirkende Seite sich einzuverleiben, dazu hätte es einer Initiation durch Dürr bedurft, von deren herkömmlich-notwendiger Form vermutlich Dürr selbst keine Ahnung mehr hatte. Ohne Zweifel aber hätte dem Weinsberger Oberamtsarzt eine schamanistische Initiation das spätromantisch gastfreie Dichterleben zerbrochen, und er wäre weit über eine Grenze geführt worden, welche ihm durch Familie, Dienst und Stand vorgezeichnet war. Mitschauen konnte er innerhalb dieser Grenze, nicht mitwirken.

Der Gegenstand Kerners war also eigentlich, das wagen wir verallgemeinernd und allerdings ohne eine ausreichende grundsätzliche Erörterung an dieser Stelle zu behaupten, ein Stück menschlicher Vergangenheit, – genauer, eine Art zu erleben, die wesensursprünglich einer frühen Stufe der Menschheit angehörte, sich aber auch in der Gegenwart immer noch verwirklichte – teils durch atavistischen *[auf ein früheres Menschheitsstadium zurückgreifender]* Rückschlag wie im spontanen Somnambulismus und in der Besessenheit, teils durch die wiederentdeckten Kunstgriffe des Lebensmagnetismus, teils durch eine in uralte Vergangenheit zurücklaufende Traditionskette wie beispielsweise im Hexentum und Schamanismus. Der eigentlich gegenwärtigen Erlebnisart ist sie fremd. Durch eine bloße Kenntnisnahme werden die Gegenbilder jenes älteren Erlebens für das gegenwärtige Bewußtsein daher überhaupt nicht zum Gegenstand. Dazu bedarf es eines Initiationserlebnisses, das überhaupt erst diejenigen Erlebenszonen aktiviert, in denen der Gegenstand wurzeln kann. Wie ein derartiges Erlebnis heutzutage beschaffen sein kann, dafür zeugt etwa Fanny Mosers Bericht von der Levitation *[dem freien Schweben]* des Tisches, die ihre Welt verwandelte und ihr Leben und Forschen in eine ganz neue Richtung zwang[7] – nicht ohne daß sie zuvor frei-

---

[7]   Fanny Moser, Okkultismus, München 1935, S. 40ff.

lich schon von einer lebendigen Bereitschaft beseelt gewesen wäre, vergleichbar dem, was wir oben über Kerners Erlebensbereitschaft für den Wiedergänger sagten. Unter diesen Gesichtspunkten leuchtet es ein, daß von einer reinen Naturforschung an diesem Gegenstand nicht ohne genauere Bedingungen gesprochen werden könne, und es versteht sich, inwiefern die Kritik schlankweg den Gegenstand leugnen könne.

Wir ziehen aus unseren Erörterungen den Schluß, daß der Gegenstand der Kernerschen Forschungen im Grunde identisch ist mit demjenigen einer ganzen Reihe von Altertumswissenschaften – jedenfalls auf jeweils bestimmten ihrer Sachgebiete. Dazu zählen vor allem die Volks- und die Völkerkunde, die Vorgeschichte und die Religionsgeschichte. Würden die Forscher auf diesen Gebieten es verstehen, daß die urvölkerhafte Erlebensart ihnen in der Gegenwart auf dem Gebiete der von Kerner begründeten Wissenschaft noch zugänglich ist, so würden diese Wissenschaften einen gewaltigen Schritt nach vorn tun.[8] Zu Kerners Zeit war man weit davon entfernt, die Weltbilder des Altertums aus einem gründlich verschiedenen Erleben zu verstehen. Das mythische Weltbild wurde vielmehr aus einer kindlichen Art zu denken – zu rationalisieren – begriffen, – eine längst überholte, aber gleichwohl tausendfach wiederholte Ansicht. Es handelt sich aber in der Vorzeit um eine wirklich andere Wirklichkeit – wie noch Kerner es an seinen Somnambulen erlebte. Die alte Redensart, daß der Frühmensch seine subjektive Vorstellung objektiv aufgefaßt, daß er die Bilder seiner Mythen „hinausprojiziert" *[hinaus entworfen]* habe – wie etwa Kerner vorgeworfen wurde, seine Gespenster seien dem poetischen Wunsche entsprungen – ist gründlich und nachweisbar falsch. Es war nicht der unvollkommene Verstand des Frühmenschen, der eine falsche Grenze zwischen Subjekt und Objekt zog, sondern der wirkliche Verlauf der Scheidesphäre zwischen Seele und Welt war ein anderer. Die Frage, ob der Kernersche Gegenstand in vollem Umfange subjektiv oder objektiv sei, ist daher sinnlos, da die beiden Begriffe aus unserer heutigen Welt entwickelt sind und nur auf die gegenwärtige Erlebensart zutreffen können – daher von jenem Gegenstand sich denn auch nur gelegentlich ein objektiver Schatten abzeichnet. Immer aber besteht die Möglichkeit, durch die spontane oder kunstvolle Erneuerung altertümlicher Erlebensformen zu Ergebnissen zu kommen, die auch für die gegenwärtigen Erlebens- und Erkennensformen verbindlich sind. Der Nachweis dieser Verbindlichkeit aber

---

[8] Diesen Schritt tut wirklich H. Findeisen, Schamanentum, Urban-Bücher 28, Stuttgart 1957.

setzt unter anderem die Fähigkeit voraus, den Gegenstand aus der einen Form in das Verständnis der andern richtig zu übertragen. Allgemein gültige Übertragungsschemata dieser Art zu entwickeln, wäre unter diesem Gesichtspunkt die eigentliche Aufgabe der Parapsychologie. Mit ihr stände sie mitten zwischen dem Subjektivitätsurteil der aufklärend-auflösenden Rationalisten und dem Objektivitätsurteil der falsch vergegenständlichenden Mystifikatoren. Mit der Entdeckung solcher gültigen Schemata hätte dann der Kernersche Gegenstand auch erst seinen eigentlichen wissenschaftlichen Ort gefunden. Erst dann auch vermöchten wir wirklich zu würdigen, in welch hohem Maße die Kenntnis des Menschen gefördert wurde durch den bahnbrechenden Weinsberger Oberamtsarzt.

JUSTINUS KERNER UND LUDWIG KLAGES

Zwei Entdecker der Wirklichkeit der Seele

[Erschienen in „Hestia 1988/89" – Jahrbuch der Klages-Gesellschaft, Bouvier Verlag, Bonn 1989, S.9–78]

Justinus Kerner, Leben, Wesen und Werk

Justinus Kerner wurde in Ludwigsburg am 18. September 1786 geboren. Die drei weiteren berühmten Ludwigsburger, alle drei Dichter oder doch dichterisch begabt, mit denen zusammen ihm auf dem Marktplatz ein Denkmal gesetzt worden ist, alle drei auch seinem weiteren Freundeskreise angehörend, waren jünger als er: Eduard Mörike 1804, Friedrich Theodor Vischer 1807, David Friedrich Strauss 1808 geboren. In lebenslanger enger Freundschaft ihm verbunden waren die dichterischen Altersgenossen Ludwig Uhland, 1787 in Tübingen, und Karl Mayer, 1786 in Neckarbischofsheim geboren. Als Studenten und gesinnungsverwandte Poeten lernten sie sich in Tübingen kennen. Zu dem Bunde dieser drei stieß später noch der etwas jüngere, 1792 geborene Gustav Schwab. Älter als sie war Friedrich Hölderlin; 1770 zu Lauffen geboren, vollendete er gegen das Ende des Jahrhunderts seinen Hyperion. Zu der Zeit, als Kerner nach Tübingen kam, war er schon krank, und in späteren Semestern hat der Student den Gestörten betreut. Zwanzig Jahre später gehörte Kerner zu denen, die sich beharrlich dafür einsetzten, daß die Dichtungen Hölderlins gesammelt und gedruckt würden.

Vergegenwärtigen wir uns die Zeit um die Geburt des Justinus ein wenig näher. Goethe wurde damals 37 Jahre alt und entwich in eben jenem September auf zwei Jahre nach Italien. Schiller, Schwabe wie Kerner, wurde im November 26 Jahre alt, hatte die frühesten Dramen vollendet und gerade in Dresden bei dem Freunde Christian Gottfried Körner eine Zuflucht gefunden. 1787 ging er nach Weimar und traf dort mit Herder und Wieland zusammen.

Kerner, Mayer, Schwab und Uhland zählen zu den Schwäbischen Romantikern. Älter als sie waren Tieck und Novalis, Brentano und Arnim; nur Eichendorff war anderthalb Jahre jünger als Kerner. Wir nennen alle diese Namen nur flüchtig, um das, was innerlich in Deutschland damals geschah, anklingen zu lassen. Was äußerlich in jenen Jahren sich zutrug, wies in eine vom Aufbruch dieser gestalterischen Kräfte gründlich verschiedene Richtung.

Einen Monat, bevor Justinus geboren wurde, war Friedrich der Große gestorben. Drei Jahre nach seiner Geburt begannen mit der französischen Revolution die 25 turbulenten Jahre der Revolutionskriege, der napoleonischen und der Freiheitskriege, und auf sie folgten die Verfassungskämpfe mit ihren explosiven Entwicklungen am Ende der vierziger Jahre. An all diesen bewegenden Geschehnissen ist Kerner durch Freunde und nächste Verwandte beteiligt gewesen. Sein Bruder Georg, 1770 geboren, später Arzt in Hamburg, hat an der französischen Revolution lebhaften Anteil genommen, war in den schlimmsten Jahren des Blutterrors als Student der Medizin in Paris – wie Georg Forster und Adam Lux, um doch das Bild noch durch zwei andere namhafte Deutsche zu beleben. Als unerschrockener Draufgänger hat er nach den Schilderungen der Ludovica Simanowiz mehr als einmal sein Leben aufs Spiel gesetzt, um andere zu schützen. Es ergibt ein grotesk-großartiges Bild, wie Georg Kerner als einziger es gewagt hat, einen Aufruf gegen die Jakobiner, den der Maire Dieterich von Straßburg hatte drucken lassen, auch anzuschlagen – bekleidet mit der französischen Nationaluniform, mit den Zetteln und selbstgekochtem „Papp" in den Händen und, umschwärmt vom kritischen Pöbel, mit dem Säbel zwischen den Zähnen[1].

Der Bruder Karl Kerner hat 1812 als General des württembergischen Kontingentes an dem Feldzug Napoleons gegen den Zaren teilgenommen, ist bis Moskau gelangt und meldete sich als einer der wenigen Überlebenden, hart mitgenommen, einer Ohnmacht nahe, bei seinem König zurück.

Als nach dem Kriege der junge König Wilhelm mit Unterstützung seiner Minister Karl Kerner und Karl August von Wangenheim eine seinen liberalen Gesinnungen entsprechende Verfassung durchzusetzen suchte, scheiterte das zunächst an den Erzkonservativen, zu denen auch Ludwig Uhland gehörte. Aus dieser Haltung Uhlands entstand ein lange nachwirkender Riß in der Dichterfreundschaft zwischen ihm und Kerner. Denn dieser, weder Revolutionär noch Reaktionär, war immer dem echten, natürlichen Wachstum zugeneigt, das es doch in der Politik kaum gibt.

Große Sorgen bereitete dem Justinus daher der eigene Sohn Theobald, der 1848 ein jugendlich-demokratischer Heißsporn war. Nach dem Umschwung

---

[1] Kerners Werke. Auswahl in sechs Teilen, Herausgegeben von Raimund Pissin, Berlin o. J., Band 1, S. 31. – Zitiert im folgenden als „P".

mußte er ins Elsaß fliehen und wurde 1850, als er heimkehrte, zu zehn Monaten Festungshaft verurteilt.

Noch bevor sich die nur vorübergehende Klärung dieser, sein Leben lang andauernden politischen Wirren anbahnte, noch vor dem deutsch-dänischen und dem preußisch-österreichischen Kriege ist Kerner im Jahre 1862, 75 Jahre alt, gestorben – ein Leben in bewegter Zeit. Schauen wir nun in diesen Lebenslauf selber hinein.

Der Vater unseres Dichters war Oberamtmann in Ludwigsburg, einer neuen Stadt, Gründung eines absoluten Herrschers, der ein Jagdschloß zu einer Stadt erweiterte und dazu unter anderem allen Städten und Ämtern auferlegte, ein Haus dort selbst zu erbauen. Da Weinsberg durch das Los dazu bestimmt wurde, die Oberamtei zu errichten, so verlieh jene Stadt ihm, wie Kerner anmerkt, das Haus seiner Wiege ebenso wie sie ihm am Ende auch seine letzte Ruhestätte bieten würde. Seither ist ihr Name, als der seiner Wirkungsstätte, mit dem seinen eng verknüpft.

Als Justinus neun Jahre alt war, ließ der Vater sich nach Maulbronn versetzen, und dort hat der Knabe vier Jahre lang einen wechselhaften Unterricht genossen, hat mit der Natur der Gegend innigen Umgang gehabt und sich mit den alten Gebäuden des Klosters und der Oberamtei vertraut gemacht. Die seelische Ausstrahlung solcher Orte wird damals noch ungleich stärker gewesen sein. Wenn die Prälatin *[weibliche Form eines geistlichen Würdenträgers]* mit dem Eulenkopfe, erzählt Kerner, „einsam und nur von mir bemerkt, im Mondenschein aus den alten Mauern heraussah und zugleich die Ratten aus dem Keller der Oberamtei ihre Prozession über den Platz nach dem Brunnen angetreten hatten, so kam mir das wie ein Märchen vor."

Nur vier Jahre nach der Übernahme des Maulbronner Oberamtes, 1799, starb der Vater Kerner, und die Mutter zog wieder nach Ludwigsburg zurück. Justinus war nun 13 Jahre alt, und in den folgenden fünf Jahren hat er den ersten regelmäßigen Unterricht genossen. Es war jedoch eine kriegerische und politisch wirre Zeit, und die Ratschläge, die dann für seine Ausbildung gegeben wurden, wechselten je nach dem Ratgeber. Der Bruder Georg, nun zeitweilig in diplomatischen Diensten reisend, riet gelegentlich zu einer neben dem Schulunterricht herlaufenden Tischlerlehre, und noch findet sich im Weinsberger Hause ein Tisch von Kerners Hand. Vor allem beschäftigte ihn sein Meister aber mit der Herstellung seiner gängigsten Ware, der Särge nämlich, und der spätere Arzt berichtet mit einem Schmunzeln von dieser frühen Übung.

Im Unterricht der Schule wurde Justinus zumal im Erlernen der alten Sprachen und auch im Französischen und Italienischen gefördert, und die sprachliche Fertigkeit bedeutete zugleich auch das Einleben in die ältere Dichtung und ihre Metren *[Versmaße]*. Gefördert hat ihn damals vor allem Philipp Conz, literarisch interessiert, selbst dem Dichten zugeneigt, damals Diakonus *[zweiter oder dritter Pfarrer einer evangelischen Gemeinde, Hilfsgeistlicher]* in Ludwigsburg. Er hat den Jungen nicht nur mit Schillers Tragödien, mit Klopstock, Hölty, Matthisson, Salis bekanntgemacht, sondern auch später dafür gesorgt, daß seine Fabrikantenlaufbahn umgelenkt wurde zur Universität und zum Studium.

Denn die Mutter, mit sehr zusammengeschmolzenem Vermögen nach dem Studium von drei älteren Söhnen, war zunächst ratlos und sogar willens, den Justinus zu einem Konditormeister in die Lehre zu geben, wozu er, nach der Meinung eines Beraters, besonders geschickt sei, da er malen und Reime machen könne und also geeignet sei, Bonbons und Zuckerfigürchen künstlerisch zu verklären.

Justinus hat sich erfolgreich gegen diesen Plan gewehrt, auch unterstützt von Conz, der inzwischen Professor der Ästhetik in Tübingen geworden war. Doch ist bei genialen Menschen oft die Berufswahl nicht von vornherein entschieden, weil sie im Grunde auf eine Mitte abzielen, für die jede einzelne Hantierung abgelegen oder sogar verfehlt ist. Kerner hatte daher zunächst nichts dagegen einzuwenden, auf dem Kontor der herzoglichen Tuchfabrik die Fabrikation und das Kaufmännische zu erlernen. Er ließ das allerdings vor allem deswegen geschehen, damit der Mutter Kosten erspart blieben, und so war dies denn doch auch ein Fehltritt.

Das alltägliche stumpfsinnige Einnähen neuer Tücher in Säcke aus Glanzleinwand, das Anhören der sittenlosen Gespräche unter den übrigen Angestellten, der Umgang mit ihnen, die ihm alle vorgesetzt waren, ließen ihm ein Häftlingsdasein auf dem Asperg beneidenswert erscheinen. Er machte daher, um diese Freistatt zu erreichen, sehr verpönte politische Gedichte, deren erwünschte Wirkung allerdings ausblieb. Jedenfalls hatte er den Trost, daß er unter seiner geistlosen Beschäftigung wenigstens in gebundener und ungebundener Rede, lyrisch, humoristisch und satirisch sich auslassen konnte: Papier war dazu unter den Stoffballen immer verborgen. Das meiste davon hat er freilich vernichtet oder es ging verloren. Besonders zu beklagen ist vermutlich der Untergang eines Lustspieles, dessen Inhalt er in seinem Bilderbuch aus der Knabenzeit wiedergibt. Es spielt in württembergischen

Pfarrhäusern, zur Hauptsache im Hause seines Schwagers, und stellt ein wirkliches Ereignis dar, bei dem ein hochstaplerischer Gauner ein Dutzend Pfarrer erst angebettelt und dann bestohlen hatte.

Schließlich wandte sich Justinus mit einem Notruf noch einmal an seinen väterlichen Freund Conz, und auf dessen Zuraten bei der Mutter und bei dem Bruder Karl erlangte er endlich seine Befreiung – nicht auf dem Asperg, sondern auf der Universität Tübingen. An einem Herbsttag des Jahres 1804 wanderte er dorthin, beladen mit einem Ränzlein voller Zeug und Bücher – entschlossen, Naturwissenschaften zu studieren. Aber vorm Lustnauer Tore schlief er ermüdet im Mondschein auf einer Bank vor dem dort gelegenen Armenspital ein und träumte den Traum vom Hirsch mit Storchbeinen, der sich als Examinator *[Prüfer]* darstellte und seine Einordnung in das System Linnés *[System, worin das Pflanzenreich nach den Merkmalen der Blüte eingeteilt ist]* verlangte. Aus der Examensnot erwachte der Student; der Wind brauste in den Bäumen, Wolken flogen unterm Monde daher, und aus dem Armenspital wehte ihm ein Stück Papier zu. Es war ein Rezept mit der Unterschrift des Oberamtsarztes Uhland, eines Oheims des Dichters, und damit war die letzte Entscheidung bezeichnet: die Naturwissenschaft, die Justinus studieren wird, heißt Medizin. Der Traum wiederholte sich sehr oft während des Studiums, „er war mir", schreibt der Träumer, „immer sehr widrig, aber bezeichnend für das ängstliche Studium der Meinungen und Systeme, in das ich nun eingeführt wurde und das mir so oft ganz außer dem Bereiche der Natur zu liegen schien."

Die Deutung, die der ausstudierte Kerner dem Untier gibt[2], muß nicht die für den träumenden Studenten zutreffende sein. Dies mag indes wirklich von ihm erlebt worden sein, daß am Krankenbett, angesichts des Leidenden, die medizinische Theorie überhaupt in Widerstreit mit dem unmittelbaren Appell an die heilende Kraft und Kunst des Arztes trat. Es trifft weiter zu, daß die damals schon seit langer Zeit angebahnten rein naturwissenschaftlichen Auffassungen der Krankheit noch vielerlei diagnostischer und therapeutischer Hilfsmittel ermangelten, die eine rationale Medizin nicht missen kann und die erst seither entwickelt worden sind. Was hilft eine physiologisch-chemische Auffassung der Krankheit, wenn bis dahin weder die Analysenme-

[2] P6, S. 14. Dazu Lee Byron Jennings: Justinus Kerners Weg nach Weinsberg 1809–1819. Die Entpolitisierung eines Romantikers. Studies in German Literature, Linguistics and Culture, Vol. 3, Columbia, South Carolina 1982, S. 49.

thoden noch die Chemikalien erfunden worden sind, die im konkreten Fall am Krankenbett erforderlich wären. Dies macht es verständlich – und zwar bis zum heutigen Tage –, daß der Arzt als Träger heilender Kraft auch um eine unmittelbarere Auffassung der Krankheit und einen unmittelbaren Eingriff in das Krankheitsgeschehen bemüht sein möchte, – freilich von Arzt zu Arzt, je nach der Gemütsart, in einem sehr unterschiedlichen Maße.

Einer solchen Einstellung kam damals ein System entgegen, das 35 Jahre früher in Wien entdeckt worden war und in dem sich eine nach ihrer Tragweite gewöhnlich viel zu gering eingeschätzte Wende nicht nur der Medizingeschichte, sondern der Geistesgeschichte anbahnte. Auf dem Höhepunkte des rationalen Jahrhunderts, um 1770, befaßte sich Franz Anton Mesmer mit der Heilkraft des Eisenmagneten und entdeckte, daß die Einwirkung auf den Patienten gar nicht von dem magnetischen Eisen ausging, sondern von der Hand, die das Eisen hielt und die daher offensichtlich des Metalles, des mineralischen Magnetismus gar nicht bedurfte. Damit war der animalische Magnetismus entdeckt, und das sollte heißen: der dem Leib aus Fleisch und Blut selber eigene Magnetismus. Diese Kraft aber war nicht im Einzelleibe isoliert, wenn auch in ihm verstärkt, sondern durchströmte ihn wie die Welt. Heil zu sein bedeutete, für sie offen zu sein. Der Arzt mit seiner überlegenen Kraft, sofern er sie besaß, vermochte diesen Anschluß wieder herzustellen. Es war ein Glück für Mesmer, daß er auf Grund des Werdeganges seiner Entdeckung für die irrationale Kraft einen rationalen, sozusagen naturwissenschaftlichen Namen prägte; denn dadurch erst ward sie beinahe hoffähig in den Hochburgen des vernünftigen Jahrhunderts und rechtsfähig in seinen Gerichtshöfen[3.]

Der animalische Magnetismus war, mit einem seither geprägten Wort, die Hypnose-Therapie jener Zeit, und er eröffnete dem rationalen Zeitalter den Zugang zum Riesenkontinent des Unbewußten – und er eröffnete umgekehrt, wodurch das Geschehen noch genauer bezeichnet wird, dem Unbewußten die Schleusen, durch die es in die scheinbar bewußtseinsbeherrschte Menschenwelt hereinfloß, um sich dort in seinen eigenen Gestalten zu manifestieren.

---

[3] Ernst Benz: Franz Anton Mesmer und die philosophischen Grundlagen des „animalischen Magnetismus". Akademie der Wissenschaften und der Literatur, Mainz, Abhandlungen etc. Jg. 1977, Nr. 4. Wiesbaden 1977. Margarethe Hansmann: Franz Anton Mesmers Glanz und Elend in Wien, Entdeckung des „animalischen Magnetismus" und Kampf um Anerkennung, Beiträge 2, S. 61–99. Franz Anton Mesmer: Abhandlung über die Entdeckung des thierischen Magnetismus. Neudruck der Ausgabe von 1781. Tübingen 1985.

Eine grundlegend neue Antwort auf die damit verknüpften therapeutischen Fragen ist eigentlich erst fünfviertel Jahrhunderte später von Freud gegeben worden, nämlich mit seiner Abwendung von der Hypnose-Therapie zur bewußten und bewußt machenden Analyse.

Wir wenden uns der Studienzeit Kerners wieder zu und verstehen nun, wie es damals zu dem entschiedenen Gegensatz kommen mußte zwischen einer rationalen oder rationellen Medizin naturwissenschaftlicher Observanz [*Ausprägung*] und der im seelischen Bereich wirkenden Medizin Mesmers – und daß der junge Mediziner innerhalb dieser Gegensätze aufwuchs und als jugendlicher Mensch zweifellos an beiden teilhatte. Eine ähnliche Doppelseitigkeit prägt sich in Klages aus – mit der Doppelsinnigkeit seines Chemiestudiums. Auf diese Bahn hat ihn ursprünglich ohne Zweifel der Sinn für Substanzen und Essenzen [*Wesenheiten*] verlockt, der dann im Labor des 20. Jahrhunderts doch unbefriedigt bleibt und sich notwendigerweise von dort einer esoterischen [*nur den Eingeweihten einsichtigen und geistig zugänglichen*] Philosophie zuwendet. Charakteristisch ist eine Aufzeichnung aus dem Jahre 1903: „Das essentielle, man könnte auch sagen chemische Denken der Urzeit wird durch das zahlenmäßige, das funktionalistische verdrängt"[4].

Es ist schon gesagt worden, daß die Freundschaften auf der Universität auch die dichterische Seite in Kerner, die bisher in Konventionen gebunden war, befreiten. Das volksliedhafte Gedicht zeigte sich als seine eigentliche Stärke, und bestärkt wurde er eben darin auch von der Gesinnung jener Zeit. Im Herbst 1805 gaben Arnim und Brentano den ersten Band von des Knaben Wunderhorn heraus, eine Lese von namenlosen gedruckten oder mündlich überlieferten Liedern, und bis 1808 erschienen auch Band 2 und 3. Im zweiten Bande steht ein balladenhaftes Lied, ohne Namen, aber von Kerner, mit dem Vermerk: „Mitgeteilt, wahrscheinlich nicht sehr alt."

Der schwere Traum.
Mir träum', ich flög' gar bange
Weit in die Welt hinaus,
Zu Straßburg durch alle Gassen
Bis vor Feinsliebchens Haus.

---

[4] Ludwig Klages: Rhythmen und Runen. Nachlaß. Herausgegeben von ihm selbst, Verlag Johann Ambrosius Barth, Leipzig 1944, S. 329.

Feinsliebchen ist betrübet,
Als ich so flieg', und weint:
„Wer dich so fliegen lehret,
Das ist der böse Feind."
Feinsliebchen! was hilft lügen,
Da du doch alles weißt!
Wer mich so fliegen lehrte,
Das ist der böse Geist.
Feinsliebchen weint und schreiet,
Daß ich am Schrei erwacht,
Da lieg' ich, ach! in Augsburg
Gefangen auf der Wacht.
Und morgen muß ich hangen,
Feinslieb mich nicht mehr ruft,
Wohl morgen als ein Vogel
Schweb' ich in freier Luft.

Wir benutzen diesen Haltepunkt, um überhaupt einen Blick auf das lyrische
Werk Kerners zu richten. Wie das Lied eines fahrenden Dichters zum Volkslied wird, berichtet er selber: als er auf einer Wanderung sein Lied „Wohlauf
noch getrunken ..." nach eigener Weise singt, bittet ein Handwerksbursche
darum, es ihm mitzuteilen.[5] – Ein Großteil seiner Dichtungen ist freilich nicht
auf einen so frohen Ton gestimmt wie dieses. Er bezeichnet selber als Quelle
seines Dichtens den Weltschmerz, und von Klagen sind auch oft andere Äußerungen, die Briefe zumal in einem ungewöhnlichen Maße, erfüllt. Er spricht
von Bangnis und freudloser Gegenwart, von einer tiefsitzenden Angst, zumal
bei Tagesbeginn, und man hat ihm daher eine endogene *[im Körperinneren
entstehende]* Depression diagnostiziert, die nicht nur an der Wurzel seiner
Lyrik sitze, sondern auch der Ansatzpunkt sei für seine Forschungen über das
Nachtgebiet der Natur.

Über die letztere Ansicht brauchen wir uns nicht zu äußern, da es sich dabei
nur um einen der Versuche handelt, das Nachtgebiet als einen Bereich nicht-
rationalisierbarer Phänomene loszuwerden. Müßten wir anderseits einem Dich-

---

[5] Justinus Kerners Briefwechsel mit seinen Freunden. Herausgegeben von seinem Sohn Theobald Kerner. Durch Einleitungen und Anmerkungen erläutert von Dr. Ernst Müller, Stuttgart
und Leipzig 1897, 2 Bände, Band 1, S. 30. – Zitiert im Folgenden als „Brw". – Eine große
Anzahl kernerscher Gedichte ist von namhaften Komponisten vertont worden.

ter schmerzenreicher Lieder auch eine Neigung zu allzu großer Schwermut diagnostizieren, dann dürften wir dabei nicht verkennen, daß er ja im Liede zugleich auch immer die Überwindung der Wehmut bezeugt. Verstummen und versinken andere in ihrer Qual – mit Variation eines Goethe-Wortes gesagt, so ist der Dichter mit dem befreienden Worte gesegnet. Damit mehren sich bei ihm freilich die Zeugnisse seines Schmerzes, aber zugleich auch die der Tröstung.

> Oft hör' ich, geh' ich einsam auf der Flur,
> Leis einen Ton unnennbar tiefer Klage,
> Und wenn ich dann erstaunt, was tönt so? frage,
> Lacht's laut: Das ist der Grundton der Natur!

Ja, es lacht, und der Kerner der Wehmut ist doch alles andere als ein Griesgram. Von seinem Humor werden wir noch Proben vernehmen. Hier aber möchte ich einer hochgestellten Frau gedenken, der klages'schen Thematik nahverbunden, die auch von jenem Grundton der Natur wußte: „Alle ... Wesen, die sich aus den Ewigkeiten des Lebens nicht entfernen, Wissen, daß die Traurigkeit die Existenz in ihren tiefsten Offenbarungen ausmacht. Wir aber werden immer abgelenkt davon."[6]

Die Abgelenkten werden indes ihre Diagnose zu sichern wissen.

Des weiteren ist nicht zu verkennen, daß der Dichter Kerner bei aller Schwermut doch auch einer großen Lichterfülle mächtig war. Besonders in seinem Märchen „Goldener" und der Novelle, in die es eingebettet ist, im „Wanderer zum Morgenrot", glüht sie prächtig auf, und Uhland nennt den „Goldener" „Dein himmlisches, goldenes Märchen, das so ganz Goldglanz ist! Man sollte es an trüben Abenden lesen, um den goldenen Abendglanz dadurch zu ersetzen."[7]

Ein anderes, das immer wieder die Traurigkeit ins Gleichgewicht bringt, begegnet ihm von außen kommend, es ist die Natur, die Mutter Natur, wie er sie ebenfalls benennt und manchmal einer Göttin gleich zu verehren scheint:

---

[6] Constantin Christomanos: Tagebuchblätter, 1. Folge, Wien 1899, S. 252, Worte der Kaiserin Elisabeth.
[7] Brw1, S. 236.

Sehnsucht.
O könnt, ich einmal los
Von all dem Menschentreiben,
Natur! in deinem Schoß
Ein herzlich Kind verbleiben!
Mich rief ein Traum so schwer
Aus deinen Mutterarmen,
Seitdem kann nimmermehr
Das kranke Herz erwarmen.
Der Menschen Treiben, ach!
Das hält mich nun gefangen,
Das folgt mir störend nach,
Wo Erd' und Himmel prangen.
Doch ist dies Treiben mir
So fremd und so unherzlich,
Und, Mutter, ach! nach dir
Zieht mich ein Heimweh schmerzlich!
O nimm dein reuig Kind
In deine Mutterarme,
Daß dir's am Busen lind
Zu neuer Lieb, erwarme!
Wie ist's ergangen mir,
Daß ich verirrt so lange!
– Mutter! zu dir, zu dir!
Wie ist mir weh und bange!
Bis ich wie Blum' und Quell
Dir darf im Herzen bleiben,
Mutter! o führ' mich schnell
Hin, wo kein Menschentreiben!

Daß Kerner auch am Menschen litt, kommt nicht nur in diesem Gedicht zum Ausdruck. Das schließt nicht aus, daß man ihn mit Recht ein Genie der Freundschaft genannt hat, und seine Herzensliebe haben viele empfunden – wie einer der ihm Nächststehenden, der Graf Alexander von Württemberg: „so lieb haben wie du kann doch keiner!" – oder Ferdinand Freiligrath: „Wer, der einmal mit Dir auf die Weibertreu gestiegen, wer, der einmal im Kreise der Deinen an Deinem Herde gesessen ist, könnte Dich vergessen, in Liebe

zu Dir erkalten?"[8] Sicherlich steht gerade diese Liebesoffenheit Kerners im
Zusammenhang einerseits mit seinem allgemeinen Daseinsleiden, andererseits mit der Verletzlichkeit, die bei wirklicher oder vermeintlicher Untreue
sich äußert in Versen von tiefer Enttäuschung am Menschen.

Kerners Aussage im Gedicht war spontan, ergab sich unmittelbar aus dem
Erlebnis, und er hat sich auch entschieden zum Gelegenheitsgedicht bekannt:
„... nur aus Veranlassungen in meinem eigenen und meiner Freunde Leben,
das ich von meinem nie zu trennen wußte, entstanden alle meine Gedichte."[9]
Ein solches Gelegenheitsgedicht sei hier mitgeteilt. Es ist gerichtet an den
neugewonnenen Münchner Freund Franz von Kobell, einen Mineralogen,
Jäger und Dichter, und es findet sich allerlei typisch Kernerisches gebündelt
in dieser Huldigung.

Die Wirkung des Nervengeistes. An Franz von Kobell in München.
München, im Dezember 1851.

> Wenn ich, mein Lieber! nahe dir,
> Wallt rasch mein Blut, das träg sonst schleicht,
> Und sprichst du Lieder, wird es mir
> Wie einer Gemse luftig leicht.
> Ich träume, daß ich wieder jung
> Durchwandre Wälder nimmer müd,
> Auf Felsen setz' in luft'gem Sprung,
> Wo silbern's Edelweiß erblüht.
> Ich schieß' von hoher Felsenwand
> Die Gemse, daß es mächtig kracht,
> Und lösche drauf aus hohler Hand
> Den Durst am Quell in Waldesnacht.
> Und wo ein Senne johlt und ruht,
> Ein Schuß vom Felsstock widerhallt,
> Nimm Alter ich mit jungem Blut
> Im Traume meinen Aufenthalt.
> So wird's mir, wenn du nah mir bist!
> Das macht allein dein Nervengeist,
> Der mich mit dem, was in ihm ist,

---

8 Brw2, S. 59, 266.
9 P2, S. 223.

Der kräftigen Natur, umkreist.
Wenn einer dich nicht leiden könnt',
Macht's dem dein Nervengeist auch nur,
Doch dann ist dessen Element
Die Stubenluft, nicht die Natur.

Auch hier, in diese menschliche Beziehung, geht das Naturleben mit ein, und wir beschließen diese allzu kurze Sammlung Kernerscher Lyrik mit einem Sturmlied, in dem der Dichter nun auch zum elementarischen Leben hin geöffnet erscheint.

In der Sturmnacht.
Es kommt mein Freund, schon hör' ich laut ihn singen,
Der Sturmwind ist es, der mit mächt'gen Schwingen
Hinfahret durch die finstre Mitternacht,
Sein Lied hat mich aus trägem Schlaf gebracht.
Der Wälder Rauschen und des Wassers Wogen,
Der Wolken Tanz am finstern Himmelsbogen
Und drein des Sturmes donnergleiches Lied
Mit Macht hinaus in die Natur mich zieht.
Da möchte ich mich mit ihm so ganz verweben,
Ein Luftgeist – singend mit dem Sturme schweben
Mit Wäldern, Bergen und dem Meer im Bund,
Nicht mehr genannt von eines Menschen Mund
Sturm! sing dein Donnerlied, Luftgeisterheere
Einstimmend – fahrt mit ihm durch Land und Meere!
Noch hält der Erde Band fest meinen Geist.
Doch Lust! zu Wissen, daß dies Band zerreißt.
Dann heb mich auf, o Sturm! mit deinen Schwingen,
Dann, Freund! laß mich dein Donnerlied mitsingen,
Mitfliegen laß mich über Land und Flur
Wie du – ein Teil der schaffenden Natur.

Kerner beschloß 1808 sein Studium mit einer naturwissenschaftlichen Dissertation über die Funktion der Teile des Ohres – auch nach eigenen Beobachtungen an Tieren gearbeitet. Im Anschluß daran machte er eine Studienfahrt, und zwar zuerst nach Hamburg, wo der Bruder Georg inzwischen Arzt geworden war, und von dort auf einige Zeit nach Wien. Das dichterische, romantisch überhöhte, mit Humor und Satire verfremdete Abbild dieser Fahrt waren die Reiseschatten, ein beispielhaftes Werk jener Jahre und gleichwohl in der deutschen Literatur ohne seinesgleichen. Es ist Ausdruck des besonderen kernerschen Genius, wie ihn Uhland damals erkannt hat: „Das Komisch-Romantische gelingt Dir auf eine ganz eigene Art, oder vielmehr, es gelingt Dir nicht, sondern Du bist dessen gewiß.“[10] In diesem Werk kommt auch der wahnsinnige Hölderlin vor als ein Narr, und das ist seither des öfteren der Anlaß zu einer philisterhaften *[kleinbürgerlichen]* Schelte für Kerner gewesen. Darf man denn lachen über einen Kranken, der noch dazu ein Hölderlin ist?

Wenn wir diese Frage mit Ja beantworten, so kann das nur geschehen aus der Mitte der kernerschen Existenz und das heißt, aus seinem Arzttum. Der Arzt Kerner fühlt sich nämlich in das Schicksal seiner Kranken im Höchstmaße mit verwoben. Er steht am Siechenbett nicht als selbständiges Ich in seinem Bezugssystem medizinischer Theorie, sondern als Leidensgenosse des Kranken: „Ich kann mich nicht dahin bringen, bei meinen Patienten nicht gänzlich das zu fühlen, was sie fühlen; und habe ich ein paar sehr gefährliche Patienten, so bin ich in Wahrheit selbst sehr krank; Eßlust, Schlaf, Ruhe, alles weicht von mir […]. Mein Gemüt leidet als Arzt unbeschreiblich … Die unbedeutendsten Kranken sehe ich alsbald tot …“[11] – Wenn der Kranke wirklich stirbt, wäre auch des Arztes Leben am tiefsten mit verhängt; das Mitleiden, im Mitsterben aufs engste gefesselt, verlangt nach einer befreienden Antwort: Was bin ich denn anders? – Angesichts des Wahnsinnigen aber bin ich es auch, nicht nur als Ergriffener, sondern in meinem eigenen Wahne mich erkennend. Das ist die irrenärztliche Variante zum upanishadischen „Tad tvam asi: Das bist du!“ – nämlich: „Tad aham asmi: Das bin auch ich!“ –

Kerner führt in seinem Bilderbuch mehrere Verwandte seiner Mutter an, die geisteskrank geworden sind, unter ihnen eine jüngere Schwester, die geistreich und dichterisch veranlagt war, aber später in Melancholie verfiel. Sie gebar mehrere Kinder, unter ihnen eine Tochter, die in der Jugend Nachtwandlerin war und nachmals Mutter des Dichters Wilhelm Hauff wurde. Er erwähnt dies besonders deshalb, „weil daraus hervorgeht, wie Wahnsinn, Somnambulismus *[Hellschlaf]* und Dichtkunst miteinander verwandt

---

[10] Brw1, S. 64.
[11] Brw1, S. 232f., 276.

sind und oft eins aus dem anderen hervorgeht. Das Gefühlsleben herrschte bei meiner Mutter durchaus vor, aber nie erlitt sie eine Störung des Geistes, es erzeugte sich in ihr kein Wahnsinn, aber doch ein Poete, und so war es auch bei Wilhelm Hauffs Mutter."[12] Übrigens war auch ein Außenstehender der Meinung, es komme, „was an Euch Kernerischen Mannsbildern Genialisches ist, … von dieser interessanten Frau", also von der Mutter[13].

Hält man sich das kernerische „Tad aham asmi" vor Augen, dann wird man den wahnsinnigen Dichter Holder in den Reiseschatten besser verstehen; man wird erkennen, daß dem Wahnsinnigen ein Sprung, der eine mögliche Sprung aus dem Wahnsinn eröffnet wird, der Sprung des Narren nämlich, den der Dichter mit ihm tut.

Es sei hier noch ein Wort eingefügt, das Justinus Kerner über einen anderen großen Dichter gesprochen hat und das gerade aus Kerners Vertrautheit mit dem Dämonischen entspringt. In einem Brief an Sophie Schwab wünscht er sich 1836, daß ihm Goethe noch erreichbar sein möchte als Gesprächspartner über seine Geisterbeobachtungen. Der hätte ihn anhören und über das Berichtete nachdenken müssen. „Er war ein Forscher, und ich meine das in höherem Grade als er Dichter war. Er sagte von sich selbst: – er sei nicht dämonisch, – ich kann mir aber keinen Dichter denken, der nicht dämonisch ist, und ich glaube wirklich, daß er nicht dämonisch war und – das fehlte ihm. Man muß freilich wissen, – was man unter dämonisch versteht, er schien mir nur wie ein halbes Gefühl davon zu haben, nach dem, wie er sich darüber ausspricht. Eine solche Selbständigkeit, wie Goethe hatte, ein solches ‚Ego sum' kann nur ein Dämon haben, in dem kein Dämon ist. Man wird mich nicht recht verstehen. Mit Inspiration ist es nur annähernd ausgedrückt – also ich meine, er war kein inspirierter Dichter."[14] Mit diesen Sätzen hat Kerner, noch in großer Nähe zu Goethe, vier Jahre nach seinem Tode, sehr Verwandtes ausgesprochen zu dem, was Klages 80 Jahre später, charakterologisch ins einzelne gehend, in seinen „Schranken des goethischen Menschen" ausgeführt hat, übrigens so, daß er das eigentlich dämonische Dichtertum an Hölderlin erläutert[15].

Den Lyriker, den Mediziner, den Freund und Mitmenschen, immer finden wir Justinus als den zutiefst Ergriffenen, – wie wird es ihm gegenüber den

---

[12] Pl, S. 24f.
[13] Brwl, S. 337.
[14] Brw2, S. 109f.
[15] Ludwig Klages: Mensch und Erde, Stuttgart 1977, S. 62–75.

Frauen ergangen sein? – Wir haben hier etwas nachzuholen. Am zwanzigsten Geburtstag Uhlands, also 1807, machten die Studenten einen Ausflug mit Damen; eine darunter schien traurig zu sein, Justinus sprach sie daraufhin an mit der Frage in Goethes Gedicht „Trost in Tränen": „Wie kommt's, daß du so traurig bist …?" und das Mädchen, Friederike Ehrmann, antwortete ihm mit dem nächsten Vers. Damit war ein Liebesbund geschlossen und eine Ehe angebahnt mit einer Frau, die als das Rickele sprichwörtlich geworden ist für die einzigartige Hausmutter eines Dichterheims, das Justinus, der Vielbefreundete, in Weinsberg später gründen sollte[16]. Wie sehr sie Mutter seines Selbstes war, ohne die es sich selbst verloren hätte, spricht die Inschrift auf beider Grabstein aus: „Friederike Kerner und ihr Justinus".

Die Verlobung fand am 26. April 1807 statt, die Hochzeit am 28. Februar 1813. Lange Zeiten des Verlobtseins waren früher nicht so ungewöhnlich; doch waren die Zeitläufte schwierig, und es dauerte lange, bis Justinus eine Versorgung fand, die ihn und seine Familie tragen konnte. Aber dazu kam noch eine innere Verwirrung, die im offenen Herzen des Mannes entstand. Hamburg war von einem anderen Leben erfüllt als Ludwigsburg oder Tübingen; neue andersartige Freundschaften bahnten sich an, zu Rosa Maria von Varnhagen, zu Amalie Schoppe, später Wegbahnerin für Friedrich Hebbel, selbst fruchtbare Romanschriftstellerin. Und Kerner traf in Hamburg wieder auf die Schwägerin Friederike Kerner, „die an Geist, Bildung und Liebenswürdigkeit unter die ausgezeichnetsten Frauen ihrer Zeit gehört", wie er selber 40 Jahre später in sein Bilderbuch schrieb. Zu ihr hatte eine heftige Liebe ihn ergriffen, als er sie, schon das Weib seines Bruders, kennenlernte[17]. Nun sah er sie wieder, ebenso unerreichbar wie früher, er selber dem Rickele unauflösbar verbunden, ein schmerzvolles Schicksal. Damals hat sie offenbar ein Gedicht inspiriert, das in einem Brief an Uhland vom Juni 1809 geschrieben steht[18] und das Kerner erst nach Rickeles Tode (1854) in den „Winterblüten" (1859) abgedruckt hat – nun mit vier vorangesetzten Zeilen und der Überschrift:

---

[16] Dazu vor allem Marie Niethammer: Justinus Kerners Jugendliebe und mein Vaterhaus, Stuttgart 1877. Ferner: Johannes Ninck: Das Rickele. Ein Frauenbild der schwäbischen Romantik, Leipzig 1939.
[17] Jennings hat dies schmerzvolle Liebeserlebnis zuerst wieder entdeckt, siehe Lee Byron Jennings: Justinus Kerners Weg nach Weinsberg (1809–1819). Die Entpolitisierung eines Romantikers. Studies in German Literature, Linguistics and Culture, Vol. 3, Columbia, South Carolina 1982, S. 18ff. P1, S. 193 vgl. S. 206.
[18] Brw1, S. 55.

Des Jünglings Beichte.
„Sag' mir, mein junger Freund! sag' mir, was ist geschehen?
Schließ auf dein Herz, laß mich in seine Tiefen sehen,
Ob nicht ein schlimmer Zauber dir Böses angetan."
Ich sprach's, da hob der Jüngling mir so zu beichten an:
„Denkt eine Lilie Euch, wenn Mond und Sterne scheinen,
So Duft als heil'ger Glanz umströmt das Haupt der Reinen,
Es senken Engel sich aus wolkenlosem Blau
Und küssen liebentbrannt von ihr den Morgentau;
Denkt eine Elfe Euch, in mondgewebtem Kleide
Fliegt sie daher, ein Bild von Liebesscherz und Freude,
Denkt Euch ein fremdes Kind so wundersamer Art,
Als in dem dunklen Schoß das stille Meer bewahrt.
Denkt Euch ein heilig Bild, ein friedeatmend Wesen,
Bild, das Natur so ganz zur Anbetung erlesen,
Hoch seine Stirn, sein Mund süß, jeder Mängel bar,
Sein Auge himmelblau und wie der Morgen klar;
Denkt Euch ein Kleinod, so nicht angehört der Erde,
Denkt Euch ein göttlich Weib voll englischer Gebärde,
So denkt ihr all mein Leid, all meine Lust und Qual,
Sie meine Nacht, mein Tag, mein Mond-, mein Sonnenstrahl!"

Der Konflikt in dem Dichter mag sich noch verstärkt haben, als der Bruder 1812 starb und die Witwe für eine Heirat mit dem Justinus hätte frei sein können.[19] Doch die Liebeswahl an Uhlands Geburtstag erwies sich am Ende als schicksalsgerechter; sie hat die beiden Erwählten zum Ziele getragen, und wie sehr das Rickele die Frau für Kerner war, mag eine Erinnerung der Tochter Marie bezeugen. Sie erzählt, daß der Vater seiner Frau wieder einmal Briefe an die Freunde voll trüber Todesgedanken zum Lesen gegeben hatte und daß sie darauf in aller Ruhe zu ihm sagte: „Aber Kerner, wenn du diese Briefe abschickst, kannst du fast mit Ehren nicht mehr fortleben!"[20]

Von 1812 bis 1818 war Kerner als Arzt und Amtsarzt an verschiedenen Orten tätig. 1819 kam er als Oberamtsarzt nach Weinsberg und hat dort nicht nur als Arzt, sondern als ein „Genius loci" *[Schutzgeist des Ortes]* gewirkt

---

[19]   Brw1, S. 338: Ratschlag des Generals Theobald, die Witwe zu heiraten.
[20]   Marie Niethammer: Justinus Kerners Jugendliebe und mein Vaterhaus, Stuttgart 1877, S. 198.

und gewaltet bis an seinen Tod – und eben auch bis auf den heutigen Tag. Die ärztliche Tätigkeit mußte er allerdings wegen teilweiser Erblindung 1852 aufgeben.

In den ersten Arztjahren erschienen auch drei medizinische Schriften von ihm, die erste über das Wildbad im Schwarzwald – mit einem naturwissenschaftlichen und einem poetisch-historischen Anteil. Die anderen beiden Schriften, im Dienste der rationalen Medizin, waren Abhandlungen über den Botulismus, die Fleischvergiftung, eine Infektionskrankheit, deren Erreger man damals noch nicht erkennen konnte. Trotzdem sind Kerners Fallstudien, seine Beobachtungen und Versuche vorbildlich bis auf den heutigen Tag. Daß er den Kern der Erkrankung in einer Vergiftung erkannte, ist ebenfalls richtig, wenn man das Gift, die Ausscheidung des Erregers, auch erst in unseren Tagen hat isolieren können. Zukunftweisend war auch seine Anschauung, daß man das Gift in kleinen Mengen möglicherweise als Heilmittel verwenden könne, und dazu ist es in der Tat in den letzten Jahren gekommen. Die Kehrseite solcher Fortschritte tritt freilich auch in diesem Falle deutlich hervor: ein Tütchen voll mit dem Botulismusgift, ein Pfundchen, reicht hin, um die gesamte heutige Menschheit ums Leben zu bringen[21].

Die Schriften über das Wildbad und das Fettgift begründeten Kerners Verdienste in den Augen der rationalen Mediziner. Die wissenschaftlichen Werke, die er danach hat erscheinen lassen, dienten und dienen in den Augen jener dem Aberglauben, sie sind, wenn man ihm zu vergeben geneigt ist, Ausflüsse seines Humors, und ein Herausgeber und Biograph, Josef Gaismaier, vermag um die letzte Jahrhundertwende dem Gedanken nicht auszuweichen, daß in den späteren Schriften „allerdings der Verdacht einer groben Mystifikation nicht mehr abzuweisen" sei.[22]

Ein Spaßmacher ist Justinus Kerner freilich immer gewesen und geblieben. Wer aber seinen Spaß nicht von seinem Ernste zu scheiden weiß, der kennt ihn überhaupt nicht. Den folgenden Brief hat man für historisch gehal-

---

[21] Hans Ulrich Schulz: Hypothesen vergehen … Ein Beitrag zur Medizin der Romantik, Die Medizinische Welt, Stuttgart 28.November 1964. Nr. 48. Otto-Joachim Grüsser: Justinus Kerner 1786–1862. Arzt – Poet – Geisterseher, nebst Anmerkungen zum Uhland-Kerner-Kreis und zur Medizin- und Geistesgeschichte im Zeitalter der Romantik, Berlin 1987, S. 128ff., besonders S. 139f.

[22] Justinus Kerners sämtliche poetische Werke in vier Bänden. Herausgegeben von Josef Gaismaier, Leipzig o.J, Band 1, S. 52 – Zitiert im folgenden als „G". In einer solchen Verdächtigung wird die ganze Verranntheit dessen sichtbar, was der Literaturwissenschaftler Robert Petsch, statt Aufklärung, Aufklaricht genannt hat.

ten. König Ludwig I. von Bayern war in den Revolutionsjahren bekanntlich unter anderem durch die Tänzerin Lola Montez ins Zwielicht geraten und mußte sie außer Landes bringen lassen. Da schreibt nun Kerner im Februar 1848 an eine Freundin: „Die Lola Montez kam vorgestern hier an, und ich bewahre sie in meinem Turm bis auf weitere Befehle von München. Drei Alemannen halten dort Wache; es ist mir ärgerlich, daß sie der König gerade zu mir sandte, aber es wurde ihm gesagt, die Lola sei besessen, und er solle sie nur nach Weinsberg senden, den Teufel aus ihr zu treiben. Interessant ist es immer. Ich werde, ehe ich sie magisch-magnetisch behandle, eine starke Hungerkur mit ihr vornehmen. Sie bekommt täglich nur 13 Tropfen Himbeerwasser und das Viertel von einer weißen Oblate. Sage es aber niemand! Verbrenne diesen Brief! – Herzlich Dein Kerner."[23]

Ein andermal erzählt Kerner in einem Brief, daß er in Paris einen Besessenen behandeln müsse, einen russischen Obersten, der von einem polnischen Tambour *[Trommler]* besessen sei. Der Oberst habe unter dem Galgen geschlafen, an dem der Tambour aufgehängt worden war. Mit dem polnischen Zapfenstreich im Bauche habe der Oberst dann unabsichtlich die eigenen Truppen in die Flucht geschlagen, und auch in Paris daure die polnische Besessenheit noch fort; „seine Familie ist in größtem Jammer, getraut sich auch nicht mehr, mit ihm nach Rußland zu gehen des entsetzlichen politischen Skandales in seinem Bauche wegen, der auch einen Transport nach Sibirien nach sich ziehen könnte."[24] Dieser Brief ward geschrieben, während im Kernerhaus selbst Besessene behandelt wurden. Daher werde er wohl erst später nach Paris reisen können, setzte Kerner hinzu, aber dann auch eine Schrift darüber herausgeben. Sehr verständig merkt der Herausgeber der Briefe, ein Literaturwissenschaftler, dazu an: „Er kam nicht nach Paris und führte auch diese Schrift nicht aus." – Wie vermöchte man auch den Spaß eines genialischen Menschen zu verstehen, wenn man seinen Ernst nicht versteht.

Eine närrisch-tolle Szene hat David Friedrich Strauss aus dem Kernerhause überliefert; vor ihm und einem jüngeren Begleiter hat Kerner sie aufgeführt mit einer Bäuerin, die von einem alles Heilige wütend hassenden Dämon besessen war. Vor ihr oder vielmehr vor diesem hat Kerner seinen Kut-

---

[23] Brw2, S. 307f. Vgl. Kurt Seeber: Die rote Fahne auf dem Geisterturm, Mitteilungen 16, 1978/79, S. 24ff., und Ders.: Justinus Kerners Humor, Mitteilungen 7, 1970, S. 24ff.
[24] Brw2, S. 66ff.

scher Kirchenlieder singen lassen, und während dieser mit kreischender Stimme sang und der Dämon „auf die tollste Weise alle Augenblicke ... aus dem Weibe schimpfend" dazwischenfuhr, lachte Kerner ebenso kräftig mit wie seine skeptischen Besucher[25]. Mit tierischem Ernst hat er auch derlei Beobachtungen nicht angestellt und die Schriften nicht verfaßt, die den Dichter und Mediziner in der Folge so sehr herabsetzten in der Achtung der Rationellen und Rationalen. Es waren dies „Die Geschichte zweyer Somnambülen", 1824, – dann „Die Seherin von Prevorst", 1829, die seinen Ruhm unter den Occultisten *[Geheimwissenschaftlern]* und Spiritisten *[Anhänger von Geisterlehren]* begründete. Es trat dann ein Andrang von Besessenen bei ihm ein, und aus den Beobachtungen, den geglückten und den mißglückten Heilungen gingen zwei Bücher hervor: „Geschichten Besessener neuerer Zeit", 1834, und die „Nachricht vom Vorkommen des Besessenseyns", 1836.

Die Folge dieser Begegnungen und daraus entspringenden Erlebnisse mutet an wie eine Initiation. Ihre vorläufige Krönung stellte ein Spukfall dar im Weinsberger Gefängnis, dessen Bezeugungen durch eine Vielzahl integrer *[rechtschaffender]* Personen Kerner sammelte und veröffentlichte unter dem Titel: „Eine Erscheinung aus dem Nachtgebiete der Natur", 1836. Zu Veröffentlichungen aus diesem Gebiet begründete Kerner eine Zeitschrift, die seit 1831 unter dem Titel „Blätter aus Prevorst", seit 1840 mit dem Namen „Magikon" erschien. Zu diesen Bänden trugen namhafte Autoren bei wie Carl August Eschenmayer, Gotthilf Heinrich von Schubert, Franz Baader, Joseph Görres, J.K. Passavant, Friedrich Notter, Friedrich von Meyer, Eduard Mörike.

1853 trat Kerner noch einmal mit einer besonderen Veröffentlichung zu diesem Sachgebiet hervor. Das Tischrücken hatte sich von Amerika über England sehr ausgebreitet, überall waren Versuche damit angestellt worden, und Kerner hat unter dem Titel „Die somnambülen Tische" ihre wunderbaren Äußerungen nachdrücklich als Naturerscheinung gedeutet.

Abgerundet hat Kerner seine Veröffentlichungen auf diesem Gebiet 1856 durch eine Biographie Mesmers. Er ist dazu 1850 und 1854 selbst in dessen Heimat, nach Meersburg, gereist und hat auf diese Weise auch Freundschaft geschlossen mit Joseph von Laßberg und auf seiner Burg gewohnt. Laßberg, 1770 geboren, war einer der frühen Germanisten, ein verdienstvoller Erfor-

---

[25] David Friedrich Strauss: Justinus Kerner, Zwei Lebensbilder aus den Jahren 1839 und 1862, Turmhahnbücherei 13/14, Marbach a. N. O. J., S. 28f., 79f.

scher der mittelalterlichen deutschen Literatur; nun half er dem Dichterarzt, die Dokumente zu Mesmers Leben aufzufinden. Die Mesmer-Biographie ist übrigens das einzige Werk Kerners, das Carl Gustav Carus in seinem Buch über den Lebensmagnetismus anführt. 1849 erschien als autobiographisches Werk „Das Bilderbuch aus meiner Knabenzeit" – und lange Jahre nach seinem Tode, 1890, ein letztes Buch von ihm, die „Klecksographien", jene umgewandelten, zu Wesen umgestalteten Tintenkleckse, denen der Dichter mit dem jeweils dazu verfaßten Gedicht ein eigenes Leben verlieh.

Zu Justinus Kerners Leben und Wesen bleiben hier nur noch einige Worte nachzutragen über Weinsberg, den Ort seines Wirkens. Seit Anfang 1819 lebte er dort, 1822 mußte er sich ein eigenes Haus bauen, und das steht dort bis zum heutigen Tage. Auf dem Grundstück sieht man noch einen Turm der alten Weinsberger Stadtbefestigung, der seine Erhaltung dem Dichter verdankt, und an seinem Hause vorbei führt der Weg auf die berühmte Burg Weibertreu, so benannt nach den Weinsberger Frauen, die durch ein Ereignis des Mittelalters berühmt geworden sind. Die Veste *[Feste]* wurde in einem Konflikt der Staufer und der Welfen belagert, und als sie sich ergeben mußte, erhielten die Frauen die kaiserliche Zusicherung, daß sie das Liebste mit heraustragen dürften, und sie wählten ihre Männer. Kerner hat 1823 den Weinsberger Frauenverein zur Erhaltung der Burg gegründet und zu Stiftungen aufgerufen. Dadurch ist die Ruine, die als Steinbruch gedient hatte, erhalten geblieben und selbst zu einer Art Kerner-Denkmal geworden. Sie wurde es noch mehr dadurch, daß der Sohn des Dichters, Theobald Kerner, auf dem Gemäuer die Namen all derer hat anbringen lassen, die Weinsberg um seines Vaters willen aufgesucht haben.

Eine andere Erinnerung dort oben sind die Äolsharfen *[altes Instrument, dessen Saiten durch den Wind in Schwingungen versetzt werden]*, die seit Kerners Zeit immer wieder in den Schießscharten angebracht worden sind, ein Musikinstrument der Romantik, auf dem die Natur selber ihre Melodie erklingen läßt. Das andere Instrument Kerners war die Maultrommel, auch Brummeisen genannt, italienisch Scacciapensieri; er hat es selbst mit Freude und Geschick zu spielen verstanden. Das einzelne Instrument hat nur einen geringen Umfang von Tönen, die mit der Mundhöhle als Resonanzraum variiert werden. Der geübte Spieler wechselt die Brummeisen und vermag dergestalt ein Konzert zu geben. „Das Fortissimo *[sehr laut, äußerst stark und kräftig]* wie das Piano dolce *[sanft, weich, lieblich]* kann auf der Maultrommel auf das herrlichste ausgedrückt werden, und vorzüglich ist dieses

Instrument für eigene Phantasien geeignet; geeignet, Ausströmungen eines reinen Gefühls in Tönen besserer Welten darzustellen, wie die Äolsharfe die Gefühle des Frühlings und der gestirnten Nacht."[26]

Justinus Kerner ist in der Nacht vom 21. auf den 22. Februar 1862 gestorben. Fragen wir noch einmal nach seinem Lose, dann verehren wir an ihm, was er selbst an sich bejahte: daß er ein Gelegenheitsdichter war, und dies im tiefsten Sinne, nicht nur im Hinblick auf seine Lieder, sondern in Bezug auf alles ihm Begegnende. Mensch der Offenheit, wie er ist, ergreift ihn der Anblick eines traurigen Mädchens, und siehe, es wird trotz aller Anfechtungen seine Gattin, und er führt mit ihr eine vollendete Ehe. Ebenso faßt er schöpferisch auf und führt es zur vollendeten Form, was immer ihn in seinem Leben ergreift, sei es nun die Burgruine, unter der sein Haus steht, seien es die Kranken, die flüchtigen Polen, die Besessenen, die Spukbehafteten, die Somnambulischen – bis hin zu den Tintenklecksen in seinen Briefen, – er führt sie zur Form, und es erscheint nun ihr Wesen auch für die andern. Der Anblick seines Bildes, vor allem der Altersbilder, vermag uns in dem Gefühl zu bestärken, daß ihm etwas entschieden Mütterliches innewohnt und daß er dadurch zur Matrix *[Quelle]* dessen wurde, was ihm an Erscheinungen des Lebens zuteil ward.

Ich beschließe diese Betrachtungen mit einer graphologischen Charakteristik, die bei einer mehr zufälligen Begegnung mit einem Briefe Kerners entstand, – daher rührt ihr aphoristischer Stil, aber darum eben ist sie in gewisser Weise auch Gelegenheitsäußerung im Sinne Kerners. Sie stammt von Heinrich Döhmann. „Wunderbar reiche und tief lebendige Seele! – Pathisches Ergriffensein! – Hinhorchen und Sich-Hingeben. – Ein Kenner der Seelen-Tiefen, ein beethovenisch im Sturme Fahrender! – Ein wundervoll menschlicher Mensch mehr noch als ein Wissenschaftler. Und das ist er auch! Man sollte ihn kennenlernen; es würde sich lohnen, ihn wiederzuentdecken. Hochmusikalisch! – Weit romantischer als etwa Brentano. Nichts Menschliches ist ihm fremd, und das mehr als Menschliche leitet ihn in seiner tiefbescheidenen Lebensfrömmigkeit und Demut. – Warum wirkt er so tragisch? – Er ist ungerüstet, unfähig zur Selbstverteidigung, und er paßt schon nicht mehr in die Zeit von 1830. – Er verausgabt und verzehrt sich. – Im Gegensatz zu Beethoven ist er wenig sentimental und läßt sich weniger gehen. Er ist männlich und – mütterlich!–"

---

[26] P6, S. 90.

Zur Psychologie und Parapsychologie

In nicht überfremdeten Kulturen entspricht die Psychologie dem, was die Seele erlebt. Zweifellos bedenkt man auch dort das Erlebte, hat aber keinen Anlaß, Teile des Bedachten als unwirklich zu erklären und ihnen in der Terminologie eine Benennung zu versagen, weil sie vermeintlich übergeordneten Gedankensystemen widersprächen. Kann der Schamane den Leib verlassen und andere Orte aufsuchen, kann er dort sogar wirken, so muß es ein dem Körper Innewohnendes geben, das dazu fähig ist. Kennt man es als eine Erfahrungstatsache, daß gewisse Menschen schon vor ihrer leiblichen Ankunft am Zielort erscheinen – vardœg –, dann führt das zu einem ähnlichen Schluß. Kann andererseits der Verstorbene wiederkehren – und zwar nicht nur in spontaner Erscheinungsweise, sondern auch angerufen in den schamanischen Kulturen und als regelmäßig geladener Gast bei den Festen der rituellen Kulturen –, so gehört es zu den Erfahrungstatsachen, daß ein Anteil des lebendigen Menschen dem leiblichen Verfall, dem Leichenbrand nicht erliegt, sondern leiblos weiterlebt. Erwägt man die Frage, ob das, was in der Erscheinung des Verstorbenen wiederkehrt, identisch sei mit dem, was der Schamanenleib zeitweilig aus sich entläßt, oder auch dem, was der im Vorspuk Erscheinende vor sich hersendet, dann wird man folgern, daß im Sterben die Entseelung radikaler ist als in der Seelenfahrt oder im Vorspuk, daß es mithin noch ein Drittes gibt, das bei der Schamanenfahrt dem Leibe verbunden bleibt, während es im Sterben ebenfalls daraus gelöst wird. Es folgt daraus, daß es im Lebenden mindestens zwei nicht-leibhafte Wesensanteile gibt, daß also dem Lebenden, wenn man den Seelebegriff auf beide anwenden will, mindestens zwei Seelen innewohnen.

Für uns wird die Überfremdung solcher aus dem Erleben stammender Anschauungen spätestens seit dem Jahre 869 aktuell, da auf dem 8. Konzil zu Konstantinopel die Vorstellung, der Mensch habe zwei Seelen (duas animas), mit einem Anathema *[Verfluchung, Kirchenbann]* ausgeschaltet wurde[27]. Von daher war bei uns die Vorstellung, daß der Mensch aus Leib und Seele bestehe, selbstverständlich. Erst im 18. Jahrhundert gelangte man mit der wunderbaren mechanistischen Vereinfachung der Anschauungen dahin, daß der Unterschied zwischen dem Lebenden und dem Leichnam nur noch in der

---

[27] H. Denzinger: Enchiridion Symbolorum, Freiburg 1960, S. 165f. Manfred Kyber: Einführung in das Gesamtgebiet des Okkultismus, Neudruck 2. Aufl. Darmstadt 1937. S. 56f.

Funktionsfähigkeit gesehen wurde; der lebende Leib war eine funktionierende, der tote eine nicht mehr funktionsfähige, eine abgelaufene Maschine. Damit waren auch alle Lebenserscheinungen nicht maschinenhafter Natur abgetan und für unwirklich erklärt.

Dieser miraculeuse *[durch ein Wunder bewirkte]* Fortschritt in Wissenschaft und Geist wurde nun aber durch den Mesmerismus und die durch ihn ausgelösten neuen Ergebnisse alter Art bedroht. Unmittelbar aus den Erlebnissen werden die alten Einsichten wiedergeboren. Im Jahre 1832 hat in Weilheim unter Teck eine sechzehnjährige Somnambule kosmisch-weite Ausfahrten des Inneren erlebt. Schon frühzeitig erfährt sie drüben die psychologische Vorbedingung dafür und verkündet sie in ihrem Schlafe: „Ich muß euch sagen: meine Seele bleibt immer in mir, nur mein Geist wandert; ich wußte vorher nie, daß außer der Seele auch noch ein Geist in uns wohnet; und nur dieser ist fähig, Wanderungen der Art zu machen."[28]

Wie eine solche Aussage im Munde eines jungen Mädchens jener Zeit, mit der bescheidensten, hausbackensten Bildung, letzten Endes zustande kommt, darüber können wir nur Mutmaßungen anstellen, – wenn wir nicht hinnehmen wollen, was in den schamanischen Kulturen allerdings eine Selbstverständlichkeit ist, daß das junge Menschenkind seine Weisheit drüben empfängt, von den führenden Geistern selber. Doch auch, wenn Einsichten des animalischen Magnetismus in das Bewußtsein des ungelehrten Mädchens eingewandert waren, konnten sie sinnvoll doch erst integriert werden, als sie das Dementsprechende erlebte: lebend zugleich auf dem Bette zu liegen und in die Sternenwelt emporzufahren. Bestimmt nicht hatte sie, auf welchem Wege immer, ihre Dreiteilung aus dem drei Jahre früher erschienenen Buche Kerners „Die Seherin von Prevorst" übernommen; denn die Seherin, Friedrike Hauffe, begnügte sich nicht mit einer Dreiteilung, sondern sie bedurfte, um ihre Erlebnisse angemessen auszudrücken, einer Vierheit, fügte den genannten Einheiten noch den Nervengeist hinzu.

Damit erledigt sich auch die Behauptung, daß ihr, der simplen Kranken, die psychologischen Termini vom Arzte, vom Justinus Kerner aufgeprägt worden seien. Wer das Buch liest, wird finden, daß die eine nicht zu entthronende Dominante darin das Erleben der Hauffin ist, dem am Ende sich auch die ärztliche Ratio fügen mußte, und sind es die ärztlichen Fachwörter, deren

---

[28] Lorenz Bäurle: Geschichte einer Somnambüle in Weilheim an der Teck etc., Göppingen 1920, S. 31.

sich die Seherin bedient, dann deswegen, weil sie tauglich waren, ihr Erleben auszudrücken.

Und damit gelangen wir zu einem allgemeinen Satz, der für unsere parapsychischen Betrachtungen leitend sein muß. In den Erscheinungen des Mesmerismus, den Seelenfahrten der Somnambulen, den Geisterbegegnungen, dem Spuk, im Hellsehen, in den Visionen, dominiert ein primäres *[ursprüngliches]* Erleben, das aller Begriffsbildung vorangeht, mit dem man sich, als Erleben, abfinden muß. All dieses ist nun einmal erlebt worden, seit Urzeiten und überall, und man wird nicht geistig Herr darüber, wenn man es beiseite schiebt, indem man die Etiketten Mystizismus und Aberglauben daraufklebt. Diese Erscheinungen sind ein wichtiger Teil der Anthropologie *[Wissenschaft vom Menschen]*, und es ist der Menschenkunde nicht dienlich, wenn man diesen Teil zersplittert und als Nebensache auf die verschiedensten Fachwissenschaften verteilt, als da sind: Völkerkunde, Volkskunde, Physiologie *[Wissenschaft von den Lebensvorgängen und Funktionen des menschlichen Organismus]*, Nosologie *[systematische Einordnung und Beschreibung der Krankheiten]*, Psychiatrie und letzten Endes an eine Psychologie der Täuschungen, eine Psychologie ohne Psyche.

Justinus Kerner war der offene Mensch, der eines vorbegrifflichen Erlebens fähig war und blieb. Das wissenschaftliche Erkennen von Tatsachen ermangelt nicht der auf das lebendige Geschehen, auf wirkende Wesen gerichteten Schaukraft, der Mediziner nicht des Poeten. An einer bemerkenswerten Stelle der Reiseschatten beschreibt er das Wesen eines Daches, nicht aber als das funktionell zu bestimmende Ding, sondern als Erscheinung in ihrem bildhaften Zusammenhang. „Das Wesen eines Daches", heißt es da, „gibt einem doch schon als Kind eine ganz sonderbare Empfindung, die einem bis in das Alter bleibt. Da oben guckt der Kaminfeger heraus und geht einsam die Katze hin und her, die schon ins Zauberreich gehört oder Dienerin geheimer Mächte ist. Bei Nachtzeiten sitzt das Käuzchen auf dem Dach ..." und Weiteres, Ähnliches zum Raume unter dem Dache.[29] Einem verwandten Sinnen entspringt ein Satz – in der Seherin – über die Vögel. Im Zusammenhang mit Levitationen *[freies Schweben eines Körpers im Raum]* sagt Kerner dort: „Beim Fliegen der Vögel, diesem auch träumenden prophetischen Ge-

---

[29] G3, S. 155, P3, S. 58f. Das fremde Mädchen vertritt in dem Buch Amalia Schoppe, Brw1, S. 115. Möglicherweise stammt die Meditation über das Dach wirklich aus ihrem Geiste, der dem des Novalis, wie Kerner schreibt, Brw1, S. 125, verwandt ist.

schlechte, möchte vielleicht neben ihren mechanischen Einrichtungen eine ähnliche Aufhebung der Schwerkraft zum Teil stattfinden."[30] Die gleiche Denkweise klingt auch an in einem Satze von Klages: „... weil der Vogel lautlos enteilend in fernste Räume dringt, war er eine ‚schwärmende' Seele und schicksalkündender Seelenbote ..."[31]

Daß Kerner auch als Arzt in lebendiger Weise von der Mitwirkung der Elementarwesen überzeugt war, betont er in einer Anmerkung zu der Schrift vom Wildbade. Hatte er es sich in einer früheren Auflage doch erlaubt, abgesehen vom Chemischen, Balneologischen *[Bäderkunde, Heilquellkunde]*, Historischen, auch von den begeistenden – wir würden vorziehen: beseelenden – Potenzen der Quellen zu sprechen. Ein Kritiker hatte ihm daraufhin vorgehalten: „Ist die Annahme von Besessenheit eines Menschen eine größere Abgeschmacktheit, als die vom Besessenseyn eines Mineralwassers?" – Wozu Kerner vermerkt: „Dergleichen Herren finden in der ganzen Natur Alles, nur keinen Geist", worin eben die Beseeltheit der Quelle, der Quellgeist berufen wird[32].

Es verdient hervorgehoben zu werden, daß Kerner dergleichen Naturgeister vorgefunden sein läßt und nicht der aufklärerischen Vorstellung huldigt, daß der früher allzu dumme Mensch die Natur „beseelt" habe, eine Vorstellung, die der heutigen Mentalität *[Geisteshaltung]* des Raubmordes zugrunde liegt, mit der man, um des Profites willen, gleichmütig Wälder, Wildtiere und Landschaften ausmordet. Gemäß den mesmeristischen Anschauungen tritt der Mensch im magnetischen Schlaf in sein urzeitliches Wesen zurück, und dem Schauenden erscheint das wahre und ursprüngliche Inbild der Welt. Darum sei dieser Zustand auch nicht Schlaf zu nennen: „er ist vielmehr das hellste Wachen, das Aufgehen einer innern, viel helleren Sonne, als die ist, die deinem Aug' von außen leuchtet, ein helleres Licht, als das ist, das dir durch deine Begriffe, Schlüsse, Definitionen und Systeme im wachen Leben werden kann, ein Zustand, der mit dem ursprünglichen des Menschen Ähn-

---

[30] P4, S. 92, vgl. Justinus Kerner's sämtliche Werke in acht Büchern. Herausgegeben von Walter Heichen, Berlin o. J., S. 222f. – Zitiert im folgenden als „H".
[31] Ludwig Klages: Der Geist als Widersacher der Seele. Dritte, verbesserte Auflage. München – Bonn 1954. 2 Bände, S. 339 – Zitiert im folgenden als „GWS".
[32] Das Wildbad im Königreich Württemberg. Nebst Nachrichten über die benachbarten Heilquellen Liebenzell und Teinach und das Kloster Hirsau von Dr. Justinus Kerner. Neuausgabe der Auflage von 1839, herausgegeben von Uwe Ziegler, Bad Liebenzell 1985, S. 48 Anm.

lichkeit hat, wo der Mensch wieder in die alte innige Verbindung mit der Natur tritt und ihre Gesetze und Urtypen zu erschauen fähig werden kann."[33]

Kerner setzt hier das Schauen in Gegensatz zur Verstandestätigkeit. Diese würden wir mit Klages und anderen als geistig verstehen, doch ist Kerners Terminologie eine andere. Wie vom Geist der Elemente spricht er auch vom Geist aller Dinge, dem Geist der Metalle, Pflanzen, Tiere, der Steine[34]. Er benennt daher auch das Vermögen einer aufs höchste gesteigerten Schaufähigkeit als Geist, hierin manchem Esoteriker alter und neuerer Zeit entsprechend. Diese terminologische Differenz muß durchaus nicht eine des Sinnes sein; indes verhindert sie oftmals die Einsicht in das beiderseits Gemeinte. Im magnetischen Zustande sind nach Kerner Sehen, Hören, Fühlen geeint und gesteigert, schenken unmittelbare Gewißheit, eine „Ansicht des wahrhaftesten, eigensten Lebens und der Natur. Je einfacher, naturgemäßer der Mensch, der in diesen Zustand gerät, im wachen Leben ist, je mehr sich schon in diesem sein Geist von Seele und Leib frei zu halten wußte, je tiefer, je wahrer wird auch sein Schauen in ihm sein."[35]

Friederike Hauffe, auf deren Erlebnisse und Erscheinungen sich Kerner in der Entwicklung dieser Gedanken stützt, war nun freilich, verglichen mit der allgemeinen Beschaffenheit somnambulischer Zustände, in einer Seelenlage, die ihr Schau- und Aussagevermögen noch einmal über das anderer Somnambuler hinaus steigerte. Gewiß war die Seherin eine Kranke, aber das war nicht der Gesamteindruck, den der Erlebensfähige von ihr erhielt: „sie war ein im Augenblick des Sterbens, durch irgendeine Fixierung, zwischen Sterben und Leben zurückgehaltener Mensch, der schon mehr in die Welt, die nun vor ihm, als in die, die hinter ihm liegt, zu sehen fähig ist."– „Dies ist nicht nur ein poetischer Ausdruck, sondern wirklich wahr." Auch sonst sei an Sterbenden auf Augenblicke ein wunderbares Schauen zu beobachten, bei ihr sei dieser Augenblick jahrelang anhaltend zu denken; darin „haben wir das Bild dieser Seherin, und hierin sehe ich nur buchstäbliche Wahrheit, keine Dichtung."[36]

Unser wissenschaftliches Gewissen, wenn es angesichts eines solchen Bekenntnisses so genannt werden darf, fragt, ob es so etwas geben könne. Die erste Antwort dazu beruht auf einer unserer Voraussetzungen und lautet,

---

[33] P4, S. 32.
[34] P4, S. 58, 66.
[35] P4, S. 33.
[36] P4, S. 58f. und Anm. 2.

daß dies ja eben das Erlebnis Kerners war und daß wir uns mit seinem Erleben auf einer prima materia *[„ersten Materie", dem Urstoff]* unseres Wissens befinden, von der wir nur abgehen können mit der Folge, den Boden unter den Füßen zu verlieren.

Die zweite Antwort, die jene erste stützt und von hoher Allgemeinbedeutung ist, besagt, daß derlei „buchstäbliche Wahrheit" in sich selber beruht und keiner Stützen aus anderen Beobachtungen zu ihrer Bestätigung bedarf. Ich zitiere dazu Sätze eines Philosophen, der ebenso auch Parapsychologe gewesen ist, ja, der auf Grund seines parapsychologischen Wissens philosophiert hat, eine Seltenheit in der deutschen Philosophiegeschichte, Worte von Traugott Konstantin Oesterreich: „Die Wissenschaft hat bisher dem Vorurteil gehuldigt, daß alle Tatsachen der Wirklichkeit Fakta sein müssen, die als Einzelfälle einer ganzen Gruppe sich darstellen. Diese Auffassung ist unbewiesen und ein bloßes Vorurteil, das der Physik entsprungen ist, für die jeder Vorgang, mit dem sie sich beschäftigt, unter ein allgemeines Gesetz fällt. Nichts aber hindert vom rein logischen, wie vom Erfahrungsstandpunkt aus, daß es auch singuläre Tatsachen in der Welt gibt, die für sich stehen." – Würden die Parapsychologen sich ermannen und einen solchen Satz zur Richtschnur nehmen, so hätten sie, meine ich, viel gewonnen. Oesterreichs Gedanken nehmen dann, der Thematik seines Vortragstextes entsprechend, eine religiöse Wendung, und dies auch sachlich mit Recht: „Vielleicht ist jeder einzelne Mensch eine solch singuläre *[einzigartige]* Tatsache. Individuum est ineffabile *[Das Individuum ist nicht zu fassen]*, hat Leibniz gesagt. Sicher aber ist Jesus eine solche singuläre Tatsache."[37]

Wollten wir uns trotz grundsätzlicher Anerkennung singulärer Tatsachen dennoch nach Stützen für Kerners Deutung umschauen, so vermag ich wenigstens zwei vergleichbare Überlieferungen zu nennen. Gerhard Günther hat den Tod seiner Mutter Agnes Günther geschildert. Als es mit ihr zum Sterben kam, nach langem Siechtum, vom Arzt für den Tag vorausgesagt und erkannt, hat sie aus wunderbarer innerer Kraft ihren Hingang selbst angehalten und noch fast sieben Wochen gelebt – in einem Zwischenzustand, der von Visionen des Drüben erfüllt war und zugleich von denen der Hiesigen, die sie ebenfalls visionär wahrnahm. In dieser Zeit hat sie eines Tages das letzte Kapitel ihres berühmten Romanes in einem Zuge niedergeschrieben, ein

[37] Maria Oesterreich: Traugott Konstantin Oesterreich ... Lebenswerk und Lebensschicksal, Stuttgart 1954, S. 258. ineffabile = unsäglich = unausschöpflich.

Werk des Diesseits, an das sie doch in jenen Wochen auf der Grenze weder vor noch nach dieser Stunde eine Erinnerung hatte[38].

Das andere Ereignis gehört der dichterischen Überlieferung an, jedoch der eines Volkes, dem wir eine besondere Fähigkeit zum Wunderbaren zuschreiben, nämlich der Inder. In seinem großen Epos ist Bhîshma, der Götterentstammende, in der Schlacht zu Tode getroffen worden, aber er hat die Gabe empfangen, den Zeitpunkt seines Aufbruches selber zu bestimmen. Getötet ward er in dem Halbjahr, da die Sonne dem Süden zuwandert, wo das Totenreich liegt, sterben wird und darf er erst, wenn sie gen Norden wandert. Bis dahin harrt er aus auf der Grenze zwischen Leben und Tod und ist dort und dann noch ein weiser Lehrer der Nachfahren[39].

Wir haben uns mit diesen Beispielen des Gedankens etwas besser vergewissert, daß es die geschilderte singuläre Tatsache von höchster Allgemeinbedeutung geben könne. Wir verstehen dann auch besser, daß Kerner überwältigt war von der Kunde, die ihm diese Frau in ihrer besonderen Position und Perspektive geben konnte, und daß auch andere diesen tiefen Eindruck empfangen haben. Dieser Kunde, um es deutlich zu sagen, schreiben wir nicht etwa den Charakter einer Offenbarung zu, sondern betrachten sie als einen Reisebericht aus fremden Zonen, der wie alle Fahrtenbücher vergleichend und abwägend betrachtet werden darf und soll.

Von allem, was Kerner an Friederike Hauffe beobachtet, von ihr vernommen oder mit ihrer Hilfe experimentell erfahren hat, sind für uns von Belang hier nur die psychologischen oder parapsychologischen Einsichten. Daß sie der wesenhaften Drittelung des Menschen eine vierte Größe hinzufügt, habe ich schon vermerkt, den Nervengeist nämlich. Kerner versichert wiederholt, daß die Bezeichnung von der Seherin stammt, – das heißt, die Wahl, die besondere Verwendung, nicht die Prägung des Wortes[40]. Eschenmayer verwendet gelegentlich als ein Wechselwort „Lebensgeist"[41]. Ich sagte schon, daß nicht überfremdetes Erleben in den Urkulturen zu ähnlichen Vorstellungen geführt hat, und so hat auch in unserer Epoche die erneute Beach-

[38] Gerhard Günther: Ich denke der alten Zeit, der vorigen Jahre, Stuttgart 1972, S. 522ff.

[39] Heino Gehrts: Mahābhārata. Das Geschehen und seine Bedeutung, Bonn 1975, S. 64, 238f., 288.

[40] Kerner verwendet das Wort schon in „Geschichte zweyer Somnambülen. Nebst einigen anderen Denkwürdigkeiten aus dem Gebiete der magischen Heilkunde und Psychologie", von Dr. Justinus Kerner, Oberamtsarzt zu Weinsberg, Karlsruhe 1824, S. 116–119, aber in anderem Sinne als Frau Hauffe.

[41] P4, S. 238.

tung und Beobachtung des Erscheinungsbereiches zur Erfindung von Benennungen für entsprechende Zonen des Erlebens geführt. So hat man sich den menschlichen Zellenleib ergänzt gedacht durch einen feinstofflich pflanzlichen, den sogenannten Ätherleib und die Seele durch den feinstofflich seelischen Astralkörper[42]. Das Wort feinstofflich mag dabei höchst anstößig klingen, ebenso wie das aus der Physik oder gar der Technik herübergenommene Wort Schwingung, mit dem man vielerlei Paranormales zu beschreiben oder zu erklären sucht. Freilich ist zuzugestehen, daß man in große Not gerät, wenn man nach unterscheidenden Begriffen für die Erscheinungen auf dem Nachtgebiete der Natur fahndet.

Bei einer Erläuterung dessen, was Frau Hauffe und Kerner unter dem Nervengeist verstanden haben, müssen wir das zugrunde legen, was zum Schwierigsten ihrer Aussagen gehört und wohl auch nicht ganz in das Verständnis eines Außenstehenden aufzulösen ist: ihr in Kreisflächen und Ringe gegliedertes Wesensinbild. Es stellt sich darin ihre Anschauung von Welt und Innerlichkeit in deren polarem Verhältnis dar. Die Darstellung beginnt mit dem Sonnenkreis, der ihr Inneres umschließt, der außen an die taghelle Welt grenzt und der zugleich eine zeitliche Bedeutung hat, also ein Jahreskreis ist. Jenseits seines Umfanges sieht sie, aufeinander folgend, alle Ereignisse des Jahres, darunter auch ihre menschlichen Begegnungen. Den äußeren Umfang des Kreises empfindet sie wie körperliche Nerven; auf diesen aber liegt „noch etwas, das höher als Nerv ist, das mir das Gefühl von jenem Ringe gibt und das ich Nervengeist nennen möchte."[43]

Die Sonnenkreise schließen sich, als Jahresringe, zu siebenen aneinander, sechs, einander berührend, um den siebenten gelagert, und dieser Siebenerzyklus fällt, sobald er sich rundet, sozusagen als reife Frucht, ab, ein merkwürdiges Zeugnis für das Siebenjahr des Menschenlebens, eine Gliederung, die Klages an sich ebenfalls beobachtet hat. Mit der Vollendung des Siebenjahres vereint sich der gesamte Inhalt eines Zyklus auf einem Punkt zu einer Zahl, dem ewigen Ergebnis des zeitlichen Ringlaufes. Eine entsprechende Resultante hat auch das gesamte Leben: man überschaut es nach dem Tode in einer Zahl[44].

---

[42] Manfred Kyber: Einführung in das Gesamtgebiet des Okkultismus, Neudruck 2. Aufl. Darmstadt 1937. S. 59, 79. Werner F. Bonin: Lexikon der Parapsychologie und ihrer Grenzgebiete, Bern 1976, S. 39f., 45.

[43] P4, S. 131.

[44] P4, S. 185.

Unterhalb des Sonnenkreises wird der Seherin ein ganz andersartiger Ring schaubar, den sie „immerwährenden Lebensring und auch oft ihre Seele nannte." Während der Sonnenring zu dieser Welt gehört, so der Lebenskreis zu einer höheren, die sich in Ahnungen eröffnet. Die Seele ist in den nach außen gewandten Bereichen des Lebenskreises ansässig, seine Mitte aber ist der Sitz des Geistes, also der Schaukraft. Die Seele kann sich in ihrer Entwicklung mehr zur Peripherie *[zum Randgebiet]* ziehen lassen, also zum Leibes- und Weltleben, – oder sie kann sich nach innen, zum Geiste ziehen lassen, und dergestalt wäre dann das Böse oder Gute des Menschen bedingt[45]. Unseren eigenen Begriffen angenähert, würde das heißen, daß die Individualität mehr von den Tatsachen oder mehr von der inneren Schaukraft bestimmt sein kann und daß sich daraus Tiefe und Lebendienlichkeit ihres Daseins ergeben.

Die Seele ist dem Leibe und der Welt zugewandt, und ihr wird daher auch der Verstand zugewiesen. Wichtig ist indes vor allem, daß den Kern des Lebenskreises – mit dem anderen Wort: den Kern der Seele – nicht eine irgendwie geartete Vernunft besetzt, sondern ein Geist, dessen Wesen in höchster Schaukraft besteht. Auf dreierlei Weise entfaltet sich diese Schaukraft. Zunächst einmal sind dem Geist an seinem Ort Ahnungen eigen, die ihn mit einer höheren Welt, mit dem Göttlichen verbinden. Entscheidend ist nun aber, daß der Geist aus seinem Sitz in der Tiefe des Lebenskreises aufsteigen kann in das Zentrum des Sonnenkreises, – und dort ist er befähigt zu einer Wesensschau in der Leiberwelt ohne Scheidewand und Schleier, eine Schaufähigkeit, die dem Menschen ehedem nicht so dunkel war wie heutzutage. Doch aus dieser Mitte eröffnet sich dem Geist noch ein anderes Schauen, das ungleich tiefer und bedeutungsvoller ist als das erster Art. Es tut sich ihm dann auf, wenn er vom Sonnenkreise aus in den eigenen Sitz im Lebenskreise schaut; dann werden ihm blitzartig unaussprechliche Erleuchtungen zuteil. Dies „tiefere Schauen im Zentrum des Lebenszirkels hat noch keine Somnambule ausgesprochen." Aus dieser Schau aber stammen eigentlich die Ahnungen einer unbegreiflichen höheren Welt[46].

Es erscheint mir so, als habe Friederike Hauffe in diesen hier weit über Gebühr zusammengerafften Aussagen innerlich und wesentlich Wirkliches zum Ausdruck gebracht, ein echtes Wissen um das Gefüge und die Fähigkei-

---

[45] P4, S. 136.
[46] P4, S. 208f., dazu Eschenmayer P4, S. 31, 40f.

ten menschlicher Innerlichkeit. Besäßen wir in Europa eine esoterische Tradition, so ließen sich die Anschauungen der Seherin von Prevorst gewiß auch näher beurteilen, verknüpfen und verallgemeinern. Um ihre einzigartige Vorstellung von den inneren Kreisen einleuchtender zu machen, hat man auf die „Cakras" der indischen Mystik hingewiesen, die in manchen Yogalehren Stufen visionärer Erhellung bezeichnen. Das Wort bedeutet Rad, Scheibe, Kreis und gehört etymologisch zu griechisch χύχλος und englisch wheel. Gewöhnlich werden gerade sieben Cakras genannt, die aufsteigend miteinander zusammenhangen.

Das Schauen ist die Funktion des Geistes, der Nervengeist, leibesnah, ist ein organisierendes Prinzip. Der Leib ist durch die Sinne zur Welt hin entworfen, die Seele verbindet ihn mit dem Geist. In dieser Kette von Wirkungen ist es der Nervengeist, mit dem sich manche der somnambulischen oder medialen Fähigkeiten begreifen lassen. Das Exkursionserlebnis, das wir auch Seelenfahrt nennen, also die Herauslösung eines erlebens- und denkfähigen Anteils aus dem lebenden Leib, ist weder für eine monistische *[einheitliche]* noch für eine dualistische *[polare]* Anthropologie erklärlich[47]. Wir wissen aber, daß es von vielen Menschen, so auch von Nikolaus Lenau, von Friederike Hauffe, von Ludwig Klages erlebt worden ist[48].

Für Kerner war die Seelenfahrt zu einer so einleuchtenden Vorstellung geworden, daß er die Ausbildung eines solchen Vermögens in Zusammenhang brachte mit seiner entschiedenen Abneigung gegen das damals heraufkommende technische Verkehrswesen: „Man übt die Füße zum Springen, den Geist könnte man auch üben, daß er hinginge, wo man wollte, oder vielmehr die Seele mit dem Nervengeist meine ich. Eine solche Zeit wird auch noch kommen, sie steht aber noch sehr fern von der Zeit, wo man Zeit und Raum nur durch Eisenbahnen zu bekämpfen weiß ..."[49] – In der Terminologie der Seherin sind es also Seele und Nervengeist, die in der Exkursion *[Ausfahrt]* vereint den Leib verlassen. Der Nervengeist vermag in diesem Zustand auch physikalische Wirkungen auszulösen. Mit seiner Hilfe kann die Seele am Orte der Ausfahrt sichtbar erscheinen, Bewegungen und Töne verursachen.

---

[47] H8, S. 148, 222.
[48] Brw2, S. 342 ff. ... P4, S. 59. Hans Eggert Schröder: Ludwig Klages – Die Geschichte seines Lebens. Erster Teil. Die Jugend. Bonn 1966, S. 66ff.
[49] Brw2, S. 151. Eine solche Änderung im Ausdruck zeigt unwiderleglich, daß Kerner sich der Terminologie der Seherin bedient, nicht sie der seinen!

Seit alters ist die Seelenfahrt auch auf die endgültige Exkursion bezogen worden, will sagen auf den Tod. Friederike Hauffe hat darüber sehr bestimmte Aussagen gemacht, und wenn man diese nicht mit einem vergleichbaren Zutrauen aufnehmen will wie anderes, auf das Leben Bezügliche, so bilden sie doch eine sinnvolle Ergänzung dazu[50]. Besonders merkwürdig ist auch hier die Rolle des Nervengeistes und zumal der Umstand, daß im Tode die Scheidung der Wesensanteile nicht für alle Sterbenden gleich sein muß. Es kann entweder der Geist eines geläuterten Menschen die Seele mitführen an den Ort der Seligen, – dann bleibt der Nervengeist im Körper zurück und bildet bei der allgemeinen Auferstehung den neuen ätherischen *[urstofflichen]* Leib. Umgekehrt bleiben Geist, Seele und Nervengeist vereint, wenn der Geist im Leben verdunkelt worden ist und erst nach dem Tode ein schwieriger Läuterungsweg beschritten werden muß, gelegentlich mit Hilfe frommer Lebendiger wie eben der Hauffin. In diesem Falle gibt der Nervengeist der Totenseele eine ihrer inneren Verfassung entsprechende Erscheinung, die auch sichtbar werden und spukhafte Wirkungen ausüben kann. Merkwürdig ist, daß der Nervengeist im Sterben auch in wechselnden Anteilen beim Körper bleiben und mit der Seele „hinübergehen" kann. Ein Totengeist erscheint dann licht, wenn der Seele nur wenig Nervengeist anhängt, dafür aber der Geist um so mehr christlichen Äther an sich gezogen hat[51].

Wenden wir uns der Psychologie von Ludwig Klages zu, so begegnen wir bereits am Anfang der Feststellung, daß man nicht Psychologie betreiben könne, wenn man die Metaphysik vermeiden wolle. Mit der Bestimmung des Begriffes Seele sei immer schon ein metaphysisches Urteil vorgegeben, möglicherweise auch ein metaphysisches Vorurteil. Es wäre dem, gemäß unserer Thematik, hinzuzufügen, daß eine allgemeine Psychologie, die nicht zugleich die Grundlage der Parapsychologie und ihrer Erscheinungen zu bieten vermöchte, sicherlich der erlebbaren Wirklichkeit unangemessen, also irreführend und letzten Endes nichtig sei.

Für Klages ist die Seele ein umfassendes Vermögen und daher der Ausgangsort seines Philosophierens; sie charakterisiert die menschliche Lebendigkeit und vorzüglich auch die des vorgeschichtlichen Menschen. Für das geschichtliche Menschentum nimmt er die drei Wesenselemente an, die auch die Philosophie des Altertums unterschied: Leib, Seele und Geist – mit den

---

[50]   P4, S. 209ff. und P5, S. 17.
[51]   P4, S. 211f., 227–230.

88

polaren Wesenszügen von Empfindung und Bewegung, Schauen und Wirken, Erkennen und Wollen.

Wir haben es zumal mit seiner Seelenkunde zu tun und fragen zunächst nach seinem unmittelbaren Verhältnis zum Gegenstande der Parapsychologie. In seinem Knabenleben hat es zwei Perioden gegeben, in denen er „gezaubert" hat, wie er es nannte. Er verhielt sich aus innerem Antriebe so, daß er visionäre Entrückungen zu erlangen vermochte, Sturmfahrten der Seele, wie sein Biograph es ausdrückt, – ein Jahr lang allein im Zimmer, bis der Vater sein seltsames Treiben entdeckte, später, als er zur Schule ging, auf dem Schulwege. Das Kontemplationssymbol *[Versenkungssymbol]*, das in der zweiten Phase den Zugang zu weltweiten Ausfahrten eröffnete, war eine imaginäre *[nur in der Vorstellung vorhandene]* „Zaubertür", wie er sie nannte, hinter einem Regal in einer Kammer des obersten Stockwerkes. In dieser Weise zeigt sich das Wesen des Daches im Erleben des jungen Klages, und es wären dazu merkwürdige Parallelen aus der Volkskunde beizubringen[52].

Klages hat neben diesen visionär gegründeten Entrückungen als Kind auch Zustände von Somnambulismus erlebt, also von Schlafwandeln, und einigemal, „schätzungsweise ein halb Dutzend mal in Abständen von jeweils sechs bis sieben Wochen" das echte Exkursionserlebnis, bei dem er sich hellwach im übernächsten Zimmer in lilafarbener Atmosphäre findet, alle bekannten Gegenstände sieht, weiß, daß er im Bett liegt und schläft und das dazwischen liegende Zimmer, wo sein Vater arbeitet, nicht durchquert haben kann. Er sträubt sich gegen den Zustand und verlangt leidenschaftlich nach der Rückkehr ins Bett, und sie wird ihm in sehr kurzer Zeit auch zuteil, – aber „etwas von mir war im Balkonzimmer, und mit diesem Etwas fand sich mein scharf überlegendes Bewußtsein verknüpft." In seinem Exemplar der Seherin hat Klages entsprechende Sätze angestrichen. Der Nervengeist hat für sein Denken allerdings keine Rolle gespielt, doch meinte er später, daß der Vorstellung, der Mensch bestehe aus einem materiellen und einem Astralleib *[den Tod überdauernder unsichtbarer Leib]*, eine tiefere Einsicht zugrunde liege[53].

In den Kindheitserlebnissen, den zaubrisch bewirkten Visionen, blieben die beiden Seiten, die entrückende Schau und die Alltagswelt, säuberlich

---

[52] Hans Eggert Schröder: Ludwig Klages – Die Geschichte seines Lebens. Erster Teil. Die Jugend. Bonn 1966, S. 24f., 31.
[53] Ebenda S. 67f. Die Anstreichung: P1, S. 59.

getrennt. In den Jünglingsjahren zerbrach der Damm zwischen ihnen, kalte Besinnung und leidenschaftsgetragene kosmische Schauungen prallten aufeinander. „Das war die Zeit der Sehergabe, der bannenden Ekstasen, des schöpferischen Überflusses", eben auch die Zeit der Dichtung. Aus jener Zeit stammt die Einsicht in das Wort Hölderlins: „Des Herzens Woge schäumte nicht so schön empor und würde Geist, wenn nicht der alte stumme Fels, das Schicksal, ihr entgegenstände."

Diese sehr summarische Darstellung wäre noch zu ergänzen durch das, was Klages an der Gestalt des Freundes Alfred Schuler erlebt hat, der nicht nur ein seherisch begabter Mensch war, sondern auch, auf Grund seiner altertümlichen Seelenverfassung, durchdrungen war von der Möglichkeit zaubrischer Riten, – wozu allerdings klarzustellen wäre, daß in seinem Sinne dabei nicht an magische Machenschaften zu denken ist, sondern an das Auflebenlassen zielverwandter Urbilder und Essenzen *[Wesenheiten]*. Durch Schuler ward für Klages auch jene parapsychische Erscheinung zur Erfahrung, die oftmals noch Psychometrie, richtig Hylomantie genannt wird: die seherische Aussage über ehemalige Lebensumkreise von Dingen[54].

Wir wenden uns nun der Philosophie von Klages zu und stellen fest, daß sie im Gegensatz steht zu jedweder mechanistischen Auffassung ihrer Probleme. Insofern sie daher der Parapsychologie zu einer ordnenden Auffassung ihrer Phänomene verhelfen kann, enthebt sie sie gänzlich der Sorge um gegenständlich Feststellbares. Insofern Klages den Erlebnisbegriff voranstellt und festhält, sind die erste und bleibende Grundlage die wirklichen Erscheinungen, und es wäre so zwecklos als unsinnig, von bloß abgeleiteten mechanistischen Faktizitäten her ihre Möglichkeit beweisen zu wollen. So ist denn auch in unseren Tagen unumstößlich erkannt worden, daß das Hellsehen nicht auf irgendwelche „Strahlungen" zurückgeführt werden kann, – was bezüglich der Zukunftsmantik *[Wahrsagen von Künftigem]* ohnehin nicht anginge, eine Unmöglichkeit, die eine mechanistische Kritik zu dem voreiligen Schluß verleitet hat, die Vorschau, die Präkognition *[außersinnliche Wahrnehmung, bei der zukünftige Ereignisse vorausgesagt werden]* könne es nicht geben.

Das Hauptwerk von Klages, der „Widersacher", beginnt mit der Erörterung fremder und eigener Wahrnehmungslehren. Wir wenden uns sogleich dem parapsychologisch wichtigen Hauptpunkt zu und stellen fest, daß eine

---

[54] Alfred Schuler: Fragmente und Vorträge aus dem Nachlaß, Leipzig 1940, S. 5f., 60.

90

Wahrnehmung niemals auf Grund einer mechanistischen, das heißt, einer rein sinnesphysiologischen Vorstellung abgeleitet werden kann. Denn innerhalb eines mechanischen Vorganges kann es weder zu der Sonderung kommen, die im Gegenüber von Wahrgenommenem und Wahrnehmendem erlebt wird, noch überhaupt zu der Distanzierung beider in einem Dort und einem Hier. Der mechanische Prozeß läuft überall zwischen Nächstliegendem ab und hängt in sich nahtlos zusammen: er hat weder Auge noch Eräugtes und kann es nicht haben. Nimmt man aber als Ausflucht das Dort und das Hier als vorgegeben an, das heißt die Sonderung von sogenanntem Objekt und sogenanntem Subjekt, dann gibt es wiederum keine Möglichkeit eines Brückenschlages, wovon die zahlreichen unzulänglichen Wahrnehmungslehren zeugen.

Die wirkliche Welt dagegen ist eine Welt beseelter Wesen, die von Anfang an polar miteinander zusammenhangen – im Wirken und im Schauen. Mit dem Schauen haben wir einen der zentralen Begriffe der Klages'schen Philosophie genannt, und wir erinnern uns daran, daß er auch für die Seherin eine Hauptfähigkeit bezeichnet. Mit dem Worte „schauen" benennt Klages den für jedes Wesen gegebenen Zusammenhang mit dem All der Wesen. Es bezeichnet den Fernanschluß, die Ferneempfänglichkeit jedes Wesens und bedeutet an sich schon, daß die Ferne im Hier anwesend sein und wirken kann. Es bereitet einige Schwierigkeit, das Wort in dieser allgemeinen Bedeutung zu erfassen, weil wir unter Schauen gewöhnlich ein Seh-Erleben verstehen. Dies anschauliche Erleben schlummert bei Klages gewissermaßen in dem Begriff des Schauens; denn das Schauen ist ein Strom von Bildern, ist bildträchtig, wenn auch das Bild in ihm allein, im unaufhörlichen Einstrom der Bilder, noch nicht zur Ausgeburt, noch nicht zur Anschauung kommt.

Der Erlebnisvorgang ist rhythmisch gegliedert und in dieser zeitlichen Gliederung gibt es Wendepunkte, in denen der unablässige Zustrom von Bildern gleichsam stagniert. Vermöge dieses Innehaltens wird das eben ablaufende Teilstück des Bilderstroms für einen Augenblick gespiegelt und vergegenwärtigt. Es erweise sich, sagt Klages, „der Wellenschlag der Lebensbewegung als beständiger Wechsel von Zwischenstrecken des Schauens und Abschlußstellen des Zuschauens, deren Gegenpol nicht mehr ursprüngliche Bilder sind, sondern Widerscheine von schon erlebten." Diesen Vorgang nennt Klages die vitale Spiegelung[55].

---

[55] GWS, Kap. 29–32, bes. S. 285, 331.

Bis hierher leistet die Klages'sche Wahrnehmungslehre zweierlei. Mit dem Urvorgang des Schauens ist von vornherein der Zusammenhang gegeben, der allein ein Gewahrwerden, welcher Art immer, ermöglicht. Ohne vorgegebenen Ferneanschluß findet ein sogenanntes Subjekt niemals zu einem sogenannten Objekt. Zweitens liefert die vitale Spiegelung den Fußpunkt der Wahrnehmung. Zu jeder Besinnungstat, jeder Feststellung bedarf es ja eines gleichsam ruhenden Gegenbildes im Geschehen. Erst mit der anschaulichen Vergegenwärtigung des Erscheinenden wird der Auffassungsakt möglich.

Diese Annahme einer vitalen Spiegelung erscheint sonach als eine logische Notwendigkeit. Gleichwohl mag uns anfangs die Vorstellung von einer Art rotierendem Spiegel im Zusammenhang des Schauens nicht einleuchten. Das Sinngefühl unterwirft sich dem logischen Schluß nicht ohne weiteres; es verlangt nach einer anschaulichen Bestätigung des Erschlossenen, obwohl es einleuchtet, daß, was dem Anschauen zugrunde liegt, nicht selbst zur Anschauung gebracht werden kann. Dennoch ist mir dergleichen ein einziges Mal begegnet. Seltsamerweise findet sich nämlich ein derartiger Wendelspiegel in den Äußerungen der Seherin von Prevorst: „Sie sagte öfters auch: es liege im Grunde des Menschenauges ein geistiger Funke, den sie Seelenspiegel nennen möchte, und durch diesen werde der äußere Gegenstand, der auf die Nerven verkehrt falle, umgewendet." – Bis hierher scheint es sich um eine Aussage zur bloßen Optik zu handeln; doch es folgt noch Bedeutenderes: „Wäre diese Vorrichtung nicht und würden die Gegenstände gerad' einfallen, so wäre ihr Eindruck auf die Nerven größer, sie würden dann zu lange auf den Nerven haften, zu lange nicht weichen, um wieder anderen Raum zu machen."[56]

Leistete die Klages'sche Wahrnehmungslehre lediglich das worauf sie anfangs entworfen war, nämlich die Anschaulichkeit von Erscheinungen und das Wahrnehmen von Gegenständen zu begründen, so würde der Lehre gerade dieses Denkers etwas mangeln, wenn sie nicht darüber noch hinausginge: sie muß auch die Vision, das Gesicht, das Sehertum verständlich machen. Da wir es in unserem Zusammenhang gerade mit dem seherischen Element zu tun haben, gebührt es sich, noch eine Andeutung von Klages' diesbezüglichen Ausführungen zu vernehmen. Der Geist vermag, nach dem bisher Gesagten, in der vergegenwärtigten Erscheinung einen Gegenstand festzustellen.

---

[56] P4, S. 113. Vgl. GWS, S. 328.

Wie kann es des Weiteren zur Feststellung des Fernen und des Künftigen kommen, worin liegt dazu die Möglichkeit?

Es ist bemerkenswert, daß sich Klages bei diesen Überlegungen nicht auf das Schauvermögen der Seele allein stützt, sondern daß er den Vorgang auch als geistigen Akt betrachtet. Wir kürzen die schwierige, auf vielerlei Erörtertem beruhende Darlegung ab, indem wir uns auf den oben zitierten Satz beziehen, dem gemäß sich innerhalb des pulsierenden Lebensstromes die Wahrnehmung an den Widerschein just zuvor erlebter Bilder hefte. Im Wendepunkt steht das Bild-Erleben für einen Augenblick still, bietet sich anschaulich dar, und hieran haftet die bewußte Erinnerung. Für den seherischen Akt wäre der Gegenpol dagegen die Fülle der ursprünglichen, nicht gespiegelten Bilder; er fiele nicht mit dem Wendepunkte, sondern mit dem heftig bewegten Pendelschwung selber zusammen[57]. Es ist klar, daß einer solchen Schau ins Bewegte auch ein erregter, aufgewühlter Zustand des seherischen Menschen entsprechen müsse, – wie ja eben um der offenbarenden Vision willen der Mensch den entrückenden Rauschzustand absichtlich herbeiführt. Dem entspricht auch die seherische Verkündigung, und ich beschließe daher diesen Teil mit der zweieinhalb Jahrtausende alten Aussage über das Wort der Sibylle[58]:

Die Seherin,
mit rasendem Munde
Ungelachtes und Ungeschminktes
und Ungesalbtes hinausschreiend,
durchdringt die Jahrtausende mit der Stimme,
getrieben vom Gott –

---

[57] GWS, S. 1190–98.
[58] Herakleitos fr. 92.

Vom gläsernen Verstande

Der Titel „Vom gläsernen Verstande" ist aus mannigfaltigen Äußerungen Kerners entnommen, die sich der Glasmetapher bedienen, um damit eine bestimmte Geistesart zu kennzeichnen.[59] Die Ausdrucksweise ist seinerzeit von einigen Freunden aufgenommen worden, hat aber sonst nicht weiter gewirkt. Sie ist auch nur aus einem Briefe von David Friedrich Strauss in das Deutsche Wörterbuch der Grimms gelangt; denn befremdlicherweise sind die Werke Kerners für den deutschen Wortschatz nicht mit verzettelt worden.

Zufrühst ist der Gedanke zum Ausdruck gekommen – so weit ich sehe – in der „Geschichte zweyer Somnambülen". Kerner verwahrt sich dort gegen die Vorstellung, daß nach seiner Meinung die Gesichte der Somnambülen ohne Täuschungen seien. Seine Ansicht sei vielmehr, daß sie „je nach dem Grade des magnetischen Zustandes und der mehr oder weniger ertödteten Subjektivität zuverlässig oder täuschend sind. Dagegen aber erkläre ich mich durchaus gegen diejenigen, welche, eingeschlossen in die isolierende Glastafel (tabula vitrea) ihres Schädels, keine Ahnung von einer Sympathie der Dinge und einem höheren Geistesleben haben, denen alles Geistige, was nicht an ihrer kalten Gehirnwand sogleich in palpablen *[deutlichen, greifbaren]* Tropfen sich sublimiert *[veredelt]*, Trug und Lüge ist. Vieles, was bestimmt vorhanden, was die Summe unserer Kenntnisse um ein Großes bereichern, was der Schlüssel zu manchem Naturgeheimnisse seyn würde, schaudert vor solcher Kälte zurück und bleibt nur noch länger verborgen."

---

[59] Die wichtigsten Stellen, an denen die Ausdrucksweise vorkommt, dazu einige sinnverwandte ohne die Glasmetapher, sind die folgenden: Geschichte zweyer Somnambülen. Nebst einigen anderen Denkwürdigkeiten aus dem Gebiete der magischen Heilkunde und Psychologie, von Dr. Justinus Kerner, Oberamtsarzt zu Weinsberg, Karlsruhe 1824. S. VI, 348. Die Seherin von Prevorst, Vorwort 4. Aufl. H6, S. 8; P4, S. 20, 63, 70; P5, S. 9, 10, 16, 39, 47, 52, 67, 71, 236. Geschichten Besessener neuerer Zeit H8, S. 7, 48. Nachricht von dem Vorkommen des Besessenseins, H8, S. 169f., 176. Die somnambülen Tische H8, S. 218, 221f. – Zitat aus „Eine Erscheinung aus dem Nachtgebiete der Natur" S. Vff., mit geringfügigen Abänderungen – S. 254, 271, 277. Eine Erscheinung aus dem Nachtgebiete der Natur S. Vff., XXXII, XLf., 291, 304. Gedichte P2, S. 50. Klecksographien P6, S. 45, Briefe: an Sophie Schwab, Brw2, S. 101. An Auteririeth, 16. 2. 1825, bei Otto-Joachim Grüsser: Justinus Kerner 1786–1862. Arzt – Poet – Geisterseher, nebst Anmerkungen zum Uhland-Kerner-Kreis und zur Medizin- und Geistesgeschichte im Zeitalter der Romantik, S. 209, wo offensichtlich „erwarmt", nicht „verarmt" gelesen werden muß. An David Friedrich Strauss, zitiert in einem Brief Mörikes vom 19.11.1838: Eduard Mörike, Briefe. Hersg. von Gerhart Baumann, S. 451. In Briefen von Jäger und Hartmann Brw1, S. 544f., von Eschenmayer Brw2, S. 112, von Graf Alexander Brw2, S. 227.

Die bedeutsamsten Stichwörter, die sich hier der Glasmetapher anschlie-
ßen, sind: isolierend, Schädel, Gehirn, kalt, palpabel. Nicht geht in die Symbolik des Glases seine Durchsichtigkeit ein, so, als existiere für derlei Schä-
delgelehrsamkeit nur das Durchsichtige, und alles Dunkle entfiele von vornherein als ihr Gegenstand. Die Metapher rührt ganz allein von der Eigenschaft des Glases her, daß es die Elektrizität nicht leitet und somit isoliert.
Diese Eigenschaft kann sich freilich im menschlichen Gemütsleben auch
unmittelbar auswirken. Glas, vom Therapeuten der Somnambulen an bevor-
zugten Stellen aufgelegt, vermag den magnetischen Schlaf zu unterbrechen,
also, in den Worten jener Zeit, das innere Leben vom Gangliensystem *[Ner-
vensystem]* auf das Gehirnsystem umzuschalten.[60]

Der Glaskopf, der Glasschädel sind mithin solche Menschen, die vom
strömenden Leben, insbesondere von den durch das Gangliensystem vermittelten Erscheinungen ausgeschlossen sind. Das durch die magnetischen Erscheinungen erweiterte Erleben muß solchen Personen „kraft ihrer geistigen
Isolierung", wie es heißt[61], als Lug und Trug erscheinen. Man kann ihnen
sogar zubilligen, daß die Phänomene für sie wirklich nicht existieren und daß
sie mit ihrer Leugnung subjektiv im Recht sind. Dies hat Kerner zumal in
dem Gedicht „Metall und Glas" zum Ausdruck gebracht, in dem sich der
Mann von Eisen und der von Glas streiten um die Empfindung der Elektrizität. Der von Eisen sagt: „Es zuckt durch alle Glieder und wirft mich ja danie-
der, Glaskopf, das fühlst du nicht?" – Hoch der von Glas und höher schreit:
„Es sei Gott mein Zeug'! Du superfeiner Späher, Phantast'scher Geisterseher,
Nichts fühl' ich, schweig, schweig!"[62]

Wenn der Dichter am Schlusse sagt: „Wer kann sie überweisen? Sie haben beide recht", dann mag das dem Glaskopf wie eine Bestätigung vorkommen. Aber verloren hat er in dem Streite doch; denn es wird ihm nur
seine Empfindungslosigkeit, seine Kälte, seine Isolation bestätigt, und selbst
das mag ihm noch als eine Beglaubigung seines Wertes erscheinen. Kerner
bleibt freilich bei einem solchen Schiedsspruch nicht stehen; denn es ist ja

---

[60] P5, S. 47: „man legte ihr ... Glas – Gehirnleben – aufs Herz ...". Ferner Die Seherin von
Prevorst: P4, S. 68f., 107, 111 – Geschichte zweier Somnambülen S. 55, 111, 115f., 116,
248, 308, 338, 340.

[61] P4, S. 70.

[62] P2, S. 50f. Die Formel „beide recht" kommt in ähnlichem Sinne in einem Briefe Kerners aus
dem Juni 1809 vor: Recht haben „die gebildeten Zeitungsleser", für die Schill tot ist, aber
mehr das Volk, das allenthalben an seinen Tod nicht glaubt, ihn für lebend hält, für wieder-
kehrend wie den Barbarossa in seinem Berge: Brw1, S. 56.

klar, daß es sich nicht nur um individuelle Mängel der Wahrnehmung handelt, sondern um eine Geisteshaltung und deren Auswirkung, die auch auf die von Natur nicht Isolierten übergreift. Es ist eine auf allen Gebieten wirksam werdende beschränkte Aufklärung, die Kerner auch die sogenannte nennt oder die Afteraufklärung, die eine bloße Gehirngelehrsamkeit hervorbringt[63]. „Sie haben an ihrer Wissenschaft eine Art Streichmaß", sagt Eschenmayer, „womit sie alles das, was über den Scheffel geht, welchen ihr Geist zu tragen imstande ist, wegstreichen."[64]

Nun ist es freilich nicht so, daß nur Auffassung gegen Auffassung steht, daß nur auf dem Felde des Wissens gerungen und das Für und Wider klar erwogen wird. Es ist in der Wissenschaft ganz allgemein nicht so, daß die Besten, wenn auch mit primär verschiedenen Ansichten der Sache, um ein und dieselbe Wahrheit ringen, die ein Abbild des Wirklichen wäre. Dies ist eine völlig irrige, idealisierende Vorstellung von Wissenschaft. Es wird nicht darum gerungen, die erlebten Voraussetzungen des gegnerischen Standpunktes, den man für irrig hält, durch Bereinigung der Irrtümer in einer allgemeinen Erkenntnis zu integrieren und so zu einer umfassenden Wahrheit zu gelangen, – sondern um ihre gewaltsame totale Ausschaltung. Es mag überraschen, daß vor 150 Jahren in solchen Zusammenhängen das Wort Terrorismus auftaucht. Kerner zitiert einen gesinnungsverwandten Psychologen und Psychiater, E. W. Hagen, aus dem von Rudolf Wagner herausgegebenen „Handwörterbuch der Physiologie" (1842–53), das der Brockhaus noch 50 Jahre später „von großer Bedeutung" nennt. Jener glaubt in seinem Beitrag „gegen jenen Terrorismus auftreten zu dürfen, welcher eine Reihe von Erscheinungen ohne weiteres aus der Gemeinschaft der Erfahrungen exkommunizieren [ausschließen] will, weil sie der zufälligen Richtung der Wissenschaft und einer dadurch gesetzten einseitig befangenen Anschauungsweise unbequem in die Quere kommt."[65] Der Ausdruck exkommunizieren steht in dieser Einlassung nicht von ungefähr, denn es handelt sich wirklich um den Versuch eines materialistisch-faktizistisch denkenden Ordens, die alleinseligmachende Kirche europider [abendländischer] Wissenschaftlichkeit zu beherrschen.

---

[63] H8, S. 221, 170, 271.
[64] Eschenmayer in Geschichten Besessener neuerer Zeit H8, S. 149.
[65] P5, S. 11f., besonders 12, 16ff.

Es fehlt in Kerners Werken nicht an Sätzen, die dem Hagens nahverwandt sind. Er nennt die Gegner seiner Forschungsweise und Befunde „nur Hinderer der Erforschung der Natur auf ihrer wichtigsten Seite, Hinderer der Naturaufklärung, Zwingherrn, die gewaltsam befehlen wollen, Andere sollen nur so weit sehen, als sie sehen." Diese Herren bringen es zuwege, „daß oft die merkwürdigsten Erscheinungen der Natur, besonders wenn solche im Nachtgebiete derselben lagen, der Beobachtung gänzlich entzogen wurden, indem, wo sie sich auch noch so sehr der Beobachtung aufdrangen, der Beobachter sogleich scheu vor ihnen zurücktrat, oder aus Furcht vor dem Geschrei aufgeklärter, wissenschaftlicher Glasköpfe, die Beobachtung in sich verschloß oder sich dieselbe am Ende selbst mit gläsernem Gehirne wegstritt."[66] Ein Geschehen, das Kerner auch als Hinaushirnisieren der Erscheinungen bezeichnet hat[67], eine innere Umschaltung, in der das eigentlich wirkliche Erlebnis vernichtet wird durch vorgefaßte Meinung, wohl gar die Meinung der anderen. Hier wird das beispielhaft sichtbar, was Ernst Moritz Arndt die Verrücktheit aus Geistigkeit genannt hat[68].

Es sind keine kleinen Geister unbekannten Namens, die gegen die von Kerner und anderen beobachteten Erscheinungen ohne Prüfung an Ort und Stelle ihre auf Vorurteile gestützte Kritik vorbringen. Auch Alexander von Humboldt ist unter ihnen, den Kerner den „Altvater der Wissenschaft" nennt[69]. Ich zitiere einen Pionier der Naturwissenschaft, der Chemie, Justus von Liebig, weil die bei ihm zum Ausdruck kommende Denkweise auch heute noch eine entscheidende Rolle spielt, so als könnte man von naturwissenschaftlich erschlossenen „Gesetzen" aus zu einem Urteil über Lebenserscheinungen gelangen. Carl Gustav Carus, obwohl er in seinem Buch über den Lebensmagnetismus Kerners Werke, außer der Biographie Mesmers, verschweigt, eine höchst fragwürdige Zurückhaltung, verurteilt jene übergreifende Kritik, wie Liebig sie betreibt, mit aller Entschiedenheit: „Wer von der einen Art der Wahrheit verlangt, daß sie durch die Mittel der anderen bewiesen werden soll, beweist eigentlich, daß er selbst über beide nie ernstlich nachgedacht hat, und wird er im gelindesten Falle denen verglichen werden

---

[66] H3, S. 221f.
[67] H8, S. 277.
[68] Ernst Moritz Arndt: Germanien und Europa, in GWS, S. 904.
[69] H3, S. 254.

können, welche die Quadratur des Zirkels doch irgendeinmal durch fortgesetzte Anstrengungen zu entdecken hofften."[70]

Liebig sagt in seiner programmatischen Akademie-Rede zu München im Jahre 1852, die Carus wahrscheinlich kannte, vielleicht sogar im Sinne hatte: „Wir glauben in der That an alle Vorgänge, Ereignisse und Thatsachen, welche von glaubwürdigen Personen behauptet werden, wenn sie bekannten Naturgesetzen nicht widersprechen, oder wenn ihre Wirkungen in irgend einer Weise oder zu irgend einer Zeit von uns oder von anderen glaubwürdigen Personen bemerkbar gemacht worden sind. Wir glauben an die Existenz von Julius Cäsar, den wir nicht gesehen haben, nicht blos deshalb, weil ihn seine Zeitgenossen gesehen haben, sondern weil seine Existenz durch Ereignisse festgestellt ist, deren Wirkungen in der Geschichte der Menschheit noch Jahrhunderte nach ihm wahrgenommen wurden. Wir glauben aber nicht an Gespenster, obwohl tausende von Menschen Gespenster gesehen haben, weil wir aus der Lehre vom Lichte wissen, dass selbst die körperliche Materie von einem gewissen Grade von Feinheit, wie die atmosphärische Luft z. B. nicht mehr gesehen werden kann und weil einem körperlosen Wesen die Eigenschaft, Licht zu reflectiren, die Hauptbedingung um gesehen zu werden, nicht mehr zukommt."[71] – Dies ist eine höchst fragwürdige Argumentation, da Gespenster – ein Ausdruck, der zu bewußter Herabsetzung gewählt wird, wenn es sich um Totengeister handelt –, da Geistererscheinungen auch von durchaus glaubwürdigen Personen wahrgenommen worden sind – und da andererseits Luft als Himmelsblau ständig zu sehen ist, unter besonderen Bedingungen als Perle im Wasser oder als Hitzeflimmern sichtbar wird – und da andere Gase wie die Halogene ohne weiteres farbig dem Auge erscheinen.

Aber Liebig darf sich auf die naturwissenschaftliche Beweisführung allein nicht stützen, denn er erkennt natürlich, daß der aufrichtige, intelligente Bürge einer Geistererscheinung sein Kartenhaus zum Einstürzen bringt. Deswegen muß er auch ein Argument des historischen Skeptizismus einführen. Caesar ist annalistisch und chronikalisch *[in dichterischen und wissenschaftlichen Werken]* nicht besser bezeugt als manche Geistererscheinung, aber – und hier kommt eine quasi kausalistisch *[gewissermaßen eine Folge*

---

[70] Carl Gustav Carus: Über Lebensmagnetismus und über die magischen Wirkungen überhaupt. Neudruck Andechs. Hrsg. von Konrad Dietzfelbinger, 1987, S. 58.

[71] Justus von Liebig: Reden und Abhandlungen. Hrsg. von M. Carriere. Wiesbaden 1875. Ueber das Studium der Naturwissenschaften. Eröffnungsrede ... zu München im Herbst 1852, S. 156–171, besonders 164, 168.

aus einer Ursache]-naturwissenschaftliche Begründung zum Tragen: aus seinen Nachwirkungen dürfen wir den Schluß auf seine wirkliche Existenz ziehen. Das ist barer Unsinn. Wäre uns Cesar nicht durch menschliche Bürgen bezeugt, dann erschiene er vermutlich eher als ein Mythos des Caesarismus, des Kaiser- und Zarentums denn als eine historische Person. Wird etwa die Geschichtlichkeit des Romulus durch seine Gründung Rom bezeugt? Wie wenig das der Fall ist, geht daraus hervor, daß Georges Dumézil es unternehmen konnte, einen großen Teil der altrömischen Geschichte als mythische Spiegelung einer indogermanischen Philosophie der Souveränität zu verstehen – und nur als eine solche. Was konnte ihn daran hindern, seine tiefgründigen Gedankengänge auch auf den Caesar auszudehnen, was anderes als dessen wohlfundierte Bezeugung in der Geschichtsschreibung? Der Naturwissenschaftler Liebigschen Schlages bedarf offenbar zu seiner Selbstbestätigung einer Leugnung der Wesensphänomene, auch wenn die Logik dabei zuschanden geht.

Mit welcher Leichtfertigkeit auch andere hochintelligente Geister jener Zeit über Kerners Forschungen aburteilen, mag noch eine Äußerung von David Friedrich Strauss belegen. In einer Erörterung, in der er sich zur Seherin und zu den Besessenen halb entschuldigend ausgesprochen hat, fährt er fort: „Dagegen ist mit der letzten von Kerner mitgeteilten Geschichte, der sogenannten Erscheinung aus dem Nachtgebiete der Natur, schlechterdings nichts anzufangen. Eine wegen betrügerischer Schatzgräberei im Gefängnis zu Weinsberg eingesperrte Weibsperson gibt an ..."[72] Etwas anzufangen weiß der Professor Strauss doch offensichtlich mit der Geschichte deswegen nicht, weil er nicht dort anfangen will, wo alle wahre Wissenschaft der Art beginnt, nämlich bei dem Beobachteten und dessen integren *[unbescholtenen]* Zeugen. So muß sich denn sein Gedankengang einschränken auf eine Person, die gar nicht der einzige und nicht der Hauptbürge der Vorfälle ist. Zwar ging aus ihrer schicksalhaften Verwicklung in den mono-ideeistischen *[als Einzelidee vorhandenen]* Schatz-Komplex des Geistes ein Betrug hervor, bei dem man indes vermutlich ihre eigene Gutgläubigkeit noch mit veranschlagen muß. Keineswegs aber kann sie wegen dieser Verwicklung als betrügerische Urheberin der gesamten Vorfälle hingestellt werden, als intelli-

---

[72] David Friedrich Strauss: Justinus Kerner, Zwei Lebensbilder aus den Jahren 1839 und 1862, Turmhahnbücherei 13/14, Marbach a. N. o. J., S. 28f., 78f.

gente Gauklerin, die all die objektiv verzeichneten Beobachtungen der zahlreichen, ganz verschiedenen Personen verursacht hätte.

Auch Strauss, kein Naturwissenschaftler, sondern modernistischer Theologe, kann offenbar seine Grundüberzeugungen nur durchhalten, wenn er die Wesensphänomene verleugnet. Doch was für eine Art Religionswissenschaft ist dies, wenn sie mit den Phänomenen, wie sie sich nun einmal darbieten, nichts anzufangen weiß und sie daher ohne Bedenken verwirft? Offenbar bedarf ein Teil der europäischen Wissenschaft zu ihrem Dasein – und zwar, wie sich zeigt, sowohl der Naturwissenschaftler wie der Geisteswissenschaftler – eines Kunstgriffes, der die eigentliche Wirklichkeit zu eskamotieren *[wegzuinterpretieren]* gestattet.

In seiner Rede hat sich Liebig auch gegen Reichenbachs Forschungen gewandt, den Entdecker des Od *[vom menschlichen Körper ausgestrahlte, das Leben lenkende Kraft]*, wie er es nannte, einer vitalen Ausstrahlung, den Nimben *[besonderes Ansehen]* und Auren *[besondere Ausstrahlung]* verwandt, einer Erscheinung, die inzwischen auch naturwissenschaftlich nachgewiesen worden ist. Bemerkenswert ist, daß Reichenbach auch ein erfolgreicher Chemotechniker und Geologe war, – doch was er mit Hilfe sensitiver *[überempfindlicher]* Frauen entdeckt hatte, das durfte nicht gelten.

Es ist für die Geschichte und das Wesen des menschlichen Geistes kein Ruhmesblatt, wenn man einen auf seinem Gebiet höchst produktiven und geistreichen Forscher wie Justus von Liebig in Bezug auf grundlegende Erkenntnisse zum Wesen des Menschen in derartigen sachlichen, logischen und prinzipiellen Irrtümern befangen sieht. Hören wir in der Kürze, was Justinus Kerner gegen ihn einwendet. Liebig wolle Erkenntnisse der Optik und über das äußere Auge „auch auf ein Gebiet und Erscheinungen anwenden, die jenen Gesetzen durchaus nicht unterworfen sind. Im Nachtleben der Natur herrscht das Schauen des inneren Auges vor und tritt das Schauen mit dem äußern mit seinen mechanischen Einrichtungen und Gesetzen in den Hintergrund, und es fällt Herrn von Liebigs Opposition gegen Geistersehen gänzlich weg." – „Man beobachtet: daß im Augenblicke solcher Erscheinungen der Sehende immer wie in einen magnetischen Rapport *[unmittelbaren Kontakt]* mit der Erscheinung gesetzt wird, bei welchem die inneren Sinne sich aufschließen und Sehen und Hören nicht mehr durch das mechanische Auge und durch das mechanische Ohr stattfindet."[73]

---

[73] H8, S. 224.

Hinter diesem von Kerner dargelegten Unterschied verbirgt sich der tiefere menschliche von zwei verschiedenen Erlebensarten und damit des weiteren von Wirklichkeitsgefühlen und Existentialurteilen. In dem Eingangswort von Kerner, das ich zitiert habe, kommt der Unterschied in einem der Stichwörter zum Ausdruck: palpabel. Nur die Palpabilität eines Phänomens, also die Empfindung seiner Körperlichkeit schützt es davor, daß die Glasköpfe es als Trug und Lüge ansehen. Das lediglich Geschaute bleibt außerhalb des Raumes gesicherter Existentialurteile. Der Ausdruck palpabel entstammt hier dem Wortschatz medizinischer Diagnostik, für die zu jener Zeit das Palpieren und Touchieren *[mit dem Finger betastend untersuchen]*, das Ertasten eine im Vergleich zu den heutigen Untersuchungsmethoden überragende Bedeutung hatte. Freilich, was für das Dasein, für die Feststellung einer körperlichen Abnormität gilt, muß nicht für die Absicherung jedes anderen Daseins schlechthin ebenfalls gelten. Klages hat in seinem Widersacher die Gründung des naturwissenschaftlichen und allgemein des rationalen Existentialurteiles im Widerstandserlebnis der Körperlichkeit eingehend untersucht, und gerade hieraus ergibt sich ein Ausblick auf das Widersachertum des Tatsachen setzenden Geistes der schauenden Seele gegenüber[74]. Ohne auf die metaphysischen Folgerungen hinauszublicken, kann man in Hinsicht auf die bloße Wahrnehmungslehre von der verderblichen Abspaltung des Seelischen vom Körperlichen sprechen, indem allem Schaubaren, Visionären, Seelischen, ja, der Seele selbst, weil all dies nicht palpabel ist, die Wirklichkeit abgesprochen wird.

Die ohne Zweifel sehr wichtig zu nehmende Gegenfrage lautet: wenn allem Erlebten ein Wirklichkeitsgehalt zugesprochen werden soll, worin liegt dann der Schutz gegenüber nichtigen Faseleien von individuellen Schauungen und Erscheinungen, wo bleibt dann das Kriterium für die, sagen wir, wahre Wirklichkeit, – wenn die Palpabilität es nicht sein soll, weil sie es nicht sein kann? – Klages hat die Antwort gegeben; sie lautet, daß Tiefe der Aussage das Kriterium ist[75]. Dagegen gibt es wieder mehrere Einwände: Wer entscheidet darüber und ist nicht ein jeder in dieser Hinsicht täuschungsfähig?

Es versteht sich, daß es in dieser Hinsicht keine unfehlbare Instanz gibt. Man denke daran, wie schwer es sich die katholische Kirche mit Marien-

---

[74] An vielen Stellen, z. B. GWS, S. 338, 966ff., 997ff.
[75] GWS, S. 1182.

Visionen tun muß. Es trifft aber ebenso sicher zu, daß wir, wenn wir auf die eigentlich wesentliche Wirklichkeit nicht überhaupt Verzicht leisten wollen, auf der allgemeinen Forderung nach sicherer, „palpabler" Erkenntnis nicht bestehen können. Das naturwissenschaftlich orientierte Denken leistet jenen Verzicht, es kann aber über sein Gebiet hinaus diesen Verzicht nicht zur Grundlage einer allgemeinen Gesetzgebung machen. Nicht die auf Palpabilität gegründete Sicherheit des Erkennens kann der Höchstwert sein, sondern Sinn, Bedeutungsfülle, Tiefe. Im übrigen sollte das naturwissenschaftliche Kriterium sicherer Erkenntnis inzwischen durchschaut sein: das auf Sicherheit bedachte Erkennen hat uns mit jener zugleich die höchste Unsicherheit für alles Lebendig-Leibhafte beschert. Das Palpabilitätskriterium und seine Erfolge haben die Menschheit in die schwersten Verluste an Sicherheit und auch an palpabler Wirklichkeit hineingeworfen. Beiläufig sei bemerkt, daß die Dogmatisierung des Sicherheitsverlangens in der Erkenntnis eine neurotische Seite in der entsprechenden Geistigkeit offenbart. Höchste Werte, – ihre Beherzigung brachte niemals Sicherung.

Auch bezüglich der Medizin hat Kerner vom einseitig-aufklärerischen Wege abgeraten, da Erziehung und Ausbildung dann dem Ziel abträglich seien. Die mesmeristische Heilmethode hatte die Formel entwickelt und zu beherzigen gesucht, daß der Arzt zugleich auch die Arznei sein müsse, eine Weisheit, die gewiß für alles wahre Heilertum gilt. Besonders schwer wiegt sie im Hinblick auf seelische Erkrankungen, unter ihnen die Besessenheit. Kerner weist in dieser Beziehung hin auf die ärztliche Funktion des altchristlichen und schon des vorchristlichen Priestertums: „Da war die segnende Hand des Priesters auch die heilende, statt daß jetzt, wo aller Glaube von der Mehrzahl der Priester gewichen ist, Ärzte Prediger und Verteidiger des Glaubens sein müssen."[76]

Kerner nennt die seelische Einwirkung, bei der man durch das Wort zu heilen sucht, „magisch", die leibliche Einwirkung durch ein organisches Vermögen „magnetisch". Doch die Chance, daß der rationelle Arzt dieses Vermögens teilhaft sei, ist gewiß gering: „unsere ganze Lebensweise, unsere von Jugend auf erlittene Dressur des Gehirns ist schon dagegen". Man müsse daher danach streben, die auf rationelle Weise nicht zu heilenden Krankheiten zu erkennen und zu ihrer Heilung sich der Männer aus dem Volk zu bedienen, die jene notwendigen Kräfte besäßen. Sie müsse man als Medikament

---

[76] H8, S. 169, 205.

verordnen und unter ärztlicher Aufsicht auf die Leidenden einwirken lassen. Kerner selbst hat sich eines so begabten Mannes, des Schneiders Jacob Dürr aus Kirchheim unter Teck bedient.[77]

Beziehen sich diese Worte auf die Heilkraft, die bei seelischen Erkrankungen anzuwenden ist, in seiner damaligen Lage zumal auf die Besessenheit, so war er darüber hinaus überhaupt der Meinung, daß im Volke noch mancherlei unbekannte Heilkunst zu finden sei, ein Erbe aus natursichtigeren Epochen. Doch auch im allgemeinen, in Bezug auf alle Erscheinungen auf der Nachtseite der Natur, schien der instinktgeborene Volksglaube ihm der Wahrheit näher zu stehen als das diesbezügliche Theoretisieren der gelehrten Welt. Daß er auch den nicht-akademischen Wundärzten, die auch Chirurgen genannt wurden und die den alten Stand der Bader fortsetzten, volkstümliche Heilweisen empfahl und zu deren Aufsuchen und Erproben riet[78] – als Oberamtsarzt, der zu ihrer Beaufsichtigung verpflichtet war, hat ihm bei vielen rationellen Kollegen und bei deren Fortsetzern den Vorwurf eingetragen, den Aberglauben gepflegt und verbreitet zu haben.

Zu Kerners Zeit blieb ein großer Teil der Bevölkerung von der Einimpfung der einseitig rationalen Grundansichten noch frei. „Künstliche Bildung oder Dressur hatte Frau Hauffe nicht", sagte er von der Seherin. Nichts von dem Wissen, „in dem man das weibliche Geschlecht jetzt in Instituten dressiert, war ihr geworden."[79] Man darf in diesen Worten kein unbedachtes Verwerfen der Frauenbildung sehen, zumal, wenn man der anerkennenden Worte gedenkt, mit denen sich Kerner über geistvolle Frauen geäußert hat: die Schwägerin Friederike Kerner, Ottilie Wildermuth, Rosa Maria von Varnhagen, über Therese Huber, „eine Frau von solchem Geiste", und über Amalie Schoppe: „Es ist das wunderbarste Wesen, so ich je sah. Sie spricht über Musik, Poesie, Malerei wie ein Gott. Ich kann mir sie nie ohne Novalis denken."[80] – Wohl aber betrifft sein Bedenken eine die Lebensanschauung verfälschende Dressur des Verstandes, für den gewisse Lebensbereiche schlechthin als trügerisch diffamiert *[verunglimpft]* werden. Dem dort aufzu-

---

[77] H8, S. 176ff., 169f., 203f.; über Dürr siehe meine eigenen Veröffentlichungen: Jacob Dürr aus Kirchheim, der letzte deutsche Schamane. Der Teckbote, Kirchheim-Teck, Nr. 137 vom 16.6.1962, S. 91f. und Der Schneider von Kirchheim. Ebd. Nr. 266 vom 16. 11. 1963, S. 17f.

[78] Beiträge zur schwäbischen Literatur- und Geistesgeschichte und Mitteilungen des Justinus-Kerner-Vereins und Frauenvereins Weinsberg e. V. Bd. 1, 1981, S. 187–194. Vgl. auch P5, S. 236; H8, S. 167f., 177, 256, 260.

[79] P4, S. 59.

[80] Brw1, S. 511.

findenden Gegenstand spricht der dressierte Geist dann das Dasein ab. In dem unheilvollen Prozeß der einseitigen Rationalisierung des menschlichen Mannes aber käme ein retardierendes *[verzögerndes, hemmendes]* Moment gerade dem wahrhaft gebildeten Frauenzimmer zu.

Über die kernersche Position, über das Bild vom schaufähigen Menschen hinaus führt noch ein weiterer Schritt, der die Glasköpfe erst wirklich provoziert. Kerner besaß Erfahrungen und Einsichten, er hatte sich selbst erlebt und beobachtet und aus all dem Folgerungen gezogen. Doch zu dem systematischen geistigen Überbau, zum Entwurf einer Philosophie neigte er nicht[81]. In der Phase der Besessenheitsstudien nahm ihm Carl August Eschenmayer die Mühe ab, die zu einer Gesamtschau erforderlich ist. Da Kerner zeitweilig, in der beruhigten Epoche des Bismarck-Reiches, als ein gemütvoller schwäbischer Dichter angesehen wurde, dem man seine widervernünftigen Eskapaden irgendwie nachsehen mußte, so bot sich Eschenmayer als Träger der Sündenlast dar. Wahr ist, daß Eschenmayer der konsequentere Denker war und auf diese Weise in extremere und anfechtbarere Positionen geriet.

Er war 18 Jahre älter als Kerner, 1768 geboren, war ebenfalls gründlich aufklärerisch dressiert worden, erlebte jedoch von grundauf mit die mesmeristischen Phänomene, akzeptierte sie und suchte nach einem umfassenden Anschauungsbilde dafür. Er fand es in der heiklen Stellung des natürlichen Menschen zwischen göttlicher Übernatur und teuflischer Unnatur, ein Bild, das Kerner zeitweilig auch verwendete. Schließlich hat sich Eschenmayer auch nicht gescheut, als ihn Beobachtungen dazu nötigten, sich mit der Möglichkeit und Wirklichkeit des Zaubers zu befassen und sie zu bejahen[82]. Da eine der wirklichen Errungenschaften der Aufklärung die Abschaffung der Hexenprozesse war, so setzte er sich mit seiner Überzeugung schweren Anfeindungen aus. Wir verstehen besser, wie ein Eschenmayer sich zu einer so extremen Position gedrängt fühlen konnte, wenn wir bedenken, daß auch Klages im Zauber eine Schlüsselfrage erblickt hat. Gar viele Menschen sind bereit, das symbolische Denken als eine wirkliche Möglichkeit neben dem begrifflichen anzusehen. Kritisch wird die Entscheidung erst, wenn sich die Wirklichkeitsfrage auch auf das dazu komplementäre *[sich gegenseitig ergänzende]* Tun richtet: ob, wie dem verständigen praktischen Handeln, auch

---

[81] Dazu eine Äußerung an Uhland zur „Philosophie" im „Wanderer zum Morgenrot" – Brw1, S. 339ff.
[82] In seinem Beitrag zu den Geschichten Besessener neuerer Zeit, H8, S. 110ff., besonders 143ff.

dem magischen echtes Wirken beschieden sein könne? Bekanntlich hat der-
jenige Leser, der das „Wie" dieser Wirkung aus dem in Klages' Hauptwerk
Dargestellten begründen könne, vom Gehalt des Werkes das Beste und Tiefste zu eigen gewonnen[83], – so dessen für ein Opus *[Werk]* der europäischen
Philosophie wohl einigermaßen erstaunliche Abschlußformel.

Es kostet kein langes Überlegen, daß die schnellfertigen Urteile der Glasköpfe über Kerner und Eschenmayer wie über Klages eine gewisse Ähnlich-
keit aufweisen müssen. Aber genügen denn wirklich die Vokabeln Mystizismus, Aberglaube und Romantik, um nicht nur über die drei Forscher, sondern
auch über eine ganze Vorzeit und ihre lebenden Nachfahren abzuurteilen?
Werner Müller beginnt eine seiner Schriften mit einem sonderbaren Wort von
Stefan George: „Nietzsche kannte die Philosophen, aber ich kenne die Indianer."[84] Wirklich scheint es so, als müsse man, um Kerner und Klages im
rechten Lichte zu sehen, erst einmal die Vorschule bei den Indianern besuchen, – was hier kurz zu erläutern ist an einer Szene aus den letzten Lebensjahren des Schwarzen Wapiti der Oglala-Sioux. Im höchsten Alter sucht er
mit seinem Sohn und seinem Biographen zusammen noch einmal den Gipfel
auf, wo er in jungen Jahren seine große Vision gehabt hat. Es ist ein klarer,
wolkenloser Tag in einer Periode großer Dürre. Der Uralte hebt die Arme
empor und bittet die Donnerwesen des Westens um ein wenig Regen und ein
gelindes Donnern – als ein Zeichen der Mächte für ihren Geweihten. Und
wirklich sammeln sich dort oben einige leichte Wolken, und während dem
Greis die Tränen die Wangen herabrinnen und er die Stimme zu den sechs
Gewalten der Welt erhebt, fällt ein feiner Regenschauer, und es murrt ein
leiser Donner ohne Blitz. Nach einer kleinen Weile ist der Himmel wieder
klar[85].

Es dürfte, wenn man sich in eine solche Szene vertieft, ein wenig leichter
fallen, die abschließende Frage bei Klages anzugehen, – er stellt sie ja auch in
dieser Form: „Wurde irgendwann einmal wirklich durch Magie zum Beispiel
das Wetter verändert, und mehr noch: kann es so etwas geben oder nicht?" –
Hans Bender, der Freiburger Parapsychologe, hat in einem Gespräch, das zu
seinem 75. Geburtstag mit ihm geführt wurde, Klages als denjenigen genannt, der sich konsequent einer mechanistischen Weltauffassung entgegen-

---

[83] GWS, S. 1430ff.
[84] Werner Müller: Indianische Welterfahrung, Stuttgart 1976.
[85] Schwarzer Hirsch: Ich rufe mein Volk, München 1962, S. 179ff.

gestellt hat, und darin läge auch Klages' Bedeutung für seine Forschungsarbeit[86]. Dies wäre, wie sich versteht, nur die eine Seite. Die andere wäre diese, daß seine Philosophie nicht nur das Gefüge einer Welt darstellt, in der physikalische Phänomene möglich sind, sondern das Bild von einem Kosmos entwirft, in dem der psychische Zusammenhang der Erscheinungen Grundlage des Geschehens überhaupt ist und somit auch erst die Bedingung hergibt für den mechanischen Zusammenhang der Dinge. Eine solche Umkehrung wäre auch die eigentliche Grundlegung der Parapsychologie, freilich, das ist zuzugeben, schwer vollziehbar für einen Verstand, der ganz auf die andere Richtung dressiert ist, willkommen nur für den beseelten Verstand, eine Formulierung, die bei Klages – trotz der Widersacherschaft des Geistes – tatsächlich vorkommt[87].

Justinus Kerner, der Arzt, Dichter und Forscher, besaß gewiß einen solchen beseelten Verstand; dieser aber befähigte ihn, die Erscheinungen des Nachtgebietes ohne Vorbehalt aufzufassen und darzustellen. Auch die Seherin berichtet, daß sie in einem bestimmten Zustand mit der Seele denke. Gerade um den Gegensatz einer solchen Auffassungsgabe zu bezeichnen, hat Kerner die Metapher vom gläsernen Gehirn geprägt. Sie erscheint noch gesteigert, wenn er auch von der verglasten Menschenseele spricht, die durch die Räsonnierkünste *[Kunst, vernünftige Schlüsse zu ziehen]* des kalten Verstandes in einen solchen isolierten Zustand gerät[88]. – Derlei Seelen- und Verstandesbeschaffenheiten spielen im Verhältnis von Mensch zu Mensch eine große Rolle, aber auch im einzelnen Menschen, eben dem, der Erlebtes sich selber wegstreitet. Wie stellt sich demgemäß Kerner die menschliche Innerlichkeit überhaupt vor? Welches Gewicht besitzt für ihn die Widersprüchlichkeit in ihrem Gefüge? Darüber hat er sich am entschiedensten in Briefen an Therese Huber ausgedrückt: „Daß in dem Menschen alles in so großer Harmonie sein soll, – das ist Lüge!! Es kann einmal in ihm so gewesen sein, aber nach dem Fluche: ‚Im Schweiße deines Angesichtes sollst du dein Brot essen', war es in ihm anders. – Das ist meine Überzeugung …" – Die miteinander streitenden Partner innerhalb dieser Disharmonie sind, den ärztlichen, aber auch den allgemeinen Anschauungen der Zeit entsprechend, das sympathische oder Bauchsystem und das Gehirn, zwischen ihnen liege „ein offenbarer Kampf

[86] Eberhard Bauer / Walter von Lucadou: Spektrum der Parapsychologie. Hans Bender zum 75. Geburtstag, Freiburg im Br. 1983, S. 25.
[87] GWS, S. 1263.
[88] P4, S. 146; H8, S. 176; P5, S. 236.

im Menschen ... am Tag. Überwiegen des einen oder des andern mag nicht ohne Störung in der Maschine, wie sie nun einmal normal sein soll, ausgehen."[89]

Daß der Mensch nicht immer so disharmonisch gewesen sei wie in der Gegenwart, davon waren wie Kerner auch viele verwandt Denkende überzeugt. Ihre Erlebnisse am magnetischen, somnambulischen Menschen, also dem im hypnotischen Schlafe, in Trance befindlichen, deuteten sie so, daß er darin in einen früheren Zustand zurückträte, in dem einst das Schauen überwogen hatte. In diesem Schauen waren nicht nur die Naturkräfte deutlich offenbar, sondern auch der Blick nach drüben, in die Totenwelt war weniger verdeckt. Mit Hilfe der Bilder der Seherin drückt er aus, daß die Lehren weiser Ahnen in vorchristlicher Zeit daher entstanden seien, „daß solche Vormenschen noch weniger aus den Kreisen des Innern gerückt waren, noch mehr in jenem Zentrum des Sonnenkreises lebten, der auf jeder Menschenseele von Natur aus, als ein Abbild der Natur (Ahnung), mit jener Geisterwelt liegt." – „Dadurch, daß der Geist aus dem Zentrum des Lebenskreises gewichen ist, hat er auch sein Schauen in das Zentrum des Sonnenkreises verloren, und der Mensch vermag nicht mehr die Welt in ihrem eigenlichsten Wesen ... anzuschauen." – „Nun versteht der Mensch die Natursprache der Dinge nicht mehr, Zahl und Namen gingen ihm verloren, und er muß sich mit mühsamen Experimenten abgeben, um nur ein bißchen von ihren Eigenschaften herauszufinden"[90], – Worte der Seherin. – Unfolgerichtig und anmaßend aber ist es, wenn er von diesem so verengten Standort aus die Schau einer lebendigen Seele in ihrem lebendigen Kosmos für absurd erklärt.

Ein Jahrhundert später wurden die folgenden Sätze von Klages geschrieben: „Es war ein heute kaum mehr nachfühlbares Übergewicht des Traumwachens über das besinnliche Wachen, das die symbolische Denkungsart der vorgeschichtlichen Menschheit trug; und es ist wiederum ein damals ebenso unbekanntes Übergewicht des besinnlichen Wachens, was die beinahe phantasielose Begrifflichkeit der ‚zivilisierten' Gesittung gezeitigt hat. Der mythenbildende Geist richtete das Steuer sogar des Bewußtseins nach der mantischen *[seherischen]* Kompaßnadel seines Träumens, wohingegen die Rechenverständigkeit selbst im Schlaftraum an jene Außenzone schon durchge-

---

[89] Brw1, S. 517, 569, Vgl. 339ff.
[90] P5, S. 52; P4, S. 214, 245.

ordneter Lebendigkeit gefesselt bleibt, für die das Schicksal nurmehr die Gestalt des schlecht zu kalkulierenden Zufalls hat."[91]

Wir haben diesen Teil mit Kerners Glasmetapher, mit dem Glaskopf und der verglasten Menschenseele begonnen. Beschließen wir ihn mit Worten des Dichters, die zu einer Befreiung aus der Isolation aufrufen!

Einseitigkeit, Engherzigkeit,
das sind der Erde Jammer!
Herz! mache deine Tore weit!
Herz! dehne deine Kammer!
Dann steh' ich aufs Gebirg' voll Lust
Und ruf' und ruf':
Herbei! herbei!
Was Gott erschuf,
Was es auch sei,
Das findet Platz in meiner Brust![92]

Über das Hereinragen einer Geisterwelt in die unsere

„Eröffnungen über das Hereinragen einer Geisterwelt in die unsere", so lautet der Untertitel des zweiten Teiles von Kerners Seherin. Eine solche Formel ist dazu geschaffen, den Widerspruch aller auf die tyrannische Gesetzgebung der materiellen Welt Eingeschworenen hervorzurufen. Doch was die Worte besagen, war bis vor wenigen Jahrhunderten eine allgemein verbreitete Selbstverständlichkeit, ja, auch in gewissen Regionen Europas war es dies noch bis vor weniger als einem Jahrhundert. „Es gab ... Tiere, die das Wetter und Erdbeben vorauswitterten, Träume, die den Tod bestimmter Personen anzeigten, Uhren, die im Moment des Todes stillstanden, Gläser, die im kritischen Augenblick zersprangen, lauter Dinge, die in meiner bisherigen Welt selbstverständlich waren", berichtet ein Schweizer, der nach einer auf dem Dorf verbrachten Jugend in die Stadt gekommen war und der viele Hauptwerke des Spiritismus, also Perty, Du Prel, Zoellner, Crookes, aber auch Eschenmayer, Passavant, Kerner, Görres und Swedenborg gelesen hatte: „es wurde mir klar,

---

[91] GWS, S. 807f.
[92] P2, S. 325.

daß die Stadtwelt trotz der Fülle ihres gelehrten Wissens geistig beschränkt war." Inzwischen ist natürlich auch das Dorf geistig verstädtert und hat sich die städtische Beschränktheit bis in den vorletzten Winkel ausgebreitet. Trotzdem ist jene schweizerische Erinnerung bedeutsam, weil sie zu bezeugen scheint, daß die aufgeklärte Geistigkeit nicht allein aus wissenschaftlichen Fortschritten hervorgeht, sondern auch aus ihrer Isolation, auch daraus, daß die aufgeklärte Zone von der Natur insgesamt abgeschnürt ist, daß sie „von der Landwelt", wie jener Autor sagt, es ist C. G. Jung, „der wirklichen Welt der Berge, Wälder und Flüsse ... nichts wußte."[93] Spuk und Geistererscheinungen gibt es zwar auch in den Städten, sie erscheinen dort aber abseitiger, sind täuschungsverdächtiger als in der Lebenszone, die noch naturhaft, landschaftlich, kosmisch eingegliedert war. Sehr bezeichnend und erschreckend zugleich ist eine Aussage der Zulus, daß man in der Stadt nicht mit den Ahnen sprechen könne, nur daheim auf dem Dorfe[94].

Nicht zu verkennen ist, daß die Metapher vom Hereinragen schon aufklärerisch mitgeprägt ist. Sie geht von einer Welt aus, die die unsere genannt wird und die vom Geisterwesen an sich frei ist. Ihr entspricht eine Praxis, nur wenig älter, die noch unbeirrt an Geister glaubt, aber sie bei uns hier nicht dulden will. Eine schlimme norddeutsche Sage gibt ein Bild davon: die eben bestattete Großmutter sitzt abends wieder am Tisch auf ihrem Stuhl und muß exorzisiert *[ausgetrieben]*, gebannt, hinausgeworfen werden[95]. Es ist eine Anschauungs- und Lebensweise, die Jean Paul 1797 im Kampanerthal mit den Worten gekennzeichnet hat, „daß uns feindliche Taucher das in das Totenmeer fallende Ankertau zerschneiden wollen."[96] Die Praxis war schon alt: die Hexenverfolgungen hatten zum Ziel die Purification *[kirchliche Reinigung]* der Welt vom Wunderbaren, von allen wunderbaren Wesen und Menschen, da derlei Wirkungsweisen durchaus nur den Heiligen und den Engeln vorbehalten sein sollten.

---

[93] Carl Gustav Jung: Erinnerungen – Träume – Gedanken. Hrsg. von Aniela Jaffé, Zürich 1967, S. 106ff.

[94] Gabriele Lademann-Priemer: Heilung als Zeichen für die Einheit der Welten. Religiöse Vorstellungen von Krankheit und Heilung in Europa im vorigen Jahrhundert und unter den Zulu ... Inauguraldissertation ... Marburg 1988, S. 105.

[95] Lutz Mackensen: Hanseatische Sagen. Eichblatts deutscher Sagenschatz, Bd. 13, Leipzig 1928, Nr. 12.

[96] Jean Paul: Das Kampaner Thal oder über die Unsterblichkeit der Seele. Einleitung zur 501. Stazion.

Es scheint zwar so, als sei der Hexenprozeß voraufklärerisch, indes rührt er bereits her aus derselben langsam anschwellenden Geistesbewegung, die in der Endphase den Prozeß gegen die Zauberer abschafft und den Teufelsaberglauben verdammt. Es ist ein epochaler Evakuierungsprozeß *[Aussiedlungsprozeß]*; das letzte halbe Jahrtausend war darauf gerichtet, das Wunderbare aus der Menschenwelt und dem Menschenwesen intellektuell hinauszuexorzisieren *[hinauszutreiben]*. In der Zweiteilung von verweslichem Leib und unsterblicher Seele fehlt auch das Vermögen dazu. Demnach war die dem Hexenprozeß zugrunde liegende Gesinnung keineswegs ein Aberglaube im eigentlichen Sinne, sondern der Rationalismus der Epoche, das starrköpfige Verlangen nämlich nach einer Subsumtion *[Unterordnung]* alles Menschlich-Wunderbaren unter dem Begriff des Satans. Die Teufelshypothese war schon eine Art Aufklärung, eine diabolische *[teuflische]* Aufklärung, deren notwendiges Ziel ebenfalls schon war die Entzauberung und die Entseelung der Welt. Sie beginnt mit den Hilfsgeistern der Hexen. Diese waren ohne Zweifel Elementarwesen oder Totenseelen gewesen; nun aber mußten es teuflische Dämonen sein. Deren Wirken in der Welt ist böse, und wenn es Menschen gibt, die diese Wirkungen vermitteln, dann müssen diese Menschen um ihre Wirkungsmöglichkeit gebracht werden. Als man dann diese Menschen und diese Wesen, auch in der Vorstellung, losgeworden war, blieb nur noch übrig, auch die Vorstellung von ihrem Herrn und Meister, dem Teufel selber, hinauszuwerfen. Auf diese Weise gelangte man zu der purgierten *[gereinigten]*, geister- und seelenlosen Welt, in die, zunächst noch, alles Heil von draußen hereinragt. Am Ende eliminierte man auch dies, und so langte man schließlich an beim homme-machine *[die Maschine Mensch]* und der säuberlich materialisierten Welt.

Zeigt sich der Hintersinn der Hexenverfolgung verwandt mit der rationalen Aufklärung, dann gibt es weitere Bestätigungen für ihre geistige Nachbarschaft. Der Hexenprozeß ist ja nicht etwa mittelalterlich. Setzen wir die ersten Anfänge der Aufklärung mit der auslaufenden Renaissance und der Reformation an, dann ergibt sich die merkwürdige Tatsache, daß mit ihrem Aufkommen zugleich auch die Hexenprozesse anschwellen. Ihre eigentliche Zeit ist das 15. bis 18.Jahrhundert. Ihre Richter und Theoretiker sind durchaus nicht religiöse Fanatiker allein. Ein typisches Beispiel für die diabolische Aufklärung, wie ich sie nannte, ist etwa der französische Staatstheoretiker und Rechtsphilosoph Jean Bodin, 1530 bis *1596*[97]. Ihn zählt man unter die frühen Aufklärer, wegen seiner zukunftweisenden ökonomischen und politischen Gedanken und seiner religiösen Duldsamkeit, nicht nur den Hugenotten gegenüber, sondern sogar angesichts von Heiden, Moslems und Juden. Doch den Zauberern gegenüber zeigt er sich in seiner systematischen „Démonomanie des sorciers", 1581, alles andere als duldsam. Das Buch ist vielmehr ein Zeugnis für die diktatorische Zwangsherrschaft eines Gedankens in einem hochintelligenten Theoretiker, – und Bodin wird damit zu einem Warnsignal für die zahlreichen Antriebe zur Hexenverfolgung gerade im intellektuellen, intellektualistischen Betrachter von Lebenserscheinungen.

Die Theoretiker der Teufelshypothese ergingen sich nicht in leeren Phantasien; sie bauten oftmals ihre Anschauungen auf über den parapsychologischen Fakten, die erst von der rationalen Aufklärung verworfen wurden, und sie taten es sich nicht leicht mit der dämonischen Verursachung oder Verflechtung. Ein Beispiel bietet der oftmals im aufklärerischen Jargon *[umgangssprachlich geprägte Sondersprache]* geschmähte Erasmus Francisci. In seinem „Höllischen Proteus" aus dem Jahre 1690 sucht er geheimnisvolle Geschehnisse nach den besten Zeugen und Urkunden zu berichten – und deutet mit dem Namen Proteus *[nach dem griechischen Meergott mit der Gabe der Verwandlung]* die von den Tatsachen geforderten schwierigen und vielgestaltigen Abwandlungen der höllischen Hypothese an.

Keineswegs hat man im Hexenprozeß alles Zaubrische in die Opfer hineintorturiert *[hineingefoltert]*; das wunderbare Vermögen war in vielen Fällen wirklich vorgegeben – in somnambulischen Männern, Frauen und Kindern. Den Zusammenhang des Hexenwesens mit den animalisch-magnetischen Erscheinungen haben gerade Kerner und andere Mesmeristen aufgedeckt. Bei der Folter ging es den Richtern daher im wesentlichen nurmehr um das Eingeständnis, daß alles Wunderbare aufgrund eines Teufelsbündnisses zustande gekommen war. So hatte beispielsweise „der württembergische Reformator Johannes Brenz in einer Predigt bereits 1539 die Ansicht, daß die Hexen Wetter machen könnten, abgelehnt. Gemäß der augustinischen Teufelspaktlehre wies er darauf hin, daß die Hexen zwar dem Teufel

---

[97] Über Bodin: Soldan – Heppe: Geschichte der Hexenprozesse. Neu ... hrsg. Von Max Bauer, Neudruck Hanau/M o. J. I, S. 463ff. Wilhelm Windelhand: Lehrbuch der Geschichte der Philosophie, Nachdruck USA o. J. S. 359. Hexen und Zauberer. Die große Verfolgung – ein europäisches Phänomen in der Steiermark. Hrsg. von Helfried Valentinitsch, Graz – Wien 1987, S. 225.

ein Zeichen gaben, die Wetter jedoch von diesem unter Zulassung Gottes gemacht würden."[98] Wir erinnern uns hier an die Klages'sche Abschlußfrage nach dem Wetterzauber und an das Regengebet des Schwarzen Wapiti. Wie erschreckend erscheint im Vergleich mit dem Indianer die zwanghafte Perversion im Hirn selbst eines bedeutenden reformatorischen Geistes.

Es ist bemerkenswert, daß um jenes Jahr, da Johannes Brenz seine die Welt entleerende Teufelshypothese vorträgt, ein Paracelsus seinen „Liber de Nymphis" schreibt, das Buch vom wirklichen Dasein der Elementargeister, das freilich erst nach seinem Tode, 1566, im Druck erschienen ist[99]. In solchen Kundgebungen lebt immer noch das Bekenntnis zur Wirklichkeit von Wesen, die allein in der Vision zu erschauen sind, die nicht hereinragen, sondern auf der Erde ansässig sind. Andererseits bereitet sich in der langsam anschwellenden Woge des Rationalismus die Verwerfung der Teufelshypothese vor, in der alles menschlich Wundermächtige zusammengebündelt, mit der es aber auch moralisch und religiös verworfen war. Am Ende fällt mit dem Teufel alles innerweltlich Wunderbare dahin und wird ein für allemal als Absurdität erklärt.

Das Wort Evakuierungsprozeß für die Entseelung der Welt habe in dieser Bedeutung nicht ich geprägt, vielmehr geht es auf Alfred Schuler zurück, der es in einem noch zentraleren Sinne gebraucht hat. Um die abschließenden Gedanken zum Hereinragen vorzubereiten, sind über ihn nun einige Worte zu sagen. Es scheint nämlich so, als gäbe es die Vorstellung vom gewaltsamen Aussaugen des eigentlich Lebendigen aus dem Umkreis des Menschen schon seit alter Zeit. Ich erinnere an ein allbekanntes Märchenmotiv, dessen Gehalt sich zurückverfolgen läßt bis in die ältesten Mythen des Rigveda, also um mindestens 3000 Jahre. Es sind der Mythos und danach die Sage oder das Märchen vom Drachen, der in seiner Windung oder unter seinem Bauche eines von dreien verborgen hält, die Jungfrau, das Gold oder den Lebensquell. In den Märchen kommt es häufig auch vor, daß er die Jungfrau und noch überhöht, die Kronjungfrau als Opfer fordert. Die Gleichung, in der jene drei bedrohten Lebenswerte zusammenfallen, ist das Licht, die eigentliche, das Leben beseelende Essenz. Sobald diese drei oder eines stellvertretend freigekämpft sind, beginnt das Licht das Königreich wieder zu durchströmen,

---

[98] Hexen und Zauberer. Die große Verfolgung – ein europäisches Phänomen in der Steiermark. Hrsg. Von Helfried Valentinitsch, Graz – Wien 1987, S. 226.

[99] Theophrast von Hohenheim: Das Buch von den Nymphen ..., neuerdings gedruckt in: Erwin Jaeckle: Paracelsus und der Exodus der Elementargeister, Lahnstein O. J., S. 31–80.

das hervorquellende Wasser erquickt das eben noch verdorrende Dasein, das Drachengold, befreit, belebt Schenken und Empfangen, das Leben im Lichte, unter dem Walten des gekrönten Paares, meint eigentliche lebendige Freiheit.

Die Drachensage hängt zusammen sowohl mit Weltentstehungsmythen wie mit Königsritualen. Für uns sind von Bedeutung hier nur die Bilder und die Vorstellung von einer Occlusion *[Verschließung]* des Lichtes und seiner erneuten Freisetzung als Periodenfolge im menschlichen Welterleben. Damit haben wir uns den Einblick in die Gnosis *[schauende Erkenntnis]* Schulers eröffnet. Einen Aion *[eine Weltzeit]* lichter Freiheit sieht Schuler draußen vor den Pforten der Geschichte. Dies sei der Sinn des „Goldenen Zeitalters", des vorzeitlichen Paradieses, des Gottesgartens. Einen solchen Zustand nennt Schuler offenes Leben. Geschichte dagegen bedeutet einen gegen die innere Leuchte gerichteten Evakuierungsprozeß, die Entlichtung der Allgemeinheit.[100]

Das verhängnisvolle Geschehen läuft hinaus, mit unserem Märchenbilde gesagt, auf die Absperrung, die Einschließung des lebendigen Goldes. Man könnte diesen Vorgang als religiöses oder auch als antireligiöses Geschehen auffassen, je nach der Vorstellung vom Wesen der Religion. Schulers Meinung verlautet in dem Satz: „Im offenen Leben ist keine Religion, denn das Leben als solches ist die religiöse Tatsache."[101] Dieser Satz findet eine merkwürdige Entsprechung bei dem englischen Mystiker William Blake, in seiner Vision von dem unzerreißbaren, dunklen und kalten Spinnennetz der Religion, mit dem der Urgeist Urizen das Weltalter des unendlichen Lebens verschließt[102].

Die lichte Zentrale des vorzeitlichen Lebens bezeichnet Schuler als Quintessenz *[das Wesentliche]* und nennt sie das große Reservoir des Lebens, in das die Toten eintauchen und aus dem die Geburten kommen. „Das jugendliche Leben ... bringt auch die Toten wieder als Seligkeitsschauer um die Lebendigen. Das ist offenes Leben. Das geschlossene Leben wehrt auch den Toten die Rückkunft, es versiegelt das Jenseits, das ist die als Himmel geschlossene Essenz *[Wesenheit]*."[103]

Wir haben den Evakuierungsprozeß der vergangenen Jahrhunderte uns vor Augen geführt, insofern er Wesen und Wunder betraf. Aber mit dem

---

[100] Alfred Schuler: Fragmente und Vorträge aus dem Nachlaß, Leipzig 1940, S. 161, 163, 165.
[101] Ebenda. S.163.
[102] William Blake: Poetry and Prose, ed. by Geoffrey Keynes, London 1956, S. 232.
[103] Alfred Schuler: Fragmente und Vorträge aus dem Nachlaß, Leipzig 1940, S. 179.

Abschneiden des Ankertaues, das in das Totenmeer fiel, war vor allem auch der Hintergrund des Lebens verdüstert, und hierin eigentlich wirkte sich die Evakuierung aus, in der Abschottung gegen die Quintessenz, gegen das innere Licht. Denn herüben kann man es weder mit Flutlichtern reproduzieren, noch mit Atombomben heller als tausend Sonnen, – dies Licht ist ein tötendes Licht, es beutet das eigentlich lebensspendende Licht aus und verwandelt es in sein Gegenteil.

Im Mesmerismus aber fand unzweifelhaft eine Hinwendung zum inneren Lichte statt, sein Einströmen bezeugt eigentlich das Hereinreichen. Doch obwohl dies Geschehen das wesentliche ist, entfällt es bei den gewöhnlichen geistesgeschichtlichen Betrachtungen. In dem zur Seherin, zu Friederike Hauffe Gesagten ist das Lichterlebnis beiläufig schon zu Worte gekommen. Hier ist noch einmal ein Satz von ihr anzuführen und dazu zwei weitere aus den Schauungen der Christiane Käpplinger und der Philippina Demuth Bäurle.

„Der dritte Ring ist sonnenhell, aber sein Mittelpunkt ist noch heller als die Sonne. In ihm sah ich eine nicht zu durchschauende Tiefe, die je tiefer, desto heller war, in die ich selbst nie kam, nur hineinschauen durfte, und diese möchte ich die Gnadensonne nennen."[104]

„Hierauf sah sie wieder ein Thal, das in völliger Verklärung stund, mit einer wunderhellen Quelle, aus der sie zu trinken schmachtete. Auch sagte sie: dort steht ein Kornfeld voller Licht, drei Engel schneiden die Ähren."[105]

„Was aber die Thore (der himmlischen Stadt) für einen Glanz von sich geben, das kann ich unmöglich aussprechen ... In einem Spiegel kann man sich sehen, aber der Glanz der Edelsteine (aus denen die Thore erbaut sind) ist so stark, daß man sich nicht darinnen sehen kann; es kommt mir gerade so vor, als wenn man sich in der Sonne spiegeln wollte."[106]

Kerner und die anderen Aufzeichner solcher Visionen haben getreulich wiedergegeben, was die Somnambulen bei ihren Seelenfahrten erschaut haben. Den Wert dieser Schauungen kann man nicht ermessen, wenn man auf Tatsachen fahndet. Tatsachen gab es in Kerners Forschungsbereich freilich ebenfalls, und solche hat er besonders sorgfältig berichtet in dem Buche über eine

---

[104] P4, S. 183.
[105] „Geschichte zweyer Somnambülen. Nebst einigen anderen Denkwürdigkeiten aus dem Gebiete der magischen Heilkunde und Psychologie", von Dr. Justinus Kerner, Oberamtsarzt zu Weinsberg, Karlsruhe 1824, S. 22.
[106] Lorenz Bäurle: Geschichte einer Somnambüle in Weilheim an der Teck etc., Göppingen 1920, S. 309.

Erscheinung aus dem Nachtgebiete der Natur – mit spukhaften Vorkommnissen und der Erlösung eines Geistes. Er hat diese Forschungen als Naturwissenschaftler betrieben – und dazu eine große Anzahl unbefangener, gebildeter oder schlichter Zeugen beigezogen. Einer von diesen war der mit Kerner befreundete Heilbronner Oberamtsarzt Dr. Seyffer, und eines von dessen Erlebnissen war ebenfalls eine Lichterscheinung besonderer Art, die deswegen hier angeführt sei.

In dem finsteren Gefängnis der Geisterseherin saßen an einem mondlosen Dezemberabend bei verhängten Fenstern Kerner und Seyffer am Bett der Frau. Da näherte sich dem Seyffer ein Lichtschein, der auch „noch einen kleinen Theil unten am Bett ... in den intensivsten Glanz versetzte. Ich, der ich ganz nahe an Dr. Seyffer stand, wurde nicht beleuchtet, ich blieb dem Dr. Seyffer ganz unsichtbar, ganz schwarz, wie sonst die Nacht in diesem Gefängnisse, während er seine Füße, seine Arme, seinen Leib und seine silberne Dose, die er gerade in der Hand hatte, in völligem Glanze sah, in einem Glanze, in dem auch ich ihn beleuchtet sitzen und später, als er sich erhob, stehen sah." Über dieses eindrucksvolle Erlebnis hat sich am 31. Dezember der Freund dann folgendermaßen geäußert: „Noch immer im beseligenden Nachgefühl des mir zu Theil gewordenen Lichtes, dem Glanzpunkte der ganzen Geschichte, gebe ich dir mit inniger Freude die Versicherung, daß ich ohne deine Mahnung deinem Wunsche (das Gesehene zu bezeugen) entsprochen hatte. Möge jenes Omen (jene Lichterscheinung) unsern Bund für das nächste und weitere Jahre, die Gott uns hier wirken zu lassen beschlossen hat, bekräftigen."[107]

Diesen Aufzeichnungen und Beobachtungen Kerners und aus der Kernerzeit entsprechen zahllose Berichte von Lichterscheinungen, die entweder künden von dem einen wesentlichen, dem inneren Lichte, das Alfred Schuler Quintessenz oder „Lumen intimum" nennt, – oder von dem Licht, in das die Toten eingehen, dessen sie mächtig werden können und das dann im Erscheinen von ihnen ausstrahlen kann[108]. Berufen wir uns für jenes – unter zahllosen anderen Zeugnissen – hier auf Jakob Böhme: „Das Licht hat in der Gebärung Gottes keinen Anfang, sondern es hat von Ewigkeit also in der Gebärung geleuchtet, und Gott weiß selber keinen Anfang darinnen."[109] Für das

---

[107] H8, S. 140–144.

[108] Emil Mattiesen: Der jenseitige Mensch, Berlin 1987, Index s. v. Licht. Ders.: Das persönliche Überleben des Todes, Berlin 1987, Bd. II, III, Index s. v. Licht, Leuchten.

[109] Jakob Böhme: Ausgewählte Schriften. Hrsg. von Gerhard Stenzel, Gütersloh 1960, S. 106.

Licht, das am Sterbebett aufleuchtet, sei ein Bericht aus Irland angeführt: „Eine Frau, die in einem Reetdachhause am Fuße des Echtge wohnt, erzählte mir vor einigen Jahren: ‚In der alten Zeit haben sich große Wunder zugetragen. So erschienen, als mein Vater, der dort oben im Garten zu arbeiten pflegte, im Sterben lag, ganz plötzlich drei Lichtbündel (flashes of light) in der Stube, das hellste Licht, das jemals auf der Welt zu sehen war. Und es war da ein alter Mann in der Stube, ein gewisser Ruane, und an den lehnte ich mich an, denn ich glaubte in Ohnmacht zu fallen. Und die Leute auf der Straße sahen das Licht, und oben in Mick Interneys Hause schrien sie alle auf, unser Haus stände in Flammen. Als sie aber heruntergekommen waren und an das Bett, sagten sie alle, da wären die Engel gewesen, die seine Freunde waren, und sie hätten sich eingestellt, um ihn abzuholen.'"

– Auch das Totenheer kann von Lichterscheinungen begleitet sein: „Einer alten Frau aus Brodersdorf, die noch nicht lange tot ist, ist der Aug (der Wilde Jäger) einmal nachts zwischen Lutterbeck und Brodersdorf begegnet mit seiner ganzen Jagd. Nichts als Lichte und Lichter brannten bei ihr herum, und dabei lärmte und schrie und schoß und heulte es, daß ihr Hören und Sehen verging. Denn sie geriet gerade mitten ins Gedränge. Das hat die alte Frau erzählt und sie log nicht."[110]

Die Totenleuchte kann im Ausnahmefall schon am Leichnam des Erleuchteten erscheinen – wie bei Teresa d'Avila: „Das Antlitz der Teresa von Jesus blieb auch im Tode so schön und leuchtend, daß man es eine flammende Sonne hätte nennen können." Schon von der Sterbenden wurde überliefert, daß sich alle Falten und Furchen des Alters und des Siechtums geglättet hatten und daß ihr Angesicht verwandelt war in eine Stille und einen Glanz wie die des Vollmondes[111].

Am bekanntesten sind unter den Totenleuchten noch die Irrlichter. Diese sind auch so sicher beobachtet worden, daß man dafür im 19. Jahrhundert sogar die Erklärung aus den selbstentzündlichen Sumpfgasblasen erfinden mußte, – eine Theorie, deren Nichtigkeit von vornherein dadurch feststand, daß die große Mehrzahl der Irrlichter nicht im örtlichen Zusammenhang mit

---

[110] Lady Gregory: Visions and Beliefs in the West of Ireland, Gerrards Cross 1976, S. 170. Friedrich Ranke: Die deutschen Volkssagen, 2. A., München 1924, S. 116.
[111] Marcelle Auclair: La vie de Saint Thérèse d'Avila. La Dame Errante de Dieu, Paris 1953, S. 457.

Sümpfen gesehen wird.[112] Für jene Theoretiker bleibt diese Tatsache freilich unerheblich, da auch die unzutreffende Hypothese ausreicht, das Bewußtsein vom Wesensphänomen zu entlasten. Wahrhaftig, Erleuchtung und Aufklärung wachsen nicht auf einem Holz.

Bedeutungsvoller als die Irrwische sind andere Totenlichter, und für sie gibt es die verschiedensten Nachrichten aus allen Zeiten und Zonen. Dafür sei hier noch ein sehr alter Beleg angeführt. Beim Ahnenopfer der Dschou-Zeit, also in einer Ära, die weit mehr als zwei Jahrtausende zurückliegt, blieben „auch die teilnehmenden Geister nicht völlig unsichtbar. Sie waren, so glaubte man jedenfalls, blendende Lichtgebilde oder so in Glanz gehüllt, daß man sie nicht klar erkennen konnte."[113] Der Einschub: so glaubte man –, mit dem der zeitgenössische Gelehrte seine wissenschaftliche Integrität *[Makellosigkeit]* abzusichern gezwungen ist, erscheint freilich unnötig und irreführend. In derartigen Kulturen brachte man nicht zweifelhaften Vorstellungen einen Glauben entgegen, sondern erlebte Schaubares – in der gleichen Weise, wie es auch heutzutage noch immer möglich ist.

Am entschiedensten hat sich Kerner über den naturwissenschaftlichen Sinn dieser seiner Forschungen in einem Briefe an Sophie Schwab ausgesprochen, und zwar eben im Anschluß an jene Veröffentlichung über den Weinsberger Gefängnisspuk. „Helfet mir nur erklären, es ist mir ganz recht, die Geister sind mir gar nicht lieb – aber leider, Ihr werdet es sehen, bleibt eben doch keine andere Erklärung übrig. – Was es für Geister sind, wäre am Ende dann allerdings immer auch noch auszumachen. Macht es aus! – Diese Sachen waren immer meiner eigenen Phantasie entgegen, aber ich kam auf sie rein nur auf dem Wege kalter Beobachtung, und was man so beobachtet und erkennt, muß man eben annehmen, ist es einem auch gegen die eigene Phantasie."

„Ich denke, daß die Geschichte jenes Weibes wenigstens Veranlassung geben wird, daß auch einmal andere als ich solche Dinge nur wenigstens auch beobachten, dann wird man schon später finden, zu was sie führen, meinetwegen auch zu was anderem als Geistern. Zu einer Naturwahrheit werden sie führen. Aber bisher wies man ja jede Beobachtung in diesem Felde zurück,

---

[112] Die Totennatur des Irrlichts wird besonders deutlich in jenem Sagentypus, in dem der eingefangene Irrwisch sich in Totengebein verwandelt: Sagen der Mark Brandenburg, ges. von Wilhelm Schwarz, 4. A. Stuttgart 1903, Nr.30. Siehe auch Jacob Grimm: Deutsche Mythologie, 4. A. Nachdruck Tübingen 1953, II, S. 764f., III, S. 279.
[113] Werner Eichhorn: Die Religionen Chinas, Stuttgart 1973, S. 40 vgl. S. 39.

und ich mußte immer allein in der Nacht gehen, und erzählte ich Dinge aus dieser Nacht, – so war ich ein Schwärmer, Wundersüchtiger, Esel und was alles. Ich weiß gewiß, daß ich noch nach meinem Tode auf irgendeine Weise gerechtfertigt werde. Ich breche einmal die Bahn – und brech' ich auch darüber den Hals.–"[114]

Wer angesichts solcher Worte von Aberglauben und Mystizismus spricht, dessen inneres Hörorgan muß wohl ertaubt sein wie das innere Auge erblindet. Denn dies ist die wirkliche Stimme Kerners, der in der Jugend an die persönliche Unsterblichkeit nicht glauben wollte und der auch im Alter eine entschiedene Aussage scheute, obwohl er gewiß in irgendeiner Weise mit seiner acht Jahre vor ihm verstorbenen Frau wieder vereint zu sein hoffte.

Nicht Kerner allein wurde durch außerordentliche Erlebnisse dahin geführt, das Verhältnis der Lebenden zu den Toten und die Verhältnisse neu zu erforschen, in denen die Toten selbst existieren; vielfältige Zeugnisse darüber liegen vor. Es waren insbesondere vier Phänomene, die sich darboten und für die es zahlreiche Beurkundungen gibt: die spontane Erscheinung eines Totengeistes, meist mit bestimmtem, oftmals wahnhaftem Anliegen, – das allgemeine, unbestimmte „Umgehen" solcher Geister, das Spuken, gegebenenfalls mit vielerlei Phänomenen undurchschaubaren Sinnes, – zum dritten die Besessenheit, ein Zustand, in dem der Geist nicht im Raum, in der Vision oder im Traum erscheint, sondern in einem Menschen, dessen Organe der Geist teilweise benutzen kann, zumal die Sprache, – viertens das hilfreiche Dabeisein eines nicht spukhaft gebundenen Toten in besonderen, medialen oder somnambulischen Zuständen der Lebenden.

Ein wohlbezeugter Fall der ersten Art ist der des Stadtschultheißen von Weinsberg, den Kerner in dem Buch der Seherin mit dem letzten Buchstaben seines Namens, mit K. bezeichnet. Der Mann hatte im Amt schwere Betrügereien begangen und benutzte die Gelegenheit, daß die Frau Hauffe in ihrer Grenzsituation für ihn zugänglich war, um schlimme Folgen für seine Frau zu verhüten. Der Fall ist um so merkwürdiger, als das Anliegen des Toten nicht etwa ausging von der aktuellen Rechtssituation des Jahres 1826, in dem er erschien, sondern von der des Jahres 1819, in dem er verstorben war.[115]

Für die zweite Art gibt es zahllose Belege, ich führe nur den Weinsberger Gefängnisspuk an – mit allerlei optischen und akustischen Erscheinungen

---

[114] Brw2, S. 106f.
[115] P5, S. 81ff.

und mit einem Totengeist, der an einer Jahrhunderte alten Schuld zu leiden vorgab und der damals erlöst wurde. Zu diesem Erscheinungsbereich kann man auch alle jene Toten zählen, die nach der katholischen Terminologie als „Arme Seelen" bezeichnet werden, irrende Tote, die den Weg ihrer Vollendung verfehlt haben und mit Hilfe von Lebenden sich zurechtzufinden hoffen. Solche Toten erschienen zumal auch der Seherin von Prevorst. Eine Seherin und Helferin unseres Jahrhunderts war Eugenie von der Leyen, deren Tagebuch zu den lesenswerten Veröffentlichungen dieses Gebietes gehört, auch wenn derlei Schrifttum den allgemeinen Leserkreisen fernliegt.[116]

Die Besessenheit ist von Kerner recht eigentlich wiederentdeckt worden, und es sind ihm einige außerordentliche Exorzismen gelungen. Er brach die Behandlung der Besessenen ab, als sein Exorzist, der Schneider Jacob Dürr, der mehrere Erkrankte dieser Art zugleich behandelte, an der Karoline Stadelbauer einen schlimmen Kraftverlust erlitt. Später hat Eschenmayer deren Behandlung mit dem Schneider und wenigen Vertrauten zusammen noch einmal unternommen, ebenfalls vergeblich. In unserer Zeit hat sich der Aufsehen erregende Fall der Anneliese Michel in Klingenberg am Main zugetragen, einer der ganz seltenen Fälle, in denen der besessene Mensch zu Tode kommt. Wenn Felicitas Goodman, eine deutsch-amerikanische Forscherin recht hat, dann ist das Mädchen nicht durch Verschulden der Exorzisten gestorben, sondern daran, daß die gelegentlich zugezogenen Ärzte, die ihr auf Anfordern ein Medikament gegen Epilepsie verschrieben, nicht zugleich auch das Blutbild überwacht haben. Nach ihrer Ansicht wäre Anneliese Michel verhungert, weil ihr Blut infolge jenes Mittels zum Nahrungstransport nicht mehr fähig war.[117]

Der besitzende Geist war in Kerners Fällen immer ein Toter. Nach katholischer Lehre handelt es sich immer um teuflische Dämonen. Ich habe den Eindruck gewonnen, daß gerade ein kraftvoller Exorzist das Vermögen be-

---

[116] Eugenie von der Leyen: Meine Gespräche mit Armen Seelen. Hrsg. von Peter Gehring, Stein am Rhein 1979.

[117] Felicitas D. Goodman: Anneliese Michel und ihre Dämonen, Stein am Rhein 1980. Klaus P. Fischer / Hartmut Schiedermair: Die Sache mit dem Teufel, Frankfurt 1980. Johannes Mischo und Ulrich J. Niemann: Die Besessenheit der Anneliese Michel (Klingenberg) in interdisziplinärer Sicht. Zeitschrift für Parapsychologie, Jg. 25, Freiburg i. Br. 1983, S. 129–194. Johannes Mischo: Ein interdisziplinärer Zugang zum Thema „Dämonische Besessenheit". Zeitschrift für Parapsychologie. Jg. 27, Freiburg i. Br. 1985, S. 157–180. Felicitas Goodman: How about Demons? Possession and Exorcism in the Modern World. Bloomington 1988, besonders S. 114–122.

sitzt, dem Dämon – von welcher Artung dieser an sich auch immer sein möge und sei er eine Spaltpersönlichkeit des Kranken – die Übernahme irgendeiner Rolle zu suggerieren *[einzureden]*.

Allgemein wäre zum Problem der Besessenheit dies zu sagen. Ist es denkbar, das heißt, legen die Beobachtungen dies nahe, daß es ungebunden schweifende Totengeister nach Art der „Armen Seelen" gibt, so ist es auch denkbar, daß sie in der Rolle besitzender Geister erscheinen können. Dies vermöchte durchaus auf der Basis einer vorausliegenden seelischen oder cerebralen *[geistigen]* Erkrankung zu geschehen und dadurch den Symptomenkomplex zu verwirren. Die Frage steht seit Kerners Zeiten an, und sie ist auch für den Klingenberger Fall aktuell, in welchem Verhältnis die Possessio *[die Besessenheit]* zur Epilepsie stehen könnte – oder ob eine Epilepsie mit besessenheitsähnlichen Vorstellungen neurotischer Genese *[Entstehung]* ausreicht, das Gesamtbild der Krankheitserscheinung zu erklären.

Kerner hielt es aufgrund seiner Beobachtungen für „wahrscheinlich, daß sich in manchen Irrenhäusern Dämonische befinden, die irriger Weise für Wahnsinnige gehalten und so behandelt werden. Ein rechter Magus *[Zauberer]*, der Irrenhäuser durchginge, würde in ihnen merkwürdige Ausscheidungen treffen können."[118]

Der einzige, der konsequent gemäß diesem kernerschen Aperçu *[dieser geistreichen Bemerkung Kerners]* vorgegangen ist, war meines Wissens der amerikanische Irrenarzt Carl A. Wickland. Er hat darüber in seinem Buch „Thirty Years among the Dead" berichtet, das auch in deutscher Sprache erschienen ist. Das Motto des Buches ist: „Lies, nicht um zu verdammen, sondern um zu verstehen und abzuwägen!"[119]

Von der schwierigen und gewiß unbehaglichen Thematik der Besessenheit wenden wir uns der erfreulichsten Gestalt des Hereinragens zu: der Gruppe der helfenden Geister. In der spiritistischen Séance *[Sitzung]* sind dies die sogenannten Kontrollen oder Kontrollgeister, eine im Deutschen sinnlose Bezeichnung. Sie bedeutet, daß diese Geister im Jenseitsverkehr des Mediums eine überwachende Funktion ausüben. Es kommt sogar vor, daß sie die Leistungen des Mediums überhaupt erst entwickeln. Vor allem aber rufen sie die erwünschten Geister heran, helfen ihnen bei ihren Äußerungen und wehren die unerwünschten ab. In Wicklands Irrenheilungen waren sie die

---

[118] H8, S. 173.
[119] Carl A. Wickland: Thirty Years among the Dead, London 1978.

Helfer, die mitwirkten an der Befreiung des Kranken von dem verstockten Toten, der seine Symptome verursachte.

Christiane Käpplinger, eine von Justinus Kerners zwei Somnambulen, die nah bei ihm in Weinsberg bestattet liegt, hat in ihren magnetischen Zuständen auf Reisen ins Jenseits eine wunderbare Einweihung erfahren, und ihr Führer bei dieser initiatisch-kosmischen Fahrt war ein frühverstorbener Bruder. In ganz ähnlicher Weise ist ein anderer Fall verlaufen, der sich einige Jahre später in Weilheim unter Teck zugetragen hat. Auch hier war der Führer ein toter Bruder der jungen Somnambulen[120]. Für Frau Hauffe war eine jenseitige Helferin ihre verstorbene Großmutter. In dem Fall Lotte des Stuttgarter Medizinalrates Klein war der Hilfsgeist die tote Mutter – beim schwierigen Erklimmen und Überwinden eines Berges, auch eine Wanderung initiatischen Sinnes[121]. Alle diese Beobachtungen sind von größter volks- und völkerkundlicher Wichtigkeit. Denn sie zeigen, daß ein dem Schamanentum unterliegendes wirkliches Erleben auch bei uns ganz spontan und ganz entsprechend sich einstellen kann, ein Erleben, das auch die alten großen Märchen schildern, so weit sie schamanischen Sinnes sind.[122] Der Pioniere aber, die offen sind, die derlei Gleichungen wahrnehmen und es wagen, sie aufzuschreiben, sind wenige.

Wir haben damit schon einen Bereich angeschnitten, der in der Erörterung des Hereinragens zu den heikelsten gehört, obwohl er im Grunde der zentrale selbst ist, nämlich das sogenannte Zitieren, das Herbeirufen von Geistern, das im Spiritismus zu einer bestimmten Technik ausgebildet worden ist. Das Anrüchige dieses Erscheinungsgebietes hängt ohne Zweifel noch damit zusammen, daß in der Periode des Teufelsaberglaubens dieses ganze Gebiet verteufelt wurde, so daß die Beschwörung angeblich nur bösen Dämonen gelten konnte. Die Séance bevorzugt ja verdunkelte Räume; der Ausdruck Nachtgebiet, den auch Kerner und seine Zeitgenossen verwenden, bezeugt einen Erscheinungspol, der in christlicher Zeit eher den Dämonen als guten Geistern zugerechnet wurde. Klages verwendet das Wort Spiritismus nur in abwertendem Sinne, und so ist es auch mir in meiner Jugend begegnet. Der

---

[120] Lorenz Bäurle: Geschichte einer Somnambüle in Weilheim an der Teck etc., Göppingen 1920, S. 33.

[121] Die Geschichte der Lotte, mitgeteilt von dem Medicinalrat Klein in Stuttgart im: Archiv für den Thierischen Magnetismus, Bd. 5, Halle 1819, S. 1–188.

[122] Einige solcher Verbindungen werden aufgezeigt in: Schamanentum und Zaubermärchen. Veröffentlichungen der Europäischen Märchengesellschaft Bd. 10. Hrsg. von Heino Gehrts und Gabriele Lademann-Priemer, Kassel 1986.

Occultismus *[Lehren, die sich mit der Wahrnehmung übersinnlicher Kräfte beschäftigen]* mochte es noch mit geheimnisvollen Geschehnissen zu tun haben; der Spiritismus *[Geisterlehre]* war einem düsteren, täuschungsreichen, wirren Komplex zweifelhafter Erscheinungen zugewandt. Kerner, trotz seiner Offenheit für alle Möglichkeiten, lehnt in dem Buch, das er über das Tischrücken geschrieben hat, doch den Gedanken ab, daß sich abgeschiedene Geister auf diesem Wege vernehmlich machen könnten[123].

Erst durch die Studien zum „Mädchen von Orlach", einem Fall Kerners, stieß ich auf das Buch von Emil Mattiesen „Das persönliche Überleben des Todes", ein Werk, das einen Großteil der bis in die dreißiger Jahre erschienenen spiritistischen Literatur aufarbeitet. Ganz unabhängig von dem höchst faszinierenden Gegenstand ist gerade zu diesem Buch zu sagen, daß es von einer seltenen Disziplin und Lauterkeit *[Reinheit]* des Denkens zeugt, die auch auf anderen Gebieten der Wissenschaft nicht häufig ist, die aber gerade in diesem Fach für eine so schwierige und strittige Thematik von höchstem Gewicht ist. Ich erwähne dieses bemerkenswerte Werk hier so ausdrücklich, weil es eben zu Justinus Kerners „hereinragender Geisterwelt" einen entscheidenden Beitrag liefert. Aus Kerners Seherin stellt es ausführlich die Erscheinung des betrügerischen Stadtschultheißen K. dar, und Mattiesen entnimmt den Fall, wie er sagt, „mit besonderer Freude einem älteren Meister unserer Wissenschaft, Justinus Kerner, dessen Verdienste als strenger Forscher allzu häufig mißachtet werden." Auch den Weinsberger Gefängnisspuk zitiert er, „wovon uns der lächerlich unterschätzte Justinus Kerner einen Bericht hinterlassen hat, der auch vom Standpunkt heutiger Zeugnisanforderungen als mustergültig bezeichnet werden darf."[124] – Wiederholen wir Kerners Worte an Sophie Schwab: „Ich weiß gewiß, daß ich noch nach meinem Tode auf irgend eine Weise gerechtfertigt werde." Der Rechtfertigungen gibt es inzwischen viele, aber die von Mattiesen scheint mir doch, wegen der Vorzüge des Buches, in dem sie stehen, die stärkste.

Wollen wir nun abschließend die Thematik des Hereinragens auf das Gebiet Klages'schen Denkens verfolgen, dann begegnet es uns dort erst einmal, daß wir den Boden unter den Füßen verlieren; denn „unsere Welt", in die eine Geisterwelt hineinragen könnte, gibt es bei ihm in diesem Sinne nicht, jedenfalls nicht ursprünglich. Die Welt, die Klages anschaut, ist eine Welt,

---

[123] H8, S. 271.
[124] Emil Mattiesen: Das persönliche Überleben des Todes, Berlin 1987, Bd. I S. 439, III S. 43.

und insofern auch sie gedoppelt erscheint, kann sie es nur, weil sie in Polen nicht auseinanderfällt, sondern gespannt ist. Eine Phase des Zerfallsprozesses, nämlich im Zusammenhang mit der diabolischen Aufklärung, das heißt, der Entleerung dieser „unserer Welt" von jener Welt der Geister und Elementarseelen, habe ich schon geschildert. Die Entzweiung dieser beiden Pole ist analog der Zerspaltung im Wesen des Menschen, deren Folge eine sich steigernde Verselbständigung von Leib und Seele ist und das allmähliche Absterben ihrer beider. Angesichts der Anschauungen Alfred Schulers scheint daher auch das heutige Wort über die Totenwelt, das Wort der städtischen Zivilisation, des geschlossenen Lebens den eigentlichen Sinn, die Tod und Leben umfassende Wirklichkeit zu verfehlen. Klages wie Schuler sehen eine echtere Auffassung von Tod und Toten in der Vergangenheit. In der Tat, falls wirklich der gegenwärtige Standpunkt den rechten Blick auf den Problemkreis nicht zuläßt, ist es geboten, ihn mit dem älteren zu vertauschen.

Das entscheidende Kriterium ist in dieser Hinsicht für Klages die Rolle des Bewußtseins in den alten und den außergeschichtlichen Kulturen im Verhältnis zur Moderne. Weit weniger stark waren entwickelt das Ich-Bewußtsein und die entsprechende Dingvorstellung. Die Steigerung des Ich-Bewußtseins steigert das Grauen vor seiner Auslöschung, die Dingvorstellung beraubt, je länger, desto mehr, die Welt der wunderbaren, ihr innewohnenden Lebendigkeit, ihres Allebens, das ehedem mütterlich die Einzelseele umfing. Erscheint uns heute das Weltall in seiner extensiven Unendlichkeit als eine riesige Wüste mit einzelnen Oasen, in denen statt Göttern und Engeln fortgeschrittene Technokraten siedeln, so war ehedem der Kosmos eine Welt der Heimstätten, eine Welt zu Wanderung und Wandlung, keine Welt bodenloser Stürze ins Nichts. „Man ‚starb' damals nicht in unserem Sinne, weil es noch nichts in unserem Sinne wesenhaft Totes gab."[125] Es ist ein Irrtum, daß jener Kosmos durch die Ergebnisse der modernen Astronomie widerlegt worden sei. Diese Widerlegung kann so wenig stimmen, wie die Widerlegung der Psyche durch die Physiologie. Freilich, für die Bilder, unter denen Seelisches und Kosmisches erscheinen, für sie vermag unsere Schaukraft zu erblinden. Trotzdem gibt es immer noch Menschen, Nichterblindete, die nicht „in unserem Sinne" sterben.

Ein wichtiges Argument des Spiritismus ist es seit langem gewesen, und es ist in unseren Tagen mit einem besonderen Akzent erneuert worden, daß

---

[125] Ludwig Klages: Sämtliche Werke, Bd. 3, Vom kosmogonischen Eros, Bonn 1974, S. 159.

der Tod vorweggenommen werden und seinem Wesen nach erfahren werden kann in der Seelenfahrt, der Exkursion, im besonderen heute im Nahtodeserlebnis. Daß die Seele sich vom Leibe lösen könne, ausfahren, den eigenen Leib real anschauen, die Situation aus der Distanz in ihrer Perspektive betrachten kann, spricht für eine Potenz der Seele zu eigenständigem Weiterleben. Es ist merkwürdig, daß Klages, mit seiner von der spiritistischen Beweisführung so außerordentlich verschiedenen Grundanschauung gerade auch, um die Verwandlungen im Sterben durch bildhafte Vorstellungen einsichtig zu machen, bei der Ausfahrt zu ekstatischer Schauung anhebt. Die ausgefahrene Seele, wie ein Vogel entflogen, werde „von unsichtbaren Fäden zurückgeholt" an den Ort des Leibes. Diese Fäden „zerreißen aber wirklich im Tode, da denn zweifelsohne den Leichnam die Seele verließ; preisgegeben unendlicher Möglichkeit des Sichumgestaltens in der Allheit des Raumes."[126]

Weit davon entfernt, einen solchen Tod zu fürchten, entspricht solche Wandlung vielmehr den stärksten Wünschen einer Lebendigkeit vom Klages'schen Typ, das heißt, einer solchen, die ihre Erfüllung findet im schrankenlos entbundenen Schweifen. Allerdings erwächst der Seele, zugleich, neben dieser dämonischen Macht, „die Gefahr, entfremdet sich zu verlieren". Demgegenüber, so setzen wir den Gedankengang fort, eröffnen sich der Seele zwei Möglichkeiten erneuter oder erneuernder Bindung, von denen die eine mehr dem Sinne Schulers, die andere mehr der Gesinnung von Klages entspricht.

Wir hörten vom Eingehen der Toten in die Quintessenz, vom Hervorgehen der Geburten aus diesem inneren Licht. Entscheidend ist bei dieser Toteneinkehr und -wiederkehr, daß der Ton nicht auf der Person liegt, sondern auf der Essenz. Nicht das Ich kehrt heim und kommt wieder, sondern das, was der Lebende schon hier im essentiellen Lichte erlebt hat. Der quintessentielle Kern ist es, der hinüber- und herüberwandelt. Ludwig Klages war jeder Vorstellung einer personalen Verhärtung und gar über den Tod hinaus abgeneigt. Er hat daher, um in Schulers vergangenheitsträchtiger Lebendigkeit und Lebensfahrt den Sinn einer Wiedergeburt anschaulich zu machen, sich folgendermaßen ausgedrückt: „In Schuler trat uns die ... sicherlich äußerst seltene Erscheinung entgegen einer ganz unbezweifelbaren Wiederkehr vor-

---

[126] Ebenda S. 168. Ludwig Klages: Rhythmen und Runen. Nachlaß. Herausgegeben von ihm selbst, Verlag Johann Ambrosius Barth, Leipzig 1944, S. 326–329.

mals schon gelebter Lebensschauer oder, um deutlicher symbolisch zu reden, der Neueinkörperung von unerloschenen Funken ferner Vergangenheiten."[127]

Klages hat seine und die schulersche Vitalität unterschieden durch die Merkmale des schweifenden und des haftenden Wesens. Seine Vorstellungen vom Leben nach dem Tode bevorzugen, wie er eben selbst der schweifenden Lebendigkeit zugehört, den Zustand der freigewordenen, unendlichen Wandlungen hingegebenen Seele. Ihre Wiederkehr ist deswegen in seiner Phantasie nicht die Wiedereinleibung, sondern die rhythmische Einkehr der Ahnenseele bei den Nachfahren. Oder, da sein Hauptgesichtspunkt die Perspektive der Lebenden ist, sind Klages Überlegungen vor allem dem Totendienst der vergangenheitszugewandten Enkel gewidmet. In Urkulturen wie in Hochkulturen, bei den Chinesen und den Japanern beispielsweise, hat er bis in unsere Zeit hinein gelebt. Hieraus ergibt sich der unüberbrückbare Gegensatz zwischen ritueller und religiöser Kultur, wie ich die beiden Entwicklungsstufen bezeichne: „totenkultliche Sinnesart fragt: was wurde aus denen, die waren, und wie läßt sich ihr Los verschönen; unsterblichkeitsgläubige fragt: was wird aus mir, wenn ich nicht mehr bin, und womit erkaufe ich ein fröhliches Fortbestehen?"[128] – Die Wurzel der neueren Einstellung ist, wie sich versteht, nicht überwiegend charakterologisch als Selbstsucht, sondern psychologisch als verhärtetes Selbstbewußtsein oder auch metaphysisch als gesteigertes Selbstsein aufzufassen. –

Die Welt, in der die Fortexistenz personal und künftig gedacht wird, und die, in der Liebe und Pflege den Abgeschiedenen zugewandt sind, unterscheiden sich freilich auch als Welten gewaltig voneinander und nicht nur in der Psyche ihrer Bewohner. Sie sind – infolge fortschreitenden Bewußtseinsübergewichtes – in ihrem Zeiterleben gründlich unterschieden. Der Unterschied besteht nicht etwa darin, daß dieser oder jener Wesensbestandteil der Zeit stärker betont würde, sondern die Moderne hat überhaupt erst die Vorstellung der Zeitlinie ausgebildet mit ihrem allein wirklichen, weil leibhaften Gegenwartspunkt und hat dadurch das Zeiterleben umgeprägt. Auf dem ins Künftige gerichteten Zeitpfeil hat eine künftige Welt keinen Platz mehr, und eine Hereinragungswelt ist daher im höchsten Maße irritierend für die vernünftige Erfassung von Raum und Zeit. Die „Alte Welt" des Ahnendienstes aber kennt nicht die Trennung der Zeiten auf einer Linie und ebensowenig

---

[127] Ludwig Klages: Sämtliche Werke, Bd. 3, Vom kosmogonischen Eros, Bonn 1974, S. 207.
[128] Ebenda S. 191.

das Hereinragen, sondern die Durchdringung. Die Gegenwart ist ewige Gegenwart, und sie und alle Wesen leben aus der Fülle ihrer Vergangenheiten. – Ist dergleichen noch möglich in unsrer Epoche? – Ich schließe mit den Worten eines Sehers, die in Kerners Mannesjahren geschrieben wurden, eines Genius, der ebenfalls in diesen Mauern eine Heimstatt besitzt, Jean Pauls: „Nur in (der Liebe) – und in einigen anderen seltenen Blitzen des Lebens – reicht die Wirklichkeit blühend in unser innres Land der Seelen herein, und die äußere Welt fällt in eins zusammen mit der künftigen, ... Unser ganzes Leben ist ein nie wiederkommender Geburtstag der Ewigkeit, den wir darum heiliger und freudiger begehen sollten."[129]

Anmerkungen

Es gibt keine vollständige Ausgabe der Werke Kerners:

Kerners Werke. Auswahl in sechs Teilen. Herausgegeben von Raimund Pissin. Berlin o. J.

Justinus Kerner's sämtliche Werke in acht Büchern. Herausgegeben von Walter Heichen. Berlin o. J. – Nur hier, im achten Buch, die Schriften: Geschichten Besessener neuerer Zeit, 1834/35, S. 5–164. Nachricht von dem Vorkommen des Besessenseins, 1836, S. 165–205. Die somnambülen Tische, 1853, S. 207–280.

Justinus Kerners sämtliche poetische Werke in vier Bänden. Herausgegeben von Josef Gaismaier, Leipzig o. J.

Die angeführten Gedichte können in den Indices der Werkausgaben unschwer aufgefunden werden.

Außerhalb der Ausgaben:

Geschichte zweyer Somnambülen. Nebst einigen anderen Denkwürdigkeiten aus dem Gebiete der magischen Heilkunde und Psychologie, von Dr. Justinus Kerner, Oberamtsarzt zu Weinsberg, Karlsruhe 1824.

---

[129] Jean Paul: Dr. Katzenbergers Badereise. Erste Abteilung. Werkchen V.

Eine Erscheinung aus dem Nachtgebiete der Natur, durch eine Reihe von Zeugen gerichtlich bestätigt und den Naturforschern zum Bedenken mitgetheilt von Dr. Justinus Kerner, Oberamtsarzt zu Weinsberg, Stuttgart und Tübingen 1836.

Das Wildbad im Königreich Württemberg. Nebst Nachrichten über die benachbarten Heilquellen Liebenzell und Teinach und das Kloster Hirsau von Dr. Justinus Kerner. Neuausgabe der Auflage von 1839, herausgegeben von Uwe Ziegler, Bad Liebenzell 1985.

Justinus Kerners Briefwechsel mit seinen Freunden. Herausgegeben von seinem Sohn Theobald Kerner. Durch Einleitungen und Anmerkungen erläutert von Dr. Ernst Müller, Stuttgart und Leipzig 1897, 2 Bände.

Zu Kerners Leben:

Die Einführungen der Werkausgaben.

Von ihm selbst: Das Bilderbuch aus meiner Knabenzeit (in allen drei Ausgaben).

Marie Niethammer: Justinus Kerners Jugendliebe und mein Vaterhaus, Stuttgart 1877.

Theobald Kerner: Das Kernerhaus und seine Gäste, Stuttgart 1893.

Lee Byron Jennings: Justinus Kerners Weg nach Weinsberg (1809–1819). Die Entpolitisierung eines Romantikers. Studies in German Literature, Linguistics and Culture, Vol. 3, Columbia, South Carolina 1982.

Otto-Joachim Grüsser: Justinus Kerner 1786–1862. Arzt – Poet – Geisterseher, nebst Anmerkungen zum Uhland-Kerner-Kreis und zur Medizin- und Geistesgeschichte im Zeitalter der Romantik, Berlin 1987.

Justinus Kerner: Nur wenn man von Geistern spricht, Briefe und Klecksographien. Herausgegeben von Andrea Berger-Fix. Mit Beiträgen von Eberhard Bauer, Andrea Berger-Fix, Albrecht Bergold, Karl-Ludwig Hofmann, Christmut Praeger, Heinz Schott, Stuttgart-Wien 1986.

Zu Justinus Kerners Arzttum:

Hans Ulrich Schulz: Aegrotorum Solacium. Zum 100. Todestage des Dichter-Arztes Justinus Kerner. Ärztliche Sammelblätter. 51 Jg., Stuttgart 1962, S. 177–185.

Ders.: Hypothesen vergehen ... Ein Beitrag zur Medizin der Romantik. Die Medizinische Welt, Stuttgart 28. November 1964, Nr. 48.

Periodica:

Mitteilungen des Justinus-Kerner-Vereins e. V. Weinsberg/Württ. Heft 1–16. 1964–1978/79.

Beiträge zur schwäbischen Literatur- und Geistesgeschichte und Mitteilungen des Justinus-Kerner-Vereins und Frauenvereins Weinsberg e. V. Bd. 1–3. 1981, 1982, 1985.

Veröffentlichungen von Heino Gehrts zum Thema Justinus Kerner:

Das Mädchen von Orlach. Erlebnisse einer Besessenen, Stuttgart 1966.

Die handschriftlichen Tagebücher zur Geschichte des Mädchens von Orlach, Württembergisch Franken. Jahrbuch des Historischen Vereins für W. Fr, Bd. 53, NF 43, Schwäbisch Hall 1969, S. 93–108.

Der Oberamtsarzt und der Aberglaube. Zum 100. Todestag des Arztes und Dichters Justinus Kerner, Hie gut Württemberg, Beilage zur Ludwigsburger Kreiszeitung, 13. Jg. Nr. 2, 15.2.1962, S. 9f.

Justinus Kerners Forschungsgegenstand, Neue Wissenschaft. Zeitschrift für Grenzgebiete des Seelenlebens, 10. Jg, Bern 1961/62, S. 130–143.

Jacob Dürr aus Kirchheim, der letzte deutsche Schamane, Der Teckbote, Kirchheim-Teck, Nr. 137 v. 16.6.1962, S. 9f.

Der Schneider von Kirchheim, Ebd. Nr. 266 v. 16.11.1963, S. 17f.
Justinus Kerners Märchen „Goldener" und die Volksmärchen des Goldener-Typs – ein Vergleich, Beiträge zur schwäbischen Literatur- und Geistesgeschichte und Mitteilungen des Justinus-Kerner-Vereins und Frauenvereins Weinsberg e. V. Bd. 1, S. 75–95.

Der Oberamtsarzt unter Verdacht. Eine Veröffentlichung aus den Akten des Medizinalkollegiums. Beiträge zur schwäbischen Literatur- und Geistesgeschichte und Mitteilungen des Justinus-Kerner-Vereins und Frauenvereins Weinsberg e. V. Bd. 2, S. 44–60.

Von Ludwig Klages spielen für die vorliegende Untersuchung eine Rolle die Werke:

Der Geist als Widersacher der Seele, Dritte, verbesserte Auflage, München – Bonn 1954, 2 Bände.

Sämtliche Werke, Bd.1, 2, Bonn 1969 und 1966.

Vom kosmogonischen Eros. 4. durchgesehene Auflage. Jena 1930, in Sämtliche Werke, Bd. 3, Bonn 1974.

Rhythmen und Runen. Nachlaß. Herausgegeben von ihm selbst, Verlag Johann Ambrosius Barth, Leipzig 1944

Hans Eggert Schröder: Ludwig Klages – Die Geschichte seines Lebens. Erster Teil. Die Jugend, Bonn 1966.

JUSTINUS KERNERS MÄRCHEN „GOLDENER" UND DIE VOLKSMÄRCHEN DES GOLDENER-TYPS

Ein Vergleich

[Erschienen in „Beiträge zur schwäbischen Literatur und Geistesgeschichte"
Bd.1, Weinsberg, S. 75–95]

Wenn wir als Kinder nicht mit den Märchen der Brüder Grimm aufgewachsen sind, sondern mit der Sammlung von Ludwig Bechstein, dann ist uns das Märchen „Goldener" von jüngsten Jahren an vertraut[1], – ebenso wie die anmutigen Bilder von Ludwig Richter dazu: der Goldener selbst mit dem Eichenstabe; die Schicksalsgöttin mit Spindel und Eule zwischen Mondlicht und Waldesdunkel – und der sich entsetzende Gärtner am Ziehbrunnen, dem der Knabe die Goldrose darbringt. Und ebenso unauslöschlich sind uns die merkwürdigen formelhaften Wendungen eingeprägt, die in der Gärtnerszene so lauten: „,Packe dich mit diesen goldenen Rosen!' schrie der Gärtner, ,du hast es mit dem Bösen zu tun', und so stieß er ihn gar unsanft aus dem Garten, indem er die goldenen Rosen unter vielen Verwünschungen in die Erde trat", – eine für das Kind kaum verständliche Handlungsweise, die es allenfalls unter die anderen ihm unverständlichen Reaktionen der Erwachsenen einordnet.

So weit in der Kürze die Kindheitserinnerungen an den Goldener. Im Folgenden wollen wir etwas von der Eigenart dieses Märchens ans Licht bringen, indem wir es mit dem Goldenertypus des Volksmärchens vergleichen. Doch müssen wir, um klarzustellen, was es mit diesem Typus und mit einem Märchentypus überhaupt auf sich hat, ein paar Worte zur Märchenkunde im allgemeinen vorausschicken. Das systematische Märchensammeln begann etwa zu der Zeit, da Kerner sein Märchen schrieb, also vor 170 Jahren, und seitdem sind Hunderttausende von Märchenerzählungen aus dem Volksmunde aufgenommen worden. Dabei merkte man sogleich, daß die aufgefundenen Märchen durchaus nicht alle voneinander so verschieden sind, als wollte

---

[1]   Der unveränderte Text von Kerners Märchen innerhalb der Novelle „Die Heimatlosen" in den Werkausgaben von Josef Gaismaier, Leipzig 1906, Bd. 3; Raimund Pissin, Berlin, Mai 1914, Teil 6; Walter Heichen, Berlin, Buch 2. – Bechsteins Fassung in: Ludwig Bechstein, Sämtliche Märchen, hrsg. von Walter Scherf, Darmstadt 1974, S. 195–200, und Anm. S. 807f. – Die Abwandlungen Bechsteins in der Greifswalder Dissertation von Klaus Schmidt, Untersuchungen zu den Märchensammlungen von Ludwig Bechstein, Leipzig 1935, S, 50f.

man die Lebensschicksale der unterschiedlichsten Menschen schildern, sondern es gab so zwingende Ähnlichkeiten unter Märchen, die aus den verschiedensten Landschaften und Ländern stammten, daß man sagen konnte: diese ähnlichen Märchen sind nicht etwa verschiedene Märchen, die nichts miteinander zu tun haben und sich nur äußerlich ähnlich sehen, – sondern die Märchen dieser Gruppe stellen eine einzige Erzählung dar, die nur im Munde der verschiedenen Erzähler variiert, – aus Gründen, die teils auf der Hand liegen, teils einen tieferen, schwer auffindbaren Sinn haben. In der Forschung nennt man eine solche Gruppe zusammengehöriger Fassungen einen Märchentypus, und es hat sich herausgestellt, daß es gegenüber der ungeheuren Fülle der Varianten nur eine sehr beschränkte Zahl von Typen gibt, – sagen wir, sehr abgerundet, von eigentlichen Märchen, ohne die Tiermärchen und die Schwankmärchen, etwa ein halbes Tausend.

Alle diese Typen sind vor etwa 70 Jahren in einem großen Register zusammengestellt worden. Der Urheber dieses Typenverzeichnisses war ein Finne, Antti Aarne, und selbstredend hat er es damals, vor dem ersten Weltkriege, in deutscher Sprache abgefaßt[2]. Da er im wesentlichen auch nur die Sammlung der Brüder Grimm, deutsche Archivsammlungen, dazu die dänische Sammlung von Grundtvig und die umfangreichen finnischen Aufzeichnungen benutzt hat, so tragen in seinem Verzeichnis viele Typen einen uns ganz vertrauten Namen. Die seither erschienenen englischen Ausgaben, von dem Amerikaner Stith Thompson, beruhen auf dem Verzeichnis von Aarne, und daher sind in der Übersetzung an vielen Stellen noch die deutschen Ursprünge zu erkennen, – so bei dem Typus 327A: Hansel and Gretel, oder, fast spaßhaft, für den Typus 441: Hans, my Hedgehog, Hans mein Igel, – und noch, für den Typus 440: The Frog King or Iron Henry, Froschkönig oder Eiserner Heinrich[3]. – Der Typus 314 aber trägt die Überschrift: The Youth Transformed to a Horse, „Der in ein Pferd verwandelte Jüngling", ein ganz irreführender Titel, weil er nur die zweite Rolle, das helfende Pferd bezeichnet, aber schon von Aarne geprägt. Daher steht bei Stith Thompson noch ein treffender Untertitel dabei, Goldener, der sich auf den eigentlichen Helden bezieht. In dieser Benennung liegt also der erste Anlaß unseres Vergleiches, und wir werden uns unter anderem fragen, ob der Namensgleichung auch

---

[2] Antti Aarne: Verzeichnis der Märchentypen, FF Communications Nr. 3, Helsinki 1910.
[3] Stith Thompson: The Types of the Folktale, FF Communications Nr. 184, Helsinki 1964.

eine Wesensverwandtschaft zugrunde liegt und welche wesentlichen Unterschiede etwa das Volksmärchen und das Märchen Kerners trennen.

Fragen wir uns aber zunächst, wie der Untertitel „Goldener" noch so spät, das heißt erst in die englische Fassung des Typenverzeichnisses gelangt ist. Den Anlaß dazu gab die wissenschaftliche Literatur, und zwar der deutsche Germanist Friedrich Panzer, der einige wichtige Arbeiten über den Zusammenhang des Volksmärchens mit der deutschen Heldensage geliefert hat. 1901 veröffentlichte er eine Untersuchung zur Gudrun- und Hilde-Sage und führte dort den Nachweis, daß die Geschehnisse um Hilde und Herwig aus dem Goldenermärchen abzuleiten seien[4]. Unter diesem Märchentitel faßte Panzer zwei nahverwandte Typen zusammen, die Antti Aarne später getrennt gehalten hat, – außer der eben genannten Nr. 314 nämlich noch den Typus 502, das Märchen vom Eisenhans, das uns in der Fassung der Brüder Grimm vertraut ist. Den Namen „Goldener" übernahm Panzer jedoch nicht von Kerner, sondern von dem Tiroler Volkskundler und Märchensammler Ignaz Zingerle. In dessen „Kinder- und Hausmärchen aus Tirol" findet sich 1852 eines mit dem Titel „Goldener", und Zingerle schickt diesem den Vermerk voran: „Nicht zu verwechseln mit J. Kerners Märchen, das diesen Titel führt ... und auch in Bechsteins Märchenbuch ... übergegangen ist."[5] – Dieser von Panzer ans Licht gestellte Doppeltypus führt fortan in der Forschung den Namen „Goldener" – oder bei anderen Forschern aus bestimmten Gründen auch „Grindkopf". Im Märchenverzeichnis ist der Name „Goldener" nur dem einen Typus zugewiesen worden, 314; wir aber haben es bei unserem Vergleich mit dem Doppeltypus zu tun.

Dem Vergleich werden wir uns sogleich zuwenden. Zunächst fassen wir das Gesagte noch einmal unter zeitlichen Gesichtspunkten zusammen. 1811 dichtet Kerner das Märchen „Goldener". Es wird 1813 im „Deutschen Dichterwald" gedruckt, einem Almanach *[kalendarisch angelegtes Jahrbuch]* nord- und süddeutscher Dichterfreunde; 1814 geht es in die „Sagen und Volksmärchen der Deutschen" von Fr. Gottschalk über, wird 1816 von Kerner abermals gedruckt, und zwar im Rahmen der Novelle „Die Heimatlosen". Aus dieser Vorlage übernimmt es 1845 Ludwig Bechstein mit geringfügigen Änderungen in sein „Deutsches Märchenbuch". Von der 12. Auflage, von

---

[4] Friedrich Panzer: Hilde-Gudrun. Eine sagen- und literargeschichtliche Untersuchung, Halle a. S, 1901.

[5] Gebrüder Zingerle: Kinder- und Hausmärchen aus Tirol, Innsbruck 1852, Neudruck 1976, Nr. 32, S. 192ff.

1853 an, ist das Buch mit den Holzschnitten von Ludwig Richter geschmückt. In dieser Gestalt ist das kernersche Märchen unzählige Male gedruckt worden. 1852 veröffentlicht Ignaz Zingerle, unter Bezugnahme auf Kerner und Bechstein, ein Tiroler Volksmärchen unter demselben Titel, und 1901 benutzt Friedrich Panzer in einer Arbeit über die Hilde-Gudrun-Sage den Titel des Tiroler Märchens, um damit zwei nahverwandte Volksmärchen zu bezeichnen. Über die wissenschaftliche Literatur geht der Titel in das internationale Typenverzeichnis als Untertitel des Märchentyps 314 ein.

Vergegenwärtigen wir uns nun das Geschehen in den drei Goldenermärchen! – Bei Kerner setzt es ein mit einer armen Hirtenfamilie und ihren sechs Söhnen, von denen der jüngste und stärkste wegen seines Goldhaares „Goldener" gerufen wird. Eines Abends haben sich die Kinder beim Spiel im Walde versäumt, schon bricht die Nacht herein, der Mond geht auf, eine Frauengestalt erscheint auf einem bemoosten Felsen; sie spinnt mit kristallener Spindel, nickt gegen Goldener und singt: „Der weiße Fink, die goldne Ros', die Königskron' im Meeresschoß" – da reißt ihr der Faden, sie erlischt wie ein Licht, und es ist nun ganz finster. „Die Kinder faßte ein Grausen, sie sprangen mit kläglichem Geschrei, das eine dahin, das andere dorthin, über Felsen und Klüfte, und verlor eines das andere." – Goldener irrt tag- und nächtelang im Walde umher, findet sich nicht mehr heim und stößt auch auf seine Brüder nicht mehr. Endlich gelangt er ins Freie, gerät aber sogleich in die Garne eines Vogelstellers, der den Knaben als Gehilfen annimmt. Als der indes gleich anfangs einen weißen Finken fangt, da verstößt er ihn wieder: „‚Packe dich mit diesem weißen Finken!' schrie der Vogelsteller, ;du hast es mit dem Bösen zu tun' und so stieß er ihn gar unsanft von der Wiese, indem er den weißen Finken, den ihm Goldener gereicht hatte, unter vielen Verwünschungen mit den Füßen zertrat." – Goldener geht in den Wald zurück, hat darauf ein ganz ähnliches Erlebnis mit einem Gärtner und gelangt nach einer weiteren Waldzeit ans Meer. Hier nehmen ihn Fischer in Dienst, aber bei ihrem Probefang zieht er eine goldene Krone an Bord. Diesmal wird er nicht verstoßen, die Fischer zuerst und dann das übrige Volk huldigen ihm als dem neuen König, Goldener „stand, die helle Krone auf dem Haupte, am Vorderteile des Schiffes und sah ruhig der Sonne zu, wie sie im Meere erlosch." So weit bei Kerner. Bechstein aber fügt noch sechs Worte hinzu: „lm Abendwinde wehten seine goldenen Locken." Er wendet damit den Sinn der Erzählung um volle 180 Grad, nämlich vom Abendrot ins Gold des Morgens, wie es sich für ein Volksmärchen und seinen Abschluß gehört.

Das Märchen des Typs 314, von dem es zahlreiche Fassungen gibt, erzählt, wie ein Knabe in die Gewalt eines unholden, toddrohenden Wesens gerät, wie er dort ein Verbot bricht und dabei goldene Haare bekommt und die Hilfe eines sprechenden, ratgebenden Pferdes erlangt. Auf diesem Pferd flüchtet der Jüngling aus dem Machtbereich des Todeswesens, und zwar durch magische Flucht, – indem er nämlich verschiedene Gegenstände nacheinander hinter sich wirft, die sich in Hindernisse für den Unhold verwandeln, in Berg und Dickicht und schließlich in ein Gewässer, das für den Verfolger unüberschreitbar ist.[6] Der Jüngling trennt sich nach der geglückten Flucht von dem Pferd, es bleibt ihm jedoch weiter verfügbar, oft in mehrerlei Gestalt, als Rappe, Schimmel und Fuchs, zugleich mit den zugehörigen Ausrüstungen von Eisen, Silber und Gold, – Der weitere Verlauf ist ganz so wie bei dem anderen „Goldener-Märchen", beim Märchentypus 502, das bei Grimm Eisenhans heißt, und wir wollen nun auch dessen Begebenheiten bis zu dieser Phase schildern.

Ein König hält einen Mann aus der Wildnis gefangen und verhängt die Todesstrafe über den, der ihn freilassen sollte. Dies tut aber eines Tages sein einziger Sohn, noch ein Knabe, und als Königssohn wird er infolgedessen wenigstens verstoßen. Er findet Aufnahme bei dem „Wilden Mann" im Walde, bricht indes ein Verbot, wodurch er goldene Haare bekommt, und muß nun auch seinen Beschützer verlassen; er empfängt jedoch für die Zukunft dessen Hilfeversprechen, und dies verwirklicht sich auch hier in Gestalt der drei wunderbaren Pferde.

Der einfachste Fortgang der beiden Märchen ist nun der folgende. Der Jüngling verbirgt sein Goldhaar unter einer Kappe oder einer Tierhaut, etwa auch unter einem Kuhmagen oder einer Schafsblase[7], gelangt an einen Königshof, gibt vor, ein „Grindkopf" zu sein (daher der zweite wissenschaftliche Titel des Märchens) und wird beim Gärtner angestellt. Es entspinnt sich

---

[6]   Das Märchen von der magischen Flucht ist in der „Goldhaarfassung" normalerweise mit der Hindernisflucht verbunden, in der „Aufgabenfassung", Märchentypus 313, mit der Verwandlungsflucht, dazu Antti Aarne: Die magische Flucht. Eine Märchenstudie, FF Communications Nr. 92, Helsinki 1930.

[7]   Mit einer Baumrinde bedeckt in dem Märchen von den Gebrüder Zingerle; in eine Eselhaut gehüllt: Mecklenburgische Volksmärchen, hrsg. von Siegfried Neumann, Berlin 1973, Nr.88; alte schmutzige Kappe: Dänische Volksmärchen, hrsg. von Laurits Bødker, Düsseldorf 1976, Nr.22; Kuhmagen: Märchen der Kabylen, hrsg. von Hildegard Klein, Düsseldorf 1967, Nr.24; Schafsblase: Märchen aus dem Kaukasus, hrsg. von Isidor Levin, Düsseldorf 1978, Nr. 3.

eine lockere Beziehung zu einer Königstochter, die in gewissem Maße des Jünglings Verkleidung durchschaut, während er ansonsten der Verachtung anheimfällt. Daher wird er auch, wenn der Feind ins Land einbricht, nicht zum Kriegsdienst herangezogen, und als er trotzdem danach verlangt, gibt man ihm ein schlechtes dreibeiniges Roß, das im Morast steckenbleibt, während das spottende Heer an ihm vorüber feindwärts zieht. Dies wiederholt sich dreimal, aber jedesmal nimmt der Jüngling mit fliegendem Goldhaar auf einem der magischen Rosse unerkannt am Kampfe teil, und nur ihm ist jedesmal der Sieg und auch der endgültige Sieg zu verdanken. Wenn aber das Heer zurückkehrt, humpelt das dreibeinige Roß unter ihm dem Königshofe zu. Vor dem letzten Kampfe hat indes der König den Befehl gegeben, den siegenden Ritter, der jedesmal sich der Ehrung entzieht, zu verwunden, – oft verwundet oder verbindet er ihn selber, doch der Ritter entweicht trotzdem noch einmal unerkannt. Erst daheim wird er an der Wunde oder dem Verbande erkannt, die Königstochter offenbart auch sein goldenes Haar, und der Jüngling wird an ihrer Hand Nachfolger des alten Königs. – Am Ende entwandelt sich noch das helfende Pferd des Typs 314 zu einem königlichen Jüngling, der Eisenhans, der „Wilde Mann" des Typs 502, zu einem mächtigen König.

Es kann selbstredend keinen Zweifel darüber geben, an welchem Punkt wir mit unserem Vergleich anzusetzen haben, – nämlich eben bei dem namengebenden Motiv, dem Goldhaar. Kerner zeichnet von vornherein den jüngsten und führenden der Hirtensöhne damit aus; in den beiden Volksmärchen wird das Motiv noch besonders durch das Erlangen und das Verheimlichen des Goldhaares hervorgekehrt und durch den damit angebahnten Wandel vom Grindkopf zum goldhaarigen und goldgekrönten Haupte. –

Was bedeutet nun das Goldhaar bei Kerner? Wir finden die Antwort in der nächsten Umgebung des Märchens, nämlich in der Novelle „Die Heimatlosen". Dort wird das Märchen zur Nacht in einem niederen Gemach, in der Düsternis der Wälder, in einer Bergkluft ohne Ausblick erzählt, – und Sililie sagt, unmittelbar bevor sie mit ihrem Vortrag anhebt: „Ich nenne es nur ‚das Märchen vom Lichte', denn es gibt mir immer die hellsten Träume." Als Sililie geendet hat, sitzt ihr wichtigster Zuhörer, der Bruder Serpentin, der aber um die Geschwisterschaft nicht sicher weiß, „in tiefes Nachdenken versunken, und je dunkler es um ihn wurde, desto heller traten all die lichten Bilder jenes Märchens vor ihn, die helle grüne Wiese, der Garten mit seinen lichten Blumen und das brennende Meer", und danach legt er sich „zu noch helleren Träumen auf sein Lager."

Das Kerner-Märchen „Goldener" ist das Märchen vom Lichte, und dieses Licht, wenn es sich in einem goldhaarigen Jüngling verkörpert, führt, wie wir es aus den Volksmärchen wissen, zum Königtum. Das Licht aber, in das der nicht mehr verkannte „Goldener" schaut, ist das Licht der Abendsonne, die im Meere verlischt. Was bedeutet das, was sagt die Matrix *[Quelle]*, in der wir den Kristall „Goldener" finden, was sagt die Novelle darüber noch weiter aus? – Serpentin verläßt noch in derselben Nacht jene düstere Waldschlucht. Im Traume hat er zum erstenmal in den Aufgang der Sonne geblickt, und indem er im düsteren nächtlichen Gebirge erwacht, ergreift ihn „die gewaltigste Sehnsucht, endlich einmal die Klarheit des freien Himmels zu schauen." Nun schweift er durch die stille Nacht, aber das klare Bild der Erzählerin, Sililiens, schwebt ihm vor, „mit einer lichten Glorie *[einen Heiligenschein]* um das Haupt." – Kerner häuft in der Erzählung die Schilderung leuchtender Erscheinungen und die Wörter licht, klar, hell. Erinnern wir uns daran, daß er, der später oft Umdüsterte, in der Tübinger Zeit unter den Freunden, im „Sonntagsblatt für gebildete Stände", selber den Namen Clarus führte[8].

Die Geschwister der Novelle, Serpentin und Sililie, wissen nicht, woher sie kommen und wohin sie gehören, sie sind beide heimatlos, und Serpentin schweift mithin aus, um ihrer beider Heimat zu finden. Nennen wir gleich das Ziel, in dem sich die Geschwister wieder begegnen, nach einer Suche, bei der dem Serpentin das Bild der Schwester vorschwebt, während sie seinen Weg mit ihren Ahnungen begleitet: das Ziel ist das unverstellte, unverschattete Licht, das Meer und der Tod. In ein Bündel verschlingt die Erzählung die Mystik des Lichtes mit der Schwestermystik und der Mystik von Meer und Tod. Die Suche nach dieser endlichen Erfüllung ist zugleich die Suche nach der Herkunft, und der Tod wird den Geschwistern zuteil, indem sie sich zu ihren Verwandten heimfinden. Wir verstehen nun, warum auch „Goldener", als ihm die Krone aufgesetzt worden ist, in die Sonne schaut, wie sie im Meere verlischt.

Verfolgen wir noch Serpentin auf seinem Wege ein wenig weiter, so begegnen wir mit ihm noch in der ersten Nacht einem künstlich-wunderbaren

---

[8] Justinus Kerners sämtliche poetische Werke, hrsg. von Josef Gaismaier, Leipzig 1906, Bd. 1, S. 21.

Lichte, nämlich einer hellen wogenden Feuermasse, aus der sich Sonnen, Feuerringe, lichte Kugeln bilden, – einer Glasbläserhütte. Dort erhält er eine kristallene Flöte zum Geschenk, auf der er „die hellsten Töne" hervorbringt, und einen Rätselspruch für seinen Weg, der ihm das Zerfließen der Seele im Strahlenglanze weissagt. – Später gelangt er zu einem Uhrmacher, einem Blinden, dessen Augen gerade, da sie „kein Licht mehr empfingen, ... desto mehr Licht zu geben schienen." – In der Nacht, die er dort im Hause verbringt, hat er lichterblühende Träume, mit einer Vision des Meeres, seiner lichten Tiefen, eines offenen farbklaren Strandes, – der Mutter mit blauleuchtendem Auge in goldbestirntem Schleier – und zumal der Schwester Sililie, die aus einem Feuerkreise, der goldene Blumen in den lichtblauen Himmel verstrahlt, hervortritt mit einer hohen weißen Lilie in der Hand. Im Erwachen treibt ihn die innigste Sehnsucht nach dem freien Himmel und der hellen Heimat von dannen.

Mit diesen Bildern aus der lichten Matrix des Goldenermärchens müssen wir uns hier begnügen. Erwähnenswert wäre freilich, wie die Mystik des Meeres noch unterstrichen wird dadurch, daß die Familiengeschichte anknüpft an einen verschollenen blauäugigen Seefahrer, der auf Helgoland geboren ist, und ich erinnere Sie in diesem Zusammenhange auch an das wunderbare Mädchen in den „Reiseschatten", das ebenfalls vom Meere, von einer Insel der Nordsee herstammt, das in der späteren Fassung den jungen Kerner magnetisch einschläfert und ihm eine Lebensschau zuteil werden läßt, das aber schon in der Fassung von 1811 ihm seinen eigenen Todestag und „den Sterbetag all meiner Freunde" nennt[9]. Nicht zu übergehen ist jedoch, daß in dem Augenblick, da Serpentin in der Burgkapelle seiner Ahnen, am Rande der lichten Ebene beigesetzt wird, der Feuerball der Sonne aufsteigt und die Heiligenbilder in den Glasfenstern und das auf Goldgrund gemalte Bild des Gekreuzigten aufglühen läßt: der Tod als ein lichtes morgendliches Erwachen, – Serpentin als „der Wanderer zum Morgenrot", wie ihn Kerner in einem Brief an Uhland nennt, ursprünglich überhaupt der Titel der Novelle „Die Heimatlosen".

In dem genannten Brief – vom 21. November 1812 – verteidigt sich Kerner gegen Uhlands Beanstandung, daß seine Naturmystik Todes- und Krankheitsmystik sei, – um es auf die kürzeste Formel zu bringen. Mit den allerentschiedensten Behauptungen tritt er dem Tadel entgegen: „Tod nenne ich die

---

9 Ebenda, Bd.3, S. 266ff., vgl. S. 153 = Reiseschatten XII, 3f. vgl. III, 2f.

innigste Vereinigung mit dem Geist der Natur, Krankheit ist Hinstreben nach dieser Vereinigung ... Tod ist die höchste Verherrlichung, zu der der Mensch im Leben kommt." – Der magnetische Schlaf sei ein Tod, ein Heraustreten des Geistes aus dem Körper, eine Annäherung an die Geisterwelt oder die Natur, wie man es nennen wolle. Der gesunde Körper aber sei wie ein Bollwerk, das diese Einigung mit der Natur verhindere. „Es gehört Auflösung dazu, daß die für sich bestehende Eismasse als blauer, weicher Fluß der Mutterbrust, dem Meere zueilt."[10] Der Brief steht dem Goldenermärchen zeitlich so nahe, daß wir diese Auffassung auch als Hintergrund für das Märchen gelten lassen müssen. Was besagen demgegenüber die beiden Volksmärchen „Goldener"? –

Kerners „Goldener" bricht von der Hirtenhütte des Vaters aus auf und gelangt ans Meer. Das Märchen endet mit seiner Krönung und dem Blick in die erlöschende Abendsonne, – dazwischen liegen die Wirrnisse des Waldes und die ersten Berührungen mit der Menschenwelt. Noch gradliniger ist der Verlauf in den „Heimatlosen", Aufbruch aus der Waldnacht und stete Wanderung gegen Morgen bis in den Tod am Meer. – Verläufe ohne Umwendung, ohne Rückkehr, ohne Rückblick auf den Ursprung der Wanderung. – Ein tiefsinniger Kenner des Volksmärchens in unserer Zeit, Roland Tolkien, hat selbst ein umfangreiches Märchen geschrieben, den „Kleinen Hobbit", und er hat diesem den Untertitel „There and Back Again" gegeben, was, richtig verdeutscht, nichts anderes heißt als „Hin und zurück". Und dies ist in der Tat oftmals die Bewegung des Volksmärchens, auch in den beiden Goldenermärchen unseres Vergleichs. Der Held des Märchentyps 314 gelangt in den Bannbereich des Todesunholdes – hin – und entzieht sich diesem durch die Hindernisflucht – und zurück –, das heißt, zurück mit dem dort drüben gewonnenen Goldhaar und dem Zauberpferde. Der Held des Typs 502 sucht nach der Verstoßung aus dem Vaterhause Zuflucht bei dem Waldgeist, wird aber, nach der Gewinnung des Goldhaares, von dort zurückgetrieben in das Reich hier drüben, im Bollwerk des Leibes, in dem er König werden soll – mit der dort drüben, dort drinnen gewonnenen Begabung, – die in der Aura des goldenen Hauptes sichtbar wird.

Die gradlinige Bewegung in Kerners Goldenermärchen wird auch noch dadurch hervorgehoben, daß dem Helden das Goldhaar angeboren ist; daher

---

[10] Justinus Kerners Briefwechsel mit seinen Freunden, hrsg. von Theobald Kerner, Stuttgart 1897, Bd.1, S. 338–344.

fehlt dort jene Stufung, die im Volksmärchen erst auf die Höhe zu führen vermag, daher gibt es für Kerners Goldener nur jene Vollendung, die darin besteht, daß er das Goldhaupt in das goldene Urmeer wieder eintaucht, – der Tod als Vollendung gemäß den Anschauungen einer spätzeitlichen Lichtgnose, – einer Gnosis *[übersinnlichen Erkenntnis]*, die freilich schon seit zweitausend Jahren spätzeitlich ist, nämlich seit neuplatonischer oder allgemeiner seit hellenistischer Zeit. Wir dürfen sogar den Serpentin und seine Waldschlucht vergleichen mit dem Höhlenbilde Platons, mit der Höhle, in der nur die Schatten der lichten Weltenbilder erscheinen. Während aber Platons Gleichnis räumlicher Natur ist, hier Schatten, dort Licht, geht in Kerners Schluchtengleichnis die Zeit ein, die Zeit der Wanderung aus der Enge ans Meer, aus dem Bollwerk des Leibes in den leiblichen Tod, die Zeit, da das Licht nur in Träumen aufstrahlt. Auf dem Wege aber werden Goldeners Funde verkannt, der weiße Fink, die goldne Ros', – erst am Meer, als die Sonne sinkt, als er die Krone als Todeskrone aufsetzt, wird auch sein Gold vom Volke erkannt.

Die Gnosis des Goldes ist auch eine Eigentümlichkeit des Volksmärchens, sie tritt ebenso an der königlichen Braut in Erscheinung wie am Königshelden. Sogar in den Märchen schwarzhaariger Völker begegnen uns bisweilen die zentralen Gestalten in der Aura des Goldhaares.[11] Doch besitzen die Helden unserer beiden Märchen das Goldhaar nicht von vornherein als einen mitgeborenen Lebensschatz, sondern sie gewinnen es erst beim Todesunhold oder beim Geist oder Dämon der Wildnis. Im grimmschen Eisenhans fällt dem Knaben das Haar in den Waldbrunnen, und er zieht es golden wieder heraus, – dann muß er aufbrechen zu mannlicher Bewährung; doch verbirgt er das Goldhaar noch unter der Grindkappe, bis er die Schlachtenhilfe geleistet hat. In anderen zugehörigen Märchen gewinnt er das Goldhaar durch Kämmen, durch Tränke und Spiegelschau, durch Eintauchen in färbende Kessel, in einen runden See, in einen Bottich voll Blut.[12] In einem

---

[11] In einem Märchen der dravidischen Khond auf dem nordöstlichen Dekkan verspricht die Königin dem Sohne eine Braut, „die da leuchtet wie der Mond und glänzt wie die Sonne." – Drawida-Märchen der Kuwi-Kond, hrsg. von Paul Schulze, München 1922, S. 99. – Ferner: Der Schlangenkönig. Märchen aus Nepal, hrsg. von Annette Heumann, Kassel 1980, S. 63 und Anm. 6, S. 179; S. 75ff.

[12] Kämmen: Dänische Volksmärchen, hrsg. von Laurits Bødker, Düsseldorf 1976, S. 146; Tränke: Finnische und estnische Märchen, hrsg. von August von Löwis of Menar, S. 122f.; Kessel: Nordische Volksmärchen, II. Teil Norwegen, hrsg. von Klara Stroebe, Jena 1919,

siebenbürgenschen Märchen wäscht ein blinder Alter im dunklen Gefelse, wo ein Brunnen hoch aufspringt, dem Knaben das Haupt. Danach ist sein Haar wie lauter Gold, und der Bursche muß es ständig mit einer Mütze verdekken.[13] In Zingerles Tiroler Märchen wirft eine Uralte dem Knaben im Zorn den Kessel nach, – nun ist sein Haar wie eitel Gold; doch er verhehlt es unter einer Baumrinde. Erst von da an, erst auf der fünften von acht Seiten, gibt der Erzähler ihm den Namen „Goldener". – Zugleich mit dem Goldhaar gewinnen die Helden ihr eigenstes Können in Gestalt des helfenden Pferdes oder des hilfreichen Geistes der Wildnis.

Wir nennen einen solchen typischen Durchgang durch die Todeszone oder die Wildnis, der mit dem eigensten Lebensvermögen abschließt, der eigentlich zur Lebensrolle ermächtigt, Initiation, im besonderen auch Jünglingsweihe. In den entsprechend geordneten alten Kulturen wird die männliche Jugend dazu in den Wald oder in die Wildnis geführt oder auch gewaltsam dorthin entführt, wie es ebenfalls viele Märchen schildern. Die Initiationszone gilt als die Urwelt und zugleich als der Todesbereich, wo die Toten des Stammes weiterleben oder doch den Initianden erscheinen. Oft gelten die Initianden auch selbst als Tote, die ihrem früheren Leben abgestorben sind und zu einem neuen Leben ins Dorf und zu den Gesippen heimkehren sollen.

Diese Heimkehr ist oft auch mit Bräuchen verbunden, die das Haupthaar einbeziehen. In der Wildnis tragen die Initianden das wirre Strudelhaar – als Zeichen eines unentschieden urzeitlichen, eines vorgeburtlichen Zustandes. Der Übergang in die Gemeinschaftsordnung, zugleich eine Neugeburt, ist dann verbunden mit dem Strählen des Haares, vielfach, aber durchaus nicht immer, auch mit dem Beschneiden. Denn gerade das unbeschnittene Langhaar galt ja – bei manchen germanischen Stämmen zum Beispiel – als Ausdruck und Fähigkeit des Königseins. „... die fränkischen Könige", berichtet Agathias, „pflegen ihr Haar niemals zu scheren, vielmehr tragen sie es von Kind auf lang ... Das gilt ihnen wie ein Abzeichen und dem Königshaus vorbehaltenes Ehrenmal."[14] – In den Volksmärchen erscheint dies angeborene Erbe solcher geschichtlichen Berichte gerade umgekehrt als ein durch

S. 101; See: Ungarische Volksmärchen, hrsg. von Agnes Kovács, Düsseldorf 1966, S. 58ff.; Blutbottich: Finnische Volksmärchen, hrsg. von Robert Klein, Kassel 1966, S. 77.
[13] Josef Haltrich, Sächsische Volksmärchen aus Siebenbürgen, Bukarest 1973, Nr. 11, S. 55f.
[14] Martin Ninck: Wodan und germanischer Schicksalsglaube, Jena 1935, S. 194f. – Percy Ernst Schramm: Herrschaftszeichen und Staatssymbolik, Bd.1, Stuttgart 1954, S. 118ff. – Jacob Grimm: Deutsche Rechtsaltertümer, Darmstadt 1974, Bd.1, S. 201ff., 331ff., 395ff. – Agathias ebenda S. 332f. – Zum Strudelhaar: Tacitus, Germania Kap. 31.

Initiation erworbenes Gut. Ein Beispiel für das goldene Langhaar findet sich in einem dänischen Märchen: dort rät das Pferd dem Jüngling zu drei Kostbarkeiten aus dem Hause des Unholds: dem siegverleihenden Schwert, dem kraftbegabenden Trank und dem Kamm. Wie er aber mit dem sich kämmte, „da bekam er Haar so lang, daß es ihm bis auf die Fersen ging und glänzte wie Gold."[15] – Man kann eine solche initiatische Erwerbung freilich auch so deuten – und muß es wohl auch – daß in den Jünglingsweihen das Angeborene erst eigentlich zu eigen gewonnen wird – als ein verfügbarer Besitz, der nun erst zu königlicher Machtentfaltung nach außen befähigt.

Wir begnügen uns mit diesen wenigen Worten zum Sinn und Brauchtum des Haupthaares und stellen fest, daß die beiden Goldener-Volksmärchen, wie zahlreiche andere Volksmärchen auch, initiatische Erzählungen sind, das heißt, es sind Erzählungen, die selbst durch solches Erzählen einweihen.[16] Die Einweihung findet, wie wir sagten, im Todesbereich statt; rituelle Kulturen, in denen jeder Vollmensch eine Initiation durchgemacht haben muß, führen ihren Initianden durch den Todesbereich hindurch, begaben ihn dort mit der Lebensessenz, mit dem Golde, mit dem Lebenswasser etwa, doch auch mit der Todeswaffe, mit der Verwandlungsfähigkeit und mit einem hilfreichen Dämon – und geleiten ihn in das Leben zurück als einen solchen, der seinen Tod schon hinter sich hat. Der Angehörige einer nichtinitiatischen Kultur aber hat seinen Tod immer noch vor sich, er kennt nicht das Hin und Zurück. Er muß, um ins Licht einzutauchen, vorwärtsschreiten und sterben, – dies erst ist sein Zurück. –

Noch einige weitere Eigentümlichkeiten haben wir zu benennen, in denen sich Kerners „Goldener" und die goldhaarigen Jünglinge der Volksmärchen unterscheiden. Die eine haben wir wiederholt erwähnt: nie ist der Märchenheld ohne Helfer; in unseren beiden Märchen gewinnt er sie drüben und drinnen, im Jenseits-Inseits der Wildnis. Von der Ameise bis zur Sonne sind in den Märchen alle Wesen bereit, dem Helden, der ihnen in der rechten Art begegnet, zu helfen. In der rechten Art, das heißt oft, selbst sich als Helfer zu bewähren. Er behütet die Ameisen vor den Tritten seines Rosses, er beschützt die Bienen vor dem Feuer der honiglüsternen älteren Brüder[17]. Im Märchen-

[15] Dänische Volksmärchen, hrsg. von Laurits Bødker, Düsseldorf 1976, S. 146.
[16] Dazu, auf Grund der Vorarbeiten von Pierre Saintyves und Vladimir Jakovlevitsch Propp und von P. Nodermann, Mircea Eliade: Les savants et les contes de fées, La nouvelle Nouvelle Revue française, 4. Jg., Paris 1956, S. 884–891.
[17] Grimm, KHM Nr. 17, 62.

typ 314 wird ihm gewöhnlich befohlen, das Pferd zu mißhandeln oder ihm Unverdauliches als Futter vorzuschütten. Doch erbarmt er sich des Tieres, sobald er es vor dem Unhold vermag, und da fängt es an zu reden und berät ihn zur Flucht vor dem Todeswesen. Im Märchen vom Eisenhans hat der Knabe dem „Wilden Mann" zur Freiheit verholfen. Aber die Hilfe des so gewonnenen Helfers kommt ihm wiederum zustatten bei der Hilfe, die er dem bedrängten König leistet. Und schließlich verhilft all das helfende Handeln des Jünglings dem Eisenhans oder dem hilfreichen Pferde zur Erlösung.

Der „Goldener" Kerners aber, wie ihm das Goldhaar angeboren ist, so gewinnt er auch keine Helfer hinzu; er bleibt einsam, seine Hilfe beim Vogelsteller, beim Gärtner bleibt verkannt, er vermag den weißen Finken und die Goldrose nicht zu beschützen, die für ihn, beschirmt und bewahrt, doch zum Geleitsvogel und zur Schlüsselblume würden. Um die Krone aus dem Meer zu gewinnen, bedarf er nicht der Hilfe des Hechtes oder des Karpfens, die er vorm Verschmachten am Ufer gerettet hätte, – sonst ein häufiges Märchenmotiv.

Die allgemeine „Hilflosigkeit", die wir beobachten, finden wir auch gespiegelt an der Jenseitigen, die in Kerners Märchen erscheint, an der „Frauengestalt wie der Mond", einer Norne oder Parze *[Schicksalsgöttin]*, der ihr lichter Faden reißt, worauf auch sie erlischt wie ein Licht. Sie ist, als eine Schicksalsweiserin, doch selbst wieder abhängig vom übergeordneten Geschehen, das mit dem brechenden Faden in den Tod weist. Im heutigen griechischen Märchen gibt es noch immer die Schicksalsfrauen, die das Kind mit bösen oder guten Geschicken begaben[18], und wir haben das Dornröschen-Märchen, sicher aus französischer Quelle, in dem die Feen die Geschicke der Königstochter bestimmen, Feen, Schicksalsgöttinnen der alten Zeit. Wir haben aber in unseren Märchen noch öfter die Wegweisungen von Jenseits- oder Binnenwesen, die für den Helden unentbehrliche Hilfen bieten, ohne die er sein Ziel nicht erreichen würde: da begegnen dem Helden an den Wegscheiden die Uralte oder der Greis, der Wind, der das Schloß der wunderbaren Braut kennt, das Tier, das den Helden bis an den Ort seiner Bestimmung trägt. In solchen Gestalten wird abermals die Lebendienlichkeit der Märchenfiguren offenbar, während im Goldenermärchen Kerners die Schicksalsweiserin die sechs Brüder versprengt, so daß „Goldener" die Seinen niemals wie-

---

18 „Die Reise im goldenen Schiff", Märchen von ägäischen Inseln, Kassel 1977, S. 111.

derfindet, und er selbst hat von der Frau im Mondlicht letzten Endes nur das Schicksal des brechenden Fadens empfangen.

Schon 1807 hatte Kerner die Braut gefunden, aber in seinem Märchen fehlt diese Gestalt des ergänzenden Menschen. Die Braut ist ja die eigentliche Göttin des Lebens, sie ist es, durch deren Hand der Initiierte die Krone des Lebens gewinnt, – dies ist ja der Sinn der märchenhaften Brautmystik. Die Schwestermystik in der Matrix des kernerschen Märchens aber kann nicht auf Leben und „Zeugung im Schönen", um diese Formel Platons zu gebrauchen, hingewandt sein, sondern sie ist notwendigerweise Todesmystik. Die hohe Gestalt der Schwester in ihrer lichten Glorie erleichtert, gibt das Geleit für das Hin ohne Zurück. Umgekehrt die Richtung im Geheimnis der Braut, der Königstochter vom „Goldenen Dache" etwa, die in dem Bild hier offenbar geworden ist: da geht es alles darum, da muß der Held mit allen Mitteln, unter Einsatz des Lebens selbst, ins Leben ziehn die einzige Gestalt, – und diese Worte Faustens wenden wir mit gutem Recht an, denn oft ist die Braut des Märchens, wie Helena, auch eine Jenseitige.

In diesen drei Zügen, den Helfergestalten, den Schicksalsweisern und der Braut, unterscheiden sich die Volksmärchen tiefgehend von Kerners „Goldener". In der Lichtmystik hingegen erkennen wir ihre wahre Verwandtschaft. Hier hängen das erdichtete und die überlieferten Märchen zusammen, und zwar nicht etwa bloß in einem Erzählmotiv, sondern im Wesensgrunde tieferlebter Wirklichkeit. Was die Heiligen, die Schamanen, die Seher aller Völker als den entscheidenden Wert des Geschehens und als wahren Daseinsgrund geschaut haben, ein wesentliches Licht, um das allein und überall es geht, das erschaut vor 170 Jahren unser Dichter neu. Nur muß der kernersche Märchenheld dies, auf sich allein gestellt, austragen, während dem Helden der Volksmärchen seine ganze Kultur, das heißt, die Beschaffenheit der Kultur, aus der die Märchen stammen, eine rituelle oder initiatische Kultur, dazu verhilft, das Gold seines Wesens dem Leben selber dienlich zu machen.

Indem wir aber das Augenmerk auf die Verfahrensweise des Märchenhelden richten, werden uns weitere höchst eigentümliche Züge und Unterschiede bewußt. Dazu müssen wir uns indessen noch tiefer in der Lichtgnose unterweisen lassen. Doch brauchen wir deswegen nicht in die Ferne zu schweifen, sondern können bei einer Weinsbergerin in die Schule gehen, bei Christiane Käpplinger nämlich. Diese, die Tochter eines hiesigen Bäckers und Landwirts, war eine der beiden Somnambulen, von denen Kerners Bericht von 1824 handelt, und etwa zwanzig Jahre später hat sie ein Buch verfaßt, das man wohl typisch gnostisch nennen darf[19]. Denn einerseits wurde sie zu diesem Werk gedrängt durch eine „Sonne", die sie ständig, seit ihrer Kinderzeit, begleitete, ein lichtes, schaubares, ratendes und helfendes Daimonion *[innere Stimme der Gottheit]*, – und andererseits entfaltet sich auch im Inhalt des Buches eine gnostische Grundanschauung. Es findet sich dort nämlich – am Ursprung in Gott – die wirkende Einheit eines zugleich feurigen und lichten Urbornes *[Urquells]*, – dann aber mit dem Abfall Lucifers und Adams, das Auseinanderfallen des Lichtkreises und des Feuerkreises. Durch diesen Zerfall wird das Licht ohnmächtig (das vom Feuer getrennte Licht als bloßer Anschein), – die Kraft des Feuers aber (das heißt die Energie ohne das Wesenslicht) wird den Zwecken der Finsternis hörig, – eine merkwürdige kritische Metaphysik, einmal aufs neue empfangen und ausgestaltet hierselbst zu Weinsberg. Auch auf manche kritische Frage unserer Epoche möchte wohl dieses prophetische Weistum anzuwenden sein.

Die Ohnmacht des Lichtes in unserem Zeitalter werden wir in zwei Szenen von Kerners Märchen ebenfalls gewahr. Die Handlung drängt ja den „Goldener" zum Meer, zur Abendsonne, zum Tode, weil bei dem Vogelsteller wie beim Gärtner sein Goldhaar, sein goldzeugendes Wesen, das sich in Fink und Rose verwirklicht, verkannt bleibt. Das lichte Wesen dringt nicht mehr durch im Leben, es ist ohnmächtig vor den Erblindeten, – bis dahin, wo ihnen das Wirken des Lichtes als Werk der Finsternis erscheint, als Tun des „Bösen". Dabei sind sie es, der Blumenzüchter und der Vogelhändler, die mit wahrhaft finsterer Energie die lichten Funde „Goldeners" in den Boden stampfen. Erst im Todesnachen *[Todeskahn]* vermag das Gold des königlichen Jünglings noch einmal für alle aufzuleuchten.

Ganz anders stellt sich im Volksmärchen das Verhältnis des goldhaarigen Jünglings zu den profanen Personen dar. Auch dort wird er ja verkannt, wird er verachtet, und es gibt Fassungen, in denen auch die einzige, die ihn erkennt, die Braut, der Verachtung anheimfällt. Das Paar wird dort zu den Tieren, in den Stall als Wohnung verbannt. Wenn in diesen Varianten der König unter den drei Paaren aller Königstöchter und Schwiegersöhne einen Wettbewerb im Bereiten königlicher Speisen veranstaltet, erhält er das köstlichste Gericht aus dem Stall, findet aber unterhalb der Delikatessen einen

---

[19] „Beschreibungen über das Wesen der Gottheit ...", von Christiane Käpplinger, 1. Teil, Heilbronn 1843, S. XIV–XX, 189, 199, 200f.

Kuhfladen in der Schüssel, – Anlaß zu einer ersten Erhöhung des Paares, zur Anweisung eines angemeßneren Wohnsitzes[20].

Die anfängliche Verachtung und Verbannung sind aber nicht die Folge goldener Wunder, die als Werke des Bösen erscheinen, sondern rühren gerade davon her, daß der Held sein goldenes Wesen und seine Wesenstaten verbirgt. Er zeigt nicht sein goldenes Langhaar, sondern verbirgt es unter der Kappe, dem Schafsmagen, der Baumrinde, und das Vermögen zum Siegesritt auf dem Zauberpferd bleibt verborgen hinter der dreibeinigen Mähre, die im Schlamm der Straße steckenbleibt. Die Initiation, die den Helden in den Besitz des wesensmächtigen Lichtes setzt, hat er hinter sich. Er tritt jedoch nicht etwa sogleich mit diesem inneren Glanze, in der Aura des Wesenslichtes, in die Sozietät *[menschliche Gemeinschaft]* ein, sondern das Pferd oder der „Wilde Mann" legen ihm auf, die Essenz, die Substanz, so lang zu verbergen, bis sie in äußeren Siegen handgreiflich geworden ist, bis sie, nun völlig unverhehlbar, die Körperwelt erfaßt und gewandelt hat, aus Niederlagen in Siege. Nur eine Person ist in diesem Geheimnis schon frühzeitig zugelassen, nur der Braut ist es nicht verwehrt, die Verkappung, den Grind, die Rinde zu durchschauen, – wohl eines der schönsten Symbole für das, was ich die Brautmystik genannt habe. Sie wird des goldnen Geheimnisses inne, obwohl sie das Goldhaar in manchen Fassungen nicht einmal sieht, – die andern sehen und wissen das Licht nicht, sie vermögen nur die äußerlichen Taten und Daten zu fassen. Erst wenn sie die erfaßt haben, darf ihnen auch deren Quell, die Aura des Goldhaares, enthüllt werden, erst dann leuchtet sie ihnen ein. – In der Märchenwelt wird die Lichtmächtigkeit des Helden bis zu seiner Bewährung esoterisch behandelt. Nur dadurch bleibt er, wie wir es mit Christiane Käpplinger umschreiben könnten, ein zugleich golden leuchtender und feurig wirkender Urborn, – fähig zur Strahlung wie zum Wandel schaffenden Eingriff.

Damit ist uns auch die Frage gestellt nach der Art dieses eingreifenden Wirkens, und mit ein wenig Märchenweisheit erkennen wir, daß selbstredend der Beistand auf dem Schlachtfelde nicht leibhaft geleistet wird, sondern in einer seelischen Ekstasis. Auf der dreibeinigen Mähre hockend, gerade weil er mit ihr steckenbleibt, vermag der Held als Seelenwesen auf dem Zauberpferde in die Schlacht zu fliegen und als solches den Feind mit Entsetzen zu

---

[20] „Granatapfel und Flügelpferd", Märchen aus Afghanistan, hrsg. von Gisela Borcherding, Kassel 1975, S. 96.

schlagen. Daß die Märchenerzählung dies wirklich so meint, dafür liefert sie einen untrüglichen Hinweis. Es ist nicht von ungefähr, daß der Held verwundet werden muß, um für den König faßbar zu werden. Diese Verwundung entspricht genau jener anderen, die von den Sagen tausendfältig bezeugt wird, zumal von den Wirbelwindsagen. Fährt des Zauberers oder der Zauberin Seele im Winde, so offenbart sich daheim an ihrem Leibe die Wunde, die draußen auf der Fahrt ein Mensch ihrer Seele beigebracht hat, indem er sein Messer in den vorüberbrausenden Wirbel schoß.[21] Nur so allein sind die Seelenfahrer zu identifizieren.[22]

Indes enthält des „Goldeners" Schlachtenbeistand noch einen zweiten ungewöhnlichen Zug, mit dessen Enthüllung sich die alte Wunderwelt noch weiter auftut. Oft leistet der Held die Feldzugshilfe nicht allein, sondern nimmt mit ganzen Scharen am Gefechte teil, mit Heeren, die er aus dem Boden stampft, wie wir noch heute sagen. Diese Krieger könnten – nach der ursprünglich sie tragenden Märchenvorstellung – Naturwesen sein, aus der Botmäßigkeit des Eisenhans etwa. Auch gibt es Fassungen, aus denen dies hervorzugehen scheint[23], – wenn wir nur über des Eisenhans eigene Natur besser Bescheid wüßten. Mehr Wahrscheinlichkeit böte daher eine andere Lösung dieses Rätsels. Eigentliche Krieger, die nach der Sage überall zur Verfügung stehen – in Hügeln und Bergen, im Umkreis alter Schlachtfelder –

---

21 Ein Beispiel bei Wilhelm Schwartz: Sagen und alte Geschichte aus der Mark Brandenburg, Stuttgart 1903, Nr. 86. – Zwei späte Belege für eine kämpferische Ekstasis, die nun allerdings als Stellvertretung durch die „Heilige Jungfrau" gedeutet wird, bei Martin Ninck: Götter und Jenseitsglauben der Germanen, Jena 1937, S. 166f. – Die zweite Sage knüpft an Tilly an, der in einer Kirche im Gebet versunken ist, zugleich aber als grünbemantelter Schimmelreiter die Schlacht entscheidet.

22 Friedrich Panzer: Hilde-Gudrun. Eine sagen- und literargeschichtliche Untersuchung, Halle a. S, 1901, S. 280. Er meint, daß der Held nach dem Siege keinen „vernünftigen Grund" mehr habe, sich zu verhehlen, und nimmt Umbildung des ursprünglichen Verlaufes an. Es liegt aber in der Tat der Vernunftgrund in der Wesensart der märchenhaften Ekstasis und im Abwarten der einzig möglichen Identifikation des Seelenfahrers.

23 Zur alpenländischen Naturmythologie scheint in dieser Episode hinzuneigen ein Märchen Zingerles, Gebrüder Zingerle: Kinder- und Hausmärchen aus Tirol, Innsbruck 1852, Neudruck 1976, Nr. 32, S. 172f.: „... und Waldmännlein kam und brachte dem Werweiß fürstliche Kleider und ein ganzes Heer von Männlein." – Andererseits lehnt sich die münsterländische Variante des Eisenhans im Erstdruck der Brüder Grimm von 1815 (II,50 – De wilde Mann) sicherlich an die Volkssage von dem im Berge schlafenden Heere an: „Do kümmt me de wilde Mann in de möte ..., do döt sick so'n grauten Berg up, da sind wull dusend Regimenter Soldaten un Offzeers in ... Do tüt he mit alle sin Volk in den Krieg ..." – Das Waldmännlein der tirolischen Fassung verwandelt sich am Ende in einen schönen, stolzen König, der wilde Mann des Münsterlandes in einen großen König und der Berg in ein Königsschloß.

sind vielmehr die Toten.[24] Im Märchen wird dergleichen nie gesagt; die Krieger sind einfach mit dem erworbenen Zauber oder dem gewonnenen Helfer gegeben. Da wir aber dem Märchen einen zusammenhängenden Sinn zuschreiben, so müssen wir auch das zaubrische Heer in diesen Zusammenhang einbeziehen. Der „Goldener" wäre dann ein Ekstatiker, der im besonderen die Gabe erworben hätte, die Toten aufzustöbern und ins Feld zu führen, der als Seelenfahrer mit den Totenseelen fährt, so wie auch sonst Lebende und Tote zusammen daher stürmen, in der „Wilden Jagd" etwa[25].

Unsere Zeit hat ja eine großartige Dichtung hervorgebracht, in der ebenfalls der Königsheld ein Totenheer in die Entscheidungsschlacht führt, ich meine Aragorn und das Heer der eidbrüchigen Totenkrieger, die in der alten Schlacht abgefallen waren. Nach dem Siege sind diese Toten erlöst, erlöst von dem durch ihre Schuld stockenden Totenschicksal. Tolkien, der dies gedichtet hat, war von Berufs wegen ein genauer Kenner der alten Sagen und der märchenhaften Möglichkeiten; doch ist sein Aragorn nicht ein Ekstatiker, der im Seelenfluge die Totengeister mitreißt, sondern leibhaft reitet er dem Heer der Schatten und Stimmen voran[26].

Können wir unsere Deutung der Hilfskrieger, mit denen der „Goldener" reitet und streitet, noch stützen, so daß wir damit nicht ganz im Bereich der Hypothesen steckenbleiben? – Wir haben zwei Züge der „Goldener-Gestalt" bisher noch nicht genügend gedeutet, seine Verkleidung und die dreibeinige Mähre. Denn diese dienen nicht nur als Versteck für sein goldenes Wesen, sondern in dieser Gegensatzmaske eignet ihm grad auch ein der Totenwelt

---

[24] Ein weitverbreiteter Sagentyp erzählt von der kämpferischen Hilfe, die von den Toten eines Friedhofes einem frommen Beter gebracht wird; dazu Oloph Odenius: De taksamma döda, Saga och sed 1953, Uppsala 1954, S. 37–53. Eine zu diesem Typ gehörige Sage bei Johann Wilhelm Wolf: Niederländische Sagen, Leipzig 1843, Nr. 318; dazu die Arm. S. 697 mit Hinweis auf Parallelen und dem Satz: „Ich meine mich einer Sage zu erinnern, in der ein wunderbares Horn vorkommt, dessen Schall die Riesen aus den Hünengräbern ruft." Zu vergleichen ferner Grimm: Deutsche Sagen, Nr. 328, von einem Dorf bei Halberstadt, wo die Landesbewohner einem Überfall fremder Heiden zu unterliegen drohten und „die Toten aus den Gräbern aufstanden, diese Unholde tapfer abwehrten und so ihre Kinder retteten." Kampfhilfe gegen Meeresunholde bringen die heimischen Toten einem Burschen, der über den Friedhof flieht, in einer norwegischen Sage, die Sven Liljeblad: Die Tobiasgeschichte und andere Märchen mit toten Helfern, Lund 1927, S. 114f., ausführlich zitiert. – Siehe ferner: Max Bartels: Was können die Toten?, Jahresschrift des Vereins für Volkskunde X, Berlin 1900, S. 117–142.
[25] Z.B. in J. Agricolas Bericht – bei Otto Höfler: Kultische Geheimbünde der Germanen, 1. Band, Frankfurt a. M. 1934, S. 39.
[26] The Lord of the Rings, Buch V, Kap. 2.

zugewandtes Vermögen. Es ist längst erkannt worden, daß in diesen Zügen alte Kultmotive stecken[27]: das Märchen, wenn wir seine schlichte Sprache entziffern, belehrt uns über ihren Zusammenhang. – In einem zweiten Märchen Zingerles, ebenfalls vom Typus des Eisenhans[28], wird der Held nicht durch eine Grindkappe unkenntlich gemacht, sondern durch das Torengewand, mit dem auch Parzival seinen Heldenweg betritt. Dort bekleidet das wilde Männlein seinen Schützling mit einem „läppischen Kleide", so daß ihn die Wächter am Königshof einen Narren nennen, ihn auslachen und zum besten halten. Auf alle Fragen aber antwortet er nur: Werweiß! –

Denken wir daran, daß nicht nur in diesem Kleide, sondern auch als Reiter auf hinkendem Schimmel der Held die Königskrieger zum Lachen bringt, so erkennen wir als eine weitere Seite von „Goldeners" Verkleidung jedenfalls das Narrentum. Damit wandelt sich die Frage, die wir gestellt haben, nach „Goldeners" Totenbeziehung nämlich, in die eingeschränktere Fragestellung, ob mit der Narrenrolle eine solche Beziehung gegeben ist. Nach dem Wesen des Narren zu fragen, heißt freilich eine der schwierigeren und im Grunde noch ungelösten Fragen der Volkskunde anzugehen.[29] Auch dürfte sie aus den späten europäischen Belegen allein gar nicht aufzulösen sein. Erst im völkerkundlichen Material werden wir gewahr, daß die Narrenmaske eine kultische Erfindung ist, die gerade die Verbindung zur Totenwelt herbeiführt, ja, daß in ihr die Toten selber zu Festteilnehmern werden.[30] Auch ist

---

[27] Otto Höfler: Kultische Geheimbünde der Germanen, 1. Band, Frankfurt a. M. 1934, S. 46ff., besonders S. 55, Anm. 196.

[28] Gebrüder Zingerle: Kinder- und Hausmärchen aus Tirol, Innsbruck 1852, Neudruck 1976, Nr. 28, „Werweiß", S. 171.

[29] In dem neuerdings erschienenen „Wörterbuch der Symbolik", unter Mitarbeit zahlreicher Fachwissenschaftler hrsg. von Manfred Lurker, Stuttgart 1979, führt allen Ernstes der Verfasser des Artikels „Narr" das Narrentum auf die krankhafte Verrücktheit zurück – wonach „nur sekundär ... Teilnehmer volkstümlicher Maskierungen ;Narren' genannt" worden seien – , und so verfährt er, obwohl doch gerade eine symbolwissenschaftliche Betrachtungsweise dazu verpflichtet, ungeachtet etwaiger anderweitiger kausaler Verknüpfungen, den eigenen eigentlichen Sinn der betrachteten Erscheinung ans Licht zu bringen.

[30] Doch liegen Einsichten in dem Zusammenhang von Totenkult und Narrentum auch im heimischen Bereich schon seit Jahrzehnten vor. So hat Otto Höfler: Kultische Geheimbünde der Germanen, 1. Band, Frankfurt a. M. 1934, S. 304, unter anderem auf die Gleichsinnigkeit der alemannischen Ausdrücke Muetisheer=Totenheer und Muetisseil=Narrenseil hingewiesen, – und Robert Stumpfl: Kultspiele der Germanen als Ursprung des mittelalterlichen Dramas, Berlin 1936, hat aus den diesbezüglichen Befunden Höflers und eigenen Forschungen den Schluß gezogen, daß das Narrentum in dem im Totenkult gipfelnden ekstatischen Brauchtum der Männerbünde wurzele. Unter anderem S. 394. In: Märchenwelt und Kernerzeit, Antaios X, Stuttgart 1968, S. 155–183, habe ich S. 157f. außereuropäische Belege für den Zusammenhang zwischen Narrentum und Totenkult beigebracht. Wie wenig man im Bereich dieser

närrisches Wesen und Totsein nicht etwa ein Gegensatz. Zwar, an und für sich sind die Toten nicht Hanswurste und Clowns, wohl aber gemessen am und für das Leibesleben. Denn die eine Welt ist für die andere verkehrte Welt, was bei uns aufs deutlichste in dem häufigen Sagenmotiv hervortritt, daß, was drüben Kehricht, herüben Gold, und was drüben Gold, hier Kehricht ist.[31] Oder die Sage erzählt, wie das Überbleibsel der köstlichen Festspeise, das der lebendige Teilnehmer sich aufhob vom Nachtmahl der Toten, am Morgen als Roßdreck und Kuhfladen hervorkommt, der edle Pokal als ein Gaulshuf, die Fiedel als Roßhaupt, der Fiedelbogen als Schwanz einer Katze. Hierin liegt unmittelbar der Anlaß für entsprechende Narrenstreiche, – wenn etwa der Narr mit entzückten Gebärden auf einer toten Katze fiedelt – oder der urvölkerliche Narr das Ekelhafteste als Leckerbissen verschlingt, Spinnen und Kot.

Dergestalt lebt auch der Narrenwitz oft aus dem Kunstgriff der verkehrten Welt. Indem die Narren diese Welt, die Welt der Lebenden, auf den Kopf stellen, verwirklichen sie jene Gegensatzwelt der Toten, in der alles umgekehrt ist. Es bedeutet daher einen folgerechten Fortgang, wenn in den mittelalterlichen Mysterienspielen die Narrenrolle dem Herrn der Unterwelt zugewiesen ward, dem Herrn der Totenwelt, christlich dem Teufel und seinen Unterteufeln. In diesen Zusammenhang gehören auch die burlesk *[possenhaft]*-humoristischen Seiten von Spuk und Besessenheit. Aller Spuk hat eine

---

Erscheinungen, die in der Tiefe allgemein menschlicher Wesensart gründen, mit eigenständigen lokalen oder nationalen Erfindungen zu rechnen habe, mag beispielhaft daraus hervorgehen, daß Meschke – bei Stumpfl S. 393 – den hinten herabhangenden Fuchsschwanz als Bestandteil der Narrenmaske eine „germanische Eigentradition" genannt hat, während er doch bei den Maskenfesten der Hopis als regelmäßiger sinnvoller Bestandteil bestimmter Katschinatrachten ebenfalls oft vorkommt, siehe Fred J. Dockstader, The Kachina and the White Man, Bloomfield Hills 1954, Plate I, II, III, IV. – Für den Zusammenhang von Totenart und Narrentum höchst bezeichnend ist eine Nachricht bei Grimm: DS Nr. 100. Dort wird ein treu dienender Bereiter als Toter erkannt, und als der Herr ihm um der Unheimlichkeit seines Wesens willen kündigt, verlangt er als Abfindung ein Pferd und ein Narrenkleid mit Schellen. Damit reitet er in die Welt hinaus und erscheint darin auch noch einmal später dem Herrn. – Als die kulturgeschichtlich eigentlich zutreffende und sinnentfaltende Narrengleichung erscheint mir nun diese: Narr=Initiand=Toter {verkehrte Welt} =Urmensch in der Tiervermummung {=Opfertier=Todgeweiher} =Grindkopf auf dem Wege zum Goldenen=Initiierten. Dazu E. K. Chambers: The Medieval Stage, Oxford 1903, I, S. 142: Hobby horse and fool: „Both of these grotesques seem to be at bottom nothing but worshippers careering in the skins of sacrificed animals."

[31] Zum Motiv der verkehrten Welt siehe Hermann Lommel: Bhrigu im Jenseits, in: Mythe, Mensch und Umwelt, hrsg. von Ad. E. Jensen, Bamberg 1950, S. 93–109, und Heinrich K. Hofmeier: Zur Quellenforschung des Motivs „verkehrte Welt", in: Materia Medica Nordmark XVIII, Ütersen 1966, S. 774–780.

närrische Seite, oft zeigt er sich, wie bewußt, als verkehrte Welt, und der Dämon, der aus den Besessenen spricht, ist oft nicht allein bös, sondern gefällt sich auch in einem groben Humor.[32] In diesem Zusammenhang gedenken wir der hohen Eigenart Kerners, in dem der Tod, das Dämonische und das Lachen nah zusammen wohnten, – was niemals deutlicher ans Licht gekommen ist als in jener Szene, die er vor Gästen veranstaltet hat, da sein Kutscher der besessenen Uzin fromme Lieder vorsingen mußte, der besitzende Dämon aus dem Weibe dawider keifte und Kerner sich vor Lachen ausschütten wollte[33].

Der Oberamtsarzt gibt sich in dieser Szene selber als Narr, und um so verständlicher wird der aus dem bisher Gesagten zu folgernde Satz, daß der Narr einer der Grenzer ist auf der Scheide zwischen Lebens- und Todeswelt. Dahin weist den „Goldener" der Volksmärchen im besonderen auch der dreibeinige Gaul, der ihm als Reittier zugewiesen wird. Schon Otto Höfler hat dieses Roß des Grindkopfes mit dem Reittier des mythischen Totenführers, den dämonischen Totenpferden der „Wilden Jagd" und den Pferdemasken der kultischen Aufzüge und altertümlichen Brauchtümer zusammengebracht. Sind die Grindkappe und die sonstigen Verkleidungen des „Goldener" als Masken zu betrachten, dann ist es auch von Gewicht, daß gerade die brauchtümliche Pferdemaske als dreibeinige erscheint, – indem der Bursche, der unter dem pferdegestaltigen Umhang geht, diesen in gebückter Haltung trägt und sich dabei auf einen Stab stützt, – oder das Umzugspferd selbst gibt, wenn es ein Steckenpferd ist, das dritte Bein ab. Auch „Goldeners" lahme Mähre weist somit in den Masken-, den Narren- und Totenbereich hinüber.

In kulturgeschichtlichen Zusammenhängen läßt sich niemals mit einem einzelnen Beleg, ja sogar mit vielen Belegen läßt sich im Grunde nichts beweisen. Beweisend sind, wenn man Vorzeitkunde betreibt, nur sinnvolle Zusammenhänge und durchsichtig gemachte, das heißt auf ein sinnvolles Ganzes bezogene Einzelerscheinungen. In diesem Sinne und mit diesem Gewicht führen wir einen bezeichnenden Beleg aus einem sogenannten Spielmannsepos des späten Mittelalters an, aus „Salman und Morolf", das

---

[32] Der grobe Witz des „Schwarz von Orlich" in der Geschichte des Mädchens von Orlach ist dafür bezeichnend. Ein genauer Kenner der Besessenheitszustände stellt ganz allgemein fest: „So wenig man das erwarten sollte, der Teufel ist auch ein großer Spaßmacher und versteht sich auf dieses Gebiet ausgezeichnet", – Adolf Rodewyk S. J.: Die dämonische Besessenheit in der Sicht des Rituale Romanum, Aschaffenburg 1963, S. 176.

[33] David Friedrich Strauß: Justinus Kerner, Zwei Lebensbilder aus den Jahren 1839 und 1862, hrsg. von H. Niethammer, Marbach a. N. 1953, S. 28f., 79f.

vom König und seinem Narren handelt. Der Narr manövriert den König in eine äußerste, in eine Grenzsituation hinein, unter den Galgen inmitten seiner Feinde, bei seinem ungetreuen, seinen Tod betreibenden Weibe und seiner künftigen Braut, – und richtet es so ein, daß er dem König im letzten Augenblick zu Hilfe kommt – mit einem dreifachen Heer – von schwarzen, leuchtendweißen und von bleichen Scharen. Er selber führt die Bleichen an, und das sind die Toten, – die anderen aber sind ebenfalls Jenseitige, Teufel und Engel, – ein seltsames Stück Altertum in einem vielfach umgedichteten und mit mancherlei Fremdwerk beladenen Stoff[34].

Wir haben auf einem verhältnismäßig langen Wege einleuchtend zu machen gesucht, daß „Goldener" als Seelenfahrer an der Königsschlacht teilnimmt und daß er dabei dem König ein Totenheer als Hilfscorps *[größerer Truppenverband]* zuführt. Er könne dies, so meinen wir, gerade als ekstatisch Ausgefahrener, und als Anzeichen seiner Totennähe haben wir besonders die Narrenrolle und das lahmende Roß, den Dreibeiner des Totenherrn angesehen. Wir fügen hinzu, daß bis dahin freilich noch nichts darüber ausgemacht ist, in welcher der drei Gestalten die Wurzel der Gesamterscheinung zu sehen ist: ob im mythischen Schimmelreiter als Totenherrn, ob im brauchtümlichen totenkultlichen Maskenwesen oder in dem schamanistischen Motiv eines „Goldener-Grindkopfes", der in der Narrenrolle auf dem dämonischen Roß die Toten in die Entscheidungsschlacht führt.

All unsere Mühe, die Hilfskrieger im Goldenermärchen ihrem eigentlichen ursprünglichen Sinne nach zu erfassen, war indes heut und hier nicht in erster Linie auf das Volksmärchen gerichtet, sondern darauf, daß wir von diesem aus noch einmal auf den „Goldener" aus dem Anfang des neunzehnten Jahrhunderts, das heißt auf den „Goldener" unserer eigenen Epoche blicken. Der Zögling des Eisenhans ebenso wie der vom Wunderpferd beratene Jüngling – auf Helfer treffen sie hüben in aller Welt, Helfer strömen ihnen auch selbst von drüben her zu, – auf diese Weise füllt sich die Welt mit Sinn, erfüllt sich ihr Werk. Welch ein Wandel, daß der Goldhaarige aus dem Dichten Kerners Erfüllung erst findet, wenn ihm die Sonne des Lebens, seines Lebens im Leibe, im Licht- und Totenmeer versinkt. –

Zu seiner Zeit hatte Kerner es gar nicht einfallen können, jenen verschollenen Sinn mit seinem Märchen auszudrücken und darzustellen; trotzdem

---

34 Walter Johannes Schröder: Spielmannsepen II, Darmstadt 1976, Salman und Morolf Strophe 503, 507f., 562.

leiten uns seine Forschungen mit dazu an, diesen Sinn zu begreifen. Denn in der Lichtgnose erschöpft sich wohl der Zusammenhang seines Goldenermärchens mit den Volksmärchen, aber nicht der Zusammenhang seiner Forschungen mit der Märchenwelt. Entstand der „Goldener" im Jahre 1811, so müssen wir die kommenden zweieinhalb Jahrzehnte Kerners als den eigentlich wesentlichen Beitrag des Weinsberger Oberamtsarztes zur Welt des Märchens und zu ihrem Verständnis ansehen, das heißt die Spanne bis etwa 1836. In diesem Zeitraum gewann Kerner jene Einsichten, die uns, über die Lichtgnose hinaus, das Wesen des Märchens verstehen lehren. Zahllose Volksmärchen erzählen von der Fahrt ins Jenseits-Inseits, wie die Forschung schon vor dem Ersten Weltkrieg klargestellt hat[35]. Schon Anfang der zwanziger Jahre des vorigen Jahrhunderts aber erlebte Kerner an der Christiane Käpplinger – und an Karoline Stähle – die Jenseitsfahrt der Somnambulen in vorbildlicher Form, eine Fahrt voraus und hinüber in den Todesbereich, mit der pflichtgemäßen Rückkehr in die hiesige Welt der Lebensaufgaben, – eine Einweihung mit der Schau der gemähten Ähre und dem Lebensgewinn aus dem Tode: „Ich habe stets an eine Unsterblichkeit der Seele geglaubt, aber in diesem magnetischen Zustande wurde mir die völlige Gewißheit derselben, die mich auch im wachen Leben wie eine Ahnung begleiten wird", – Worte der neunzehnjährigen Christiane Käpplinger, mustergültiges Zeugnis für eine initiatische Lebenswandlung[36]. Und diese Jenseitsfahrten, das erlebten Kerner und die anderen magnetischen Ärzte, gingen nicht ohne Helfer vonstatten; drüben trat dem Mädchen ein toter Helfer zur Seite, für Christiane der früh verstorbene Bruder in einer erhaben-lichten Verwandlung. In der großartigen Leuchtkraft dieser Jenseitsvisionen wurde am Lager des Mädchens das zum unmittelbaren Erlebnis, was Kerner Lichtes im „Goldener" und zum „Goldener" gedichtet und gedacht hatte.

Betrachten wir die märchenhafte Ekstasis in das Totenreich als das tragende Grunderlebnis, so kamen mit dem Fortschreiten des kernerschen Forschens noch mannigfaltige andere hinzu. Schon auf der Universität hatte er durch die Erscheinungen des Somnambulismus den unmittelbaren Umgang des Menschen mit den Wesen, zumal mit den Pflanzen erlebt. Durch Friederike Hauffe wurde ihm später die Vielfalt der Geister bekannt, ihre Nähe statt jenseitiger Ferne, ihre tierhaften Verdunkelungen, aber auch die nachter-

---

[35] Hans Siuts: Jenseitsmotive im deutschen Volksmärchen, Teutonia Bd.19, Leipzig 1911.
[36] Justinus Kerner: Geschichte zweyer Somnambülen, Karlsruhe 1824, S. 201.

hellenden Schutzgeister, – durch die Besessenen die dämonische Zwischenwelt, die wirklichen Verwandlungen des Menschen, seine Verzauberungen
und Erlösungen, – durch seinen Heiler, Jacob Dürr von Kirchheim, das
Schamanentum, ein Atavismus *[Wiederauftreten vom Merkmalen der Vor-
fahren, die den unmittelbar vorhergehenden Generationen fehlen]* aus viel-
tausendjähriger Kulturgeschichte im Deutschland des neunzehnten Jahrhunderts, – das Schamanentum, dessen Gestalten doch die Märchen erfüllen, die
Braut aus dem Jenseits, die dienstbaren Totenseelen und Tiergeister, Seelenfahrt und Initiation. – Es ist zum Erstaunen und zum Bedenken, wieviel der
Art damals zugleich geschah: das Erdichten neuer Märchen, das Sammeln der
altüberlieferten Volksmärchen – und der Einbruch der ursprünglichen Mär-
chengebilde und Märchengestalten im Bereiche des animalischen Magnetismus. Jene Zeit – und Justinus Kerner mitten darin – hat nicht nur das Märchen wiederentdeckt, sondern auch die eigentliche Wirklichkeit des Märchens. Doch erst heute dürfen wir daran denken – nun auch unter dem Einfluß der von der Völkerkunde aufgedeckten urvölkerlichen Weisheit – uns
jene märchenhafte Wirklichkeit zur Erleuchtung unseres gegenwärtigen Lebens wirklich zu eigen zu machen.

DER OBERAMTSARZT UND DER ABERGLAUBEN

Zum 100. Todestag des Arztes und Dichters Justinus Kerner

[Erschienen in „Beilage zur Ludwigsburger Kreiszeitung" 13. Jg., Nr. 2, 15. 2. 1962, Ludwigsburg, S. 9f.]

Als im Sommer 1846 der Hirschwirt Kachel von Kochersteinsfeld starb, wurde die Witwe verdächtigt, an seinem Tode schuldig zu sein, und sie veranlaßte daher auf eigene Kosten die Legal-Inspektion – eine amtsärztliche Untersuchung ohne Sektion. Ihr wurde bescheinigt, daß die Leiche keine Spuren von Vergiftung oder Gewalttat aufweise, und in der Tat hatte ein schweres Lungenleiden den Mann schon lange mit dem sicheren Tode bedroht. Bei der Untersuchung aber gab die Frau dem Arzt ein mit „hieroglyphischen *[bildschriftlichen]* Zeichen" bedecktes Zettelchen, ein sympathetisches Mittel, das ihr verstorbener Mann im Laufe einer sympathetischen Kur, wie sie sagte, von dem Weinsberger Oberamtsarzt Dr. Justinus Kerner erhalten hatte. Für den untersuchenden Arzt war mit dem Befund, daß Kachel an einem „hektischen Fieber" gestorben und mit dem Bericht an die Regierung die Sache erledigt. Auch dort sollte sie schon ad acta gelegt werden, als eine Spürnase auf das Zettelchen stieß und daraufhin die Regierung des Neckarkreises das Oberamt Weinsberg veranlaßte, Kerner zu befragen: ob die Behauptungen zuträfen – warum er nicht durch ärztliche Kunst geholfen – ob er Belohnung angenommen. Das war eine böse Geschichte – umsomehr, als der Oberamtsarzt in diesem Falle auf einer Anklagebank saß mit einer Frauensperson namens Rupp, die dem Kachel auch solche Zettelchen geschrieben hatte. Kerner beeilte sich daher, eine Rechtfertigung vorzulegen, und zwar nicht nur auf dem Dienstwege, das heißt vor dem Oberamt, sondern zugleich auch unmittelbar vor der Regierung, indem er das lange, zwölf Folio-Seiten umfassende Schriftstück eigenhändig nochmals kopierte.

Es hatte sich günstig so gefügt, daß von den zahlreichen Fällen, in denen sich Kerner sympathetischer Mittel bedient hatte, zum Untersuchungsfall gerade dieser wurde, der allein eine amtliche Rechtfertigung zuließ. Denn die Praxis des Weinsberger Oberamtsarztes wäre allerdings, wenn alle seine Kuren und alle angewandten Mittel so wie hier zu Tage gelegen hätten, vielfältig und ernstlich beanstandet worden. Für den Ungebildeten gab es kaum ein dunkles Anliegen, für das er nicht bei Kerner Verständnis und Hilfe zu finden hoffte, – ob es sich nun wie beim Hirschwirt um Verzauberung oder etwa um ein verschollenes Familien-Papier oder um einen durch Geister bezeichneten Schatz und die Formel zu seiner Hebung handelte. Für den Gebildeten war der Ruf Kerners, je nach seiner eigenen Partei, entweder der eines tiefsinnigen Erforschers der Nachtseite der Natur oder eines entweder mehr trottelhaft oder mehr böswillig Abergläubischen. Daher denn Kerner, um sich ein für allemal zu rechtfertigen und mit dem harmlosen Fall auch für die zweifelhaften zu sichern, umständlich zu den Beschuldigungen Stellung nahm. Zugleich freilich trieb es ihn, der tückischen Hirschwirtin die Mühen und Sorgen heimzuzahlen, die sie ihm bereitet hatte.

Wir erfahren, daß der schwerkranke Kachel mit seinem Wärter Häbele nach Weinsberg gekommen war, um von dem Oberamtsarzt magische Hilfe gegen seine Frau zu erlangen. Sie halte es mit einem Schieferdecker, habe von diesem auch ein Kind empfangen und stelle ihrem Manne nach dem Leben. Ein Amulett, das ihn töten solle, hatte er im Kopfkissen gefunden und mitgebracht, zwei Zettelchen mit Formeln hatte die Magd ihm ausgeliefert, – sie hatte sie dem Mann auf Anstiften der Frau in die Pfannkuchen backen sollen. Seine nächtlichen quälenden Schweißausbrüche und Hustenanfälle führte er auf diese Praktiken zurück und ließ sich das nicht ausreden. Nur mit sympathetischen Mitteln, meinte er, könne er von dem geheilt werden, was ihm mit sympathetisch wirkenden angetan war. Aus psychologischen Gründen daher, erklärt Kerner, war er dazu genötigt, auf diese Vorstellungen des schwer Leidenden einzugehen. Wie er denn auch die üblichen Arzneien, die er außerdem verschrieben, dem Todgeweihten nicht mehr als Heilmittel verordnen konnte, sondern „gleichsam nur des Glaubens wegen wie Amulette". Der Wärter Kachels erhielt demnach von Kerner das verpönte beschriebene Zettelchen, um daraus nach bestimmter Anweisung ein Bündelchen zu machen, das der Kranke umhängen sollte. „Diß geschah von mir mit aller wissenschaftlichen Überlegung und mit aller Vereinigung meiner Stellung als Oberamtsarzt, als ein auf die Einbildung dieses Mannes psychisch wirkendes Mittel und ich verordnete ihm dieses noch mehr in jener Hinsicht, als weil jene Zeichen ein Mittel sind, das die Seherin von Prevorst in tiefem magnetischem Schlafe sich und andern gegen nächtliche Unruhe als Amulett zu gebrauchen anrieth." Kerner war allzu sehr ein Mann der Überzeugung und des mannhaften Eintretens für diese, als daß er sich mit seinen sympathetischen Kuren hinter den Ausnahmefall einer psychiatrischen hätte verkriechen mögen. Er bekennt sich daher nicht nur zu der Heilkraft, die ein derartiges Zet-

telchen wirklich besitze, sondern auch zu der Urheberin dieser seiner Kunstgriffe, der Seherin, die nun allerdings bei keinem rationellen Mediziner als
eine lautere Quelle ärztlichen Wissens galt. Und er gibt noch ein weiteres
sympathetisches Mittel an, das ebenfalls von ihr stammt und im gegenwärtigen Falle auch angeraten wurde. Ja, er versichert, daß er derlei Mittel „in
ähnlichen Fällen, so wie ich sie vorher schon öfters anwendete, auch wieder
anwenden" werde. Zum Schluß erfahren wir, daß Kerner von dem vermöglichen Hirschwirt für täglich zwei Besuche an sechs Tagen – „wobey ich jedesmal eine Stunde lang den Ekel seines Hustens und Eiters ausstehen und
sein theils albernes, theils jammervolles Gerede anhören mußte – 2f. (zwey
Gulden) Honorar erhalten" hat.

Der Medizinalrat der Kreisregierung legt ein ausführliches Gutachten und
zwei von ihm gehaltene Vorträge – über „Medicastrieren" *[Kurpfuschen,
Quacksalbern]* und sympathetische Mittel – bei, worin er darauf zu sprechen
kommt, daß durch die von Kerner im Oberamt Weinsberg geschützten Medi-
caster und sogar geförderten Praktiken der minder Gebildete wieder in die
Zeit des Mittelalters zurückversetzt würde, „wo Pfaffen und alte Weiber,
Schmiede und Schäfer etc. ihr Heil an der Gesundheit und dem Leben der
Menschen versuchten und wo Galilei vor das Inquisitionsgericht gestellt
wurde, weil er die Behauptung aufstellte, die Planeten drehen sich um die
Sonne und erhalten ihr Licht von dieser!" Für den vorliegenden Fall kann der
Medizinalrat Kerner freilich keine Schuld beimessen, da er auch die ge-
bräuchlichen Medizinen verschrieben habe.

Die Akte ging an das Königliche Medizinal-Collegium in Stuttgart, und
der Medizinalrat von Ludwig, Freund Kerners und ein feinfühliger Men-
schenfreund dazu (der sich ganz gewiß über Mutter Rickeles tödliche Krankheit so roh nicht geäußert hat wie der Sohn Theodor erzählt), verfaßte das
Gutachten dazu. Auch er verneint für den vorliegenden Fall die Schuldfrage,
gibt zwar allgemein die Förderung des Aberglaubens durch Kerner zu, verweist aber auf Blumhardt in Möttlingen – wegen seines aufsehenerregenden
Besessenheitsfalles – und auf die Wunderdoktoren weit und breit. Dem allem
könne man nicht durch Polizeimaßnahmen, sondern nur durch Aufklärung
entgegentreten. Kerner selbst aber verdiene bei seiner Individualität und
seinem Alter und wegen seiner früheren Verdienste Schonung. Eine Zurechtweisung (die dann auch von der Regierung unterlassen wurde) verfehle
ihren Zweck.

156

In dem an sich einfachen Falle Kachel werden weit ausgedehnte Fronten sichtbar, und die drei Befragten verstehen ohne weiteres, daß es um die Stellung in diesen und nicht um das Zettelchen von der Hirschwirtin geht. Die Worte „Sympathie der Dinge" und „Seherin von Prevorst", Schäfer, Schmied und Aberglauben, Besessenheit und Mittelalter bezeichnen die eine Front (in unterschiedlicher Bewertung) – die Worte Galilei, Aufklärung und leider auch Polizeimaßnahme nennen die andere Front. Wenn der Kreismedizinalrat von der Sonne und den sich um sie drehenden Planeten schreibt, so ist darunter mitverstanden, daß auch in einer gesunden Menschennatur nach seiner Meinung sich die „niederen" Gemütskräfte um die Vernunft – die ihnen ihre besondere Art Licht gibt – drehen sollten. Und er und seinesgleichen hielten es für selbstverständlich, daß der Staat und seine Diener in diesem Sinne gegen alle Widerstrebenden mit oft recht drastischen Maßnahmen vorgingen. Wirklich beherrschte der Rationalismus, der Vernunftglaube, damals fast alle Gebildeten – selbst Theologie und Geistlichkeit; die Technik lieferte damals die ersten Tatbeweise für die Anwendbarkeit des Vernunftprinzips und untermauerte das Postulat *[die Forderung]* seiner universellen Geltung.

Die Gegenseite dieser Richtung setzte sich aus sehr unterschiedlichen Bestrebungen und Bewegungen zusammen, obwohl in ihrer jeder die Motive aller eine gewisse Symbiose *[Zusammenleben zum gegenseitigen Nutzen]* eingingen. Die für unsere Untersuchung entscheidende Gegenströmung war schon in den siebziger Jahren des 18. Jahrhunderts von Mesmer ausgegangen. Es war der sogenannte animalische Magnetismus – dessen Name, als Gegenstück zum mineralischen, durch Lebensmagnetismus übersetzt wurde. Seine entscheidende Wirksamkeit bestand darin, daß er nicht von einer Theorie, sondern von einer Praxis ausging und durch sie das Lebensprinzip zur Geltung brachte. Sie gestattete es, den Menschen in Zustände zu versetzen, in denen die Vernunft offenbar überflutet wurde von den tiefer wirkenden Gemütskräften, – wobei deren eigentümliche Art zu erleben und zu wirken ans Licht kam. Gegenüber der isolierenden Sachwelt des tagwachen Verstandes ward durch sie die Allverbundenheit, die Nacht, der Schlaf, die Seele, das Totenreich zum unmittelbar sinnlichen Erlebnis. Dadurch war ein gewaltiger, im 18. Jahrhundert längst versiegelter Fragenkomplex aufs neue geöffnet; das gesamte Gebiet des Glaubens wie des Aberglaubens ward einer neuen Untersuchung zugänglich und wert. Was der Vernunftentscheid des 18. Jahrhunderts just als unmöglich beiseitegeschoben hatte, ward mit einem Male als möglicher Gegenstand der Erfahrung in die Mitte gerückt, – und zwar mit dem Anspruch, wie er ihm ursprünglich gebührte, über tiefste Seinsfragen des Menschen mitzuentscheiden. Die Grenzenlosigkeit dieses Anspruchs rief die Gegner auf den Plan. Wenn er gegründet war, versank das ganze Zeitalter aufs neue in ein gefürchtetes Dunkel, dem es sich eben entrungen hatte. Lagen doch Ketzerverfolgung und Hexenprozeß wirklich erst sehr kurze Zeit zurück. So wandte sich etwa der junge Hufeland, der später ein entschiedener Freund des Magnetismus war, 1784 gegen Mesmer „aus Furcht vor Jesuitismus und Aberglauben". Nicht nur im protestantischen Württemberg witterten viele Verfechter der geistigen Freiheit hinter den sympathetischen Praktiken katholische Sympathien. Tatsächlich war ja in dieser Zeit vorzüglich innerhalb der romantischen Bewegung, die Neigung zum Katholizismus sehr lebendig, und selbst ein Kerner hat ihr einen Beitrag gezollt. Die besessene Rose (aus seinem „Bärenhäuter im Salzbade"), deren Name an den des „Mädchens von Orlach", Rosina, anklingt und deren Vater ebenso wie der des „Mädchens" ein Haus abreißen läßt, um den Geist zu erlösen, – nimmt am Ende den Schleier als Nonne und ihr Vater wird Waldbruder – konfessionelle Folgerungen, welche dem evangelischen Orlacher Bauern und seiner Tochter allerdings ganz fern lagen, zumal der Hauptzug dieser von Kerner berichteten Besessenheitsgeschichte durchaus der protestantischen Kritik am älteren Katholizismus entspricht.

Der Norddeutsche Kuno Graf zu Rantzau verdächtigt Kerner unter dem Eindruck seiner Schriften von der „Seherin" bis zum „Bärenhäuter" geradezu, einem „schlau berechneten" Plane zu folgen – mit dem Zweck, „den einseitigsten Aberglauben der Welt aufdrängen zu wollen ..., sie zurückzuführen in die alte Nacht der Finsternis, wo alle freie Forschung endet, die Priester-Tyrannei beginnt und der listige Betrüger, unter der Maske äußerlicher Ehrlichkeit ... und höherer ... Begabungen die leichtgläubige Mitwelt prellt". In der scharfen Verurteilung von Kerners Streben steht Rantzau keineswegs allein da. Am bekanntesten ist das Pasquill *[Schmäh- und Spottschrift]* Immermanns geblieben, das er seinem Münchhausen einverleibt hat und mit dem er in massivster Form Kerner und seinen Freund Eschenmayer als weibisch-vertrottelte Obskuranten *[Dunkelmänner]* hinstellte. Auch das Totschweigen der „magnetischen" Schriften Kerners seitens mancher Lobredner seines dichterischen Schaffens spricht eine beredte Sprache.

In dem Zwiespalt zwischen Vernunftgebot und Nachtseele, der das Menschenwesen spaltet, hat Kerner offenbar eine extreme Stellung bezogen und fordert auf diese Weise damals wie heute den Gegner heraus. Und zwar nicht mit einem durchsichtigen Begriff, sondern durch den Hinweis auf eine dunkle Natur. War doch Kerner einer der wenigen, welche ihre Einstellung gewannen nicht auf Grund einer früherworbenen Philosophie oder einer übernommenen Theorie und nicht durch Willensentscheid oder Vorurteil oder ein geistiges, religiöses oder ständisches Interesse, – sondern Kerner deswegen allein, weil er eine Reihe von Erlebnissen durchschritt, die ihn notwendig bis zu dem Punkt führen mußten, wo er als Vorkämpfer des „Aberglaubens" dem Verfechter des Vernunftglaubens aufreizend gegenüberstand. Was immer Kerner vorgeworfen werden mag, so läßt sich doch erweisen, daß er selbst geistig schon aus der Aufklärung geboren ist. Ihm war eine wurzelhafte Skepsis eigen, welche alle Fasern seines Wissens und Glaubens durchwebte und ihm bis in die letzten Konsequenzen seines magnetistischen Forschens hinein die Freiheit ließ, anzunehmen oder zu verwerfen. Aus dieser Freiheit entspringt auch sein Humor. Wie wäre es ihm möglich gewesen, in der rationalen Welt und innerlich mit ihr übereinstimmend, das Gespenst und den Spuk zur Anerkennung anzumelden – hätte er sie nicht selbst ertragen durch seinen Humor? Was könnte besser diese skeptische Spannung seines Innern bezeugen als jene burleske *[possenhafte]* Szene im Kerner-Hause, die uns geschildert wird: da die Maria Uz von ihrem gotteslästerlichen Dämon besessen ist, Kerner aber von seinem Kutscher – vor Gästen! – ihm fromme Lieder vorsingen läßt – was der Dämon mit fürchterlichem Geschimpfe quittiert – worüber wieder Kerner sich in einem tollen Lachen ausschüttet – eine urkomische Szene, im wirklichen Sinne einer urtümlichen Komik, da das Dämonische, das Pathetische *[das feierlich Ergreifende]* und das Burleske allerdings einen zutiefst menschlichen Dreiklang bilden – wie übrigens oft gerade im Spuk! Und wie sehr erscheint Kerner in diesem Auftritt als der menschlichste Mensch, der sich nicht auf die eine Seite schlägt, um die andere zu leugnen, sondern in der Mitte bleibt und sie alle lachend versöhnt.

Kerner hat in einem bekannten Brief an Sophie Schwab bezeugt, daß er zu seinen Entdeckungen auf dem Nachtgebiete der Natur „rein nur auf dem Wege kalter Beobachtung" gekommen sei; „die Sachen waren meiner eigenen Phantasie immer entgegen". Hieran ist sicher richtig, daß er, ohne eine Wahl zu haben, von Erlebnis zu Erlebnis geführt wurde und allerdings aus den Erlebnissen gewisse Folgerungen ziehen mußte. Im Anfang der zwanziger Jahre wird er durch die „Geschichte zweier Somnambülen" in Weinsberg mit dem Hellgesicht dieser magnetischen Mädchen für Krankheitszustände und Heilkräfte, für Entferntes und Verdecktes bekannt und registriert ihre

Visionen von Toten und Jenseits-Stätten. In der zweiten Hälfte des Jahrzehnts überzeugen den Widerstrebenden die Gesichte der Seherin von Prevorst vom „Hereinragen einer Geisterwelt in die unsere", und diese Frau bereichert seine Praxis mit zahlreichen Anweisungen zu magisch-magnetischen Heilverfahren. Dann treten die Besessenen in seinen Gesichtskreis, deren Zustände und Bekundungen ebenfalls von einer Totenwelt zeugen. Diese Erscheinungen wie auch schon die der Seherin waren zum Teil mit Spukvorfällen verbunden. 1835 nötigt ihn seine Stellung als Oberamtsarzt, einen Spuk im Weinsberger Gefängnis zu untersuchen, und er befand ihn mit der Überzahl der zugezogenen Zeugen als Tatsache. Seine Veröffentlichungen veranlaßten zahlreiche Leute, ihm Selbsterlebtes dieser Art zu berichten, und er ließ die Berichte in eigenen Blättern drucken. All das überzeugte ihn davon, daß auf diesem Gebiet keineswegs alles Täuschung sei, sondern daß hier ein erforschbarer Gegenstand der Naturwissenschaft liege, der zum Schaden der Menschenkunde vernachlässigt werde.

In seinen abschließend formulierten Grundsätzen fordert er daher die Anerkennung dieses Gegenstandes, und zwar nur diese, die Deutung überläßt er der Zukunft. Diese Forderung aufgestellt und mit seinem Material begründet zu haben, erkennt er selbst als seine entscheidende, als die zukunftweisende geistige Leistung und sagt für eine spätere Zeit ihre Anerkennung voraus. Hundert Jahre nach seinem Tode steht eine allgemeine und öffentliche Rechtfertigung freilich immer noch aus, obwohl die gegenwärtige Problemstellung in einer Reihe von Wissenschaften deutlich darauf hinweist, daß sie durch Anknüpfen an die Kernerschen Forschungen entschiedenen Gewinn davontrügen.

Wie andere Gegner des Vernunftglaubens bezweifelt auch Kerner die Segnungen der Technik, so die Luftfahrt wie die Eisenbahn, und er setzt seinen Zweifel in die lediglich rationalen Verfahren. Schon 1824 in seiner „Geschichte zweyer Somnambülen" wendet er sich „gegen diejenigen, welche eingeschlossen in die isolierende Glastafel (tabula vitrea) ihres Schädels, keine Ahnung von einer Sympathie der Dinge und einem höheren Geistesleben haben, denen alles Geistige, was nicht an ihrer kalten Gehirnwand sogleich in palpablen *[tastbare, greifbare]* Tropfen sich sublimiert *[veredelt]*, Trug und Lüge ist". Aber das eigentlich Kennzeichnende seines Kampfes ist, daß er als Praktiker des Lebensmagnetismus neue Erscheinungen, bisher unbekannte, unbeachtete, verachtete, verleugnete oder weggestrittene Erscheinungen ins Feld führt, um einen Charakter der Wirklichkeit zu beurkunden, der gründlich verschieden ist von dem, welchen das Sublimat *[die nie-derschlagende feste Substanz]* an der Hirnscheibe erweisen soll.

Gegen das Vernunft-Ideal richtete auch die Goethezeit eine Front, – auf Grund von Wertgefühlen des einzelnen, die in seiner das klassische Altertum umfassenden Bildung und in den überlieferten ständischen Lebensformen wurzeln, – es war, möchten wir sagen, ein apollinischer *[harmonischer, ausgleichender, maßvoller]* Protest. Wie anders war demgegenüber schon das Menschenbild, mit dem die Kernerzeit das Kampffeld betritt: Bauern, Schäfer, Schmiede, Kleemeister (= Schinder!), Kräuterweiber, Somnambule, Kranke, Besessene – „Der Bauch der Vetteln", protestiert Immermann, „soll plötzlich mehr wissen als das Haupt und das Herz der Weisen!" – Es ist eine andere vitale Schicht, welche unter der Bedrohung durch die Ratio nun alarmiert wird; das wird sowohl deutlich durch die soziale Schicht, die der Magnetismus zum Einsatz bringt, wie auch durch die Zustände, in denen er diese Menschen vorführt: es ist – vergleichsweise – ein dionysischer *[wild begeisterter, rauschhafter, dem Leben hingegebener]* Protest.

Wir wollen uns dies noch einmal stärker verdeutlichen durch die seltsamste menschliche Gestalt, die durch das Wirken Kerners in unser Gesichtsfeld tritt und die zugleich klar erkennen läßt, was es eigentlich war, das in Gestalt des animalischen Magnetismus und des wiedererweckten „Aberglaubens" wider die Aufklärung aufbegehrte. Wir schicken eine höchst merkwürdige Feststellung voraus. So sehr sich Kerner für die magnetischen Erscheinungen insgesamt, für ihre Echtheit und Wirksamkeit eingesetzt hatte, so unbestreitbar wirklich sich ihm Spuk, Gespenst und Besessenheit aufgedrängt hatten, – so wenig war er trotzdem imstande, in unbedingtem Glauben auf die Besessenen einzuwirken. Daß der ungläubige Rationalist überhaupt nicht wirken konnte, ja, daß die Macht in dem Besessenen verderblich auf ihn zurückschlug, hatte er mehrfach erlebt; aber selbst seine eigene Gläubigkeit reichte nicht hin, um den Dämon zu treffen und auszutreiben. Um die Besessenen, die sich zu ihm flüchteten, heilen zu können, bedurfte er eines Helfers von gänzlich anderer Gemütsverfassung.

Der Mann, auf den Kerner nach mehreren Fehlschlägen geführt wurde, war ein Schneider aus Kirchheim unter Teck, namens Jacob Dürr. Die deutsche Literatur besitzt von ihm ein völlig verzeichnetes Zerrbild in dem schon genannten Pasquill von Immermann. Was es mit dem seltenen Manne in Wahrheit auf sich hat, läßt sich erst heute auf Grund aller Zeugnisse, die von ihm berichten, und im Hinblick auf verwandte Erscheinungen bei den Urvölkern verstehen. Immermann nennt ihn einmal, und er meint das gehässig, einen „schaumbedeckten Schamanen". Er hatte damit, ohne es zu wissen und in einem durchaus ehrenhaften Sinne, das Richtige getroffen. In Dürr begegnet uns, durchaus vergleichbar den Beobachtungen im völkerkundlichen Bereich, der letzte deutsche Schamane, für den die Welt, die Kerner nur für den Verstand rekonstruierte, die unmittelbarste, leibhafteste, jeden Alltag gänzlich durchdringende Wirklichkeit war. Er besaß nicht nur Zaubermittel, Amulette und Spruchwissen, sondern auch einen Zaubergürtel. Geringe Mengen eines Rauschmittels – Wein oder Kaffee – versetzten ihn sogleich in einen exaltierten *[überschwenglichen]* Zustand. Er sprach – gegebenenfalls – eine für andere Menschen unverständliche Geistersprache, die er ihnen auch nicht erklären konnte. Die Dämonen, die Kerners Haus belagerten, als es eine Besessene beherbergte, sah er. Aus der Ferne spürte er das Maß ihrer Macht, wenn Kerner ihn zu Hilfe rief. Mit den wohltätigen Geistern verkehrte er unmittelbar, sandte sie, bevor er selber kam, schon zu Kerner voraus oder führte sie den Besessenen als Schutzgeister zu. Aber wenn ein Dämon dem Namen Gottes nicht wich, scheute er sich nicht, ihn im Namen des Teufels zu beschwören. Das Seltsamste und Überzeugendste von ihm, das ihn unmittelbar mit dem bei Urvölkern Beobachteten verknüpft, geht aus einem Briefe, der von ihm erhalten ist, hervor: die unabdingbare Verpflichtung zum Verkehr mit der jenseitigen Welt zu bestimmten Zeiten. Er konnte einst zu Kerner nicht kommen, da er jeden Tag drei Stunden mit 21 Himmelsfürsten zu reden hatte: „Ich kann nicht bälder kommen. Ich muß bei meinem Gesetz bleiben und könnte nicht um vieles Geld kommen; sonst würde ich meine Gaben verschätzen ... Außer diesem Gesetz lasse ich mich gar nicht treiben". – Manch einer möchte vermuten, daß der Mann geistesgestört war. Aber die Parallelen der Völkerkunde widerlegen das, und Kerner kannte sich allerdings mit Irren aus. Die Seltsamkeiten Dürrs waren die Bedingungen seiner Wirksamkeit. Unbändig war sein Trieb, die unter Dämonen Leidenden zu heilen, unbedingt der Glaube, mit dem er auf sie wirkte. Stumme Dämonen zwang er zu sprechen. Die er zum Sprechen gebracht hatte, bedrängte er, bis sie ausfuhren.

In Dürr und denen, die er heilte, den Besessenen, tritt uns am reinsten und stärksten die Wirklichkeit entgegen, die Kerner entdeckt hat: seinerzeit begegnete dem aufgeklärten Oberamtsarzt noch der Schamane, der als Typ uralt war – älter als alle Archäologie ringsum – ein Menschenbild, das die Altsteinzeit, die jägerische Kulturstufe entwickelt hat. Auf Grund welcher Überlieferungszusammenhänge – ob aus lockerer Tradition, ob aus innerer Wiedergeburt – dieses Bild noch einmal hervortrat, läßt sich kaum noch ergründen. Staunen aber müssen wir darüber, daß die Menschlichkeit, als die Moderne, die all dies überrollen sollte, zu ihrem stärksten Vorstoß ansetzte, diese alten Lebensformen unter uns noch einmal in solcher Reinheit hervor trieb und weithin sichtbar auf die Bühne des Zeitalters stellte. Dies war es denn eigentlich, was Kerner entdeckt hat und was die Praxis des Oberamtsarztes so gefährlich für seine Stellung, wie heilsam für viele Patienten durchsetzt hat: ein altertümlicheres Zusammenspiel von menschlicher Seele und Welt mit eigenen Erlebnissen und eigentümlichen Wirkungsformen – einst ebenso wirklich, wenn auch heute weit rätselhafter und dunkler erscheinend als das technische Spiel, das die aufgeklärte Vernunft mit den auch jetzt noch immer nicht durchschauten Gewalten ihrer Welt dilettantisch *[laienhaft, unzulänglich]* und bedrohlich auf moderne Weise treibt.

DER OBERAMTSARZT UNTER VERDACHT

Eine Veröffentlichung aus den Akten des Medizinalkollegiums

[Erschienen in „Beiträge zur schwäbischen Literatur- und Geistesgeschichte und Mitteilungen des Justinus-Kerner Vereins und Frauenvereins Weinsberg e. V." Band 2, Verlag des Justinus-Kerner-Vereins Weinsberg, S. 44–60]

Nachdem Justinus Kerner vor den Wundärzten mehrerer Oberamtsbezirke die Rede gehalten hatte, die wir im vorigen Bande abgedruckt haben[1], vergingen nur wenige Jahre, bis er selbst sich vor der Regierung verantworten mußte – eben wegen solcher Maßnahmen, wie er sie in seinem Vortrag den Hörern zur Prüfung und Erprobung anempfohlen hatte. Aus den nachfolgend mitgeteilten Aktenstücken gehen die Umstände hervor, unter denen der Oberamtsarzt genötigt war, sein Verfahren und seine Überzeugungen zu bekunden. Es bedarf daher nur weniger Worte der Einführung in jene Geschehnisse und darüber hinaus nur einer kurzen Andeutung zu den wissenschaftlichen Fronten, deren Streit in den Akten zum Austrag kommt.

Ein Schwerkranker aus dem benachbarten Oberamt Neckarsulm hatte Kerners Hilfe in Anspruch genommen und sich dazu auf sechs Tage in der „Traube" in Weinsberg eingemietet. Der Kranke, der Hirschwirt Kachel aus Kochersteinsfeld, litt an der Schwindsucht, war aber nicht eigentlich dieses Siechtums wegen nach Weinsberg gekommen, sondern um von Kerner sich ein Mittel zu erbitten gegen den Todeszauber, den nach seiner Meinung seine Frau gegen ihn ins Werk gesetzt hatte. Mit Kerners Bericht blicken wir einmal unmittelbar in eine von ihm betreute Krankenstube hinein und erfahren, wie sich der Oberamtsarzt auf des Patienten Bitte verhielt und warum er nicht nur mit symptomatischen *[zum Krankheitsbild gehörende]* Arzneien auf seine Leibeskrankheit einzuwirken suchte, sondern auch durch magische und sympathetische *[auf Mitgefühl fußende]* Mittel auf die Seele.

Der Kranke starb einige Monate später, und da das Gerücht am Orte von einer Schuld der Witwe am Tode ihres Mannes wissen wollte, so beantragte sie selber eine Legalinspektion der Leiche – das heißt eine Untersuchung ohne Sektion *[Leichenöffnung]* –, und in der Tat fand man, „daß Kachel an einem acut verlaufenen hectischen Fieber gestorben sey und daß weder Ver-

---

[1] Beiträge zur schwäbischen Literatur- und Geistesgeschichte und Mitteilungen des Justinus-Kerner-Vereins und Frauenvereins Weinsberg E.V., Weinsberg 1981, S. 187–194.

giftung noch eine äußere Gewaltthat seinen Tod veranlaßt habe." Das Oberamt Neckarsulm teilte der Königlichen Regierung des Neckarkreises in Ludwigsburg das Untersuchungsergebnis mit und bat um Genehmigung der an-
geschlossenen Kostenrechnung. Auch hatte Kachels Witwe sich schon von
vornherein verpflichtet, die Kosten des Verfahrens zu tragen[2].

Mit der Zustimmung der Regierung zu der Kostenaufstellung hätte die
ganze Sache in ihr verdientes Nichts zusammenfallen können, wenn man
nicht in Ludwigsburg auf einige Zettel aufmerksam geworden wäre, die dem
Oberamtsbericht beilagen und die Kachels Witwe den Untersuchenden ausgehändigt hatte. Es waren geschriebene Amulette *[Zettel zur Gefahrenab-
wehr]*, die teils von einer Frau namens Justina Rupp und teils von dem Ober-
amtsarzte Justinus Kerner herrühren sollten. Wir gehen wohl nicht fehl in der
Annahme, daß dieser Aufdeckung magischer Geheimnisse nicht nur der
Wunsch der Witwe zugrunde lag, sich wegen eigener ähnlicher Praktiken
abzusichern, sondern auch eine Art Rachegelüst. Denn der Wirt war aus
Weinsberg zurückgekehrt mit der Behauptung, der dortige Oberamtsarzt teile
seine Ansicht von dem gegen ihn geübten Todeszauber. Die Kreisregierung
forderte daher das Oberamt Neckarsulm auf, über das Oberamt Weinsberg
die Sache untersuchen zu lassen und, falls sich die Aussagen der Witwe bestätigen sollten, „den Dr. Kerner zur Verantwortung zu veranlassen, wie er es
mit seiner Stellung als Oberamtsarzt zu vereinigen vermöge, daß er, anstatt
den Hirschwirth Kachel nach den Regeln der Kunst ärztlich zu behandeln,
ihm den vorliegenden Zettel zum Gebrauche als sympathetisches Mittel zu-
stellte: zugleich ist zu erheben, ob und welche Belohnung Dr. Kerner für
diesen Rath empfangen hat." Außerdem sei eine Untersuchung gegen die
erwähnte Frauensperson einzuleiten[3]. Es war eine symbolisch denkwürdige
Situation, die den Weinsberger Oberamtsarzt mit einem armseligen Weibe
zusammen auf eine Anklagebank brachte, mit einem Frauenzimmer, das
Diebstahls halber, wegen Hurerei und Kurpfuscherei vorbestraft war und das,
Ironie des Schicksals, denselben Vornamen führte wie er.

Kerner empfand die Zweifel an seiner ärztlichen Integrität als eine schwere Kränkung und rechtfertigte sein Handeln in einem umfangreichen Schriftstück. Da dies jedoch auf dem Dienstwege durch zwei Oberämter laufen und
ihm daran liegen mußte, die ärgerliche Sache möglichst bald aus der Welt zu

---

[2] f. 891 – 5. Juni 1846.
[3] f. 912 – 16. Juni 1846.

schaffen, so kopierte er das Schreiben eigenhändig und sandte es auch unmittelbar an die Kreisregierung – mit Begleitbrief vom 30. Juni und Eingangsvermerk der Regierung vom 1. Juli[4], während der Bericht selbst, offenbar irrigerweise, auf den 30. Juli datiert ist[5]. Diese Fassung ist im folgenden unter I abgedruckt.

Anfang August lief auch der Bericht des Oberamtes Neckarsulm bei der Regierung ein – mit Kerners Erklärung und der Mitteilung, daß Justina Rupp ihre Verfehlung zugestanden habe[6]. Der Kreismedizinalrat Seeger forderte zu weiterer Behandlung dieses Falles aus der Registratur die Weinsberger medizinischen Visitationsakten und Untersuchungen wegen Befugnisüberschreitungen der dortigen Wundärzte und Hebammen an[7]. In der ersten Oktoberhälfte zirkulierten die Akten unter den Regierungsmitgliedern[8], und zur Beurteilung des Falles trug der Medizinalrat mit einem ausführlichen Vortrag bei[9]. Es wurde beschlossen, das Medizinalkollegium, also die höchste Medizinalbehörde des Landes, „um seine Äußerung in der Sache zu ersuchen, weil der in Frage stehende Gegenstand in das technische Gebiet einschlägt." In dem diesbezüglichen Schreiben der Regierung[10] wird Kerners Erklärung – mit einem nachträglich eingesetzten Wort – als „weitwendig" bezeichnet, der Vortrag des Medizinalrates beigelegt und dessen Meinung mit kurzen Worten zusammengefaßt: „Die Anwendung sympathetischer Mittel von Seiten des Dr. Kerner scheint uns mit seiner Stellung als öffentlich angestellter Gesundheitsbeamter unvereinbar zu sein, und daß hiedurch nur der Aberglaube befördert werde, wird bei der sonstigen bekannten Richtung dieses Mannes, besonders in dem Bezirk des Oberamtes Weinsberg, kaum zu bezweifeln seyn."

Das Gutachten auf die Anfrage ist von dem Königlichen Obermedizinalrat Ludwig geschrieben und unterzeichnet und sicher auch von diesem feinfühligen und dem Justinus Kerner freundschaftlich zugewandten Manne abgefaßt worden[11]. Er verneint für den vorliegenden Fall die Schuldfrage,

---

[4] f. 904.
[5] f. 910 v.
[6] f. 903.
[7] f. 903.
[8] f. 894.
[9] ff. 899, 900, 897 – unten Nr. II.
[10] ff. 895r – 896r.
[11] ff. 890, 913, 914, 915, 4.12.1846 – unten Nr. III.
     Theobald Kerner: Das Kernerhaus und seine Gäste, 3. Aufl., Weinsberg 1913, II. Teil, S. 170,

gibt zwar allgemein die Förderung des Aberglaubens durch Kerner zu, verweist aber auf Blumhardt in Möttlingen – wegen seines aufsehenerregenden Besessenheitsfalles – und auf die Wunderdoktoren weit und breit. Dem allem könne man nicht durch Polizeimaßnahmen, sondern nur durch Aufklärung entgegentreten. Kerner selbst aber verdiene bei seiner Individualität und seinem Alter und wegen seiner früheren Verdienste Schonung. Eine Zurechtweisung verfehle ihren Zweck. Vom 29. Januar 1847 endlich datiert das Konzept des abschließenden Regierungserlasses an das Oberamt Neckarsulm – unten Nr. IV. Es ist von der Hand des Kreismedizinalrates Seeger, dessen Einstellung durch Ludwig kaum gemildert worden ist und der zunächst einen harten Vergleich Kerners mit der Justina Rupp niederschreibt, dann aber diesen kränkenden Satz wieder streicht. Bemerkenswert ist, daß die Regierung nun von einer Bestrafung der Frau absieht, obwohl Seeger in einer Marginalie *[Anmerkung am Rand der Handschrift]* auf dem Schreiben des Medizinalkollegiums[12] zunächst noch für eine Geldstrafe von 5 Gulden votiert hatte. Jetzt verzichtete die Regierung darauf vermutlich deswegen, weil die Justina dann im Vergleich zum Justinus allzu ungleich behandelt worden wäre. Außerdem hatte Seeger in derselben Randnote dafür gestimmt, „die Zurechtweisung des Oberamtsarztes Dr. Kerner zu unterlassen". Eine eigentliche amtliche Rüge wäre demnach in der Fassung des Regierungserlasses nicht zu erblicken. Diesem Schreiben an das Oberamt wurde Seegers Vortrag zur Sache beigelegt, bis zu den Worten „... Nutzen davon zu erwarten", und außerdem ein weiterer Vortrag zu dem Fall eines Medikasters *[Kurpfuscher, Quacksalber]* in der Gegend von Nürtingen. Offenbar wollte der Kreismedizinalrat nicht davon absehen, seine eigene Ansicht von dem Sachgebiet, um das es ging, nachdrücklich zu Gehör zu bringen. Für seine Grundeinstellung – und für die vieler anderer Gegner Kerners zu der Zeit – ist besonders charakteristisch die kurze Passage, die wir daraus unter Nr. V abdrucken.

---

schildert, wie kaltherzig Ludwig dem Justinus Kerner den bevorstehenden Tod seines Rickele angekündigt haben soll. Eine solche Verhaltensweise steht ganz im Gegensatz zu dem Charakter Ludwigs, wie er sich mir in vielen Aktenstücken des Medizinalkollegiums darstellt. Wir mögen aber wohl glauben, daß eine jede noch so behutsame Äußerung dieser Art auf Justinus tief verletzend wirken mußte.

[12] f. 890r vom 11. Dezember.

Die Stimmung jener Zeit war in einer uns heute nur noch schwer nachempfindbaren Weise gegen den „Aberglauben" gerichtet[13]. Dieser erschien noch als eine gefährliche Macht, gegen die nicht nur der einzelne sich zur Wehr setzen mußte, sondern gegen die in jedem Falle von Amts wegen einzuschreiten war. Die gerade errungene Geistesfreiheit – oder was man dafür hielt – erlebte man noch immer als von den alten Gewalten bedroht, und von den magischen Kuren der Schäfer und Schmiede schien noch ein einziger Zusammenhang zu reichen bis zu der mörderischen Gewalt der Inquisitionsgerichte, die auch auf dem Aberglauben fußten und jede wissenschaftliche Neuorientierung durch Machtausübung verhindert hatten. Die Aufklärung zu verbreiten wird daher geradezu wie eine missionarische Verpflichtung der Gebildeten und zumal der Staatsbeamten aufgefaßt. Es ist klar, daß die Romantiker an dieser Furcht vor einer abgetanen Verstandesknechtung in keinem Falle mehr teilhatten, sondern in pionierhafter Weise bereits aufgebrochen waren, die echten Güter unterhalb des Geisteszwanges der Vergangenheit aufzudecken. Indem sie dies in wirklicher geistiger Freiheit, nämlich als von innen her Freie, unternahmen, zeigte sich unversehens, daß sie dadurch in einen Zwist gerieten mit den Anwälten einer neuen Fesselung des Geistes im Namen der Aufklärung.

Jener Aufbruch erschien der Gegenseite um so anstößiger, als das wiederzuentdeckende Wissen auch in einer anderen Schicht der Gesellschaft, oft bei den allerniedersten Ständen gesucht wurde: eben bei Schäfern und Schindern *[Beseitigen von Tierkadavern]*, bei den Kräuterweibern und den somnambulisch Kranken. Und nicht nur dies, nicht nur auf den untersten Stufen des Volkes suchte man die ererbten Einsichten, sondern auch in einer anderen, tieferen Zone der menschlichen Innerlichkeit, in der Ahnung, im Unbewußten, in der Seele statt im Verstand. „Der Bauch der Vetteln", protestierte Immermann, „soll plötzlich mehr wissen als das Haupt und das Herz der Weisen."[14] – Selbstredend hat der Kreismedizinalrat recht, wenn er meint, daß manches Mittel in der Hand der volkstümlichen Heilkünstler eine Gefahr für den Kranken darstelle. Nur haben wir allerdings inzwischen auch erfahren, wie gerade die moderne Medizin „rationelle" Pharmazeutika hervorzu-

---

[13] Zu vergleichen meine Darstellung zum Falle Kachel in: Der Oberamtsarzt und der Aberglaube, Beilage zur Ludwigsburger Kreiszeitung, 13.Jg., Nr. 2, 15.2.1962, und Heino Gehrts: Das Mädchen von Orlach, Stuttgart 1966, S. 128.

[14] Karl Immermann, Münchhausen. Eine Geschichte in Arabesken, Berlin 1858, 2.Teil S. 173 – 4. Buch, im Testament des Magisters Schnotterbaum.

bringen versteht, die so entsetzliche Wirkungen haben können, wie kein volkstümliches Pharmakon sie je gezeitigt hat.

Gegen die wahrhaft Weisen wird sich schwerlich ein Romantiker je gestellt haben; der von Immermann bezeichnete Gegensatz indes zwischen den beiden Polen der Gesellschaft, ebenso wie zwischen den Geschlechtern und den Gemütskräften bestand in der Tat, und Kerner bezog in dieser Hinsicht eine klare Stellung: „Bekennen muß ich übrigens, daß mir bei Gegenständen aus der Nachtseite der Natur, der oft nur aus dem Instinkt hervorgegangene Volksglaube, möge er von der Wahrheit auch noch so fern stehen, immer noch ihr näher zu stehen scheint, als das intellektuelle Theoretisieren, Meinen und Dafürhalten der gebildeten und gelehrten Welt in diesem Felde.“[15] – Noch entschiedener als in diesem behutsamen Sendschreiben an den Obermedizinalrat Schelling äußert sich Kerner an anderen Stellen seines Werkes – sowohl im Kampf um den Erkenntnisgehalt seiner Schriften, soweit sie das umstrittene „Nachtgebiet“ betrafen, wie auch im Hinblick auf die Erneuerung der naturnäheren älteren Methoden der Krankenbehandlung. In den Akten um den Hirschwirt Kachel finden wir ihn einmal als Person betroffen, und wir erleben mit, wie er nun nicht als bloßer Theoretiker der dunkleren Seelenkräfte zur Verteidigung genötigt ist, sondern unmittelbar als Arzt im Dienst seiner Kranken.

*

Die nachfolgend abgedruckten fünf Schriftstücke werden im Staatsarchiv Ludwigsburg aufbewahrt und gehören zu einem Bestand mit der Archivsignatur StAL, E 173 III Bü a VII 43. Für die Kopie der Akte und die Erlaubnis zur Veröffentlichung sei der Leitung des Archivs an dieser Stelle aufs beste gedankt. Unser Fall umfaßt die Blätter 890 bis 915, die jedoch in ihrer ursprünglichen Reihenfolge gestört sind. Im folgenden Text ist jeweils das betreffende Blatt des Faszikels *[Aktenbündels]* an seinem Anfang mit seiner Ziffer bezeichnet. Die Schreibung ist, abgesehen von der Auflösung der Abkürzungen, in keinem Falle verändert, sondern mit allen Inkonsequenzen – zum Beispiel simpathetisch – sympathetisch – beibehalten, wirft es doch beispielsweise kein unbedeutendes Licht auf den schwierigen Bildungsgang Kerners, wenn wir bei ihm die Schreibung Hyrogliphen – im Gegensatz zu

---

[15] Nachricht von dem Vorkommen des Besessenseins; in der Vorrede an den Obermedizinalrat Dr. Schelling; Sämtliche Werke. hrsg. von Walter Heichen, Berlin o. J., Achtes Buch, S. 167.

seinen ärztlichen Kollegen – finden. Die Zeichensetzung ist dagegen entsprechend unseren heutigen Regeln durchgeführt.

I.

/904 r/ Königliche Kreisregierung! Unterzeichneter hat vor königlicher Kreisregierung eine zu hohe Achtung, als daß es ihm nicht höchst schmerzhaft wäre, vor derselben noch länger durch Mißverständnisse in einem falschen Lichte erscheinen zu müßen, weswegen er es wagt, Königlicher Regierung direkt eine Abschrift seiner heute an hiesiges Oberamt abgegebenen Erklärung zu übersenden, auch in Betracht, daß dieselbe durch zwey Oberämter laufen muß und dadurch erst wohl nach Monaten an die Königliche Regierung gelangen könnte.

Ehrerbietigst etc.

Oberamtsarzt Dr. Kerner   Weinsberg den 30 Juny

46 /905 r/ (Copie) Hochlöbliches Oberamt! Den Unterzeichneten kann es nicht anders als tief verletzen und kränken, daß eine hochpreißliche Regierung von ihm den Glauben hegen kann: er sey ein Mensch, der ohne allen tieferen wissenschaftlichen Grund, und einzig nur, entweder aus Dummheit oder gar aus Betrügerey und Gewinnsucht: (denn es wird auch hochlöbliches Oberamt aufgefordert, auszukundschaften, welchen Lohn der Unterzeichnete erhalten!!) einen evident *[offenkundig]* lungensüchtigen Mann blos und in der Eile statt mit Medikamenten, mit Unhängung eines Amuletes abspeisen könne.

Daß lezteres mit nichten stattfand, widerlegt der Unterzeichnete sogleich durch Vorlegung seiner Recepte in Copie, / Marginalie: NB (Es sind hier in dem an das Oberamt abgegebenen Originale, die Copien der Recepte, die ich dem Wirth Kachel gegen sein Lungenleiden verordnet, beygelegt.)/ die in hiesiger Apotheke von ihm für jenen Kranken verordnet und abgegeben wurden, theils während dessen sechstägigem Aufenthalt allhier, theils später, und welche Recepte keine magische Hyrogliphen, sondern ganz unverdächtige oberamtsärztliche Medikamente, wie Isländisches Mooß, Mohnsamen, /905 v/ Laudanum, Salpeter, Altheensaft[16], Bärendreck[17] etc. enthalten und für keine Verzauberung, sondern für eine Lungenkrankheit berechnet waren, obgleich der Unterzeichnete bey ihrer Verordnung das leidige Gefühl hatte, daß derley Mittel so wenig als Hyrogliphen dem bereits in das lezte Stadium einer eitern-

---

[16] Althaea officinalis, Eibisch, Hustenmittel.

[17] Succus Liquiritiae, Süßholzsaft.

den Lungenschwindsucht getretenen Kranken mehr das Leben retten würden. Es ist aber bisher auch den Oberamtsärzten noch nicht verboten worden, solchen rettungslosen Kranken Hoffnung und Trost zu nehmen und ihnen diese nichts mehr fruchtenden Medikamente, gleichsam nur des Glaubens wegen, wie Amulete, anzuempfehlen.

So erhielt also der Hirschwirth Kachel von dem Unterzeichneten auch sattsam solche Medikamente der Apotheke und wurde von ihm nach den Regeln der Kunst ärztlich, und nicht blos mit jenen hyrogliphischen Zeichen behandelt.

Was aber jene Zeichen betrifft, so wurden dieselben dem nicht blos körperlich, sondern auch psychisch /906 r/ Kranken, im Gemüth tief verletzten, aus Gründen zugestellt, die die Psychiatrie, die er gar wohl durch vielfache Erfahrungen kennt, in diesem Falle anräth und, wo ihm kein Opium und kein Salmiak diesen Zweck erfüllt hatte, diesen in der That erfüllten und ihm schlaflose Nächte in Ruhe verwandelten. Es wußte demnach der Unterzeichnete die Anwendung derselben bey diesem Kranken wohl mit seiner Stellung als Oberamtsarzt zu vereinigen und wird dieselben in ähnlichen Fällen, so wie er sie vorher schon öfters anwendete, auch wieder anwenden. Um aber dieß einer hochpreißlichen Regierung klarer zu machen, muß der Unterzeichnete sich in eine Erzählung der Kachelischen Krankheitsgeschichte einlassen, wenigstens in so weit, als sie ihn durch Kachels sechs Tage langen Aufenthalt allhier zum Zwecke seiner Heilung bekannt wurde, besonders da auch durch diese Erzählung mehr Licht auf Kachels physischen und psychischen Zustand, nahmentlich auf seine fixe Idee: er seye durch seine Gattin durch Sympathie *[geheime Einwirkungen]* krank gemacht worden und könne nur durch Sympathie wieder geheilt werden, /906 v/ geworfen wird, als durch die Inspektion des Todten, die ohne Sektion höchst überflüssig und fruchtlos war, und durch die Vernahmlassungen voll vager Antworten und unvollständiger Angaben und Erzählungen, geworfen werden konnte.

Hirschwirth Kachel von Kochersteinsfeld, begab sich Mitte Aprils dieses Jahres nach Weinsberg und logirte sich in dem dasigen Gasthofe zur Traube sechs Tage lang ein. Er ließ mich am anderen Tage seiner Ankunft zu sich berufen, und ich erkannte in ihm sogleich einen bald im lezten Stadium einer eiternden Lungensucht stehenden Kranken. Diß gab ich ihm auch auf eine schonende Weise zu erkennen, er aber ließ mich bald merken: daß er nicht, um von seiner Lungensucht geheilt zu werden, nach Weinsberg gekommen: denn er wisse nun gewiß, wo seine Krankheit herkomme. Kummer und Ärger über seine Frau, die sich mit einem anderen, einem Schieferdecker, von dem sie ein Kind erhalten, eingelassen und die seinen Todt wolle, hätten ihn /907 r/ so weit gebracht. Zum leztern Zwecke habe sie Simpathie gebraucht gegen ihn, darum könne er nur durch Simpathie wieder geheilt werden. Dabey wieß er mir ein Bündelchen vor, das er in seinem Kopfkissen wollte gefunden haben. Es bestund dasselbe aus menschlichen Haaren nebst einem Zettelchen, auf welchem Hyrogliphen stunden. Er habe diß seiner Frau vorgehalten und sie gezwungen zu sagen, wer ihr das gegeben, sie habe hierauf gesagt: es seye vom Schmidt des Ortes, als er aber diesen gefragt, habe er von ihm die Antwort erhalten: das seye nichts.

(Weiter sandte mir Kachel dergleichen zusammengerollte Zettelchen, die ihm seine Magd gegeben, mit der Äußerung: sie habe von seiner Frau den Auftrag erhalten, ihm diese in die für ihn bestimmten Pfannkuchen zu backen.) Ich sagte ihm: daß solche Dinge ihm gewiß nichts geschadet, nur seye das nicht recht von seiner Frau, wenn sie den Glauben (wie er behaupte) gehabt habe, derley Dinge könnten ihm schaden, und da müsse er sich vor einem /907 v/ Weibe mit derley Gesinnungen gegen ihn allerdings in acht nehmen, denn sie könnte ihm ja endlich doch noch etwas geben, was ihm dann wirklich schade.

Er sagte mir auch: daß seine Frau eine Kartenschlägerin habe kommen lassen, die sie gefragt: wie lange denn ihr Mann noch leben werde?

Diß alles sagte er mir vor seinem Wärter Adam Hubele.

Da nun Kachel in Händeln mit seiner Frau lebte und meinte (ob diß mit Recht oder Unrecht) sie wünsche sich einen andern zum Manne, so mußte er, wie er jenes sympathische Bündelchen in seinem Bette vorfand und die Magd ihm Papierchen mit verdächtigen Zeichen gab, die die Gattin dazu bestimmt haben sollte, daß sie von ihm in einem Pfannkuchen gegessen würden, bey seinem geschwächten Gehirne leicht zu dem Glauben kommen: seine Frau habe ihm mit solchem Treiben bereits etwas Böses angethan, wo aber zum Theil wieder die Schuld auf die Frau fällt, wenn sie solches, wäre es auch in einer andern, nicht bösen, Absicht, that: /908 r/ Denn trotz meiner Einsprache, kam Kachel immer wieder auf das Amulet, das er in dem Kopfkissen gefunden, zurück und daß dieses die Ursache wenigstens einer Unruhe seye, die ihn alle Nacht anwandle und gegen die keine Arzneyen was fruchten.

Ich verwieß ihn auf seinen nächtlichen Husten und daß er dagegen Arzneyen gebrauchen müße, die ich ihm verschrieb. Dabey sagte ich ihm: die nächtliche Unruhe werde schon nachlassen, gab auch seinem Begleiter, später, als er immer die nächtliche Unruhe klagte, jenen verpönten beschriebenen Zettel – mit der Anweisung, aus demselben dem Kachel auch so ein Bündelchen zu machen, das er anhängen könne. Diß geschah von mir mit aller wissenschaftlichen Überlegung und mit aller Vereinigung meiner Stellung als Oberamtsarzt als ein auf die Einbildung dieses Mannes psychisch wirkendes Mittel, und ich verordnete ihm dieses noch mehr in jener Hinsicht, als weil jene Zeichen ein Mittel sind, das die Seherin von Prevorst in tiefem magnetischem Schlafe sich und anderen /908 v/ gegen nächtliche Unruhe als Amulet zu gebrauchen anrieth.

Und wirklich erreichte es auch seinen Zweck; der Kranke eröffnete mir am andren Tage seinen in dieser Nacht gehabten besseren Schlaf.

Doch ich ließ es bey diesem psychischen Mittel nicht allein bewenden, ich verordnete ihm auch, wie die Recepte ausweisen, gegen seine Lungensucht die bekannten Mittel aus der Apotheke, biß er nach sechs Tagen wieder Weinsberg verließ, aber von seiner fixen Idee, daß seine Frau ihn durch das ihm in's Kopfkissen gebrachte simpathetische Mittel krank gemacht, ebenso wenig als von seiner Lungensucht geheilt, – ja! als er nach Kochersteinsfeld zurück war, erzählte er noch, ich hätte ihn auch vor seiner Frau gewarnt und ich glaube wohl auch, er sey von ihr verhext, – was mir Veranlassung gab (besonders da ich hörte: die Frau habe erklärt, sie habe ihrem Manne simpathetische /909 r/ Mittel gebraucht nicht um ihm zu schaden, sondern die verlohrene Liebe wieder in ihm zu erwecken), ihm am 18. April einen Brief zu schreiben, in welchem ich ihm erklärte: daß er sehr unrichtig urtheile, wenn er meine, ich seye seines Glaubens in Hinsicht der von seiner Frau ihm gebrauchten simpathetischen Mittel, und daß ich nur gewarnt hätte, im Fall seine Frau ihm aus böser Absicht jene Mittel gebraucht, er sich vor ihr hüten solle, wenn sie aber, wie sie behaupte, und wie ja auch ganz wahr seyn könne, ihm diese Mittel nur in der Absicht gebraucht, wieder seine Liebe zu erlangen, so solle er all die andern Gedanken doch endlich fahren lassen und nur für seine sehr bedenkliche Gesundheit sorgen u.s.w., und dieser Brief wird noch unter des Verstorbenen Papieren zu finden seyn. Da er seinen Wärter, den Adam Hubele, noch mehrmals um Recepte gegen sein Lungenleiden an mich sandte, so /909 v/ ließ ich ihm auch durch diesen sagen: er solle doch seine fixe Idee von Verzauberung durch seine Frau, die an seiner Krankheit keine Schuld habe, aus dem Kopfe bringen, allein es blieb sein psychischer und körperlicher Zustand immer derselbe.

Noch habe ich an diesem Kranken, wie schon an mehreren, ein Mittel versucht, das man auch ein simpathetisches nennen mag (daher auch kommen mag, daß die Frau des Kachels angab: ich hätte ihren Mann simpathetisch behandelt), das ich aber auch mit meiner Stellung als Oberamtsarzt zu vereinigen weiß.

Ich ließ ihm durch seinen Wärter anrathen, in jede Hand einen Löffel voll Salz zu nehmen, und zwar zur Zeit, wo sein Fieberzustand der höchste seye, was gewöhnlich um Mitternacht der Fall. Dieses Salz solle er so lange in den Händen behalten, biß es vom Schweiße ganz durchdrungen, dann solle er es zwey ihm wohlwollenden Personen in die Hände geben, und diese sollen mit solchen /910 r/ einem fließenden Wasser zueilen, in das sie es werfen.

Dieses Mittel wurde übrigens nicht nur von mir, sondern auch schon von anderen Oberamtsärzten verzweiflungsvollen Kranken angerathen, und ein Fall ist mir bekannt, wo durch dasselbe fast gänzliche Beseitigung des Zehrfiebers stattfand. Dieses Mittel ist aber mehrmals zu wiederholen.

Es ist dies ein Mittel, das, wie viele simpathetische Volksmittel, nicht in Aberglauben, sondern in der Natur, in der Simpathie der Dinge, seinen Grund hat.

Ich habe vor drey Jahren in der Versammlung der Oberamtsärzte und Chirurgen zu Heilbronn einen Vortrag über die Wirkung simpathetischer Mittel gehalten und nähere Untersuchung und Prüfung anempfohlen. Dieser Vortrag ist in dem vaterländischen medicinischen Correspondenzblatte gedruckt und hat mir biß jezt noch keine Untersuchung zugezogen.

Weil nun hochlöbliches Oberamt, Kraft hochpreißlichen Regierungsbefehls, /910 V/ auch noch zu erheben hat:

„welche Belohnung ich von dem verstorbenen Wirth Kachel für meinen Rath (!!) erhalten", so eröfne ich demselben hiermit: daß ich von dem vermöglichen Hw Kachel für die ärztlichen Besuche, die ich bey ihm sechs Tage lang, täglich zweymal, gemacht, (wobey ich jedesmal eine Stunde lang den Ekel seines Hustens und Eiters ausstehn und sein theils albernes, theils jammervolles Gerede anhören mußte) 2f., (zwey Gulden) Honorar erhalten habe ... Der Todte kann diß nicht mehr bezeugen, aber zum Glück der noch lebende Adam Hugele. Zu dieser Belohnung kommt aber nun nachträglich der Lohn der Mißkennung meines wohlgemeinten, für diesen Fall wohl berechneten psychischen Einwirkens und ärztlicher Verordnungen, die ich heute hochpreißlichem Medicinalkollegium mit dem besten Gewissen mit der Frage vorlegen kann: ob sich dieselben mit meiner Stellung als Oberamtsarzt vereinigen? Hochachtungsvoll etc.

Weinsberg 30. Juli 46   OArzt Dr. Kerner

II.

/899 r/ Vortrag: Die Untersuchung über die sympathetische Behandlung des Hirschwirths Kachel in Kochersteinsfeld veranlaßt mich zu Kundgebung meiner Ansichten über die Zulässigkeit dieser Behandlungsmethode im Allgemeinen von Seiten der Medicinalpolizey in nachstehenden Aphorismen:

1) Die Wirksamkeit sympathetischer Mittel läßt sich nicht bestreiten, unläugbare Thatsachen sprechen hierfür, obgleich wir nicht im Stande sind, über die Wirkungsweise derselben befriedigend Aufklärung zu geben, und dieselben

nicht alle auf Rechnung psychischer Eindrücke, auf Erregung der Einbildungskraft, auf magnetische Einwirkung zurückgeleitet werden können.

2) Es giebt Kranke, welche vermöge ihrer psychischen Richtung, andere, welche durch die Beschaffenheit ihrer Krankheit etc. für eine sympathetische Cur sich eignen; ebenso kann in gewissen Krankheiten, nachdem der Arzt die verschiedenen, gegen dieselben gepriesenen Mittel der Reihe nach, scheinbar vergebens, angewendet hat, ein Zeitpunct eintreten, wo ein gewisses Temporisiren, oder auch die Einwirkung auf die Psyche des Kranken, durch Erweckung neuen Glaubens, neuen Vertrauens, neuer Hoffnung am Platze ist und wo der Kranke selbst sich so gerne dem Gebrauche sog. sympathetischer Curen hingiebt, welchen sodann (obgleich ganz wirkungs- und bedeutungslos, während die früher gebrauchten Mittel nachwirken) die etwa erfolgende Genesung zugeschrieben zu werden pflegt, da sich der Laye von dem Post hoc, ergo propter hoc[18] nicht leicht loszureißen vermag.

3) Wenn die sympathetischen Mittel auf der einen Seite in gewissen Krankheiten nutzen- und heilbringend wirken und durch ihr unsichtbares und unerklärbares Agens *[Wirkmittel]* eine oft wirklich erstaunliche Wirkung auf den Menschen hervorbringen können, so muß auf der andern Seite auch angenommen werden, daß sie am unrechten Orte angewendet, Schaden zu bringen vermögen.

4) Wenn hienach die sympathetische Curmethode und die ihr entsprechenden Mittel bei gewissen Krankheitszuständen anwendbar ist, und sich durch die Erfahrung hülfreich erprobt hat, so muß ihr auch eine gewisse Stelle in der /899 v/ Therapie der Krankheiten angewiesen werden. Daß dieses bis jetzt noch nicht geschehen, daran trägt der Umstand die Schuld, daß sich die Ärzte, größtentheils materiellen Grundsätzen huldigend, mit derselben noch nicht befassen mochten und daß fragliche Mittel selbst bisher nur in den Händen von unwissenden, mit dem Bau und den Verrichtungen, so wie mit den krankhaften Veränderungen des menschlichen Körpers unbekannten Leuten waren und es noch sind.

5) Von eben diesen Leuten wird aber die sympathetische Curmethode leider auch zum Deckmantel sonstigen unbefugten Treibens und zum Gelderwerb benutzt, indem wie bekannt, nur wenige Krankheiten durch Sympathie heilbar sind, sie aber in der Regel alle Krankheiten auf diese Weise heilen zu können vorgeben, nebenbey aber andere, oft schädliche Mittel zu diesem Zweck anwenden und dem Aberglauben auf diese oder andere Weise durch Urinbeschauen, Geisterbeschwören, Hexenbannen etc. Vorschub leisten, wodurch

---

[18] Post hoc, ergo propter hoc = „danach, also deswegen" – Fehlschluß aus der Zeitfolge auf die Verursachung.

denn mancher Kranke, welcher durch ärztliche Hülfe leicht zu heilen gewesen wäre, die beßte Zeit hiezu vorüber gehen läßt und dadurch vielleicht unheilbar wird.

6) Hieraus ergiebt sich nun, wie wünschenswerth es wäre, daß die Ärzte die sympathetische Curmethode zum Gegenstand ihrer Prüfung und Untersuchung machen möchten, um dieselbe, da wo sie angezeigt und am Platze ist, anzuwenden, da nur Ärzte zu beurtheilen vermögen, wann und wo dieselbe mit Nutzen und ohne Nachtheil anzuwenden ist, und von welchen nicht zu befürchten wäre, daß von ihnen Misbrauch damit getrieben würde, während, wie schon bemerkt, Medicaster[19] unter dem Deckmantel der Sympathie sich allem unbefugten, schädlichen Treiben und der Behandlung von Krankheiten hingeben, von welchen sie nichts verstehen, und hiedurch oft unendlichen Schaden stiften.

Ich schließe diese Betrachtungen mit dem Ausspruch Menckes (?) welchem auch ich ganz beistimme; er sagt: „Betrachte man die sympathetischen Curen, von welcher Seite man will, so sind sie für das Wohl und Wehe der Menschen von großer Bedeutung; /900 r/ sie müssen aber, so wie sie jetzt benutzt werden, unfehlbar Unheil anrichten. Nur dann erst, wenn sie den Pfuschern und dem Pöbel überhaupt entrissen sind, wenn unsere Ärzte sie zu Gegenständen ihrer Untersuchung und Prüfung machen, und wenn das, was von ihnen unter bestimmten Umständen zu halten ist, in unseren heilkundigen Schulen gelehrt und erörtert wird, – nur dann erst darf der Staat ihre Anwendung zugestehen, und der Kranke wirklichen Nutzen davon erwarten."

Kommen wir nun auf die vorliegende Untersuchung zurück, so haben wir es hier mit 2 ganz verschiedenen Personen zu thun.

1) Mit einer Frau, welche sich seit Jahren mit unbefugter Behandlung von Krankheiten abgiebt, deshalb schon vor 6 Jahren mit Gefängnißstrafe belegt worden ist und auch schon vor 23 Jahren wegen Diebstahls und Scortations[20] Vergehens eine Arbeitshausstrafe von 2 1/2 Monaten erstand. Diese läugnet gar nicht, daß sie den Hirschwirth Kachel, welcher an Lungenschwindsucht litt und von seiner Frau behext zu sein glaubte, nicht nur durch sympathetische Mittel, wovon 3 Zettel vorliegen, sondern auch durch Verordnen eines Thees von Johanniskraut behandelt und daß sie ein Geldgeschenk, welches in ihrer Gegenwart ihren Kindern gereicht wurde, angenommen hat, wobei ihr eine weitere Belohnung im Falle der Genesung in Aussicht gestellt wurde. Hier würde also Punct 2 des Art. 78 des Polizeystrafgesetzes in Anwendung zu bringen seyn.

---

[19] Medicaster: damals allgemein üblicher Ausdruck für Kurpfuscher.
[20] Hurerei.

2) Mit dem Oberamtsarzt Dr. Kerner in Weinsberg. Dieser behandelte den Hirschwirth Kachel in derselben Krankheit, welcher sich zu ihm nach Weinsberg verfügte, mehrere Tage lang durch die gewöhnlichen Mittel aus der Apotheke. Da jedoch Patient glaubte, von seiner eigenen Frau durch Sympathie krank gemacht worden zu seyn und dieser Glaube zur fixen Idee bei ihm geworden war, auch nur durch Sympathie wieder von derselben befreyt zu werden hoffte, so hielt sich Kerner für befugt, durch ein psychisch und auf die Einbildungskraft des Patienten wirkendes Mittel diesem Wahn und dessen Folgen, nämlich einer nächtlichen Unruhe und Schlaflosigkeit, entgegen- /900 v/ zutreten, und es bestand dieses Mittel in einem Zettel mit hieroglyphischen Zeichen zum Anhängen, welche ihm schon von der Seherin von Prevorst in tiefem magnetischen Schlafe gegen nächtliche Unruhe zu gebrauchen angerathen worden waren. Gegen das Zehrfieber des Kachel wendete Kerner auch ein anderes sympathetisches Mittel, nämlich in die Hand nehmen von Salz und Werfen desselben in fließendes Wasser, an, und er behauptet, hiervon in einem anderen Fall gänzliche Beseitigung des Zehrfiebers gesehen zu haben, auch sey dieses Mittel schon von anderen Oberamtsärzten angewendet worden.

Soll nun das von mir oben über Sympathie im Allgemeinen Gesagte auf den Oberamtsarzt Dr. Kerner in Anwendung kommen, worüber ich, so weit es diesen speciellen Fall betrifft, nicht im Zweifel bin, so dürfte ihm eine Verfehlung nicht zur Last fallen, da er bei seiner Handlungsweise den wissenschaftlichen Boden nicht verlassen hat. Faßt man jedoch den medicinalpolizeylichen Zustand des Oberamts Weinsberg im Allgemeinen, zumal aber in Beziehung auf Aberglauben, auf das Medicasterwesen und die Befugnißüberschreitungen des untergeordneten ärztlichen Personals näher ins Auge, so ist nicht zu verkennen, daß dieser Bezirk gegen andere sehr zurückgeblieben ist. Die Ursache hievon dürfte theilweise in den eigenthümlichen Verhältnissen des Bezirks zu suchen seyn, nämlich in dem waldig gebürgigten Terrain, in der Armuth und niederen Kulturstufe der Bewohner, in ihrer Verwurzelung und Abgeschiedenheit in vielen Höfen, Weilern, kleinen Dörfern, in der im Verhältniß zur Seelenzahl geringen Anzahl von Ärzten und Apotheken. In den sehr unabhängigen und der Aufsicht zu sehr entzogenen Verhältnissen der Wundärzte und der Hebammen, welche hiedurch und bei der zum Theil bedeutenden Entfernung von Ärzten zu Befugnißüberschreitungen sehr verleitet werden; ich erinnere hier nur an diejenigen der Wundärzte Alhoff (?) in Mainhardt, Rösch in Waldbach, Bandtel in Eschenau, Randlen (?) in Ellhofen, der Hebamme Haller in Neuhütten, an das Unwesen des vor kurzer Zeit in Untersuchung gekommenen Schäfers von Löwenstein, dessen Namen mir nicht beifällt etc.

/897 r/ Als weitere Ursache des eben bezeichneten Zustandes des Oberamts-
bezirks Weinsberg dürften die excessiven *[ausschweifenden]* Ansichten des
Oberamtsarztes Dr. Kerner über Geisterspuck, Besessenseyn, sein überwie-
gender in seinem Gemüthe begründeter Hang zu übernatürlichen Dingen zu
bezeichnen seyn, welche nicht nur in Weinsberg und Umgegend, sondern
auch anderswo viele Anhänger gefunden haben, welche ihn vielleicht veranlaßt haben mögen, gegen medicastrisches Treiben von Schäfern, alten Weibern etc., gegen BefugnißÜberschreitungen des niederen ärztlichen Personals
etwas zu nachsichtig zu seyn. Sey dem wie ihm Wolle, der Aberglauben mit
allen seinen Folgen hat in der Umgegend von Weinsberg tiefe Wurzeln gefaßt,
und es wird eine geraume Zeit bedürfen, denselben unter den angegebenen
Verhältnissen auszurotten. Der Oberamtsarzt Dr. Kerner führt in seiner Ver-
theidigungsschrift an, er habe vor 3 Jahren in der Versammlung der Wundärzte zu Heilbronn einen Vortrag über die Wirkung sympathetischer Mittel gehalten und denselben deren nähere Untersuchung und Prüfung anempfohlen. Dieser Vortrag ist in den Nummern 14 und 15 des medicinischen Correspondenz-
blattes von 1843 enthalten, und Kerner führt zu seinem Vortheile an, daß ihm
derselbe noch keine Untersuchung zugezogen habe. Dieß ist allerdings richtig,
allein ich bin der Ansicht, daß sich dieser Gegenstand, da er bis jetzt noch aller wissenschaftlichen Basis ermangelt, für die Prüfung und zu Versuchen für
die Wundärzte deshalb gar nicht eignet, weil diese nicht den erforderlichen
Bildungsgrad besitzen, um über solche Dinge mit klarer, wissenschaftlicher
Einsicht zu urtheilen, und somit versucht seyn werden, Mißbrauch damit unter
Autorität ihres Oberamtsarztes zu treiben. Eine solche Einwirkung auf die
Wundärzte mehrerer Bezirke (Besigheim, Brackenheim, Heilbronn, Neckars-
ulm und Weinsberg) von Seiten eines Oberamtsarztes dürfte deshalb nur als
höchst tadelnswerth erscheinen.
Da es sich nach Vorstehendem zwar nicht um eine Bestrafung, doch aber um
eine Zurechtweisung des O. A. Arztes Dr. Kerner handeln dürfte, so trage ich
nach Maaßgabe der Verordnung /897 v/ vom 6. Juni 1818, § 11, Punct 2 da-
rauf an, die vorliegenden Acten dem Königlichen Medicinal Collegium zur
Äusserung mitzutheilen.
Zugleich bitte ich um eine Abschrift meines Vortrags über den Medicaster
Raisch von Hardt Oberamts Nürtingen ad N. 576, so wie des vorstehenden
Vortrags betreffend die LegalInspection des Hirschwirths Kachel in Ko-
chersteinsfeld ad N. 7921 und 9616 bis zu der rothangestrichenen Stelle:
„Nutzen davon zu erwarten …"

Seeger 29/9

III.

178

/f. 890 r/ Note des Königlichen Medicinal Collegiums an die Königliche Regierung des NeckarKreises betreffend die Anwendung sympathetischer Mittel, insbesondere eines Zettels mit hieroglyphischen Zeichen bei der Behandlung von Kranken durch den OberAmtsArzt D. Kerner in Weinsberg
Stuttgart, den 4 Dec. 1846
Der jenseitigen verehrlichen Stelle ist es gefällig gewesen, uns die den seitlich bezeichneten Gegenstand betreffenden Akten mittelst Note vom 3./7. v. M, mit dem Ersuchen um Mittheilung unserer Ansicht in der Sache zugehen zu laßen. Wir haben hierauf unter Rückanschluß der Communikate folgendes zu erwiedern die Ehre.

/890 v/ Was zuerst die Anwendung sogenannter sympathetischer Mittel im Allgemeinen betrifft, so ist dieselbe bekanntlich den Laien, insoferne keine gewinnsüchtige Absicht dabey nachgewiesen werden kann, nicht verboten, da ihnen keine positive Schädlichkeit beygemeßen werden kann. Eben so muß dem Arzte gestattet seyn, sie in Fällen, welche er dafür geeignet hält, anzuwenden, mag man ihre unbestrittene Wirksamkeit nur dem psychischen Eindruck auf die Einbildungskraft des Kranken, oder, wie der jenseitige technische Referent gemeynt zu seyn scheint, andern unbekannten Kräften zuschreiben, vorausgesetzt, daß der Arzt diejenigen somatischen *[körperlichen]* Heilmittel, /913 r/ welche die Wißenschaft an die Hand gibt, entweder bereits vergeblich angewendet hat oder neben dem Gebrauch der sympathetischen Mittel noch fortan in Anwendung zieht und sich also in seinem Beruf als wißenschaftlicher Heilkünstler keinerlei Versäumniß zu Schulden kommen laßt. Die Stellung des Arztes als öffentlicher GesundheitsBeamter scheint uns hierin keinen wesentlichen Unterschied begründen zu können.
lm vorliegenden Falle befand sich der betreffende Kranke im letzten Stadium der Lungenschwindsucht, war also unrettbar verloren. D. Kerner wandte die in solchen Fällen üblichen symptomatischen *[der Krankheit entsprechende]* Arzneymittel an, und gab dem Kranken, welcher in dem Wahn stand, /9l3 v/ durch sympathetische Mittel krank geworden zu seyn, und daher nur durch eben solche Mittel geheilt werden zu können, neben dem Gebrauch jener Arzneymittel den magischen Zettel zunächst gegen die Schlaflosigkeit, die mit der Beruhigung des Gemüths des Kranken auch wirklich gehoben wurde. Die eben angegebenen Bedingungen, unter welchen einem Arzte die Anwendung sympathetischer Mittel nicht verwehrt werden kann, treffen also im vorliegenden Falle vollkommen zu.

Daß durch den Gebrauch sogenannter magischer oder sympathetischer Mittel der Aberglaube befördert werden könne, ist nicht in Abrede zu ziehen. /9l4 r/ aber es ist auch bekannt, daß es oft schwer fällt, die GränzLinie zwischen

Glauben und Aberglauben zu ziehen, und daß letzterer durch Beförderung der VolksAufklärung sicherer bekämpft wird als durch policeiliche Einschreitung. Was insbesondere die Persönlichkeit des D. Kerner in Weinsberg betrifft, durch deßen Einfluß der Aberglauben in diesem Bezirk verbreiteter seyn mag, als anderswo (wiewohl derselbe, wie das Beyspiel des Pfarrers Blumhardt in Möttlingen und unzähliger anderer WunderDoctoren beweist, überall gleich maßenhaft hervortritt, so wie er sich an eine dem Volke auf irgendeine Weise imponirende /914 v/ Persönlichkeit anlehnen kann), so können wir von unserem Standpunkt aus allerdings einzelne Schritte dieses Mannes, wie z. B. seine in der Versammlung der Wundärzte zu Heilbronn gehaltene Rede über die sympathetischen Mittel nicht billigen, müßen aber bey der bekannten Individualität desselben, mit der nun einmal die Neigung zur Erforschung der geheimnißvollen, außerhalb des Kreises der SinnesAnschauungen und der VerstandesBegriffe liegenden Dinge unzertrennlich verwachsen ist, so wie bey dem vorgerückten Alter des Mannes bezweifeln, daß eine Zurechtweisung ihren Zweck erfüllen werde, glauben /915 r/ vielmehr, daß derselbe in Berücksichtigung seiner früheren Verdienste um die Wißenschaft einige Schonung wohl verdienen dürfte.

Uns damit etc.
Ludwig

IV.

(f 893 r + v: Concept des Erlasses der Kreisregierung an das Oberamt Neckarsulm vom 29. Januar 1847, ausgefertigt den 2.2.)

Auf den weiteren Bericht vom 5./7. August vorigen Jahres betreffend die an dem Hirschwirth Kachel zu Kochersteinsfeld vorgenommene LegalInspektion wird dem // zu Besorgung des Weiteren Nachstehendes zu erkennen gegeben:
1) Wenngleich der Oberamtsarzt Dr. Kerner in Weinsberg in seiner Erklärung über den fraglichen Fall seine Handlungsweise dadurch zu rechtfertigen sucht, daß er neben dem Zettel mit hieroglyphischen Zeichen auch Arzneymittel gereicht, und durch jenen die durch eine fixe Idee erzeugte Schlaflosigkeit des Kachel zu beseitigen gesucht habe; wenn er ferner behauptet, diese psychische Behandlungsmethode auch in anderen Fällen mit Erfolg in Anwendung gebracht zu haben, so weiß man es doch mit der Stellung eines Oberamtsarztes, welcher von seinem Standpuncte als Medicinalbeamter aus auf die Beseitigung des Aberglaubens und auf die Hervorrufung der in dieser Beziehung so nothwendigen Aufklärung unter dem Volke nicht wenig hinzuwirken vermag, nicht zu vereinigen, daß er sich bei der Behandlung des Hirschwirths Kachel

des genannten Zettels bedient hat. (gestrichen: und sich hiedurch gleichsam auf denselben Standpunct gestellt hat, welchen auch die Rupp von Ellhofen in dieser Angelegenheit und bei der Krankheit des Kachel eingenommen hat).

2) Hinsichtlich der Verfehlung der Rupp von Ellhofen, welche, wie sie selbst zugestellt, sich der Behandlung des an Lungenschwindsucht leidenden Hirsch-wirths Kachel durch sympathetische Mittel und durch /893 v/Verordnen eines Thees von Johanniskraut unbefugterweise unterzogen hat, (gestrichen: auch hiefür ein Geldgeschenk angenommen hat,) will man zwar unter den vorlie-genden Umständen von einer Bestrafung abgestanden haben, es ist ihr dage-gen zu erkennen zu geben: daß bei fernerem Zuwiderhandeln gegen die beste-henden Gesetze, unnachsichtlich die von dem Artikel 38 des Polizeystrafge-setzes gegen das Medicastrieren verhängten Strafen gegen sie verfügt werden würden.

Von dem Erkenntniß gegen die Rupp ist, da dasselbe Bezug auf die Medi-cinalpolizey hat, auch den Oberamtsärzten Dr. Kerner in Weinsberg und Dr. Meißner (?) in Neckarsulm Mittheilung zu machen.

Seeger 26/1   Schott

V.

(ff. 901 r bis 902 v enthalten einen Vortrag des Kreismedizinalrates Seeger zu dem Fall des Webers Conrad Raisch aus Hardt, Oberamts Nürtingen, der sich des Medicastrierens schuldig gemacht hatte. Er äußert sich dort über die me-dizinalpolizeilichen Vorschriften, über die Begriffe Medicastrieren und Be-handlung, über Glauben und Zutrauen des Kranken, die auch der rationelle Arzt bisweilen durch vorgetäuschte Heilmittel, die der Kranke verlangt, er-wecken müsse – wie einfache Tees oder auch nur Pillen aus Brotkrumen. Der Begriff der Behandlung sei also nicht durch die Verschreibung von Arzneien, die als solche wirken, charakterisiert.)

/901 v/ Ich habe soeben die Art und Weise bezeichnet, wie der Medicaster sowohl als der Arzt den oft alles vermögenden und heilenden Glauben eines Kranken zu sollicitiren [zu betreiben] vermag, allein gerade hierin liegt der himmelweite Unterschied zwischen beiden. Der eine, der Arzt, sucht diesen durch nach des Kranken Dafürhalten sehr wirksame Mittel zu erregen, weil letzterer überzeugt ist, daß er ohne Arzneimittel nicht geheilt zu werden ver-mag, und doch giebt ihm jener nur scheinbar ein Mittel, während das Vertrau-en und der Glaube die ganze Krankheit heilt. Anders verhält es sich mit dem Medicaster! – Dieser, oft schon durch seine Bildungsstufe und Stand dem Kranken nähergestellt, weiß durch die Einbildungskraft desselben, durch Be-streichen, /902 r/ Beten, Segensprechen, Geisterbeschwören etc., auf den

181

Kranken einzuwirken, während er nicht selten daneben sehr wirksame, selbst gefährliche Mittel, aber scheinbar als Nebensache in Anwendung bringt. Hiedurch aber muß der Geist des Mittelalters, der Aberglauben, der Glauben an Hexerei, an Geister und Besessenseyn wieder heraufbeschworen werden, und hiedurch wird der minder Gebildete auch ganz wieder in jene glückliche Zeiten des Mittelalters (und der Dummheit – gestrichen) zurückversetzt, wo Pfaffen und alte Weiber, Schmide und Schäfer etc. ihr Heil an der Gesundheit und dem Leben des Menschen versuchten – und wo Galilei vor das Inquisitionsgericht gestellt wurde, weil er die Behauptung aufstellte, die Planeten drehen sich um die Sonne und erhalten ihr Licht von dieser! (Das weitere bezieht sich ebenfalls auf die Gesetzgebung und auf die Gefahr die aus der Behandlung durch medizinische Laien, möchten dessen Beweggründe auch noch so lauter sein, für den Kranken erwachsen.)

JACOB DÜRR AUS KIRCHHEIM (1777–1840) – DER LETZTE DEUTSCHE SCHAMANE

[Erschienen in „Der Teckbote" Nr. 137 vom 16. Juni 1962, Kirchheim, S. 9–10]

Anfangs der dreißiger Jahre des vorigen Jahrhunderts entdeckte Justinus Kerner, der Weinsberger Oberamtsarzt und Dichter, die Besessenheit neu für das Bewußtsein seiner Zeit. Seit dem Altertum war diese Erscheinung bei Heiden wie Juden und Christen mannigfach bezeugt; bis in unsere Tage ist sie in der Alten wie der Neuen Welt unter vielen Völkern bekannt; auch in Europa wurde sie bis in die Aufklärungszeit hinein beobachtet und beachtet. Seitdem aber hatte man ihr das hintergründig-jenseitige Wesen, den metaphysischen Wert abgesprochen, und sie war als etwas Unbeachtliches dem Bildungsbewußtsein entsunken. Welch überwältigendes Erlebnis daher für den aufgeklärten Arzt des 19. Jahrhunderts, als ihm Ende 1832 das Mädchen von Orlach begegnete, das zeitweise von einem längstverstorbenen Mönche besessen war. Mit grober Stimme bekundete er sich aus ihrem Munde als ein eigenes Ich mit einem anderen Charakter und anderer Vergangenheit, gab sich als eine ganz von der ihren verschiedene, selbständige Person. Mochte man immerhin die Besessenheit als eine seelische Erkrankung ansehen gelernt haben, – so wie sie erlebt wurde, als Erscheinung hingenommen, war die Besessenheit was sie immer gewesen war: das Darinsein eines dämonischen, leiblosen Wesens in dem Leibe eines lebendigen Menschen, dessen eigenes Ich mit Wille und Bewußtsein auf die Zeitspanne dämonischer Obmacht ausgelöscht war.

In diesen Fristen quälte der Dämon den von ihm Besessenen oft schrecklich, zwang den Leib zu fürchterlichen Verrenkungen und Verdrehungen, warf ihn gewaltsam hin und her; schimpfte gemein mit der entwendeten Zunge, schmähte die Umgebung, lästerte das Heilige, führte sich auf als ein wüster Teufel. Dazwischen gab es Zustände, in denen der Mensch, erlöst, ganz er selber war, in denen der Dämon entweder außerhalb des Leibes zu weilen, oder tief in ihm versunken schien. Diese Beobachtungen haben seit je den Gedanken nahegelegt, es müsse eine Heilung und Befreiung der Befallenen möglich sein, indem man den Dämon aus dem Leibe hinausdrängte und ihn auf immer von dort verbannte. Diesen Weg mußte auch Kerner beschreiten, und er entwickelte dazu die magisch-magnetische Heilweise, wie er sie nannte. Magisch war das Wort, mit dem der Heiler dem Dämon befahl, auszufahren, der Name Gottes und des Gottessohnes; magnetisch waren die Handbewegungen, mit denen er die Magie des Wortes begleitete. Sie brachten die Lebenskraft zum Strömen, die den Dämon überwältigen und gefügig machen sollte.

Merkwürdig war es nun, daß Kerner bei allem guten Willen, bei aller Einsicht und bei aller Überzeugung von seiner Diagnose und der Therapie letzten Endes nicht im Stande war, der Dämonen Herr zu werden. Zwar vermochte er sie zu ängstigen und in die Enge zu treiben, – auszutreiben aber und den befreiten Kranken gegen den ausgetriebenen Dämon zu verschließen vermochte er nicht. Schuld daran gab er der frühen „Gehirn-Dressur", die ihm und seinesgleichen den naiv-ursprünglichen Glauben genommen habe. Hilfe suchte er daher bei Männern aus dem Volke, welche die Naturgabe, den magisch wirkenden Glauben und die magnetische Macht, sich von Geburt auf bewahrt hätten; sie waren das Medicament, das er verordnete, sie ließ er unter seinen Augen, damit ihm die Medizinal-Polizei nicht Mißbrauch vorwürfe, auf die Leidenden wirken.

Kerner hat mit mehreren derart begabten Männern experimentiert, er hat schließlich einen entdeckt, der als ein solches Medicament von höchster Wirksamkeit war, er hat mit ihm beglückende Heilerfolge erzielt, und er hat, als er dies Medicament für verbraucht hielt, sich nie wieder zu Heilversuchen an Besessenen bereitgefunden. Der merkwürdige Mann, der uns solchergestalt im Kernerkreise begegnet und dessen Andenken verschollen wäre, wenn es nicht mit der Person des Weinsberger Dichterarztes verquickt wäre, ist der Schneider Jacob Dürr aus Kirchheim unter Teck.

Zu Walddorf, Tübinger Amts, wurde er am 28. Januar 1777 geboren. Der Vater, Jakob, war Schneider, der Sohn ward Schneider, und dessen Sohn Jakob wurde später auch wieder Schneider. Unser Jacob verheiratete sich 1804 mit einem Mädchen aus Kirchheim und ward Meister und Bürger daselbst. Von den Kindern, die seine Frau ihm gebar, überlebte ihn nur der Sohn. Sie selbst starb 1813 im Kindbett. Seine zweite Frau überlebte ihn ihrerseits mit drei Kindern. In seiner Eigenart wird er uns zuerst in den Jahren 1817 – 19 faßbar. Aus einigen Akten-Vermerken und späteren Anspielungen erfahren wir, daß er damals wegen Medicastrierens und Segensprechens „berüchtigt" war und daß ihm „ganze Scharen" nachzogen. In jenen Jahrzehnten setzte sich der akademisch gebildete Arzt eben erst allgemein durch. Es gab damals noch die „Wundärzte" verschiedener Klassen, die aus dem alten Baderstande hervorgegangen waren und die selbst ihren Haupterwerb noch oft aus dem Barbieren zogen. In abgelegeneren Gegenden war der erste Helfer vielfach noch der Schmied, der Schäfer, der Kleemeister, das Kräuterweib. Erst allmählich setzten sich die neuen Medizinal-Ordnungen durch, und mit ihnen stieß daher der Schneider zusammen: das Medicastrieren ward ihm niedergelegt. Einige seiner Patienten petitionierten zwar den König *[reichten Bittschriften ein]*, daß ihm die Behandlung von Kranken weiterhin erlaubt bliebe, aber das verbot das eben unterzeichnete Gesetz. Mit der Medizinal-Polizei mußte Dürr daher zeitlebens im Streite liegen. Noch der Sohn Jakob wurde 1846 – nach des Vaters Tode – wegen Medicastrierens bestraft.

Die Bauersfrau Maria Uz war die erste typische Besessene, die zu Kerner um Heilung kam. Sie wurde anfangs von einem, später von mehreren Dämonen furchtbar gequält. „Ihre Leiden waren oft Tag und Nacht so groß, daß sie gar nicht zu beschreiben sind und wir mit ihr oft in die größte Verzweiflung kamen. Und dies ist wörtlich wahr", berichtet Kerner. Es gelang dem von ihm berufenen „Starkgläubigen" namens Taubenberger, eines Dämons Herr zu werden, die andern widerstanden ihm. Nach ihm versuchte sich Prediger Kapf aus Kornthal an der Uzin – ohne Erfolg. Auch Gäste des Kerner-Hauses erprobten ihr Heil – so der rationalistische Basler Theologe de Wette: ihm war der Dämon auch geistig gewachsen. Nun empfahl Kapf dem Oberamtsarzt den Schneider Dürr. Auch Eschenmayer, Tübinger Professor der Philosophie und Psychiatrie, Freund Kerners, hatte ihm schon früher von dem Manne erzählt: sein Auge ist durchdringend, er verfügt über geheime Formeln und Kräfte, besitzt Amulette und weiß sie herzustellen, hat Umgang mit Geistern, mit seinen wie den Schutzgeistern anderer, und erzählt davon seltsame Geschichten.

Kerner hat auf diese Geschichten nicht geachtet; ihm, dem praktischen Arzt kam es auf die Heilerfolge an. Eschenmayer – Theoretiker, mit einem offenen Herzen für das Wunderbare und dem Gespür, daß es irgendwo, irgendwie wirklich und nicht bloß erdichtet sei – besaß eine Ader für den seltenen Mann und seine Welt; trotzdem fehlte auch ihm der eigentliche Sinn für die Dürrschen Erzählungen. Niemand hat es daher der Mühe für wert gehalten, sie aufzuzeichnen. Zur gleichen Zeit, da man aufs eifrigste die altüberlieferten Sagen und Märchen zu Papier brachte, erkannte niemand, daß aus dem Munde Dürrs derartiges im Urzustande, im Entstehen zu erhalten war, – unmittelbar vergleichbar dem, was bei Urvölkern der Angekok *[Arzt, Zauberer und Geisterbeschwörer bei den Eskimos]*, der Medizinmann, der

Schamane erzählt von Jenseitsreisen und anderen Erlebnissen des Innern. Immerhin ward uns einiges am Rande bewahrt. So sah Dürr sogleich, als er nach Weinsberg kam, daß Kerners Haus, in dem die Üzin weilte, von fünf bösen Geistern belagert wurde.

Die Austreibung gelang, und nach einem Rückfall gelang es Dürr auch, die Befreite auf immer gegen die Rückkehr des Dämons zu verschließen. Nach jahrelangen Leiden war die Frau für immer geheilt; dafür zeugen noch heute Briefe aus späteren Jahren, die der Bauer Uz an Kerner geschrieben hat. Es gelangen auch noch weitere Heilungen; immer wenn es nötig ward, berief der Arzt den Schneider, daß er ihm helfe. Wir verdanken diesen Hilferufen zwei briefliche Antworten Dürrs, die einzigen unmittelbaren Spuren seines Daseins, die mir bekannt geworden sind. Ihnen entnehmen wir Züge, die sonst nirgendwo bewahrt sind: Dürr weiß schon von ferne, wie schlimm es dem besessenen Mädle geht, schlimmer als der Uzin. Da er nicht sogleich kommen kann, sendet er einen „Starken", also einen Schutzgeist, voraus. Ein Kölble *[Pflanzenname, wahrscheinlich Bohnenkraut]* hatte er Kerner seinerzeit für die Uzin dagelassen, daran soll auch das Mädle nun riechen, – ein Mittel aus der uralten Duftheilkunde: Dämonen stinken, der Wohlduft, aber auch sonst manch starker Geruch vertreibt sie. Noch wichtiger ist der andere Brief, weil er uns den einzigen Einblick in Dürrs eigene Welt gewährt: im März 1835 kann er dem Hilferuf Kerners nicht sogleich Folge leisten, da er alle Tage zwei Stund zu reden hat mit 21 Himmelsfürsten. Daher darf er nicht weg, oder es würde ihm sehr schlecht gehen. „Ich kann nich bälder kommen. Ich muß bei meinem Gesetz bleiben ... Sonst würde ich meine Gaben verschätzen ... Außer diesem Gesetz laße ich mich gahr nicht treiben."

Soweit sich bis jetzt erkennen läßt, war Dürr im Frühjahr 1833 in Weinsberg, im Herbst 34, im Frühjahr 35 und wieder im Frühjahr 36, wenigstens diesmal monatelang. Er hatte bis dahin bei Kerner mindestens 5 Personen geheilt, drei Mädchen, eine Frau, einen Mann, die zum Teil schon mehrere Jahre lang krank gewesen waren. In einem Falle war die Heilung mißlungen, da Dürr sich an dem furchtbaren, teuflischen Widerstande dreier Dämonen gänzlich erschöpfte und die Behandlung aufgegeben werden mußte. 1836 behandelte er eine Frau, die seit Jahren von (offenbar „psychogenen" *[psychisch bedingt, verursacht von körperlichen Störungen]*) Schmerzen in Füßen, Kopf und Herzen geplagt wurde und bei der es bereits zu Convulsionen *[Schüttelkrämpfen]* und teuflischer Rede dreier Dämonen gekommen war, – und einen einundsiebzigjährigen Greis, der seit 36 Jahren leidend war, – ein

Fall von stummen Dämon wie Kerner derartige Erscheinungen mit biblischem Ausdruck benannte. Bei der Frau gelang es Dürr, die Dämonen von Kopf und Herz zu vertreiben, während der in den Füßen hausende noch widerstand. Bei dem Manne hatte er den Dämon bereits zum Sprechen gezwungen, und es bestand in beiden Fällen gute Hoffnung, daß die Heilung glücken würde, als ein Zwischenfall eintrat, der für alle Beteiligten schicksalhaft war und weit hinausreichende Folgen hatte. Es wurde nämlich zu einer Zeit, da Kerner abwesend war, ein Mädchen ins Haus gebracht, das lange an Stimmlosigkeit, Glieder- und Unterleibsschmerzen gelitten hatte und bei dem sich nun zeitweilig Convulsionen einstellten, unter denen es schrecklich brüllte und mit verzerrtem Gesicht auf die Leute eindrang.

Dürr kannte in seiner Welt nichts als den Angriff, keine Schonung für sich oder andere, und er brachte auch in diesem Falle den Dämon, der bis dahin nur tierisch gebrüllt hatte, zum Sprechen. Eine Stimme, die einem verstorbenen Beamten, Vater eines lebenden Pfarrers, anzugehören behauptete, äußerte sich aus ihr in teuflischer Rede. Weder Kerner noch Dürr noch auch das Mädchen hatten den Mann gekannt. Dürr aber, der ohnehin durch die Behandlung jener anderen zwei Kranken schon äußerst angestrengt war, erlitt einen Schwächeanfall und war wochenlang in beiden Armen und einem Fuße gelähmt. Sobald er sich einigermaßen wieder erholt hatte, versuchte er sich aufs neue an den beiden Patienten, besonders an der Frau, jedoch vergebens. Kerner hatte schon vor diesem Fehlschlag nicht geglaubt, daß Dürrs Kraft wiederherstellbar sei. Nun entließ er sowohl den Schneider wie die beiden Kranken; es zerriß ihm das Herz, daß er ihnen nicht mehr helfen konnte; aber er hat den Schneider und seine späteren Leistungen nur noch mit Zweifel betrachtet. Von Kerners Vertrauen ging Dürr nun in das alleinige Vertrauen Eschenmayers über, der Ende des Jahres an den Weinsberger Freund schrieb: „Dürr ist durchaus verkannt und besonders auch von Dir, was ihm wehe thut." Es hatte sich nämlich eine seltsame Geschichte angesponnen, die nicht nur zu Auseinandersetzungen mit der Polizei führte und zu einer Spottschrift Immermanns gegen Kernbeißer und Eschenmichel, in der auch Dürr sein Teil erhielt, – sondern auch zu einer tiefgehenden Meinungsverschiedenheit zwischen den beiden Freunden und überhaupt wohl zu einer Erkaltung ihrer in dem gemeinschaftlichen Erlebnis der Seherin von Prevorst gegründeten Freundschaft.

Das Mädchen, das den Abbruch der Weinsberger Heilungen verursacht hatte, die Caroline Stadelbauer, war nach mancherlei unglücklichen Schicksalen im Spätherbst des Jahres 1836 nach Kirchheim gekommen, offenbar, um bei Dürr Hilfe zu suchen, und Kerner empfahl sie nun der Fürsorge Eschenmayers. Denn dieser war inzwischen pensioniert worden und nach Kirchheim gezogen, wo er ein Haus besaß. Jetzt tat er sich mit einigen gläubigen Freunden zusammen, um für einmal eine Besessene nicht durch gewaltsame Austreibung, sondern durch Bekehrung des Totendämons zu heilen. Die Freunde waren der Vikar Schönthaler, schwer brustleidend, besonders um die Sinnesänderung des Dämons bemüht, aber schon nach wenigen Wochen durch den Tod abberufen; der Oberpräzeptor *[Oberlehrer]* Dr. Eyth, der ein eingehendes Tagebuch über die Vorgänge geführt hat und es Eschenmayer für seinen gedruckten Bericht überließ, besonders dadurch an dem Geschehen beteiligt, daß er als Knabe den besitzenden Dämon, damals noch Mensch, noch der Stadtpfleger Weisert, gekannt hatte; der Müller Reuer, ein frommer Mann der Tat, der Caroline nach Schonthalers Tod in sein Haus aufnahm und den abgefallenen Dämon durch sein Zureden wieder gnadenwillig machte; der Schneider Dürr, über den nun zum erstenmal ausführlich im Druck berichtet und der in Hinsicht auf mancherlei inzwischen lautgewordene Gerüchte und wegen der polizeilichen Verfolgung in Schutz genommen wird.

Es gebricht uns an Raum, um hier auch nur einige der merkwürdigen Vorfälle aus der Bekehrungsgeschichte zu skizzieren. Es muß genügen, sie mit wenigen allgemeinen Worten im Ganzen zu kennzeichnen. Das besessene Mädchen ward für die Beteiligten in diesen zehn Wochen zu einer Art Guckfenster in die jenseitige Welt. Der Dämon verkehrte mit der Schar des Bösen, stand zeitweilig ganz unter der Einflüsterung des Satans, aber er hörte auch auf den von Dürr berufenen Schutzgeist, Boten Gottes kamen zu diesem, brachten Entscheidungen des Höchsten, – gelegentlich war der Tote der Gnadensonne weit geöffnet, – dann wieder versperrte er sich in teuflischer Bosheit gegen das Licht. An all dem nahmen Eschenmayer und die Seinen gläubigen Anteil, sie erlebten Stunden, in denen sie vor Abgründen tiefster Verworfenheit schauderten, und Stunden einer Gebetserhebung, wie sie ihnen weder vor- noch nachher je wieder zuteil wurden. Denn alles, was geschah und was sie leisteten, vollzog sich, möchten wir sagen, im Schoße der Ewigkeit, ward sinnträchtig durch das immer mitbeteiligte Jenseits ihres Glaubens.

Wer es nicht miterlebt hatte, konnte es nicht beurteilen. Kerner war der Ansicht, es hätten die Caroline und der Dürr den guten Professor zusammen betrogen. Dagegen schreibt Eschenmayer Ende 1837: „In der ganzen Welt lebt kein Mädchen, das eines solchen Betrugs fähig wäre." Es ist hier nicht unsere Sache, nach der einen oder der anderen Seite die Zweifel aufzulösen. Nur bis dahin sind wir zu gehen verpflichtet, wo uns die Gestalt Dürrs verständlich wird. Nach der einen Seite werden wir nicht Eschenmayers Glaubensstärke teilen und meinen, daß zehn Wochen hindurch Gott und der Satan persönlich Achtung auf die Kirchheimer Affäre gaben und mit Entschlüssen und zu Zwecken Teufel und Engel hineinmischten. Auf der anderen Seite werden wir Eschenmayer aufs Wort vertrauen, daß erhebendste und tiefste Glaubenserlebnisse, echt und wahr, ihnen durch das Geschehen zuteil wurden. Was verschlägt es dann, wenn die Stadelbauer Hysterica war! Alle Besessenen sind es wahrscheinlich gewesen; die hysterische Reaktion liegt in der allgemeinen menschlichen Disposition *[Verfügbarkeit]* bereit. Caroline war das Medium der Glaubensbereitschaft in diesem kleinen gleichgesonnenen Kreise und führte jeden auf die höchsten Höhen und in die tiefsten Tiefen seiner religiösen Möglichkeiten. Das war kein Betrug; jedem ward sein Kapital, das er einbrachte, verzinst.

Nur für einen unter ihnen war das Geschehende keine Sache des Glaubens, war es nicht religiös im gewöhnlichen Sinne: für Dürr. Er lebte ja darin als in seiner Welt, in einer Welt, die nicht in diesseitige Gewißheiten und jenseitig-unsichtbare Glaubenswahrheiten zerschieden war. Seine einige Welt war die allen anderen fremde Geistersphäre, in der er mit Dämonen und Toten, mit Engeln und Teufeln verkehrte – in einer niemandem verständlichen und nicht verständlich zu machenden Geistersprache. Für die Wirklichkeit dieser Welt hätte er, wie Eschenmayer anmerkt, sein Leben verpfändet. Umgekehrt ist ihm die Welt der Leute fremd, bei allem, was ihm Widriges begegnet, sagt er: die Welt ist confus! Aber die Leute nennen ihn confus. Einzelzüge seines Lebens erscheinen bei ihm und den anderen in himmelweit verschiedenem Sinne. Moralische Gesunkenheit wirft die Behörde ihm vor, weil er eine Nacht mit der Caroline im Bett gelegen hatte. Aber nicht Erotisches hatte den Sechzigjährigen zu ihr aufs Lager gezogen, sondern zum Satan, der jeden zu erwürgen drohte, war er aus Mut und Übermut ins Bettstroh gestiegen, und dessen rühmt er sich – sogar gegen die Polizei. Ebenso stand es um die ihm vorgeworfene Trunksucht. Eschenmayer bezeugt es, daß Dürr eine eigentümliche Konstitution hat, ein Geringes an Kaffee läßt ihn erzittern, ein wenig Wein macht ihn exaltiert *[aufgeregt, überspannt]*. „Wo soll ich denn", verteidigt sich der Schneider, „Kraft zu meinen Kuren hernehmen? Essen kann ich beinahe nichts, und anderswoher kann ich sie auch nicht ersetzen. Der Wein ist mein einziger Ersatz." Wie anstößig mußte es dem Oberamtmann sein, daß Dürr einen Dämon, der ihn besonders erbitterte, aus Wut im Namen des obersten Teufels beschwor! Die Medizinal-Polizei konnte einen Mann, der einen Zaubergürtel zu tragen pflegte, nur der alten Nacht des von ihr so eifrig verfolgten Aberglaubens zuzählen.

Und in der Tat, der Schneider Dürr gehörte in eine uraltmenschliche Welt. Kein Zweifel besteht darüber, wo wir seine Gesinnungsverwandten zu suchen haben: es sind die Schamanen der Urzeit und der Urvölker. Hier finden wir das Geisterall als die einzig natürliche Welt, den lebhaften Verkehr mit den Jenseitigen und die Bindung an ihre Erscheinungsrhythmen, die Geistersprache der Eingeweihten, die Herkunft aller Verhaltensvorschriften, aller Zukunftseinsichten aus Geisterwissen, das Beschwören und Zusenden von Schutzgeistern, die Überwindung aller Krankheiten durch Austreibung des Krankheitsdämons mit der absichtlichen Dämonisierung des Leidens als Vorbedingung, die Disposition des Beschwörers selbst zum Rausch und die Verwendung von Rauschmitteln, Unterstützung seines Wirkens durch gebetartige Formeln und mechanische Rezitation, durch Amulette und Geheimmittel und durch Kraftgürtel, -hauben und -mäntel, die der Schamane trägt.

Das Urteil Europas über den Schamanen schwankte anfänglich zwischen echt und betrügerisch. Es neigt sich seit langem auf die Seite der Echtheit. Für Dürr können wir heute die Beurteilung seiner Handschrift heranziehen. Das Gutachten, zu dem der Sachverständige nichts als Namen, Beruf, Alter und die zwei Briefe kannte, charakterisiert zugleich den Mann wie das Schamanentum und bestätigt den Befund Eschenmayers vollauf: „Das ist ein sonderbarer Heiliger, eigensinnig und eigenwillig, aber auch wirklich eigenartig und sehr eigenwüchsig. Er besitzt bäuerliche Kraft, Schlagfertigkeit und Zähigkeit; wenig von hoher Geistigkeit und Förmlichkeit, aber eine überzeugende Redlichkeit und Gewissenhaftigkeit, eine urtümliche Klugheit und Weisheit, Einfallsreichtum, ja auch einige Pfiffigkeit. Er ist ein Unikum. Er lebt in einer Welt der Urbilder und besitzt Schaukraft der Seele." – Man mag sich billig wundern, wie es in Kirchheim um 1800 zur Ausbildung einer so urtümlichen Gestalt der Menschheitsgeschichte kam. Eine einleuchtende Erklärung dafür ist möglich; aber für diesmal verfolgen wir das weitere Geschehen.

Die Besessenheitsgeschichte erregte doch Aufsehen, zumal man sich anfangs im Gasthaus zum Adler traf. Im November gab es einen anstößigen Auftritt, als ein Bauer aus Bayern mit seiner seelenkranken Tochter nach

Kirchheim kam und den durch seine Weinsberger Kuren berühmt gewordenen Schneider ins Gasthaus rufen ließ. Dürr, nie besonnen, unternahm sogleich in öffentlicher Gaststube seine diagnostische Beschwörung, – und dadurch wurden nicht nur er und die Stadelbauer in amtliche Verhöre verwikkelt, sondern auch Eschenmayer selbst und sein Unternehmen in Mißkredit gebracht: der Obrigkeitsstaat vergriff sich nun an der Metaphysik. Unter Polizei-Aufsicht konnte allerdings eine derartige intim-religiöse Heilung nicht vonstatten gehen; Eschenmayer sah sich daher genötigt, den Heilversuch abzubrechen und das Mädchen heimzuschicken. Caroline ging zunächst nach Ludwigsburg; ihre weiteren Schicksale liegen vorderhand noch im Dunkeln.

Dem Dürr wurde – wieder einmal – alle Krankenbehandlung untersagt, was ihn jedoch, ebensowenig wie bisher, vom längst Verbotenen abhielt. Schon Ende 1837 aber stieß ihm das Mißliche zu, daß ein von ihm mit stark wirkenden Mitteln behandelter Bauer plötzlich starb und Dürr der fahrlässigen Tötung angeklagt werden sollte. Indes scheint die Sache im Sande verlaufen zu sein, denn wir erfahren nichts mehr davon. Zwei Jahre später überliefert uns Eschenmayer erneut einen Beweis für das einzigartige Heilvermögen des Schneiders. Ein vierzehnjähriges Mädchen zeigte besessenheitsartige Krankheitserscheinungen, kam, wegen der Armut der Eltern, ins Katharinen-Hospital nach Stuttgart, wurde aber dort nach sechs Wochen ungeheilt entlassen. Nun brachte der Vater das Mädchen zu Dürr. Hier trat beim ersten Angriff das Dämonische heraus, und es meldeten sich drei Stimmen Verstorbener. Dürr ließ das Mädchen vorerst wieder heimziehen, folgte ihr dann selbst und heilte sie in dreitägigem Kampfe vollständig. Schwer mitgenommen von dieser Leistung kehrte er nach Kirchheim zurück, ward Anfang Dezember krank und starb den 6. Januar 1840 – nach dem Kirchenbuch an Vereiterung des inneren Hüftbeinmuskels linkerseits. Eschenmayer schreibt, daß ein altes Fußgeschwür schnell vertrocknet und darauf Schmerzen im Unterleib aufgetreten seien. In einem Brief an Kerner zieht er das Fazit dieses Lebens: „So hat nun dieser rätselhafte Mensch mit seinem Ende die Wahrheit seiner Kraft besiegelt; die die Welt nicht glauben will und die ihm nichts als Spott, Verleumdung und Verfolgung zuzog. Er hinterläßt seine Frau und Kinder in bitterer Armut, selbst zu den Leichenkosten mußte ich beisteuern. Noch wenige Tage vor seinem Tode reichte ihm Dec. Bahnmeier das Abendmahl. Es war dies zugleich ein Akt der Versöhnung mit ihm, was mich sehr freut. Wir mögen nun über diesen seltenen Mann urteilen, wie wir wollen: das viele

Gelungene von ihm können wir nicht leugnen, und dies müssen wir seiner starken teils magnetischen, teils magischen Glaubenskraft zuschreiben. Das viele Mißlungene hingegen ist kein Beweis vom Mangel dieser Kraft: es kann seinen Grund in ganz anderen Beziehungen haben, die wir nicht ergründen können."

Nicht minder als seine Leistungen kennzeichnet den Schneider die bittere Armut in der er lebte und starb, er war kein vielgesuchter und reich beschenkter Wunderdoktor. „Er ist uneigennützig wie der Künstler, der in seiner Kunst zugleich seine Belohnung findet", bezeugt ihm Eschenmayer schon bei seinen Lebzeiten.

Die Nachwelt wird es Eschenmayer danken, daß er diesem seltenen Menschen, seinen Leistungen und seinen Schicksalen mit Interesse und Verständnis gefolgt ist und einiges davon dem Gedächtnis aufbewahrt hat. Wir freilich, denen die Völkerkunde erst recht die Augen geöffnet hat für eine solche Gestalt, wünschten noch weit mehr zu wissen, als der Gewährsmann unter dem Blickwinkel seiner Zeit uns eröffnen konnte. Sollte daher in der Heimat Dürrs noch die eine oder andere Erinnerung an den Mann, und sei sie auch noch so unscheinbar, lebendig sein, so wäre der Verfasser dankbar, wenn sie ihm mitgeteilt würde.

DER SCHNEIDER VON KIRCHHEIM

[Erschienen in „Der Teckbote" Nr. 266 vom 16. November 1963, Kirchheim, S. 17–18]

Über Jacob Dürr, den Schamanen und Schneider, hätte uns keiner besser berichten können als Max Eyth, der selbst als kleiner Bub den Wundermann noch gekannt haben wird, dessen Vater ihm sicher von dem merkwürdigen Heilungsversuch an einem besessenen Mädchen erzählt hat, bei dem außer dem Dürr Max Eyths Vater, Eschenmayer und der Müller Reuer beteiligt waren. Max Eyth aber wuchs in eine Zeit hinein, deren Dichter eher einen Pionier der Fliegerei zu ihrem Helden erkoren als einen Nachfahren steinzeitlicher Geisterbeschwörer. Er erwählte sich daher den Schneider von Ulm, während das Andenken des Schneiders von Kirchheim bis in unsere Tage vergessen in alten Büchern und Blättern, in Akten und Briefen schläft.

Der Verfasser des Beitrages „Jacob Dürr aus Kirchheim – der letzte deutsche Schamane" hat keine Mühe gescheut, der Person des Wunderdoktors weiter nachzuspüren. Man mag in unserer heutigen modernen Zeit zu Dürr und seinem „Medicastrieren" stehen wie man will, vom heimatgeschichtlichen Standpunkt aus ist aber mindestens interessant, über Dürr, der zu seiner Zeit so viel von sich reden machte, weiteres zu erfahren.

Wir haben früher erzählt, wie der Kirchheimer Wunderdoktor von Justinus Kerner, dem Weinsberger Oberamtsarzt und Dichter, zu seinen Kuren Besessener herangezogen wurde, wie Dürr als einziger es fertig brachte, einige dieser Kranken, deren Leiden oft schon Jahre anhielt, auf immer zu heilen – eine Leistung, die Kerner weder sich selbst noch seinen Kollegen und Freunden zutraute. Jäh geschwächt aber ward das Leistungsvermögen Dürrs, seine magische und magnetische Kraft im Hause Kerners, als er versuchte, die besessene Caroline Stadelbauer zu heilen, ja, es trat sogar eine körperliche Lähmung bei ihm auf. Kerner entließ darauf alle Heilung Suchenden dieser Art, die sich noch zu Weinsberg aufhielten, und betrachtete Dürrs Vermögen fortan nur noch mit Zweifel und bald mit ausgesprochenem Mißtrauen. Nur Eschenmayer, einer der ersten deutschen Psychiater, kurz nach der Jahrhundertwende in Kirchheim Oberamtsarzt, danach Jahrzehnte in Tübingen Professor der Philosophie und Psychologie, nach seiner Emeritation *[Versetzung in den Ruhestand]* 1836 wieder in Kirchheim, hielt ihm die Treue und bewahrte dem magnetischen Schneider bis zu dessen Tode im

Januar 1840 sein Vertrauen. Ende 1836 unternahm er mit ihm in Kirchheim den Versuch, die Caroline doch noch zu heilen, und schrieb über das mißglückte Unternehmen, den Dämon zu bekehren, ein merkwürdiges Buch, betitelt: „Conflict zwischen Himmel und Hölle, an dem Dämon eines besessenen Mädchens beobachtet."

Es ist müßig, im 20. Jahrhundert über die „Wahrheit" solcher Geschehnisse zu disputieren *[ein wissenschaftliches Streitgespräch zu führen]*; es treffen in ihnen letzte Ausläufer eines steinzeitlichen Menschentums mit dem modernen zusammen, und um 1840 war nicht einmal ein Mann von der geistigen Weite und Höhe Eschenmayers wissenschaftlich der Aufgabe gewachsen, hier Wirkliches und Unwirkliches zu scheiden. Wann ist überhaupt der Mensch je der Aufgabe gewachsen, sein historisch Wirkliches von seinem aktuell Wirklichen zu scheiden?! – Weil aber in einer Gestalt wie Dürr uns unzweifelhaft Altmenschliches begegnet in seinem Verkehr mit den „Geistern", in Zaubergürtel und Amuletten, in seiner Rauschfähigkeit, seinen Geheimmitteln, seinen Sprüchen und Beschwörungen – letzten Ausläufern eines Schamanentums, dessen Spuren noch heute von den Pyrenäen bis zur Tschuktschen-Halbinsel zu finden sind: so folgen wir auch dem Banalen im Leben des Mannes mit der Liebe des Historikers, – in der Meinung, daß bei dieser geschichtlichen Schatzgräberei zwar nicht nur reines Gold zu Tage komme, aber doch wenigstens die Scherben einer Vergangenheit, die unverlierbar sein sollte, weil sie unwiederbringlich ist.

Lebendige Erinnerungen sind zwar bisher nicht aufgetaucht, wohl aber haben die Archive noch einiges hergegeben. Kerners Bruder Karl, der Stuttgarter Geheimrat, General im russischen Feldzuge Napoleons, später kurze Zeit württembergischer Innenminister, dann lange Jahre Präsident des Bergrates, nahm an den wissenschaftlichen Arbeiten seines Arzt-Bruders regen Anteil. In jenen Jahren wechselten die Brüder fast täglich Briefe miteinander. Die des Dichters sind fast alle verloren, erhalten aber sind in seinem Nachlaß die des Geheimrats. Unter den vielen merkwürdigen Personen, die darin erwähnt werden, ist nun aber kaum eine, die Karls Interesse stärker erregt hat als unser Kirchheimer Schneider. Von 1833 an erinnerte er Justinus des öfteren daran, daß er ihm den Dürr zuschicken solle, und als er einmal eine kurze Dienstreise unternehmen mußte, instruierte er die Geheimrätin besonders über die Fragen, die sie dem Schneider, wenn er erschiene, vorlegen sollte. Im Frühjahr 1835 fand die Begegnung zwischen der Exzellenz und dem Medikaster wirklich statt, und wir verdanken ihr die einzige Schilderung des

194

unmittelbaren Eindrucks, den Dürr machte, wenn wir von den reflektierten Berichten Eschenmayers und Justinus Kerners absehen.

„Heute vormittag um 10 Uhr kam Dürr und blieb etwa anderthalb Stund. Er war mir interessant – ohne daß ich ihn definieren konnte. Er hat etwas Außergewöhnliches von der Natur empfangen, was man ihm leicht ansieht, aber die menschliche Schul der Bildungsanstalten scheinen keinen bedeutenden Beytrag an ihn abgegeben zu haben. Er erzählte mir viel von seinen Kuren, aber ich mußte mehr ahnden, was er mit seiner Erzählung sagen wollte, als ich verstanden, sey es, daß ihm zuviele Zähne manglen oder daß er nicht vernehmlich zu sprechen vermag. Auch scheint er den Branntwein zu lieben, da er offenbar dem Geruch zu urtheilen, etwas bey sich hatte. Daher ich nicht ganz zu beurtheilen vermag, ob dieser nicht Einfluß auf seine unglücklichen Erklärungen hatte – oder ob es Mangel an Explicationsgabe *[Darlegungsgabe]* ist. Gesetzt aber, daß alles wahr ist, was ich verstehen konnte von seinen Kuren, so ist er ein wahrer Wundermann und eine seltne Erscheinung."

In all ihrer Kürze ist diese Schilderung doch ausführlich genug, um das Entscheidende hervortreten zu lassen: das Außergewöhnliche einer Naturbegabung, die dem Bildungszeitalter ganz fernesteht, und eine seltsam faselige Redeweise, die zwar Stimmungen und Eindrücke zu vermitteln vermöchte, aber keine Tatsachen. Diese fahrige Art, zu reden und überhaupt sich zu geben, macht den Eindruck der Trunkenheit und wird auch wirklich durch den Trunk noch verstärkt. Andererseits scheint doch diesem Schamanen alle bewußte Scharlatanerie fernezuliegen, absichtliche Täuschung, schlaues Eindruckschinden. Bedenken wir, daß der dürftige Schneider dem Oberamtsarzt in Weinsberg eine wertvolle und unersetzliche Hilfskraft geworden war und daß er in Stuttgart einem hohen Beamten gegenüberstehen sollte, aus der Regierung des Landes und der Umgebung des Königs selbst, so ist nicht daran zu zweifeln, daß ein verschmitzter Gaukler sich auf eine solche Begegnung eingestellt und Kapital aus ihr zu schlagen versucht hätte. Bei Dürr nichts von alledem: er war derselbe in Stuttgart wie in Weinsberg oder zu Kirchheim in seinen vier Wänden. Wollten wir uns fragen, warum er dem Trunk zugetan war, so könnten wir die Frage erledigen mit dem Hinweis auf die Genossen seines Typs in aller Welt, die sämtlich der Rauschmittel bedürfen zu ihrer Leistung. Fragen wir uns aber, warum er schon in nüchternem Zustand in Gehabe und Gerede wie ein Trunkener erschien, so werden wir die Desorientiertheit des einen wie des anderen als den Vergleichspunkt erkennen. Dürr lebte tatsächlich nicht in dieser Welt der Körper und leibhaften

Tatsachen; aber was einerseits als Mangel und Schwäche erscheint, bestätigt doch andererseits die Vorstellung, die wir uns von der Art Orientiertheit machen müssen, die einem solchen Manne eigen ist: er lebte in einer anderen Welt, unter Seelen und Geistern, – darum erschien er dem in der Normalwelt Orientierten als Trunkner, und er bedurfte eben des Trunkes, um den Hindernissen aus der Normwelt zu entgehen.

Es ist klar, daß ein Mann, der mit der materiellen Welt auf einem solchen Fuße steht, keine materiellen Erfolge in ihr davontragen kann. Daß er auch mit seinen Künsten keineswegs nur hinter dem Gelde der Patienten her war, wie mancher sich das vorstellen mag, dafür gibt der Bruder Kerners ein merkwürdiges Beispiel, das des Mannes Ehrlichkeit außer allen Zweifel stellt. Überdies wirft es ein bezeichnendes Licht auf jene Zeit, in der durch den Mesmerismus noch einmal der alte Zauberglaube im Lichte der Wirklichkeit erscheint – zum mindesten für den Kreis um Kerner und Eschenmayer. Es kam nämlich zu Karl Kerner ein Bauer aus der Gegend von Waiblingen – mit der Behauptung, daß ihn seine Frau nach der Hochzeit bezaubert habe: eigentlich einem anderen zugetan, hätte sie ihm gleich anfangs die Zeugungskraft genommen und dazu eine Krankheit beigebracht, die ihn nicht mehr gehen noch stehen ließ – später, nach der Trennung, sei sie nachts gekommen, um ihm das Blut auszusaugen. Er hatte eigentlich zu Justinus um Hilfe gehen wollen, brauchte aber auch juristischen Rat, weil der Oberamtsrichter kein Wort von seinen Anklagen glaubte und ihn bei der Güterscheidung benachteiligte: darum erschien er vielleicht von Dürr dahin verwiesen bei Karl Kerner. Zufrühst hatte er sich nämlich an Eschenmayer gewandt (damals noch Tübinger Professor) und ward von diesem zu Dürr geschickt. Jacob hatte sich bewegen lassen, zu ihm zu kommen und bei ihm zu übernachten. Dabei hatte er bewerkstelligt, daß die H. (der Geheimrat kürzt die im rationalen Zeitalter anstößigen Wörter sämtlich wie etwas Unanständiges ab), daß also die Hexe „in der Nacht an sein Fenster habe kommen müssen, die großen Lärm gemacht, und Dürr habe hierauf gemeynt, jetzt hätte er sie ganz in seine Gewalt bekommen, was aber nicht der Fall gewesen. Er habe dem Dürr dafür 7 Gulden bezahlt, habe ihm aber gesagt, er zahle gerne 100 Gulden, wenn er sie recht zähmen könnte, und Dürr habe gesagt, das könne er vielleicht noch machen, aber er müsse erst höhere Weisung abwarten – indessen habe er auf 3 Briefe keine Antwort mehr von ihm erhalten." – Es liegt hier auf der Hand, daß der Schneider von Kirchheim nicht ein Zauberdoktor war, dem es nur um das Geld der unglücklichen Kranken ging. Er war, wie wir das auch aus der Geschichte der Stadelbäuerin und aus seinen eigenhändigen Briefen wissen, gebunden an die Weisungen seiner Geister und glaubte an seine Welt; er war keineswegs ein Schmarotzer im sogenannten Aberglauben, sondern nahm an dem Glauben der Hilfesuchenden teil. Er irrte sich wie sie – so wie auch Jahrzehntausende lang vor ihm die Menschheit geirrt hat und wie Justinus, Karl und Eschenmayer irrten –, falls nicht etwa wir uns heute irren sollten über diesen Gegenstand.

Wenn auch Kerners Vertrauen zu der Gabe Dürrs erschüttert war, so folgte er doch den Schicksalen der kranken Caroline mit der Anteilnahme des Arztes. Zwar wollte er einen neuen Heilungsversuch in seinem Hause nicht mehr unternehmen und nicht mehr unter seiner Leitung, wohl aber war er geneigt, in Kirchheim noch einmal den Schneider auf sie einwirken zu lassen und den beiden dazu mit seinen Verbindungen zu Hilfe zu kommen. Im September verspricht der Stuttgarter Bruder, den Kirchheimer Oberamtmann Knapp zur Zurückhaltung zu bewegen, wenn das Mädle zu Dürr in die Behandlung komme, und später sondiert er ihn *[erkundigt sich vorsichtig]* über seine Einstellung zu einem solchen Heilungsversuch. Es ergibt sich nicht nur, daß laufend Kranke zu Dürr kommen. „öfter 5–6 sicher Leute an einem Tage", sondern auch, daß der Oberamtmann durchaus bereit ist, durch die Finger zu sehen und daß er die solche Praktiken betreffende Medizinal-Ordnung nicht gerade rigoros handhabt. Er meint nämlich, es stände jedem frei, nach Weinsberg oder Kirchheim zu Schneidern oder Schmieden in die Kur zu laufen „und sich selbst von Weibern kurieren zu lassen, ohne daß ein Oberamtmann oder Oberamtsrichter sich darein mischen darf, bis ein Fall der Vergiftung, eine Tötung oder Klage der Ärzte und Apotheker eintreten, und deswegen geht es weder den Oberamtmann Knapp noch den Oberamtsrichter zu Kirchheim etwas an, ob viele oder wenige Leute zu Dürr kommen (und keiner darf sich erlauben einzugreifen ohne einen obigen Fall, und deshalb sagte mir Knapp, daß täglich mehrere Wagen mit ankommenden Fremden zu Dürr vor den Wirtshäusern stehen) und dieses schrieb ich Dir nur, damit zu sagen, daß trotz der Wagen voll Patienten, die den Dürr consultieren, Knapp doch nichts machen könne. Und wäre ein Mensch dort, der für das Mädchen sorgen könnte, im Fall Dürr sie nicht in sein Haus aufnehmen könnte, so könntest Du sie jeden Augenblick dahin schicken, ohne den Knapp nöthig zu haben."

Daß Eschenmayer gerade zu jener Zeit nach Kirchheim umzog; erleichterte das Vorgehen. Er übernahm die Sorge für das Mädchen und die Leitung des Heilverfahrens. Allerdings ging das Vorhaben damit aus der Hand des Arztes in die des Religionsphilosophen über, und das Geschehen wandelte binnen kurzem so sehr seinen Charakter, daß Kerner entschieden seine Echtheit zu bezweifeln begann. Trotz aller Anteilnahme an dem metaphysischen Hintergrunde dieser Krankheiten war doch sein Hauptanliegen immer die Heilung der Leidenden – durch Eschenmayer aber wurde der Vorgang unmerklich vom medizinischen auf den religiösen Bereich hinübergedrängt.

Für uns ist es leicht, das heute einzusehen; aber ein solches Geschehen ist so verwickelt und mannigfaltig, so beziehungsreich, so wandelvoll und sogleich so rätselhaft, daß dem gleichzeitigen Beobachter zunächst die Orientierung völlig benommen wird. Statt in Eschenmayer die Quelle der Erscheinung zu erkennen, in seinem geistigen Anliegen, das die zusammenwirkenden Medien Stadelbauer und Dürr zu plastischer Darstellung brachten, – mußte Kerner in den Irrtum verfallen, daß die Besessene und der Schamane zusammen betrogen hätten; denn die Funktion des Mediums war dazumal noch völlig unbekannt, selbst heute ist sie nicht völlig durchschaut. Es dauerte gar nicht lange, da stimmte Karl Kerner dem Bruder bei, daß sich Dürr in dieser Sache als Schweinehund erwiesen habe.

Zweierlei hatte Justinus an dem Schneider freilich schon immer mißfallen, zwei Eigenheiten, zu deren Verständnis ihm seine mesmeristische Gedankenwelt die Anleitung versagte. Das waren einerseits Jacobs Gebärden, anderseits die Überzeugungen und Praktiken hinsichtlich seiner Hilfsgeister. Wie alle „Zauberer" muß Jacob Dürr bei seinen Beschwörungen seltsame Gestikulationen vollführt haben, die für den Oberamtsarzt keinen magnetopathischen *[Heilwirkung durch magnetische Kräfte]* Sinn hatten. Die Hilfsgeister aber, mit denen wir überall auf der Welt die Schamanen und ihre Geistesverwandten im Verkehre finden, waren weder in den christlichen noch den mesmeristischen Hintergründen der kernerschen Gedankenwelt so recht unterzubringen, – und er war daher nur allzusehr geneigt, sie samt der Gebärden Dürrs einem theatralischen Brimborium *[überflüssigem Drumherum]* zuzurechnen, das des Schneiders Naturgabe nur verunstaltete und beeinträchtigte. Wir heute, angesichts des ausgebreiteten völkerkundlichen Materials, müssen diese beiden Züge als wesentlich, und wenn als Beiwerk, doch als notwendiges ansehen.

Für Kerner gab es aber – neben seinem allgemeinen Zweifel – bei der Kirchheimer Affäre Ende 1836 noch einen besonderen Grund, Dürrs Hilfsgeistern zu mißtrauen und sie zu verdächtigen. Dürr hatte nämlich, zu besonderer Hilfe für Caroline, jenen ehemaligen Kapuziner Anton als Schutzgeist berufen, der eben erst, ein Jahr zuvor, im Weinsberger Gefängnis als büßender Geist gespukt hatte. Kerner hatte die seltsamen Vorfälle von Amts wegen protokollarisch festgehalten und mit zahlreichen Aussagen glaubwürdiger Zeugen als „Eine Erscheinung aus dem Nachtgebiete der Natur" veröffentlicht. Es mußte ihm alles an einer wissenschaftlichen Anerkennung dieser formal objektivsten und methodisch einwandfreiesten seiner „parapsychologischen" Schriften liegen, und nichts konnte ihm daher ungelegener kommen, als das der Schneider von Kirchheim auf seine Art eine Fortsetzung dazu aufführte, – ein Narrenspiel, wie es schien, das bei all jenen Zweiflern, die Kerner zu überzeugen hoffte, auch die Weinsberger Begebenheit auf das Niveau eines Mummenschanzes *[Maskenfestes]* hinabdrücken mußte. Wirklich brachte auch der „Schwäbische Merkur" am 2. Januar 1837 die lügenhafte Nachricht, daß „ziemlich sicheren Nachrichten zu Folge" Dürr in Kirchheim inhaftiert sei und Eingeständnisse bezüglich der Weinsberger Spukgeschichte gemacht habe. Aber schon im vorangehenden Herbste war des Dichters Meinung über den Schneider jäh umgeschlagen; den Widerschein davon finden wir, wie erwähnt, in Karls Briefen: Anfang November kritisierte er das rasche Avancement *[die rasche Beförderung]* Antons in der anderen Welt, da er jetzt schon Schutzgeist sein könne; Mitte Dezember fällt das harte Wort Schweinehund, das allerdings keineswegs, wie wir sehen werden, das letzte Urteil der Brüder darstellt. Eschenmayer setzte unterdessen, unbekümmert um die Kritik der beiden, die Heilungsversuche mit Dürr immer fort, und keine Bedenken haben ihn je in seinem Vertrauen zu Dürrs Wahrhaftigkeit wankend gemacht. Hierin muß ihm auch unsere Kritik zustimmen: selbst dann, wenn alles Geschehene eine Täuschung gewesen wäre, hätte sie nicht in der Absicht eines Beteiligten, sondern in der Menschennatur selber gelegen.

Wir haben indes nicht vor, uns hier in tiefsinnige menschenkundliche Betrachtungen zu verlieren, sondern wir wollen nach der Schilderung Karl Kerners den Schneider selbst noch einmal auf die Bühne rufen – und zwar in jener aufregenden Szene Mitte November, als das Unternehmen Eschenmayers äußerlich den stärksten Rückschlag erlitt – eben infolge Dürrs Unbekümmertheit und Unbeherrschtheit. Aus Dinkelsbühl war ein Bauer mit seiner kranken Tochter gekommen, um sie von Dürr behandeln zu lassen. Dieser brachte sie in die unteren Zimmer der Post, wo, wie jeden Abend, viele Leute bei Bier und Wein zusammensaßen, machte alle Fenster auf, trat vom einen an das andere, winkte seinen Geistern und sprach mit ihnen. Dann fing er das Gebet bei dem Mädchen an und beschwor ihren Dämon zunächst im Namen Gottes, „wobey er je länger, je mehr getaumelt und gelallt, so wie auch je länger je mehr sich das Volk ums Haus versammelt habe". Wie aber der Dämon nicht weichen wollte, beschwor er ihn im Namen des Obersten der Teufel, und das erschien sehr vielen als die größte Gottlosigkeit, daß er so im Namen des Teufels predigte. Schließlich aber setzte er mit lautem Aufschrei hinzu: Und wenn du unseliger Geist noch nicht ausfahren willst, so kannst du mich (s.v.) i.A.l.! –

Man wird dem Kirchheimer Schneider, wenn man seine Art mit der anderer berühmter Geisterbeschwörer vergleicht, eine gewisse schwäbische Originalität nicht absprechen können. Jedenfalls gab es über den schier selbstbesessenen Jacob einen solchen Auflauf, daß die Polizei einschritt. Am nächsten Tage wurde Dürr vors Oberamt zitiert und über den angestellten Spektakel vernommen, vor allem auch darüber, daß er den Dämon im Namen des obersten Teufels beschworen. Sein anfängliches Leugnen half ihm nichts, er ward durch mehrere Zeugen überführt und gab schließlich an, er wisse nichts mehr, er habe einen Rausch gehabt. – Irren wir uns nicht über seine Art, so wird dieser Rausch weniger ein alkoholischer gewesen sein als eine „Exaltation" *[ein Überschwank]*, die in der Natur der Sache, in dem Wesen einer solchen Beschwörung überhaupt lag. Es läßt sich auch unschwer erkennen, wie sehr eine solche Handlung durch Öffentlichkeit, durch ein Auditorium *[eine Zuhörerschaft]* gesteigert wird, daß etwas Theatermäßiges im Wesen der Sache liegt und daß dies dem Schamanen selbst Bedürfnis ist. Es stimmt dazu, daß Jacob kein bescheidener Gesundbeter war, sondern sehr geneigt, mit seinen Erfolgen zu prahlen – aber eben in unverständlicher Rede, die mehr eine theatralische Wiederholung der Vorgänge als eine historische Schilderung ihres Verlaufes war.

Die Entgleisung Dürrs im Wirtshause hatte für das Unternehmen Eschenmayers keine unmittelbaren Folgen – was abermals für des Oberamtmannes Nachsicht zeugt; aber im Laufe der Zeit erwuchsen der Sache doch so viele Hindernisse, daß Eschenmayer sich genötigt sah, das Mädchen fortzuschicken – in Dürrs Begleitung. Wäre nun Karl Kerner im Grunde seines Herzens davon überzeugt gewesen, daß Eschenmayer ein Betrogener und Dürr ein Schweinehund sei, so hätte ihn dies Abbrechen nur befriedigen können. Es müssen aber die Brüder Kerner doch immer auch mit der Echtheit der Sache und der Aufrichtigkeit des Schneiders gerechnet haben, denn am

19. Januar schreibt Karl: „Es ist doch ein Eigensinn von Eschenmayer, daß er das Mädchen wegen der Regierungs-Verordnung sogleich fortgeschickt hat, da ihm Knapp, wie mir dieser selbst versicherte, gesagt hat, daß Dürr unter seiner, des Eschenmayers Aufsicht wohl magnetisieren könne, aber nicht in Wirtshäusern und nicht in seinem eigenen Haus. Es scheint demnach, als seye für Eschenmayer eine erwünschte Gelegenheit gewesen, der Sache ein Ende zu machen."

Dürr ging, dank Gutachten von Kerner und Eschenmayer, straflos aus diesen Ereignissen hervor. Aber seine Lebensweise war vorgezeichnet, und es ist nicht anzunehmen, daß ihn eine Bestrafung vom Beschwören und Medikastrieren abgehalten hätte. Sicherlich lebte er zeitweise auch gar nicht mehr vom Schneiderhandwerk, sondern von seiner Schamanen-Praxis. Anfang 1838 beklagt sich ein Pfarrer bitter in einem öffentlichen Blatte über diese Praxis, fordert das Medizinal-Collegium auf, einzuschreiten und übergibt gleichzeitig dem Druck ein Gebet, das Dürr einem Kranken aufgeschrieben hat, und zwei Rezepte. Ein Pulver zum Einnehmen besteht aus gleichen Teilen Aloe, Rhabarber, Anis, Myrrhen, Aron, rotem Bolus Armenia und doppeltem Anteil Asa foetida. Ein Sälble besteht aus einfachen Anteilen Kampfer und Safran und doppelten Anteilen gestoßenem Weihrauch und Asa foetida – fein gestoßen und frisch mit Essig angemacht. Gebet und Rezepte bekam der Kranke mit in sein Dorf, in Kirchheim hatte der Schneider jedoch, wie stets anscheinend, den Dämon der Krankheit beschworen –, den Teufel, wie der Pfarrer schreibt und wie wohl auch Dürr und der Kranke ihn nannten.

Welch eine ausgezeichnete Medizinmanns-Methode hatte doch unser Heiler: Versuch einer kräftigen seelischen Einwirkung, einer „Umstimmung" des Kranken durch die Beschwörung; fortdauernde seelische Aktivierung durch das dreimal täglich, dreifach zu sprechende Gebet – und schließlich die Anwendung äußerlicher und innerlicher, vorwiegend pflanzlicher Heilmittel, die, wenn sie nicht spezifisch wirkten, doch jedenfalls einen starken Geruch ausströmten, eine Eigenschaft, die von den Geisterheilern seit je hochgeschätzt wurde. Außerdem aber versprachen sie eine wirkliche, der Gesundung auf verschiedene Weise förderliche Wirksamkeit: Erreger adsorbierend *[an die Oberfläche bringend]* (Bolus), allgemein anregend (Myrrhen), die Durchblutung steigernd (Kampfer), darmreinigend und -anregend (Aloe, Rhabarber – Anis), die Atmung erleichternd und befreiend (Arum), nervenbelebend (Safran, Asa foetida). Dürrs „bulfer und selble" und seine Beschwörungen hätten gewiß weder einem Schwindsüchtigen noch einem Fallsüchtigen aufgeholfen, aber es ist immerhin denkbar, daß die starke seelische Einwirkung und die körperliche Entschlackung und Anregung manchem Leidenden einen Aufschwung verliehen, der einer Heilung zuführen konnte. Um dies einzusehen, bedarf es nicht einmal der Berücksichtigung einer besonderen magisch-magnetischen Wirkung des Schneiders, der Kerner und Eschenmayer das Beste seiner Heilkraft zuschrieben. Benennen wir aber jene mit ihrem heutigen Namen Hypnose, so ließe sich um so leichter verstehen, wie das gesamte Verfahren in geeigneten Fällen zu einem wirklichen Erfolg zu führen vermochte.

Der Notruf jenes Pfarrers hatte Erfolg. Arzneien zu verabreichen war geradeswegs wider die Medizinal-Ordnung, und „nach einem Regierungs-Dekret vom 17. Januar 1839 ... wurde Schneider Dürr wegen wiederholten Medikastrierens und Seegensprechens zu einer 4wöchigen Freiheitsstrafe verurtheilt unter Verurtheilung in sämtliche Untersuchungskosten". Geheimrat Kerner schreibt dazu an seinen Bruder: „Ich war zu Kirchheim, wo mir K(napp) sagte, daß dem Dürr eine Gefängnisstrafe im ordinären *[gewöhnlichen]* Gefängnis von der Kreis-Regierung dictirt *[festgesetzt]* sey, und nur auf Deine Vorstellungen seye er von dem Arbeitshaus dispensirt *[befreit]* worden. – Er wolle ihn aber wenigstens 8 Tag bey Waßer und Brod sitzen lassen." Auch zu diesem Zeitpunkt ist also Justinus noch einmal für seinen Geisterbeschwörer eingetreten. Bemerkenswert ist die Langmut des Oberamtmannes, der anscheinend nicht nur die Regierungsstrafe von sich aus auf ein Viertel herabgesetzt, sondern auch ihren Vollzug ausgesetzt hat. Dürr starb ein Jahr nach jenem Richterspruch und hat anscheinend die Strafe nicht abgebüßt. Daß er sich um das Verbot nicht gekümmert hat, wissen wir von Eschenmayer. Kurz vor seiner letzten Krankheit hat er noch ein Mädchen aus Vaihingen auf den Fildern geheilt – anscheinend unter Einsatz seiner Lebenskraft; jedenfalls schwächte ihn diese erfolgreiche Heilung so sehr, daß Eschenmayer urteilt, es habe „dieser rätselhafte Mensch mit seinem Ende die Wahrheit seiner Kraft besiegelt."

Nach Dürrs Tode wurde sein gesamter Besitz versteigert und darunter auch sein – Haus! Es war einigermaßen überraschend, im Kirchheimer Wochenblatt auf eine solche Anzeige zu stoßen; denn wie konnte der blutarme Mann, der nicht aus Kirchheim stammte, dort zu Haus und Grundbesitz gelangt sein? Jedenfalls gab die Nachricht Anlaß, ein wenig tiefer in die Vermögensverhältnisse unseres Schamanen hineinzuschauen. Es war dabei von vornherein zu vermuten, daß der Schneider auf dem glücklichen Wege des Heiratens zu seinem Besitz gekommen war.

Welche Einnahmen Jacob – 1777 geboren – in den ersten fünfundzwanzig Jahren seines Lebens gehabt hat, bleibt verborgen. Aber vom 6. September 1802 an erhielt er für jeden Tag einen Kreuzer, denn da war er Soldat, und zwar bis 6. November 1803 – eine Zeit von 421 Tagen (denn der Kommiß *[das Militär]* kannte schon damals nur Monate von 30 Tagen und ein Jahr von 360) und erhielt demnach die Summe von 7 Reichsthalern und einem Kreuzer – nicht alles indes in bar, sondern einen Teil in Gestalt von (un-besoldetem) Urlaub. Ebensowenig wie einer heutzutage quittierte er also den Dienst als vermögender Mann, und als er zu Anfang des nächsten Jahres in die Ehe trat, war das Beste an seinem Besitz das „Heurathsgut" vom Vater in Höhe von 108 Gulden – mit allem übrigen zusammen, darunter einer Bibel zu einem Gulden und dem pro 2 Gulden aestimierten *[anerkannten]* Hand-werkszeug, brachte er es nur auf 169 Gulden 22 Kreuzer. Hiervon indes gin-gen zwei namhafte Beträge ab und drückten die Summe auf weniger als die Hälfte: das Bürgerwerden kostete ihn 38 Gulden, und 50 Gulden hatte er der Dorothea Kittelbergerin zur „PrivatSatisfaction" *[privaten Genugtuung]* zu zahlen. Was seine Frau zubrachte, konnte sich daneben wohl sehen lassen: es waren Äcker, Wiesen, Gärten und Länder im Werte von 339 Gulden – und mit ihrem übrigen Gute, darunter einem Granatennuster im Werte von 6 Gul-den, das in den folgenden Inventarien einsam unter der Rubrik Gold und Silber figuriert – kam sie auf den Betrag von 439 Gulden 24 Kreuzern, wo-von sie allerdings keine Privat-Satisfaction zu zahlen hatte.

Damals indes wie heute läßt sich auf Äckern und Wiesen oder gar zur Miete nur schlecht wohnen, und fünf Jahre später, als ein billiges Haus öf-fentlich ausgeboten wurde, griffen die jungen Eheleute zu: um 400 Gulden bar Geld kauften sie 1809 eine einstokete *[einstöckige]* Behausung samt getrenntem Keller in der unteren Vorstadt bei der Kelter, neben Gottlieb Maier, Wegschütz, und Georg Hummel, Rothgerber. – Hatte Dürr inzwischen 400 Gulden erworben? Brauchte er nur den Strumpf auszuschütten, um das Häuschen zu bezahlen? Leider nicht! Ende Oktober verkauft Dürr Ackerland für 150 Gulden und eine Woche später noch einmal für 103 Gulden. Zugleich stellen er und seine Frau den Antrag auf ein Darlehen vom Bürgermeisteramt in Höhe von 180 Gulden. Das Darlehen wird ihnen gewährt und später auf die Armenkasse übertragen. Es war jährlich mit 5%, also 9 Gulden zu verzin-sen, und bis 1839 hat demnach Dürr Zinsen genau in der anderthalbfachen

Höhe des Darlehens gezahlt, – ohne Tilgung der Schuld, die vielmehr nach seinem Tode aus dem Verkauf des Hauses beglichen wurde. Immerhin – er wohnte im eigenen Hause – aber dieser Hauskauf hat sicher die anhaltende Not der Familie mit verschuldet; er belastete sie nicht nur mit einer Schuldsumme, sondern brachte sie vor allem um das produktive Ackerland im Werte von 250 Gulden, das fortlaufend zu ihrem Lebensunterhalt beigetragen hätte, während das Haus daran zehrte.

In des Schneiders Nachlaß findet sich nichts, das auf den Schamanen deuten würde, nicht sein Zaubergürtel, keine Pharmaka, kein Kräuterbuch, keine Spruchsammlung und keines der höher numerierten Bücher Mosis. An Büchern sind nur die Bibel, ein Neues Testament, zwei Gebetbücher; zwei Gesangbücher vorhanden – hier wären dann wohl am ehesten die Spuren des schamanischen Gebrauchs zu vermuten. Indes geht nichts davon in den Besitz des Sohnes über, der später wegen Medikastrierens bestraft wurde. Für die Witwe wird nur ihr Gesangbuch von der Versteigerung ausgenommen und mit 12 Kreuzern auf ihr Erbe angerechnet – die Bibel und die beiden Gebetbücher ersteigert sie für insgesamt 47 Kreuzer. Die übrigen Bändchen, Dürrs Gesangbuch und das Testament, erhält die Kleinin – ob sie ähnliche Praktiken damit vorhatte wie der Schneider? Das Wertvollste aus dem ganzen Nachlaß sind, abgesehen von den Liegenschaften, Dürrs silberne Taschenuhr samt silberner Kette, Petschierstock und Schlüssel; die um 7 Gulden vor der Versteigerung dem Sohn ausgehändigt wird – vielleicht ein Geschenk aus der Weinsberger Zeit –, und des Schneiders dunkelblauer, tuchener Oberrock, der, auf fünf Gulden veranschlagt, von der Leiboldin um 7 Gulden 30 Kreuzer erstanden wird. Auffallend niedrig ist der Wert der Möbel. Über einen Gulden sind nur der Kleiderkasten der Witwe (2 Gulden) und ihre Bettlade *[Betttruhe]* (1 Gulden 30 Kreuzer) veranschlagt und eine Mehltruhe (1 Gulden 30 Kreuzer), die bei der Versteigerung 2 Gulden 30 Kreuzer erbringt. Sonst kommt kein Gegenstand über die 50 Kreuzer hinaus, die für einen einzelnen Stuhl bezahlt werden. Eine Schnitztruhe, heute vielleicht ein begehrtes Stück, ist mit nur 40 Kreuzern angesetzt und das Canapee *[Sofa mit Rücken- und Seitenlehne]* gar nur mit 15. Aber ein Hakblökle *[Hackblock]* ist da, auf 10 Kreuzer geschätzt, das von Jakob, dem Sohn, um 12 erstanden wird. Merkwürdig wären uns wohl auch die 18 „Portraits"; von denen einzelne bis zu 12 Kreuzern veranschlagt sind und die fast alle aus der Familie gehen – vermutlich vor allem Scherenschnitte.

Der Wert des Hauses, 1809 mit 400 Gulden veranschlagt, wird nun auf 500 Gulden geschätzt und von Schuster Gottlieb Pantel mit 569 Gulden bezahlt. Die Ländereien erbringen insgesamt nur 53 Gulden, waren also nur ein kleiner Bruchteil von dem Land, das Dürr früher verkauft hatte. Auch die Grundstücke übrigens, welche der zweiten Frau 1828 in Öthlingen als Erbe zugefallen waren, hatte der Schneider sogleich zu Geld gemacht. Es kennzeichnet seine Vermögenslage des weiteren, daß nach seinem Tode kein bar Geld im Haus war, daß seit Februar 1836 beim Müller Reuer eine Schuld von 3 Gulden (für einen Holzeinkauf) offen stand und bei Christian Kätzler drei Forderungen von insgesamt nahezu 13 Gulden, die zur Zinszahlung gedient hatten. Auch an Eschenmayer waren mehr als 10 Gulden zu zahlen, die er zum Begräbnis beigetragen hatte. Nicht viel mehr, 11 Gulden 5 Kreuzer, hatte das Begräbnis überhaupt gekostet, die Hälfte davon – 5 Gulden 30 Kreuzer – der 7 Fuß lange Sarg. Dazu kamen aber noch 12 x Trinkgeld für die Schreinergesellen, eine reguläre Taxe. Die acht Träger hatten nichts genommen.

Der merkwürdigste Posten in der ganzen Aufstellung aber ist die erkleckliche Summe von 200 Gulden, die der Schneider, von niemand bestritten, der Witwe Böking schuldet, einer Dame mit einem festen und klaren Namenszug. Dies Geld war ebenfalls mit 5%, also 10 Gulden im Jahr, zu verzinsen. Die Schuld war nicht, wie doch jene 180 Gulden von der Stadt, im „Unterpfands-Buch" eingetragen, war also keine „Hypothek", sie kann aber doch nur, auch ohne eine solche amtliche Sicherung, im Hinblick auf das Haus als Gegenwert eingegangen worden sein. – Wozu hatte dieses Geld gedient? Es gibt im Nachlaß nichts, als dessen Kaufpreis die Summe erscheinen könnte, und auch das Haus, obwohl im Wert gestiegen, ist nach wie vor „einstoket". Die Schuld wird daher wohl mit einem der dunklen Punkte im Leben unseres Schneiders zusammenhängen, und höchstwahrscheinlich ist dies der folgende. Wir haben früher berichtet, daß Dürr als Bürger durchaus das Vertrauen der Stadt besaß und daß er demgemäß zwischen 1817 und 1828 in mehreren Fällen als Waisenpfleger und Rechtsbeistand von Witwen (Kriegsvogt) eingesetzt wurde. Wenn dergleichen mit der Verwaltung eines Vermögens verbunden ist, so ergibt sich damit für einen Armen stets eine schwere Versuchung, und wenn er so wenig Realist und Rechner ist wie unser Schamane, verfällt er auch bei ehrlichster Absicht um so leichter in eine Verfehlung. 1829 trat eine entsprechende Katastrophe ein. Damals nämlich ergab sich bei einer „durch das Königliche Oberamtsgericht … vorgenommenen Pfleg-

Rechnungs-Abhör ..., daß der Schneider Jacob Dürr einen Caßen-Rest von ca. 250 Gulden nicht zu liquidieren im Stande ist. Es wurde derselbe auf Befehl des K. Oberamtsgerichtes verhaftet und in das Criminal-Gefängnis abgeführt". Am 11. Januar 1830 erging das Urteil: der Criminal-Senat des Gerichtshofes für den Donau-Kreis in Ulm erkannte, „daß der Angeklagte wegen dolosen, übrigens ersetzten Pflegschafts-Kaßenrests und unordentlicher Rechnungsführung neben der Verbindlichkeit zu Bezahlung seiner Verhafts- und der Untersuchungs-Kosten zu einer Zweymonatlichen Policeyhausstrafe zu verurtheilen sey".

Es ist nicht anzunehmen, daß Dürr bewußt 250 Gulden Waisengelder unterschlagen hat. Sicher hat er einen Teil, wahrscheinlich den größten Teil des Geldes für die Pfleglinge aufgewendet, und einen Teil der Quittungen hat er vermutlich während der Untersuchung noch nachträglich aufgetrieben. Aber er hat wohl die Gelder unordentlich verwaltet, nicht alle Belege gesammelt und sich selbst nicht zu allen Zeiten klare Rechenschaft abgelegt. Wenn er aber den mit allen nachträglich erteilten Quittungen niemals gänzlich zum Verschwinden zu bringenden Kassen-Rest ersetzt hat, so muß er sich dazu das Geld entlehnt haben, und das werden eben jene 200 Gulden von der Witwe Böking gewesen sein, die ihn bis zu seinem Tode mit einem weiteren Zins von 10 Gulden jährlich belasteten.

Die persönlichste Spur, die wir von dem Dasein des Schneiderschamanen besitzen, sind jene zwei Briefe, die der Kerner-Nachlaß in Marbach bewahrt – sonst schien außer den fremden Zeugnissen, geschriebenen und gedruckten, jede Spur verweht. Nun aber hat sich neuerdings ein so massives Denkmal seines Daseins gefunden wie ein Haus. Die alten Berichte lassen keinen Zweifel daran, daß der merkwürdige Mann in dem Hause Lammstraße 7 gewohnt und gewirkt hat, daß er dort drei Jahrzehnte hindurch seine Geister beschworen, mit ihnen sich besprochen und gebetet hat und daß dort jene Kranken aus- und eingegangen sind, von denen wir zum Teil die Namen oder die seltsamen Schicksale wissen.

Freilich, das Haus, so wie es heute dort steht, war nicht das unseres dürftigen Schneiders, – aber sein Anfang und Ursprung gehörte ihm: das unterste Stockwerk – und in die Breite und Höhe ist das Bauwerk erst nach ihm gegangen. Ans Dach konnte man damals mit der Hand reichen, und rechts von der Tür war das Haus ebenso schmal wie heute noch auf der linken Seite. Ein späterer Besitzer hat das zweite Stockwerk aufgesetzt, das zunächst an der Seite noch weit überragte, und erst in der Generation vor den heutigen Besitzern ward das Erdgeschoß so weit verlängert, daß es mit dem Obergeschoß gleichkam – eine noch heute deutlich zu erkennende Erweiterung. Immerhin, dort, im Kern des Hauses wohnte der Mann, der durch Kerner und Eschenmayer auf die deutsche Geistesgeschichte gewirkt hat und durch Immermann in die deutsche Literatur eingegangen ist. Ohne Dürr hätte Kerner keinen einzigen Besessenen geheilt, seine „Geschichten Besessener neuerer Zeit" und die „Nachricht vom Vorkommen des Besessenseyns" wären ungeschrieben. Eschenmayer hätte nicht die Heilung der Stadelbauer unternommen und nicht seinen „Conflict zwischen Himmel und Hölle" geschrieben, über den er sich aufs schwerste mit David Friedrich Strauß zerstritt. Dürr lebte ihnen vor, was sie ohne ihn kaum hätten ahnen können, was den Europäern damals an fremden Völkern, Sibiriern, Indianern, eben erst als eine Lebens- und Kulturform einzuleuchten begann und was sie weit später erst als eine Grundform auch ihres eigenen Daseins entdecken sollten. Im Herzen Schwabens war das, ein schwer begreiflicher Atavismus *[Wiederauftreten von Merkmalen der Vorfahren]*, noch unter ihnen einmal entstanden.

DIE SOMNAMBULE VON WEILHEIM

Philippina Demuth Bäurle

[Erschienen in „GORGO". Zeitschrift für archetypische Psychologie und bildhaftes Denken, Jg. 1980, Heft 3, Verlag Adolf Bonz GmbH Fellbach-Oeffingen, S. 43–56]

Ende 1832 versammelten sich zu Weilheim unter Teck an gewissen Tagen immer wieder gläubige und ungläubige, gelehrte und schlichte Menschen im Hause des Verwaltungsaktuars *[Gerichtsangestellter]* Bäurle, um an den merkwürdigen Erlebnissen seiner sechzehnjährigen Tochter teilzuhaben. Zu vorausgesagten Zeiten versank Philippina Demuth nämlich in „magnetischen" Schlaf und berichtete darin von den wunderbaren Gesichten, die sie dann von der Welt der Engel und der Toten hatte. Es war eine Reihe sich steigernder Visionen, und wir können sie noch heute nacherleben, denn ihr Vater hat den ganzen Verlauf der Geschichte niedergeschrieben, hat 1834 die Aufzeichnungen in Druck gegeben, und das Buch ist hundert Jahre lang in immer neuen Auflagen gedruckt worden. Auch wenn uns die Geschichte selbst gar nicht ergreifen würde, so gäbe uns allein die hohe Auflagenzahl eine Reihe von Fragen auf. Was hat es eigentlich auf sich mit einem solchen Buche? Wodurch fesselte es die zahlreichen Leser? Setzt es wirklich, wie manche glaubten, die Offenbarung fort? Oder ist es, wie andere meinen, geradezu wider die geoffenbarte Religion? Oder gilt im Grunde weder das eine noch das andere? Ist es pure Täuschung, Nervenkrankheit, Aberglaube, eine sinnlose Gaukelei der Phantasie? – Es gibt viele Leute, die auf derlei sogleich eine Antwort bereit haben, – aber ist das auch ein besonnenes Urteil? Gewiß ist, daß Philippina den Ihren ergreifende Erlebnisse vermittelte von nichtalltäglicher Wirklichkeit, – davon kann sich jeder aufmerksame Leser überzeugen. Aber von welcher Art und welchem Rang war diese Wirklichkeit?

Bevor wir uns die Geschichte selbst in den Hauptzügen vergegenwärtigen, stellen wir zunächst fest, was sie innerhalb ihrer eigenen Gegenwart bedeutete. Da finden wir dann, daß die junge Bäurle eine der vielen „Somnambulen" war, die vor anderthalb Jahrhunderten von sich reden machten. Das Wort selbst bedeutet „Schlafwandlerin", hat aber in jener Zeit einen weit umfassenderen Sinn angenommen. Die Somnambule war es nämlich vorzüglich, an der sich die Wunder des „Lebensmagnetismus" offenbarten, jener geheimnisvollen Kraft, die in der zweiten Hälfte des 18. Jahrhunderts durch Anton Mesmer entdeckt worden war. Alle Welt sollte sie durchströmen, aber auch haften an allerlei Lebendigem, dem einen Menschen mehr als dem anderen innewohnen, und der Heiler sollte sie, das war Mesmers entscheidende Entdeckung, aus sich entbinden können und auf die Kranken einwirken lassen. Dadurch ward der kranke Mensch wieder in Harmonie mit den magnetischen Strömen des Alls gesetzt und dergestalt geheilt.

Diese lebensmagnetische Kraft, die später auch mit anderen Namen belegt wurde, läßt sich experimentell kaum nachweisen, und von der offiziellen Wissenschaft ward ihre Existenz daher bis heute auch nicht anerkannt. Immerhin haben sich von Mesmers Entdeckung abgespalten einerseits die Magnetopathie *[Heilwirkung durch magnetische Kräfte]*, die unterdes wenigstens juristisch gerechtfertigt wurde, und die Erscheinungen und Methoden der Hypnose und der Suggestion *[Verhaltensbeeinflussung]*, die längst wissenschaftliche Anerkennung und in der Heilkunde mannigfache Anwendung gefunden haben. Wenn also damals eine magnetisch Behandelte in Schlaf versank, so verstehen wir, daß sie, nach heutiger Redeweise, hypnotisiert wurde, und wenn diese Zustände damals anhielten und immer wieder spontan eintraten, so begreifen wir, daß man die Methoden des Einschläferns und Aufweckens noch nicht beherrschte und daß die Kranken in posthypnotischen *[nachhypnotischen]* Zuständen verhangen blieben, wie es auch heute im Gefolge laienhaften oder sonst mißglückten Hypnotisierens gelegentlich vorkommt. Erklärt sich demnach eine Reihe von Fällen jener Zeit aus der damaligen magnetischen Praxis, so kamen außerdem allerdings noch einige Fälle dazu, in denen spontane „magnetische Schläfe" im Zusammenhang mit seelischen Erkrankungen besonderer Art auftraten. Wir nennen den allbekannten Namen nicht, den diese seelischen Störungen damals wie heute führten, sondern merken nur an, daß es in ihrer Natur liegt, von dem rätselvollen Wesen und der Entstehungsgeschichte der menschlichen Innerlichkeit selbst etwas ans Licht zu bringen und damit Blicke auf unser aller inneren Daseinsgrund freizugeben.

Etwas derartiges liegt schon in der Tendenz, die viele dieser magnetischen Abläufe zeigten. Sie führten nämlich die Seele durch einen Kreis innerer Erlebnisse auf einen sinnvollen Höhepunkt dieses Erlebens zu, und indem sich der Kreis dort schloß, vollendete sich zugleich damit die Genesung der Seele. Nicht ohne Grund hegten daher die magnetischen Ärzte der Zeit die

Meinung, daß in den spontanen Schläfen sich eine ursprüngliche Heilkraft der Seele durchsetze und daß diese auf seelischem Wege eine Genesung erwirke, und zwar auch von körperlichen Leiden, die durch rein auf den Leib gerichtete Heilungsversuche nicht zu erreichen sei.

Dergleichen dürfen wir nicht außer acht lassen, wenn wir uns in die wunderbaren Visionen der jungen Weilheimerin versenken. Und auch damals in Weilheim und auch von Vater Bäurle wurde dies nicht außer acht gelassen. Er schrieb, selbst ohne Kenntnis des Magnetismus, an C.A. Eschenmayer, damals noch Professor der Philosophie und Psychologie in Tübingen und einer der ersten Kenner auf dem fraglichen Gebiet, und er zitiert in der Einleitung zu seinem Buch dessen Antworten. Darin stehen unter anderem die folgenden Sätze: „Man muß den Magnetismus als ein Heilmittel betrachten und nicht als ein Werkzeug, um wunderbare Dinge damit erforschen zu wollen." – „Lassen Sie der Geschichte geradezu den Lauf, wie sie sich von selbst entwickelt; halten Sie das Hinzudringen aller unnützen Personen ab, welche gewöhnlich nur störend einwirken und die Selbstheilung verzögern." – Solche Ratschläge sind freilich weitaus leichter zu geben als zu befolgen; das visionäre Geschehen hat sein eigenes Gesetz und eine eigene Macht, und es schlägt die Miterlebenden ohne Wahl in einen starken Bann – eine Magie, die auch Eschenmayer selbst erleben sollte, als er später in Kirchheim in eine ähnliche Geschichte verwickelt war.

Bäurles Buch trägt den Titel: „Reisen in den Mond, in mehrere Sterne und in die Sonne." Dementsprechend ward Philippina in einer großen Anzahl von Visionen auf eine Reihe von Gestirnen versetzt, und zwar zuvörderst auf die näheren, dann auf die ferneren und zuletzt in das himmlische Jerusalem. Zuerst gelangte sie an die Stätten der Unseligen, dann zu den Seelen, die im Anfange eines langen Läuterungsweges standen, auf den Mond, und im weiteren Verlauf zu immer höher verklärten Seelen und der ihnen entsprechenden Gestirnstufe, also auf den Merkur, auf Venus, Jupiter, Ceres, Saturn, Uranus und Sonne. Die physische Natur dieser Lebenssphären unterschied sich nicht sehr von der unseren, es gab dort Gärten und Felder, Straßen und Gebäude, Städte und Berge. Wohl aber steigerte sich die Leuchtkraft und die Farbigkeit dieser Welten. Immer prächtiger werden die Kronleuchter in den Sälen, und vom Jupiter an tragen auch die Seligen Kronen.

Die wichtigsten Bauten sind überall die Schulen, und das Lernen ist die eine, alles beherrschende Tätigkeit. Im Steigern der Einsicht liegt die Möglichkeit für den Aufstieg zur fernen Dreifaltigkeit. Ein solcher Gedanke allein schon, wie sehr er immer mitbedingt sein mag durch die Beklemmungen einer jugendlichen Schülerin, erweist den ungekünstelten Zusammenhang mit alten Traditionen menschlichen Denkens, die im Erkennen den Weg der Vollendung, den Weg in die Gottheit fanden. Merkwürdig ist, daß alle Räumlichkeiten, auch die Lehrsäle, zuerst als sehr lang und schmal bezeichnet werden; erst später erscheinen Quadrate und Rotunden *[Rundbauten, runde Säle]*. Zwar gibt es schon auf dem Monde ein zirkelrund fließendes Wasser, aber auf der von ihm umflossenen Insel steht „ein großes und ganz langes Gebäude". Bei der vierten Reise auf die Ceres trifft Demuth in der Mitte des Lehrsaales auf eine ungeheure, baumgleiche Säule, bei der elften sieht sie dort einen Berg, „schön rund und geformt wie ein Apfel". Diesen Raumformen, deren Gestaltwandel die Vollendung des inneren Geschehens begleitet, krönen sich in dem zwölftorigen, farbenprächtigen, zentralsymmetrischen himmlischen Jerusalem. Es ist die letzte Station der Reise, wenn auch nicht die letzte Stufe des unendlichen Alls, das erst im unendlichen Gott selber beschlossen ist.

Die magnetischen Zustände Philippinas bereiteten sich schon im Januar 1832 mit Schwächezuständen und Schläfrigkeit vor. Eines Abends war sie von einem kurzen Schlaf nicht zu erwecken; sie selbst erlebte diesen Schlaf als eine dicke Finsternis. Die zugezogenen Ärzte versuchten es mit dem Magnetismus, aber ohne Erfolg, und danach wird die Sache dem Gange der Natur überlassen. Ende März zeigt sich im Schlafe ein Führer, ein schöner junger Mann in dunkelblauer Kleidung, mit scharfem Auge, hellrotem Angesicht und leicht gelocktem Haar. Drei Tage später segnet sie dieser Führer ein, und es erscheinen von da an während der nun häufigeren Schläfe hier und da „starke Hellen" in der Finsternis. Erst im August und dann im September zeigt sich dieser Führer wieder und sagt für den 19.Oktober die erste Reise voraus. Im Laufe der Zeit erweist er sich als ein frühverstorbener Bruder Demuths. Auf den höheren Stufen finden immer wieder neue Weihungen statt, die jedesmal durch andere Selige erteilt werden. Auf dem Jupiter empfängt sie die Weihe von Jung-Stilling, der dort ein angesehener Lehrer ist; als Zeugen dienen der selige Bruder und ein anderer Verwandter. Die Einsegnung für Saturn und Uranus nehmen die Engel Jakob und Micha vor; sie muß aber wiederholt werden, weil die im Zimmer leibhaft Anwesenden nicht auf die Knie gefallen sind und mitgebetet haben. Für das Neue Jerusalem wird sie durch Johann Arnd eingesegnet, Zeugen sind dabei jene zwei seligen Toten und zwei erschaffene Engel.

Daß die Jenseitsreise im Geleit von Toten oder Naturgeistern stattfindet, ist in aller Welt, bei den Schamanen, den Medizinmännern, den Tempelfrauen und den Seherinnen Gesetz, – und zwar möchten wir es ein Naturgesetz nennen, denn die Weilheimer Somnambule hat ja sicher nicht dergleichen schamanische Unterweisungen empfangen. Aber sie erklärt auch die Möglichkeit ihrer Reisen im Einklang mit den schamanischen Lehren durch zwei dem Leibe innewohnende Lebensprinzipien: die Seele bliebe im Körper und nur der Geist wandere; „ich wußte vorher nie, daß außer der Seele auch noch ein Geist in uns wohnet, und nur dieser ist fähig, Wanderungen der Art zu machen."

Wie hatten nun die Eltern und die übrigen Anwesenden an den Erlebnissen der Somnambule Anteil? Durch die Verwandlung in ihrem Anblick und ihrer Stimme, durch Mimik und Gebärde, durch Rede und Antwort. Nichts war nach dem Schlafe mehr zu erfahren, denn das Mädchen hatte von den Visionen nicht die mindeste Erinnerung: sie ertrüge im Wachzustande nicht das Geschaute, wurde ihr gesagt; nur würde sie später gelegentlich in Träume verfallen, in denen einiges aus den Gesichtern vorkomme, damit ihr doch auch etwas bleibe. Während des Schlafes konnte auch nicht jeder mit ihr reden, sondern nur ein Bruder, mit dem sie in „Rapport" *[unmittelbaren Kontakt]* stand. Wohl aber berührte sie sich innerlich mit allen Anwesenden; sie las deren Gedanken „auf das bestimmteste", ja, sie wußte, was in anderen Häusern von ihr gesprochen wurde, und sie spürte Ankommende voraus. Durch Übelwollende traten Störungen ein, so daß gelegentlich eine Reise verzögert wurde oder gar wiederholt werden mußte. Daß eine Einsegnung wirkungslos blieb, weil die Anwesenden nicht daran teilnahmen, erwähnten wir schon. Ein großer Zauber ging aus von der Verklärung ihres Gesichtes und ihrer Stimme; daß der Vater dabei nicht übertreibt, wissen wir aus ähnlichen Beobachtungen anderer (bis zu C.G. Jung hin), und es ist daher vollkommen glaublich, daß sie bei allen Gestirnreisen „jedesmal eine andere Gestalt oder Gesichtsbildung annahm, welches Freunde und Feinde sowie jeder Unbefangene mehr als deutlich wahrnahm; denn jeder Gesichtszug offenbarte Redlichkeit, Liebe und Heiterkeit, die Farbe war stark rosenrot und glänzend." Wenn sie etwa, wie bei jener Weihe durch Arnd, Gebete sprach, so „war ihre Aussprache so klar und hell, daß kein Mensch vermögend ist, einen gleichen Ton hervorzubringen oder ein Wort auf diese Art auszusprechen."

Dieser Eindruck der Verklärten muß umso stärker gewesen sein, als Demuth nicht etwa ein vollblütiges, breitschultriges Landmädchen war, sondern eine zarte, auch etwas schwächliche, scheue und häusliche Sechzehnjährige, die sich von allen Lustbarkeiten und Tänzen, auch den Hochzeiten, zurückhielt. Sie war sehr bescheiden hinsichtlich ihrer Bekleidung, eine große Freundin der Reinlichkeit, hatte ein mitfühlendes Herz und liebte das stille Gebet im Verborgenen. „Ihre Eltern forderte sie öfters auf, sie zu warnen oder zu bestrafen, wenn sie sich im geringsten vergehe, es seye mit Worten oder mit Werken." Gegen den Oberamtsarzt äußerte der Vater, „daß sie bis jetzt noch nicht aus ihrer Taufgnade gefallen sei." Noch zwei, drei Jahre später gibt Karl Kerner, Bruder des Dichters, hoher Beamter in Stuttgart, seinen Eindruck mit den Worten wieder, daß sie eine Unschuld sei und ihr Vater „ein bejahrter, solider Mann".

Wir fügen diesem Bericht über Demuths Äußeres und ihr Gemüt noch hinzu, daß sie nicht etwa eine kleine Gelehrte und Weltweise war. Wir wissen, daß der Schulunterricht der Zeit im Lesen und Schreiben, in wenig Rechnen und in religiöser Unterweisung bestand. Auch im Hause gab es fast nur Geistliches zu lesen: die Bibel, Schriften einiger Pietisten *[Vertreter einer protestantischen Bewegung, die sich durch vertiefte Frömmigkeit und tätige Nächstenliebe auszeichnet]* wie Johann Arnds, Predigten, Gebet- und Gesangbücher, dazu als einziges weltliches Literaturwerk Gellerts Fabeln. Wir verstehen, in welch gewaltigem, hochgespanntem Gegensatz zu der Person und Bildung der Haustochter die unendliche Weite, die Leuchtkraft, die geistige Höhe ihrer Visionen stand und deren sichtbarer Ausdruck in der engelhaften Verwandlung ihrer bescheidenen Gestalt.

Philippina sprach also Gebete, sie gab die predigtartigen Unterweisungen ihrer jenseitigen Führer wieder, sie schilderte, was sie sah, und sie zeigte durch Gebärde und Mimik, was mit ihr geschah. Man gewinnt den Eindruck, daß die Anwesenden nahezu in jedem Augenblick wußten, was geschah, daß sie wie vor einer offenen Bühne standen. Und dies Wort bedeutet hier mehr als eine Redewendung: was in jenem Weilheimer Hause sich abspielte, war wirklich Theater, – aber nicht etwa gestellte Theatralik, sondern echtes kultisches Drama, nicht erdichtete Phantastik, sondern lebende Bilder der unanschaulich-wesenhaften Gotteswelt. Philippina bewegte die Lippen im Geistergespräch, sie reichte den Geistern die Hand zum Gruße, reckte dem toten Bruder den Mund zum Kuß, und sie hielt die Hand so lange geschlossen, als er bei ihr blieb. Sie kniete zur Einsegnung nieder, sie erhob ihr Gesicht gegen die Seligen. Nach jener mißglückten Weihe für den Uranus ging sie zu der Wiederholung in den Haus-Ehrn hinab; mit halbausgestreckten Armen und festgeschlossenen Händen kehrte sie zurück und sagte: „Ich habe nun die Urquell-Engel empfangen." Nachdem sie die Engel wieder hinausgeleitet hatte, sprach sie nach der Rückkehr „ein solches kraft- und geistvolles Gebet, daß ein jeder ausrief: sie ist voll des heiligen Geistes! Die Anwesenden wurden so tief gerührt, daß alle in laute Tränen ausbrachen, und alle bekannten frei: Gebete der Art können nur solche, die von der Ewigkeit kommen, sprechen, indem Worte und Vortrag alles Menschliche weit überträfen …!" Angesichts solcher Szenen verstehen wir, in welchem wirklichen Sinne kultisches Drama Gegenwart des Göttlichen, Geschehen des Ewigen ist.

Natürlich spielten sich außerhalb solcher erhebenden Augenblicke auch belanglosere Dinge ab. Man wußte, daß die Somnambulen hellsehend sind, und man fragte daher nach den verschiedensten Gegenständen: nach Vermißten und Toten, nach Heilmitteln, nach Planetenweiten und Versteinerungen. Man erfuhr, daß Sokrates als Lehrer in der Venus weile und Gellert in der Ceres; man fragte nach der Seherin von Prevorst und nach dem jüngst verstorbenen Goethe. Jene sei im Neuen Jerusalem, dieser als Lehrer im Uranus. Luther dagegen, Huß, Melanchthon, Arnd, Spener, Bengel, Storr und Lavater seien nicht mehr Lehrer, sondern Diener Gottes. Aber der Weltgeist Philippinas war durchaus nicht etwa konfessionell oder gar sektiererisch beschränkt, sondern wie schon an Goethe und Sokrates merklich, von einer weitherzigen Humanität. Kaiser Josephs II. Ort ist der Uranus, Papst Clemens XIV. ein bedeutender Lehrer auf dem Saturn; auf der Ceres findet sie Selige von allen Nationen und Religionen, und auf der Sonne wird sie gleich anfangs belehrt, daß auch Juden und Heiden von Gott gerichtet würden „nach der Treue ihrer Glaubens-Grundsätze und besonders auch nach ihrer Gewissenstreue und dem einem jeden in sein Herz geschriebenen Gesetz."

Aus der äußeren Geschichte der Vorfälle erwähnen wir, daß die Familie zunächst die Geschehnisse verheimlichte, und daß sie erst öffentlich wurden, als die Eltern in ihrer Sorge sich an die Ärzte wandten. Auch der Oberamtsarzt Dr. Abele fand sich aus Kirchheim dazu, verfuhr aber äußerst rücksichtslos; er kam in fremder Begleitung und kümmerte sich bei seiner Untersuchung nicht im mindesten um die Anliegen der Anwesenden oder den exaltierten [überschwänglichen] Zustand des Mädchens. Philippina beklagte sich später, noch im Schlafe, daß ihre erste Reise in die Venus dadurch „elendiglich gestört" und „vereitelt" worden sei. „Anstatt daß sie in ihrem Seyn hatte fortgeführt werden sollen", schreibt Bäurle, „so wurde sie ganz davon abgeführt." Dem Vater gegenüber bekennt Abele seine Unerfahrenheit auf magnetischem Gebiet und empfiehlt ihm als Berater Kerner oder Eschenmayer; an das Medizinal-Kollegium aber berichtet er, daß Philippinas somnambuler Zustand simuliert sei: Eschenmayer wird ihn später einmal, unter ähnlichen Umständen, „homo malitiosus" nennen. Indessen verstanden sich die Männer der höchsten württembergischen Medizinal-Behörde ausgezeichnet auf diese Erscheinungen; in ihrem Bericht an das Innenministerium rügen sie, daß Abele nicht genügend beobachtet habe. Sie fällten dies Urteil auf Grund von Bäurles Buch, von dem er dem König ein Exemplar dediziert [zugeeignet] hatte. König Wilhelm aber, in diesen Dingen kalt und nüchtern, hatte den Band zur Begutachtung an das Medizinal-Kollegium gegeben, um nur dann für die Gabe zu danken, wenn ihr wissenschaftlicher Wert es rechtfertigte. Die religiöse Verpflichtung, die Bäurle empfunden und die ihn genötigt hatte, gerade seinen König mit den Lichtblicken aus dem Jenseits bekannt zu machen, und die auch dann dankenswert blieb, wenn die Gabe selbst eitel war, galt ihm nichts.

Abeles Besuch fiel auf den 17. November, vom 28. an mußte Bäurles Haus auf obrigkeitlichen Befehl während der Visionen geschlossen bleiben. Wenngleich dies eine Freiheitsbeschränkung war und in Bezug auf die Besuche mancher wohlwollenden Freunde auch ein Schaden, so entsprach die Maßnahme im großen und ganzen doch dem, was auch Eschenmayer, wie wir früher lasen, dem Vater empfohlen hatte. Die Reisen gingen auch immer regelmäßig fort, sie vollendeten sich im Januar 1833, und von da an blieb Philippina von Gesichten frei.

Was war es nun, was damals in Weilheim geschah? Die Antwort, so werden wir nach der Musterung des Geschehens schon voraussehen, kann keine einfache und eindeutige sein; weder werden wir sagen dürfen: ein Hirngespinst! noch: ein Blick ins Jenseits! und nichts außerdem. Einem Fiebertraum wäre nicht die Folgerichtigkeit eigen, die alle diese Visionen durchzieht; nicht die religiöse Würde und die Humanität, die immer gewahrt bleiben; nicht die Fülle des Sinnes, die jedenfalls die bescheidenen Zaungäste der Geschichte vollauf befriedigte; nicht diese kunstvolle Steigerung im Gehalte des Geschauten und in allen dorthin führenden Einzelvorgängen; nicht die Vollendung in einem alle Wünsche befriedigenden Bilde. Ohne Zweifel steht hinter dem allen eine Kraft, die auf ein Ganzes gerichtet ist, eine bildende, sich im Wachstum vollziehende, auf eine Gestalt gerichtete Kraft, die religiös in ihrem Wesen ist und die wir künstlerisch nennen dürften, wenn sie nicht allein im tiefsten Unbewußten wirkte. Wir kennen schon ein Ganzes, auf welches, nach der Meinung der magnetischen Ärzte, ein solches Geschehen hinstrebt: die seelische Gesundung der Somnambulen. In immer vollkommeneren Bildern von den Stufen, auf denen sich die Seelen aller vollenden, schaut die gefährdete Seele den eigenen Heilungsvorgang an und findet sich am Ende gefestigt als Glied einer sinnvoll sich regenden, zu Gott hin über die Seinsstufen sich aufschwingenden Menschheit. Wenn dies das Ziel oder eines der Ziele des Geschehnisses ist, so verstehen wir, welch schwere Gefährdung für den Vorgang ein ungerührter, kalter Beobachter ist, wie sehr die Genesung gefördert wird durch die warme Anteilnahme der Mitschauenden. Das gilt in gleicher Weise überall in der Welt für jede Heilung, die sich allein vermöge seelischer Kräfte und nicht bloß mit Hilfe stofflich wirkender Medikamente vollzieht.

Wenn wir diese Ansicht der Ärzte teilen, so erwächst daraus für unsere Deutung eine Aufgabe, der wir uns zunächst noch nicht gewachsen finden: wir müßten imstande sein zu sagen, wodurch denn die Seele der jungen Demuth verstört gewesen sei, welches denn die Gefahr gewesen sei, der gegenüber die Seele sich auf ein ganzes All berufen mußte, um ihre Lebenssicherheit wiederzugewinnen. Es fehlen uns, trotz der Gewissenhaftigkeit, mit der Vater Bäurle seinen Bericht schrieb und mit der er auch über Demuths Gemütsart und Gesundheitsgeschichte Mitteilungen machte, wichtige Hinweise auf die Vorgeschichte und die Umstände der Begebenheit. Wir können allerdings sagen, daß nicht etwa, wie gelegentlich beobachtet wurde, Störungen in der geschlechtlichen Entwicklung zum Somnambulismus geführt hatten. Vielmehr war diese bei Demuth ganz ohne Schwierigkeiten verlaufen.

Wohl aber dürfen wir vermuten, daß auf diesem Hintergrunde, vor der gesteigerten Sensibilität dieses Lebensalters und mit dem Eintreten in neue Zonen des Erlebens, die Realitäten ihrer Umwelt ein ganz neues Gesicht gewannen und daß die sich just erschließende Menschenblüte von Tatsachen getroffen werden konnte wie von einem Schlag, die für gereiftere Seelen erträgliche Bürden der Alltagswelt waren. Sie selbst gestand sich in einem solchen Falle ihre Betroffenheit sicher nicht ein, darum eben bedurfte es ja der Verwindung in einem vom Unbewußten gesteuerten Weltendrama; ihrer Umwelt aber mußte der Anlaß deshalb verborgen bleiben, weil sie von seiner Bedeutung für Philippinas Innenwelt nichts ahnen konnte.

Da in der Pubertätszeit der junge Mensch sich erst recht eigentlich seiner selbst als einer eigenen Person bewußt wird; da sich dies neue Bewußtsein von den wichtigsten lebendigen Gliedern seines bisherigen Daseins zu lösen oder gar loszureißen beginnt: Familie, Vaterhaus, Eltern, Geschwister, – und da der werdende Mensch nun diese, die seine Seele bisher wie ein größerer Leib, ja wie ein unüberschaubares All umfangen hielten, in ihrer Begrenzung zu überblicken beginnt: so ist damit gerade für eine „unschuldige" Seele die Möglichkeit heftiger Enttäuschungen, schwerer Stöße, der Verlust der Lebenssicherheit gegeben.

Der Berichterstatter äußert diese Vermutungen nicht allein, weil sie sich in manchem anderen Falle bewährt haben, sondern auch aus einem bestimmten Anlaß in unserer Geschichte. Es gibt nämlich im Leben der jungen Demuth gerade zu jener Zeit in diesem Bereich das Symptom einer schweren Gefährdung, die, soweit ich sehe, mit ihren Folgen das kommende Jahrzehnt bis zum Tode des Vaters überschattet und durch die Verarmung der Familie das Schicksal der Kinder auch fernerhin beherrscht. Aus einer Anzeige im Kirchheimer Wochenblatt, vom 10. und 17. April 1833, geht hervor, daß Bäurle zur Berichtigung seiner Schulden seine Liegenschaft verkaufen mußte, daß der Erlös nicht ausreichte, die Gläubiger zu befriedigen, und daß die Zuweisung der Anteile ihm entzogen war und vom Stadtrat vorgenommen wurde. Nur das Haus war, wie es scheint, in diesen Vorgang nicht mit einbezogen, denn Bäurle wird auch in späteren Jahren noch als Besitzer genannt.

Daß die wachsende Verschuldung und Gefährdung der Familie schon länger offensichtlich war; daß Philippina darunter gelitten hatte; daß ihr Vertrauen in das verschuldete Haus und den Vater erschüttert wurde; daß diese Erschütterung auch ihr Glaubensleben betraf, da Heim und Hausvater für das unbewußte Erleben des Kindes immer auch das Weltenhaus und Gottvater mitbedeuteten, – dürfen wir wohl annehmen. Es mag außerdem noch hinzukommen, daß der geozentrische Horizont ihres Glaubens gesprengt wurde durch einen Zusammenstoß mit der mittelpunktslosen Welt der modernen Astronomie; darauf scheint der „kopernikanische" Charakter ihrer Visionen hinzudeuten. Übrigens ist bemerkenswert, daß ihre Visionen nicht nur die klassischen Planeten verwenden, sondern auch den 1781 entdeckten Uranus und die 1801 entdeckte Ceres. Alles in allem, auf welche Weise sie sich immer in Masche um Masche verstrickte: daß diese Bedrängnisse eine kindliche, im Vertrauen zu Heim und Welt wohlbehauste Seele zutiefst erschüttern konnten, unterhalb aller Glaubensgewißheiten, an den Grundfesten selbst, bedarf keines weiteren Wortes. Aber hier erwuchsen auch die Nötigungen, welche bis zu den Engeln des Urquells hinabzusteigen zwangen.

Haben wir dergestalt einen „psychologischen" Anlaß für den Somnambulismus und die visionären Reisen gefunden, dann haben wir diesen damit doch keineswegs, was geschah, auf einen rein psychischen Vorgang verengt. Im Gegenteil, wenn Philippinas Not gestillt wurde und wenn diese Stillung sich im tiefsten, täuschungslosen Unbewußten vollzog, dann kann es nicht die Seele selbst und allein gewesen sein, die sich den Quell der Erquickung nur vorgespiegelt hätte. Gewiß, ein Weg des Inneren war es, den Philippina in ihrer Not eingeschlagen hat, und eines inneren Gutes ist sie auch diesem Wege teilhaftig geworden und hat noch für andere davon gespendet. Wir wissen, daß sie nicht auf jenen Planeten dort draußen gewesen ist, die man heute gerade sich anschickt, im Raum zu erfahren. Aber Objektivität gibt es nicht nur dort draußen, auch da innen leben bestimmte Gestalten, auch dort ist eine Welt, und auch an ihrem äußersten Ende, das heißt in ihrer innersten Tiefe, webt ein Geheimnis – vermutlich dasselbe, das uns auch aus den Raumesfernen anleuchtet. Es wäre möglich, daß die Stufen der Verinnerlichung mit Recht die Planetenzeichen trügen.

Der Berichterstatter ist nicht der Meinung, daß jeder somnambulen Beobachtung, die Demuth am Wege auflas, eine Tatsache des Innern entspricht. Allzuvieles aus dem persönlichen Dasein der Seherin, aus ihren eigenen Nöten, ihren Schicksalen, Begegnungen, Belehrungen mag schon das Auge färben, mit dem sie in die inneren Lichter blickt; oft mag sie, was ihr auf dem Weg in die Tiefe entgegenschimmerte, selbst mitgebracht haben. Dennoch dürfen wir überzeugt sein, daß nicht etwa ihre ganze Visionenkette aus Erfahrungstrümmern zusammengestückt war.

Wir erwähnen, um dies deutlich zu machen, die Ansicht, daß ihre Geschichte angeregt und inhaltlich erfüllt seien durch die Ausmalung des Weilheimer Gotteshauses, – einer spätgotischen Hallenkirche, deren Wände ringsum von einem überraschend reichen, farbenfrohen Bilderschmuck bedeckt sind. Besonders anregend sollte dann die Darstellung des Weltgerichtes an der Nordwand des Schiffes gewesen sein – mit Christus als Weltenrichter – mit dem Aufzuge der Seligen, die in den als Kirche dargestellten Himmel wallfahrten – und mit dem Höllenschlund in Gestalt eines Löwenrachens, dem die Teufel die Verdammten zutreiben. Aber die Visionen Demuths zeigen gerade nicht das Weltgericht, und der Geist ihrer Geschichte ist einer solchen zwiespältigen Scheidung gerade entgegengesetzt; denn er wird beherrscht von der Vorstellung einer Stufung des Alls, des weltweiten Aufstiegs durch Einsicht, der Unterweisung zurückgebliebener Seelen durch die Seligen höherer Gestirne. Wir hören sogar, daß ein 1829 in Reutlingen wegen Kindsmords hingerichteter Diakonus im Monde eine niedere Anstellung als Lehrer habe, weil er mit Erkenntnis seiner Sünden gestorben sei. Vor dem Weltgericht spielt überdies traditionsgemäß die leibliche Auferstehung der Toten eine entscheidende Rolle, und dementsprechend ist in der Kirche neben dem Chordurchbruch unter dem Weltenrichter auch eine ganze Anzahl nackter Toter sehr realistisch dargestellt, wie sie sich aus ihren Gräbern erheben. Auch diesem Bilde ist der Geist von Philippinas Visionen ganz entgegengesetzt, denn es leuchtet ein, daß gegenüber der Weltallsfahrt, welche die Seele sogleich nach dem Tode antritt, nur eine unbedeutende Rolle die Auferstehung der Körper spielt, wenn auch selbstredend Philippina sie „geglaubt" haben wird.

Falls die Weilheimer Kirche in die Visionen der jungen Demuth eingegangen ist, dann meines Erachtens nur mit zwei Wirkungen. Die eine wäre die auffällige, nicht leicht in einer protestantischen Kirche wiederkehrende warme Farbenfülle des Gotteshauses, und die andere wäre allerdings ein Einzelbild, – dies indes nicht als Inhalt der Geschichte, sondern als Antrieb zu visionärer Vertiefung. An der Nordwand der Kirche sieht man sich nämlich einem in seiner Art von allen anderen unterschiedenen Bilde gegenüber, einem von der blauen Farbe beherrschten Gemälde, das man hinsichtlich seines Aufbaues nur ein Mandala nennen kann. Es ist ein Rosenkranzbild, das in drei Kreisen eine Mitte umschließt, welche die Mutter Gottes mit dem Kinde einnimmt. Als nächster umringt sie ein Kranz goldener Rosen, der glorreiche Rosenkranz, mit fünf Bildern des erhöhten Heilands; darauf folgt der schmerzensreiche Kranz roter Rosen mit fünf zugehörigen Szenen der Kreuzigungsgeschichte, und außen liegt der freudenreiche Rosenkranz aus fünfmal zehn weißen Rosen mit fünf Darstellungen der Jugendgeschichte Christi. Man weiß, welche Rolle die Mandalas als Gegenbilder sinnender Vertiefung spielen, man weiß überdies, daß die mystische Rose selbst schon als ein solches Versenkungssymbol diente. Somit läge es nahe anzunehmen, daß die Betrachtung eines solchen Bildes eine empfangsbereite Natur selbst auf den geheimnisvollen Weg, der ins Innere führt, vorbereitet hätte und daß dieser Weg dann tatsächlich betreten wurde, sobald es nötig ward, daß die Seele zu den Quellen hinabstieg.

Die soeben angestellten Überlegungen erlauben es uns, die Frage nach dem Wirklichkeitsgehalt der Visionen nun noch genauer zu beantworten. Wirklich ist das Vordringen bis an den Lebensquell, bis an den Urquell oder doch die Begegnung mit seinen Hütern, wie die Gesichte selbst es sagen, – die Bilder jedoch, unter denen der Weg erscheint, und sein Ziel, entstammen den Bildungserlebnissen der Seherin und deren schöpferischer Verarbeitung. In ihrer Gesamtheit sind diese Bilder ein Ausdruck für das Lebensgefühl und das Glaubensleben der Seherin und ihrer Gemeinde. Denn kein Seher dieser Art befriedigt sich selbstisch nur die eigenen Wünsche, sondern er ist zugleich Medium *[Vermittler]* aller Gesinnungsgenossen. Er vermag sogar deren geheimste Wünsche zu erraten, die den Brüdern selbst noch verborgen sind, und gerade, weil er die Erfüllung der keimenden Wünsche bringt, erscheint er als Bringer offenbarender Wahrheit. So halte ich es für wahrscheinlich, daß Philippina mit der Verschmelzung eines astronomischen Universums und der christlichen Gotteswelt nicht nur sich selber von einem drückenden Zweifel befreite, sondern auch ein drängendes Anliegen ihrer Gemeinde erfüllte.

Denn von dem alten, wie gemauerten Weltenbau Dantischer Art ist Philippinas Sternenwelt wirklich himmelweit verschieden, und sie steht einem so modernen Glaubensdenker wie Jean Paul Richter und seiner Idee eines ewigen Wachstums in unendlichen Himmelsweiten weitaus näher als den Vätern des Pietismus *[protestantische Bewegung, die durch vertiefte Frömmigkeit und tätige Nächstenliebe gekennzeichnet ist]*. In seiner Unsterblichkeitsphilosophie und deren dichterischen Bildern könnten wir geradezu Vorbilder ihrer Geschichte erblicken. Wenn etwa einer seiner Helden sich den künftigen Weg der Seele durch das leuchtende All mit den Worten ausmalt: „die ungeheuren Bergketten von Sonnen über uns fangen an zu grünen, und in die unübersehliche, in unendliche Fernen hineingebaute Stadt des Himmels ziehen Bewohner" – so möchte man einen wirklichen Zusammenhang annehmen. Und dieser besteht auch, indem einerseits Jean Paul wie Philippina Demuth den neu erschlossenen Sternenkosmos zu durchseelen trachtete und andererseits weil er starke Anregungen von den Erlebnissen der Somnambulen und überhaupt aus dem Reiche des Magnetismus empfing. Im übrigen aber starb er ein Jahrsiebent vor den Visionen Philippinas, und sie selbst hat wohl sicher seine Bücher nicht gelesen. Das ist zu diesem Einklang auch keineswegs erforderlich; denn wenn es der tiefere Zeitgeist selber war, der in den Somnambulen wie den Dichtern zur Sprache kam, so ist die Harmonie zwischen den verschiedenen Sprechern nur zu erwarten.

Wir dürfen nach diesen Darlegungen nun wohl, ohne mit den besonderen Meinungen einzelner Leser in Widerstreit zu geraten, die Gesichte der Weilheimer Somnambulen ein tröstliches Zeugnis für die Tiefe der Welt und für einen alles umfangenden Sinn des Daseins nennen. Was jeder darüber hinaus an Einzelheiten als sicheren Bestand seiner eigenen Welt will gelten lassen, das kann ihm mit Recht kein anderer schmälern. Denn es ist wohl gewiß, daß ein und derselbe tiefste Gehalt sich in sehr verschiedene Bilder einkleiden könne und daß der tiefste Einklang nicht in der Wahl der gleichen Embleme *[Sinnbilder]*, sondern in der Überzeugung von dem übereinstimmenden Gehalte der verschiedensten bestehe. Im übrigen befremden uns an Bäurles Buch und an den Sternenwelten seiner Tochter auch nicht die Vorstellungen am stärksten, sondern die Art, wie sie sich uns darbieten. Und hierüber wäre noch ein abschließendes Wort zu sagen.

Wir haben uns oben schon über die Form geäußert, in welcher die Freunde des Mädchens an ihren Visionen Anteil hatten. Durch den Magnetismus erneuerte sich in unserer Kultur – ohne Wissen unserer großen Dramatiker, oder doch ohne daß sie die nahe Verwandtschaft und die Urform ihrer eigenen Bestrebungen darin erkannten – das kultische Theater, das schon seit Jahrtausenden ausgestorben schien. Zwar hatte es seit dem Mittelalter ein religiöses Theater gegeben, das auch heute noch in einzelnen Nachläufern lebt, – aber selbst dieses steht unserem modernen Theater weit näher als dem Urtheater. Auch in den Passionsspielen wird nämlich nur etwas wiederholt, was längst entschieden ist; so sehr es immer vergegenwärtigt, was längst geschah, so weit steht es doch im Range unter dem einmaligen Geschehnis, das es zur Anschauung bringt. Im ursprünglichen kultischen Theater aber vollzieht sich das Ereignis selbst, die Totenberge und alle Himmel sind offen, die Engel selbst gegenwärtig, die alten Helden selbst erscheinen, und die Götter selbst wirken unmittelbar in die Schicksale der Gemeinde, in die beweglichsten Anliegen von jetzt und heute hinein. Wir verstehen, daß es in einer Welt, die sich aus solchen Festen speist, keinen „Glauben" gibt im üblichen Sinne. So wenig wir an den Fußboden „glauben", der uns trägt, oder an die Luft, die unsere Lungen füllt, so wenig „glaubte" der Mensch an Götter und Geister, die ihm wieder und wieder begegneten. Wir verstehen daher auch, wie sehr das kultische Theater die Lebensgewißheit und die Glaubenssicherheit in einer Umwelt wie der vor 130 Jahren steigern konnte.

Die Urvölker, die dergleichen noch unzerstört besaßen, als der Europäer sie in den letzten Jahrhunderten kennenlernte, erschienen ihm gerade deswegen als überaus fremd und ihre Gebräuche unverständlich, trügerisch und „abergläubisch". Erst allmählich, seit etwa 100 Jahren, beginnt die Forschung zu erkennen, daß alle diese fremdartigen Gepflogenheiten auch bei uns einmal im Schwange waren, daß es auch in unserer Vorzeit die Seherin und den Schamanen, gegenwärtige Götter und Dämonen, Tote als Brüder, Tote als Diener, daß es Besessene und Totenbeschwörer gegeben hat – nicht als Abnormitäten, sondern als dazugehörige Glieder eines kultisch geordneten Ganzen. Selbst in der Welt der Griechen, die der Altertumswissenschaft immer als ein über all dergleichen Primitivitäten erhabenes Menschengeschlecht gegolten hatten, ward der gleiche Urboden entdeckt. Noch immer aber weiß die Vorgeschichtsforschung, die Volks- und die Völkerkunde nicht, auf welcher Art Wirklichkeit all das beruht, und noch immer gibt es Forscher, welche die Begriffe Aberglaube, Betrug, Selbsttäuschung für ausreichend halten, um die höchst merkwürdigen Gebräuche und Begebenheiten zu verstehen, welche einmal in der gesamten Menschheit in Übung waren und die allerdings an unserer Natur, an allen kulturellen Erscheinungen und vor allem an der Religion, wie sie noch heute geübt wird, entscheidend mitgeprägt haben. Man wird auch nicht eher die Seherin der Urvölker und ihre Schamanen verstanden haben, ehe man nicht im eigenen Lande, was ihnen entspricht, versteht, – und das hieße in der engeren Heimat, ehe man nicht in Kirchheim beim alten Schneider Dürr ausgelernt habe und in Weilheim bei der jungen Demuth Bäurle.

Literatur

Über die Somnambulen und Besessenen der Kernerzeit findet man Weiteres bei:

Heino Gehrts „Das Mädchen von Orlach. Erlebnisse einer Besessenen", Stuttgart 1966 (jetzt Kassel, Erich Röth Verlag). –

Die Hauptquelle zur Geschichte der Philippina Demuth ist das Buch ihres Vaters, des Verwaltungs-Aktuars (Lorenz) Bäurle:

„Reisen in den Mond, in mehrere Sterne und in die Sonne. Geschichte einer Somnambüle in Weilheim an der Teck im Königreiche Württemberg in den Jahren 1832 und 1833. Ein Buch, in dem Alle über das Jenseits wichtige Aufschlüsse finden werden." – Das Buch lag bereits 1834 gedruckt vor, 1835 suchte der Vater um ein königliches Privileg gegen den Nachdruck an, 1842 war schon die 4. Auflage erschienen. 1920 wurde das Buch von Josef Schmid, Eßlingen, noch einmal herausgegeben, jedoch ohne die von der Somnambulen geoffenbarten Rezepte. Diesen Druck hat später der Renatus-Verlag, Lorch, mit Illustrationen versehen und durch eine Beilage mit den Rezepten wieder ergänzt. – Auszüge der Geschichte findet man bei: Prof. F. Hermann Schüttorf „Unser Fortleben im Jenseits. Drei Augenzeugenberichte. 4 volksmissionarische Vorlesungen", Philadelphia-Verlag Leonberg, Württemberg (1956). (Behandelt: die Seherin von Prevorst, Friederike Hauffe, Philippina Demuth Bäurle, Sundar Singh). – Über Philippinas weiteres Leben sei aus den Akten und aus mündlicher Überlieferung noch mitgeteilt, daß sie, von sieben überlebenden Geschwistern, sich offenbar am meisten der völlig verarmten und siechen Eltern annahm, daß sie nach deren Tode, etwa dreiunddreißigjährig, zwei ausgewanderten Brüdern nach Amerika folgte, heiratete und noch dreißig Jahre später gesund dort lebte.

SARA GAYER – DIE SOMNAMBULE VON GROSSGLATTBACH

[Erschienen in „Schwäbische Heimat" Heft 4, Stuttgart, S. 3–7]

Die Aufklärung des 18. Jahrhunderts war gewiß auch eine geistesgeschichtliche Epoche, die andere Strömungen ablöste und wieder von anderen abgelöst wurde. Im Hinblick auf ihre Wirkungen aber war sie eine Weltwende, die unüberholbar und unablösbar blieb: denn mit ihr ist seither die Vernunft als oberste Richterin eingesetzt über alle anderen Kräfte der menschlichen Innerlichkeit – wenigstens bei dem geschichtlich führenden Teil der Menschheit. Die Namen der Aufklärung und des Vernunftkultes mochten sich immerhin wandeln, ihr Gehalt hat in zwei und drei Jahrhunderten mit immer subtileren *[feineren bzw. detaillierteren]* Wandlungskräften alle Gedanken und Erlebnisse durchtränkt und gemodelt, und er ist in den führenden Wissenschaften und in den Einrichtungen der Staaten zur Herrschaft gelangt. Alle Kulturbewegungen, die sich gegen die Aufklärung bekannten, mochten daher formell immerhin in Opposition zu der herrschenden Richtung stehen, – ihrem Gehalte nach waren sie immer auch Seitentriebe des neuen Menschenideals, waren die Aufklärung noch einmal in oppositioneller Gestalt. Auch die Kirche, auch die Theologie, jeder neue Aufruf an den Glauben war durch das Vernunftideal mitgeprägt und ward oft unbewußt und dann um so nachhaltiger von ihm gegängelt. Nur eine einzige Ausnahme gibt es vielleicht von dieser allgemeinen Unfreiheit aller seitherigen Opposition – die einzige Gegenbewegung, die nicht als Gedanke, sondern die von vornherein als Praxis das Kampffeld betrat: der von Mesmer um 1770 begründete animalische Magnetismus, der eine Welt zauberhafter Erscheinungen mit sich führte, deren Ursprung der Vernunft entzogen war. Die eigentliche Auseinandersetzung mit ihm vollzog sich daher von seiten der herrschenden Macht auch nicht mit geistigen Mitteln, sondern durch die Polizei. Vernunft ist Ordnung, der Staat ist Ordnung; das Widervernünftige ist wider den Staat und wider die Ordnung und wird durch die Streitmacht der Ordnung gezüchtigt.

Dieser Widerstreit bestimmender Grundmächte menschlicher Wesensentfaltung beherrscht auch ein merkwürdiges und erregendes Ereignis, das sich vor fünf Vierteljahrhunderten in Großglattbach zutrug. Der Magnetismus war zunächst eine ärztliche Entdeckung, ein Heilverfahren, das manche Krankheiten zu heilen gestattete, indem es die tieferen Kräfte des Unbewußten erregte.

Besondere Schlafzustände, heute hypnotisch genannt, ließen sich herbeiführen, in denen gerade das Bewußtsein ausgeschaltet war, aber tiefere Schichten der Innerlichkeit zu einem eigenen Leben erwachten und zu Worte kamen. Ein außervernünftiger Zusammenhang zwischen Magnetiseur und Behandeltem spann sich an – bald Rapport genannt –, der zur Verständigung der Sprache nicht mehr bedurfte; außersinnliche Zusammenhänge zwischen dem magnetisierten Menschen und seiner Umwelt wurden spürbar – zu Dingen, zu Pflanzen und Menschen – schließlich gewann der Schlafende auch Einblick und Eingang, so schien es im Erlebnis, in die jenseitige Welt, die Welt der Toten, der Geister, der Dämonen und Engel. Und dies geschah unabsichtlich, ohne vorgefaßte Ideen und Absichten, unter Menschen, die keine Vorstellung davon hatten, durch bewußtlos Schlafende, die zu Vorsatz und Betrug in diesem Zustande gänzlich unfähig waren. Welten taten sich auf, spontan, ohne Zutun, deren Wirklichkeit die Vernunft soeben, mit Erfolg, bestritten hatte. Das Erlebnis war überwältigend, es überwältigte immer wieder die Vorurteile unbefangener Beobachter und zwang sie, Zeugnis abzulegen für die Echtheit des Erlebten. Der bekannteste dieser Zeugen war der Weinsberger Dichter-Arzt Justinus Kerner.

Der Beobachter und Betreuer blickte nicht selbst in das Reich urwüchsiger Gestalten, es ward ihm vermittelt durch die magnetisierte Person, meist eine junge Frau. Diese, die Somnambule *[Schlafwandlerin]*, wie sie nun genannt wurde, ward der umstrittene Mittelpunkt der Auseinandersetzung. Der Zeuge erlebte durch sie, in visionärer Rede und Gebärde, oft auch an ihrer Verwandlung und Verklärung, die Echtheit und Innigkeit einer überwältigend machtvollen Erscheinung des Innern. Der Bestreiter, der oftmals selbst nie gesehen hatte, versuchte das alles als die verdorbene Phantasie einer Kranken hinzustellen. Hinter ihm standen Oberamt und Regierungen, Ministerien und Kirchen, Richter und Könige, standen des Zeitalters Bildung und Religion, die öffentliche Meinung, der Zeitgeist und die Zeitung – standen die Staatsautorität ebenso wie die liberale Opposition. Hinter dem Zeugen stand allein, kauerte ein leidendes Weib.

Wie wir täglich sehen, verlaufen die großen weltanschaulichen Fronten durchaus nicht allein zwischen den Personen und Institutionen, sondern oft mitten durch sie hindurch, durch ein Herz, durch eine Gemeinde, durch ein Konzil. So tief wie wir es eben im allgemeinen dargetan haben, spaltete sich daher nur selten der Gegensatz auf. Kerner war als Zeuge zugleich auch Oberamtsarzt, sein Freund Eschenmayer als Berichterstatter zugleich Professor in Tübingen, und es gab in Württemberg allerdings eine Institution, die zugleich Autorität und Verständnis besaß – das Medizinal-Kollegium in Stuttgart. Nur wenige Fälle klafften daher in ganz Württemberg zu einem derart schneidenden Widerstreit auf wie die Geschichte der Sara Gayer von Großglattbach und ihres Beschützers, des Wiernsheimer Kameralverwalters *[Beamter einer fürstlichen Kammer]* J. R. Siglen.

Sara wurde am 25.Juli 1817 in Großglattbach geboren. Ihr Vater war Ludwig Gayer, Landarbeiter und Metzger. Neun jüngere Geschwister wuchsen um sie auf – in Armut und Rechtschaffenheit. Im Herbst 1835, eben 18 Jahre alt, wurde Sara von seltsamen Krankheitserscheinungen befallen. Körperlich hatte sie sich nur langsam entwickelt. Nun trat eine völlige Entwicklungsstockung ein und zugleich damit eine furchtbare Anschwellung des Leibes, so daß sie wohl den dreifachen Umfang einer Schwangeren hatte und der Bauch mit aller Kraft sowenig einzudrücken war wie eine Tischplatte. Ihre Gestalt war nicht mehr menschlich, der Kopf im Verhältnis winzig. Auch ihre Seele war in einem fremden Zustand; sie sprach von überirdischen Dingen, verkehrte mit ihren früh verstorbenen Zwillingsgeschwistern, und diese trugen neue, jenseitige Namen. Im Frühjahr 1836 blieb sie 9 Tage ohne Essen und Trinken, ward aber, den Gebärden nach, unsichtbar gespeist. Auf Ostern sagte sie ihre Heilung voraus. Fünf Pulver verordnete sie sich selbst, die sie nach ihrem Standorte in der Apotheke beschrieb, eines davon ein Farbstoff zum Einreiben; sie wurden mit zweistündigen Intervallen von 7 Uhr morgens bis 3 Uhr nachmittags angewandt, und wirklich erlangte sie in dieser kurzen Spanne die Befreiung von einer Qual, die kein Arzt in einem halben Jahre ihr hatte mindern können.

Wir übergehen, was die Medizin seither zur Beurteilung solcher Vorgänge an Wörtern und Einsichten dazugelernt hat und stellen lediglich fest, daß eine solche Heilung, damals noch mehr als heute, allerdings als ein Wunder gelten konnte. Zu ihrer völligen Genesung sollte nun Sara eine magnetische Kur durchmachen, und Mutter und Tochter mieteten sich dazu, trotz der Geldnot, am Wohnort des Arztes ein. Doch schon war die Arglist geschäftig und behauptete, diese Kur würde von einem kranken Reichen bezahlt, der sich in ihr zu seiner eigenen Heilung eine wahrsagende Somnambule züchten wolle. Indes reichten Gayers Mittel doch nicht aus, und da es dem Arzte wegen seiner vielen Kranken in einem weiten Umkreise auch an der Zeit zu regelmäßiger Behandlung gebrach, kehrten die beiden Frauen nach Großglattbach zurück. Eine unvollendete magnetische (= hypnotische) Behandlung aber begünstigt gerade die Vergangenheit in somnambulen Zuständen, und das Mädchen ward nun wirklich für allerlei Ratsuchende zum Orakel, für Kranke vor allem, denen sie in ihren magnetischen Schläfen die Ursache ihrer Leiden und die Heilmittel dazu offenbarte. Dies war nun freilich polizeiwidrig, denn seit Jahrzehnten galten die neuen Medizinal-Ordnungen; die all dergleichen zugunsten der vernunftgemäßen Medizin als Kurpfuscherei streng verboten, auch wenn der Schäfer, der Schmied, die Somnambule halfen, wo der „rationelle" Arzt versagte – ein Anlaß für die Kranken, sich bitter zu beklagen, für die Umgebung der Somnambulen, den Widerstand gegen das Gesetz aufs Gewissen zu nehmen.

Von nun an blieben der Arzt und der Geistliche dem Hause Gayers fern; eine verleumderische Schmähschrift erschien; in Kirche und Schule wurden die jungen Geschwister gemieden. Das Oberamt setzte – eine bedrückende Schmach – jedesmal zu den Anfällen einen Landjäger ins Haus. Obwohl achtbare Männer der Gemeinde die Verleumdungen zurückwiesen, gab es doch keine hochgestellte Person, die für die Familie eintrat, und keinen Kundigen, der sich um die Kranke kümmerte. Dabei begehrte sie in ihren Schläfen immer nachdrücklicher, gefragt zu werden; die nächste Umgebung hatte ihr schon alle erdenklichen klugen und dummen Fragen vorgelegt und wußte sich nicht mehr zu raten: die äußere Not ward noch von der inneren überhöht.

Nun hatte zwar Sara schon seit einiger Zeit in ihren Visionen einen Helfer und Schützer vorausgeschaut und mit einem geheimen Namen benannt, aber in der realen Welt, wo es ihn zu entdecken gälte, wußte sie ihn nicht zu bezeichnen. In seiner Bedrängnis suchte indes der Vater in Wiernsheim den Kameralverwalter Siglen auf, der ihn schon einmal, in einem Rechtsstreit, beraten hatte. Nun empfing er ihn scherzend: er sei wohl in den Landesgesetzen bewandert, für Gayers jetzige Verlegenheit könne man dagegen keinen unpassenderen Mann erwählen als einen Kameralverwalter. Auch stelle er sich unter einer Somnambulen etwas Unheimliches vor, da sie alle seine vergangenen Sünden kennen würde und alles bevorstehende Unheil. Erst als der Metzger ängstlich wurde und ihm entgegenhielt, daß er sich doch sonst nicht fürchte, Verlassenen zu helfen, und daß gewiß niemand, dem er je geholfen, verlassener sei als er und seine Familie, sagte ihm Siglen seine Hilfe zu. Damit betrat er ahnungslos einen Weg, der ihn nicht nur gesellschaftlich, beruflich und wirtschaftlich in die größte Bedrängnis brachte, sondern ihn auch unter das Gebot einer eigensten, bisher kaum geahnten Aufgabe stellte.

Siglen, in der Nähe von Wiernsheim geboren, dort zum Kameralamt angelernt, später an anderen Orten tätig und seit einigen Jahren in Wiernsheim Nachfolger seines Lehrherrn, stand in mittleren Jahren und war ein angesehener und gebildeter, in eigenem Denken gereifter Mann. Er hatte unlängst schweres Leid erfahren: sein junges Weib, sein Söhnchen, seine Schwester, alle nächsten Verwandten und Hausgenossen hatte eine Seuche in kurzen Wochen hingerafft. Der Gram hatte den religiösen Mann in sein Inneres und durch eine tiefe Besinnung geführt; eine kleine Schrift: „Das religiöse Bedürfnis der Zeit" war davon die Frucht gewesen. Nun übernahm er sorglos und zuversichtlich den Schutz einer Somnambulen und ahnte nicht, daß ihn dieses Unterfangen in Bälde dem ganzen innerlichen Ernst des Menschendaseins gegenüberstellen und schweren äußeren Nöten unterwerfen sollte – und daß er, um sich nur aus Angst und Not zu retten, in wenigen Monaten ein gesellschaftskritisches und religiös-revolutionäres Werk schreiben müßte, dessen radikale Gesinnung ihn selbst überraschen würde.

Trotz der Warnungen seiner Freunde, sich mit einer so zweifelhaften, moralisch wie medizinisch undurchsichtigen Sache einzulassen, unternimmt Siglen unbekümmert die Aufgabe, die seine Menschenpflicht ihm auferlegt. Er glaubt, beobachten und berichten, aufklären und schlichten zu können, weil er, wie er meint, das Vertrauen beider Seiten genießt. Den braven Gayer kennt er schon längst, und die Gemeindevertreter versichern ihn, daß ihn der Ruf der Familie keiner Unehre aussetze. Er selbst, als unantastbarer Ehrenmann und angesehener königlicher Beamter, glaubt ihnen Schutz gewähren zu können, und um dies mit aller Macht zu vermögen, meint er, bedürfe es nur des rechten Wortes an rechter Stelle. Unter dem 17. Dezember richtet er daher an den König und unter dem 19. an das Innenministerium die Bitte, ihm die Sache der geängsteten und redlichen Familie anzuvertrauen, insbesondere auch den Landjäger nicht mehr zu schicken. Indessen waren, wie er später schrieb, „jene kühnen Schritte, von welchen ich hoffte, daß nun die Hilfe mit Macht kommen werde, meine gefährlichsten, denn eben in den wichtigsten Fällen wurde ich auf das betäubendste zurückgeschlagen".

Die Vorgänge, deren Wirkung Siglen so empfand, konnten ihm selbst im einzelnen nicht bekannt sein. Für uns liegen sie in den Akten zutage. König Wilhelm, nüchtern und trockenverständig, hatte für solche Begebenheiten keinen Sinn. Was aber bei ihm nur Mißbilligung war, daraus ward auf dem Dienstwege Mißhandlung. Aus dem Staatssekretariat erging an das Innenministerium eine Note, die nur des Königs Befehl an Siglen enthielt, alles Auf-

sehen Erregende zu meiden, und den Ausdruck des Mißfallens, daß ein königlicher Beamter sich um eine seinem Wirkungskreise fremde Sache küm-
mere. Dies königliche borniert *[engstirnige]* Mißfallen an dem Rest des
Menschlichen, den der Beamte nicht auch noch seinem Monarchen aufopfert,
verwandelten beflissene Staatsdiener eilfertig in die Fessel, welche den Menschen Siglen knebeln sollte. Sie konnten sich dabei auf einen Bericht des
Unteramtsarztes Dr. Beck stützen, der Sara des Betruges bezichtigte und
Siglen vorwarf, für Sara die Rezepte, die sie im somnambulen Zustand ange-
geben hatte, aufgeschrieben zu haben. In der Tat hatte Siglen sich zunächst
der apodiktischen *[unumstößlichen]* Gewißheit, mit der die Somnambule ihre
Heilmittel angab und die Anwendung empfahl, nicht entziehen können, zumal er zu der Zeit der einzige war, der in dieser Sache noch vermitteln konnte. Nur ein rechthaberischer Starrsinn, den er nicht besaß, hätte ihn gegen den
Gewissensanruf der Kranken abschirmen können. Nun wurde Mitte Januar
1837 das Oberamt Maulbronn angewiesen, Sara gegen jedermann abzusper-
ren mit Ausnahme des Unteramtsarztes und des Pfarrers – die beide Gayers
erklärte Feinde waren – und „etwa auch des Oberamtsarztes". Drei Tage
später ordnete die Regierung an, daß der in Wiernsheim stationierte Landjäger nach Großglattbach zu verlegen sei. Man versteht, was Siglen den betäu-
benden Rückschlag nennt: es geschah genau das Gegenteil vom Erbetenen.

Anfang Februar wendet sich die Regierung des Neckarkreises gegen die
Absicht des Medizinal-Kollegiums, Sara Gayer im Katharinen-Hospital in
Stuttgart zu heilen, denn sie sei der Betrügerei verdächtig. Das Medizinal-
Kollegium hatte nämlich in einem Gutachten die Echtheit ihres Zustandes
anerkannt und im wesentlichen Becks gehässige (und unwissenschaftliche)
Anklage entkräftet. In dem Entwurf zu diesem, vom Medizinalrat Schelling
verfaßten Gutachten findet sich unter allen amtlichen Äußerungen der einzige
Lichtblick, von dem allerdings, soweit sich absehen läßt, kein Schimmer bis
zu Siglen drang. Der Vizedirektor des Kollegiums, von Ludwig, befürwortet
in einer Randnote, daß „dem Kameralverwalter Siglen der Zutritt zur Kranken, wenn er sich auf bloße Beobachtung beschränkt, nicht ganz abgeschnitten werden sollte, da offenbar bei diesem Mann diese Krankheitsgeschichte
eine Phase in seinem eigenen inneren Leben bildet ..." Dieser humane und
auch der Erscheinung selbst, dem Wesen der Somnambulen und ihres Deu-
ters gerechtwerdende Rat ging allerdings in der Hochflut des Hasses, der
Verdächtigung und wohldienerischer Beflissenheit unter.

Das ganze Jahr 37 hindurch, obwohl er sich, seiner glaubhaften Versicherung gemäß, jeder Berührung mit den Gayers enthielt, war Siglen den Anfeindungen der Regierung ausgesetzt. Denn allerdings glaubte er sich durch das Verbot, das verpönte Haus zu betreten, nicht jeder Menschenpflicht gegen die Familie überhoben. Er trat in öffentlichen Blättern gegen ihre Verleumder auf, verwandte sich für sie mit einer Eingabe beim Oberamt, erklärte sich in Großglattbach gegen den Geistlichen, der sie befehdete, und schrieb an dem erwähnten Buch, dessen erster Teil der Zensur frühzeitig vorlag. Der Regierung in Ludwigsburg galt all dies als unbefugte „Einmischung", und im Mai verlangte sie in einem Schreiben an das Innenministerium seine Versetzung. Nur das Finanzministerium hielt zu seinem gewissenhaften Beamten und war allenfalls bereit, ihm mit der Versetzung zu drohen, – erst im August erklärte es sich auf wiederholte Forderung der Kreis-Regierung bereit, die Drohung auszusprechen. Die Regierung selbst drohte mit einer Injurienklage *[Beleidigungsklage]* beim Kriminal-Senat. Man kann sich vorstellen, unter welchem seelischen Druck in diesem Obrigkeitsstaate ein Beamter stand, wenn ihm, wie er selbst schreibt, von „furchtbar glaubwürdiger Seite" Beschlüsse wichtigen Orts angedeutet werden, die ihn „unschädlich machen" sollen. Hätte doch die Versetzung nicht nur den Abschied von einer liebgewordenen Wirkungsstätte, sondern auch die Vertreibung aus dem Heim eines allzu früh zerstörten Lebensglücks und von den Gräbern der Seinen bedeutet.

Vergeblich würden wir aus den einzelnen Vorfällen, aus der Krankheit des Mädchens uns eine solche Verzwistung zu erklären suchen, bei welcher der Arzt gegen die Menschlichkeit und der Geistliche gegen die Barmherzigkeit einschreitet. Nur wenn wir uns die eingangs angedeuteten Fronten vergegenwärtigen, begreifen wir, daß es eben nicht um Einzelnes, nicht um das kranke Mädchen, sondern um den Daseinsgrund des Menschen ging: ob er aus der Vernunft oder ob er aus den dunklen Geheimnissen sei. Die zweite Möglichkeit stellte alle errungenen Positionen in Frage, sowohl die geistigen wie die gesellschaftlichen, die darauf gründeten, und Geltungsdrang wie Angst und Schwäche, aber auch das Staatsbewußtsein, Ordnungssinn und Freiheitswille mußten sich mit allen Mitteln gegen das Unbekannte, das die Somnambule vergegenwärtigte, wehren.

Nicht nur die Königliche Regierung entpuppt sich daher als Verfolger der Unschuld und der Humanität, sondern ebenso auch die Regierten. Die Klugen wissen von vornherein, daß Wunderbares unmöglich und der Anschein des Wunderbaren Betrug und Täuschung sei. Den vertrauensvollen Beobachter überschütten sie mit Spott und sperren sich gegen jede Erwägung: die Zeitung honoriert die Stimmen der Gegner, bringt aber die der Zeugen nur für schweres Geld. So streiten die Gegner der Zensur, wenn die Voraussetzungen ihrer eigenen Überzeugung in Frage gestellt werden: „Unsere Vorkämpfer nennen wir Liberale", stellt Siglen erbittert fest, „und ihr Joch ist keineswegs sanfter als das Joch der Tyrannen."

Aber nicht nur die Pächter des Verstandes griffen ihn an, heimlicher lauerten die Pächter des Gefühls ihm auf, die „Werkheiligen" und die Frömmler. Sie suchten ihn zu ertappen und stellten ihm Späher an die Wege, auf denen Sara ihn heimbegleitete. Ein Volksblatt fand denn auch in einem Spottgedicht des Pudels Kern in einer Leidenschaft zu dem Bauernmädchen, durch das er sich zum Dichter und Gotteskünder inspiriert glaube. Wirklich muß er sich bei der Behörde von der Anklage reinigen, einen Skandal mit einem jungen Mädchen zu treiben. Die Beteuerung, die wir in seinem Buche lesen, daß von einer Liebe zu Sara keine Rede war, daß sie nicht im entferntesten dem entsprach, weder im Äußern noch in der Bildung, was ihm ein Mädchen als Weib lieb und wert machen konnte, klingt glaubhaft und entspricht seinem Charakter und den Umständen dieser ganz anders geknüpften Begegnung. In Saras Verhältnis zu ihrer Umwelt aber war die Erotik überhaupt nicht erwacht. Siglen begriff, daß eine Welt, die ausschließlich durch Hunger und durch Liebe regiert wird, die Motive, welche in solchen Geschehnissen walten, nicht versteht. Zwei Bände schlichter Berichterstattung seines Werkes ist er genötigt, zu verwerfen, weil er früh genug bemerkt, wie die Leute nur darauf warten, „das Zarte … betasten, zerreißen und zertreten zu können".

Die einen reden von der Gerechtigkeit und glauben sie schon verwirklicht oder wollen sie im idealeren Staate verwirklichen, die andern von der Nächstenliebe, die sie zu besitzen und zu der sie jeden verpflichtet glauben. Trotzdem ist es in einer so gesinnten Umwelt möglich, daß ein Siglen als Brandstifter ausgegeben wird, als eine furchtbare Feuersbrunst, die Sara vorausgesagt hat, den Ort Rutesheim verzehrt: er habe das Wort seiner Somnambulen wahrmachen wollen. Trotzdem geschieht es, daß der Landjäger im Hause eines kranken Mädchens mit dem Seitengewehr zwei Hände zu trennen droht, die dem Mädchen helfen wollen, als es eben unter Krämpfen zu Boden stürzt, – Siglens, der zu jener Zeit noch ins Haus darf, und ihres Bruders, der grade auf das Haus zukam und dessen Hand Siglen in der Not ergriffen hatte. Trotzdem ist es möglich, daß der Hilfsbereite später, nach auferlegter Meidung, auf seinen Dienstgängen schon weit vor dem Hause Eile vortäuschen muß, um dem Vorübergehen einen menschlicheren Anstrich zu geben und um den kleinen Geschwistern zu entgehen, die sonst dem Wohltäter entgegenstürzten. Trotzdem wird die Haussperre jahrelang aufrechterhalten, und gerade die Person, von der man's zuletzt erwarten würde, wirft sich zum Wächter auf; tritt nur ein Gläubiger über die Schwelle, der Geld verlangt, so läßt sie den Vater aufs Rathaus fordern und „schreit über ihn her", warum er einen Besuch angenommen habe!

Siglen erlebte es an seinem und dem Schicksal der Somnambulen, daß die frühe eingeflößte Altklugheit und die dünkelhafte *[eingebildete]* Gerechtigkeit den Menschen seiner innersten, der eigentlich menschlichen Auffassung und Aufgabe entfremdeten und daß die herkömmlichen Lebensformen den Jugendlichen, statt in die Tiefe und zu echter Erfüllung, vielmehr in die Oberflächlichkeit und zum seelischen Absterben verführten, – statt zu Menschen erwüchsen die Kinder zu Leuten. Wie aus den Leuten wieder Menschen werden könnten, dies im Sinne der neu erfaßten Evangelien zu ergründen, ward ihm bald die Hauptsache, und das Werk, das er mit diesem Ziele schrieb, bleibt, wenn es gleich heute verschollen ist, der nachwirkende Gewinn aus den Leiden der Großglattbacher Metzgerstochter im Einklang mit dem von ihr Vorausgesagten. Einen Verleger fand Siglen freilich nicht, sondern mußte den Druck des 1200 Seiten starken Werkes selbst finanzieren: eine schwere Belastung, und um so bitterer war die Enttäuschung, daß ihn kaum der Widerhall eines verwandten Geistes oder eines betroffenen Gemütes entschädigte. Und doch war es ein urwüchsiges Zeugnis schwäbischer Religiosität und nahm theologisch und vor allem pädagogisch manchen Gedanken vorweg, der gerade als die Stärke moderner Ansichten gilt.

Doch nicht von Siglens Buche ist hier noch zu handeln, sondern nur zu Ende zu bringen, was uns über Saras Geschichte bekannt ist. Das Medizinal-Kollegium setzte es wirklich durch, daß sie ins Katharinen-Hospital kam - gegen die Kreis-Regierung, aber diese dann auch gegen ihren eigenen und gegen den Willen des Vaters. Das Oberamt ließ das Mädchen durch Landjäger aus dem Bette reißen und nach Stuttgart führen. Trotzdem ward dort wirklich eine gewisse Heilung erzielt. Die Menses *[Monatsblutung]* herzustellen und zu normalisieren, darin sah man die therapeutische Chance. Auch hat sich das Mädchen ohne Zweifel dort wohlgefühlt; Siglen erwähnt die „menschenfreundlichen Ärzte", die sie betreuen, – wir haben von Ludwig genannt. Als Sara im Juli 37, um ihren zwanzigsten Geburtstag, heimkehrte, war sie nach Siglens Zeugnis „blühend bis zum Schimmern". Aber die körperliche Genesung hatte den inneren Kreis ihrer Krankheit noch nicht durchbrochen, im Oktober verfiel sie wieder in einen heftigen magnetischen Schlaf, und fortan trafen die Zustände wieder zwei- bis dreimal die Woche auf. Sorge und Mangel zogen ein in das unglückliche Haus, und unter dem äußeren Druck drohte nun Hader die Familie auch im Innern zu zerrütten.

Siglen muß, noch immer durch Verbot gehindert, das Haus meiden und schickt nur gelegentlich, selbst von Geldsorgen gedrückt, eine Münze. Die Regierung aber setzt dem Ludwig Gayer nun auf eine besondere und neue Weise zu. Er soll nämlich die Verpflegungskosten für seine Tochter in Höhe von 70 Gulden zahlen, ist dazu nicht imstande und muß gewärtigen, daß die Gemeinde ihm einen Acker verkauft und dergestalt den kargen Erwerb des Mannes, der zehn Kinder ernähren muß, noch mehr schmälert. Die amtlichen Akten sprechen dabei immer treuherzig von Saras erfolgter Heilung, und zwar noch Ende 1838, denn so lange zog sich der Streit hin. Der „Beobachter" berichtet nach 1843, daß Sara nach wie vor ihre Zustände hat und dabei kurpfuscherische Ratschläge erteile. Offenbar wird das Mädchen medizinisch nun völlig vernachlässigt, und es kümmerte sich niemand mehr um die Vorgänge in Großglattbach. Die Regierenden hatten jetzt wohl andere Sorgen.

Von Juni bis August 1838 richtet Ludwig Gayer drei Bittschriften an den König, in denen er seine Not, den drohenden Zwangsverkauf, aber auch die Sperre seines Hauses schildert. Das zweite überschreibt er: „Ludwig Gayer bringt allerunterthänigst vor, daß die Unterthanen das Vertrauen auf die Gerechtigkeit seiner Königlichen Majestät verlieren", das dritte: „Ludwig Gayer bittet zum drittenmal allerunterthänigst, daß ihm Gerechtigkeit und der Schuz der Gesetze allergnädigst zugewendet werden möchte, damit endlich der Kummer und die Angst seiner Familie ein Ende nehme." Erst im November bewilligt der König endlich ein Gnadengeschenk von 35 Gulden aus dem Gratialienfond [Geldmittel für Geschenke] der Staatskasse; auf den Rest soll die Gemeinde Vorschuß leisten und Gayer dadurch die ratenweise Abzahlung ermöglichen. Die Absperrung des Hauses, hatte die Kreis-Regierung behauptet, sei längst gemildert worden; nun ward die Aufhebung erneut und ausdrücklich anbefohlen.

Saras Schicksal verliert sich von da an im Dunkel. Die Mutter starb ihr, dreiundfünfzigjährig, 1842 in Großglattbach, zwei Jahre später wanderte sie selbst nach Baden aus, woher auch, nach dem „Beobachter", in letzter Zeit die meisten Ratsuchenden gekommen waren. Wieder zwei Jahre später stirbt auch der Vater, Ludwig Gayer, zu Roßwag. Ist Sara alt geworden, so könnten

noch Lebende die einstmals berühmte Somnambule von Großglattbach gekannt haben – aber in ihrer Heimat ist ihr Andenken völlig verschollen.

*Quellen: Interessante Nachrichten von einer Somnambüle eigener Art in
Großglattbach; mitgetheilt von J. R. Siglen, Königl. württemb. Kameralverwalter. Ulm, 1848. Zu haben in der Ebner'schen Buchhandlung. Zweite Auflage. (Exemplar im Besitz der Bayerischen Staatsbibliothek, München.) –
Akten: Staatsarchiv Ludwigsburg, E 146, Nr.1763,f. 69–115; E 162, Nr.158,f.
132–144, 171–176.*

NIKOLAUS GERBER 1796–1861

Pfarrer zu Buchenbach

*[Erschienen in „25. Veröffentlichung des Historischen Vereins Heilbronn",
Heilbronn, S. 143–163]*

Das Nachtgebiet der Natur – so hieß vor mehr als einem Jahrhundert die
dunkle Welt der Geister und der Gesichte, der Ahnungen und des Spuks.
Justinus Kerner, der Weinsberger Oberamtsarzt, hatte – im Gefolge Mesmers
– diese Welt eben für die Gebildeten wieder entdeckt; er nannte sie wirklich
und hielt sie für einen Gegenstand der Naturforschung. In seiner Jugend, in
der Zeit der Aufklärung, hatte all dergleichen zum Aberglauben gehört, nur
das Vernünftige hatte damals und seitdem als wirklich gegolten, der Verstand
sollte es sein, der die Welt erhelle, ihm nur erschließe sich das Vernünftige
und dadurch Gewisse. Selbst weite Gebiete des Glaubens waren verdächtig
geworden, erschienen als unvernünftig und ungewiß und zählten zum dunklen Reich des Aberglaubens. Alle Gebildeten hatte allmählich die Aufklärung
erfaßt, selbst die Theologen nahmen ihre Denkformen an; zahlreiche Pfarrer
waren weniger gläubig als ihre Gemeinde. Alle diese Aufgeklärten wehrten
sich gegen Kerners Entdeckungen; sie sahen darin nur einen neuen Vorstoß
des alten Aberglaubens. Noch heute ist die Kunde vom Nachtgebiet keine
allgemein anerkannte Wissenschaft.

Zu den Freunden Kerners, die mit ihm für die Wirklichkeit des wieder-
aufgefundenen dunklen Weltteils kämpften, gehörte der Buchenbacher Pfarrer Gerber. Da er als Pfarrer der Zeit in diese Auseinandersetzung geriet, das
heißt zugleich als Mann der Aufklärung und des Glaubens, da er zudem ein
geistreicher und gewissenhafter Denker war, so ist es besonders reizvoll,
seinem Lebensgange auf diesem weltanschaulichen Spannungsfelde zu folgen.

Nikolaus Gerber ward am 3. Juli 1796 zu Mühlhausen im Elsaß geboren.
Sein Vater, ein vermöglicher Mann, war von Beruf Musterzeichner in einer
Kattunfabrik. Er selbst unterrichtete seinen Sohn, bildete ihn über das Ele-
mentare hinaus vor allem im Zeichnen aus, ja er hielt ihn mit Strenge dazu
an. Viel wendete er auch für Musik- und Gesangunterricht auf und bot dem
Jungen einen reichen Lesestoff, dessen Gehalt die Fassungskraft seines Alters
freilich oft weit überstieg. In der Geschichte weckte er in ihm die Bewunde-

rung für die großen Männer, vor allem für die großen Maler. Auf diese Weise ward der frühreife Knabe für alle Gegenstände, die Gefühl und Verstand lebhaft ansprachen, gewonnen; gegen alles indes, was bloße Gedächtnissache war, von Widerwillen erfüllt. Daher er auf sprachlichem Gebiet zeitlebens weit hinter dem zurückstand, was von einem württembergischen Pfarrer gewöhnlich gefordert wurde. Nur das Französische hatte er sich bei einem Straßburger Lehrer, der nach einer sprachgerechten, praktischen Methode verfuhr, in kurzer Zeit angeeignet.

Inzwischen hatte der Vater, durch Krankheit genötigt, seinen Beruf aufgegeben und mit einem Verwandten zusammen eine Baumwollweberei gegründet. Damit gab er anscheinend auch die Absicht auf, den Sohn Maler werden zu lassen, und bestimmte ihn nun zum Kaufmann. Aber gerade der Handel war dem jungen Niklas, wie sich denken läßt, ganz zuwider. Ihn trieb die Lust an den Wissenschaften, zu studieren, und schließlich ward ihm seine Bitte zugestanden. Aber weder er noch sein Vater ermaß, welcher Vorbildung es dazu bedurfte. Jedenfalls ward er erst einmal zu einem Pfarrer in die Lateinlehre getan und mit fünfzehn Jahren auf das damals zwei Jahrhunderte alte Lyceum [Lyzeum = Oberstufe des Gymnasiums] zu Buchsweiler. Doch der Zustand der Lyceen war unter der Regierung Napoleons, nach Gerbers eigenem Wort, erbärmlich, und so hat er dort in den Sprachen, obwohl es zwei Wochenstunden Griechisch und eine Hebräisch gab, kaum einen Fortschritt gemacht.

Unterdes entwickelten sich die Geschäfte des Vaters nicht glücklich, und schon 1813 war der Siebzehnjährige genötigt, die Universität Straßburg zu beziehen. Aber auch dort hat Niklas keine großen Fortschritte gemacht, zumal er 1814, unter der Belagerung Straßburgs durch die Verbündeten, von seinen Eltern abgeschnitten war und bei einer Witwe Zuflucht suchen mußte, deren vier Kinder er, als Entgelt für Bett und Speise, unterrichtete, – man kann sich denken, wie wenig Zeit ihm zum Studium blieb. Kaum hatten sich daher die Zeitläufte ein wenig beruhigt, so stimmten die Eltern seinem aus der Liebe zu Deutschland geborenen höchsten Wunsche zu, in Tübingen zu studieren.

Von Ende 1814 bis Anfang 1819 war er dort Student – erregte Jahre, vom Wiener Kongreß bis zur Ermordung Kotzebues, – aus denen wir leider kein Zeugnis über seine innere Anteilnahme besitzen. Aber wir mögen wohl ahnen, wie sehr diesen Elsässer mit seiner Liebe zum Reich, jung, gefühlsstark, phantasiebegabt, aufwühlte, was die Studentenschaft bewegte. Zudem scheint er ein bevorzugter Schüler jenes Theologen Bahnmaier.[1] gewesen zu sein, der schon in den Neunziger Jahren in patriotischen Weisen für das alte Reich und gegen die Ideen der französischen Revolution sich eingesetzt hatte, der als Diakon in Marbach und Ludwigsburg und noch als Professor der Theologie nationale Gedichte verfaßte und der schließlich 1819 bei seinem Monarchen in Ungnade fiel, weil er in seinem Bericht über die Stimmung der Studenten und über den Attentäter Sand nicht nur den Unwillen über Sands Tat, sondern auch den Abscheu gegen den Kotzebueschen Geist und die Politik der Kabinette ausdrückte und darauf beharrte. In demselben Jahre, in dem Gerber seine Konsistorial-Prüfung *[Prüfung über die kirchliche Verwaltungsbehörde]* bestand, 1819, verlor Bahnmaier seine Professur und wurde als Dekan *[Vorsteher eines Kirchenkreises]* nach Kirchheim unter Teck geschickt, wo der hochbegabte Mann bis zu seinem Tode im Jahre 1841 vielseitig und segensreich wirkte.

Auch dadurch wird Bahnmaier Gerber nahegestanden haben, daß er als Dozent gerade die Gebiete pflegte und förderte, auf denen Gerbers Stärke und sogar seine Liebhabereien lagen: Pädagogik, Predigt und Musik. Bahnmaier war, unter dem Einfluß Pestalozzis, pädagogischer Neuerer, um Volksbildung und Schule bemüht. In Tübingen führte er zuerst regelmäßige praktische Übungen im Predigen ein, ein Fach, in dem Gerber, bei seinen wissenschaftlichen Mängeln, Vorzügliches leistete und leisten mußte. Weiter wirkte er darauf hin, daß die Universität die Stelle eines Musikdirektors einrichtete und Friedrich Silcher dazu berief. Die früh geweckte Liebe zur Musik hatte sich Gerber bewahrt; nun nahm er auch Gesangstunden bei Silcher, und er sollte sich in seiner ersten Streitschrift später – gegen den nachmaligen Blaufeldener und Weinsberger Dekan Dillenius – für den methodischen Gesangsunterricht auf der Schule und den mehrstimmigen Gemeindegesang aussprechen (1827).

Der angehende Theologe studierte damals in Tübingen zunächst zwei Jahre Philosophie. Welche Einflüsse dabei auf den Geist des Zwanzigjährigen

---

[1] „Allgemeine Deutsche Biographie" I, S. 766f. – Martin Leube: „Jonathan Friedrich Bahnmaier. 1774–1841, Blatt für Württ. Kirchengeschichte 48", 1948, S. 55–71. – Dieter Narr: „Zum Lebens und Charakterbild J. Fr. Bahnmaiers, Zeitschrift für württ. Landesgeschichte XXII", 1963, S. 283–301 – In Bahnmaiers „Denkschrift der Anstalt für die Bildung zum homiletischen und katechetischen Vortrage [Vortrage zur Geschichte und Theorie der Predigt, sowie den christlichen Glaubensunterricht], welche auf der Universität Tübingen besteht. Vom Jahre 1818" erscheint im Mitgliederverzeichnis des Predigerinstituts unter Nr.57: „Cand. Nikolaus Gerber aus Mühlhausen im Elsaß".

wirkten, läßt sich mangels eigener Zeugnisse nicht ermessen. Wenn er später sich gelegentlich auf Kant beruft, so möchte das ein Nachhall des Philosophen H. Chr. W. Sigwart sein, der seit 1816 außerordentlicher Professor war, oder auch des Theologen Johann Friedrich Flatt, der als erster in Tübingen über Kant gelesen hat. Der bedeutendste und vielseitigste unter den damaligen Tübinger Philosophen war jedoch Eschenmayer, – ursprünglich Mediziner, nun auch Psychologe und seit langem Theoretiker und Vorkämpfer des Mesmerismus. Ihn hat damals Gerber „enthusiastisch verehrt"[2]; daß er schon auf der Hochschule durch ihn mit den Wundern des Somnambulismus bekannt wurde, mögen wir wohl annehmen.

Unter den Theologen haben nach Gerbers eigenem Zeugnis sich seiner besonders und auch persönlich angenommen die Professoren Bengel und Flatt. Als Dozent kam zu den genannten noch Steudel hinzu. Eigene Angaben über ihren geistigen Einfluß besitzen wir nicht und können ihn daher nur im allgemeinen kennzeichnen. Gerber betont später, er sei in der Denkweise der Aufklärung aufgewachsen, in einem Brief aus dem Jahre 1846 zählt er sich selbst zur rationalistischen Opposition; von dem Sechzigjährigen berichtet sein Dekan, er verharre im wesentlichen auf dem rationalistischen Standpunkte seiner Studienzeit. Nun gehören seine Lehrer zwar zu der supranaturalistischen Richtung der Theologie, deren Verfechter im 18. Jahrhundert, in Württemberg vor allem Storr, ihre Ansichten gerade im Gegensatz zum Rationalismus der Aufklärung ausgebildet hatten: gegen die Lehre, daß die Offenbarungswahrheiten rationale Wahrheiten seien und als solche auch der menschlichen Vernunft von selbst zugänglich geworden wären, verkündeten sie die übernatürliche Eigenart der biblischen Offenbarung. Indes, so tief die Kluft zwischen den ursprünglichen Überzeugungen auch gewesen sein mochte, so nahe begegneten sich die Geister doch auf der Brücke der Methodik, die beiderseits auf dem Vernunftprinzip ruhte. In der Auseinandersetzung mit dem Gegner und in der Sichtung des eigenen Bestandes bediente sich der Supranaturalismus in wachsendem Maße der gleichen rationalen Denkformen und einer geschichtlichen Betrachtungsweise, die der alten Orthodoxie kaum minder fremd gegenüberstanden als die rationale Theologie selbst.

Die alte Kluft riß stattdessen um so tiefer an einer anderen Stelle auf. Nicht mehr am Richteramt der Vernunft, an der Textkritik und der historischen Methode trennten sich die Geister, sondern an dem Entscheid für das

---

[2]   Gerber an Kerner 8.XI.1839.

238

biblische oder das neue astronomische Weltbild[3]. Daß Gerber sich zu Galilei bekennen mußte, um doch einen Namen zu nennen, und damit in Gegensatz trat zu einer Theologie, die religiös, wenn nicht gar kosmologisch am ptolemäischen *[geozentrisches]* Weltbilde und seinen dogmatischen Konsequenzen festhielt, war allerdings tief in der Art seiner Geistigkeit begründet.

Durch den Krieg hatte sich die Vermögenslage der Eltern bedeutend verschlechtert, und im Jahre 1815 ward auch noch ihr vor den Toren liegendes Haus völlig ausgeplündert. Gegen Ende 1816 wandte sich daher der Sohn mit der Bitte um einen Freitisch des Königlichen Seminars ans Ministerium. Da sich die Fakultät für ihn einsetzte, ward ihm sein Gesuch bewilligt – unter der Bedingung, daß er sein französisches Untertanenverhältnis aufgäbe und sich zu württembergischen Diensten verpflichtete. In dem Fakultätsgutachten kommt zum Ausdruck, daß er nach wie vor in seiner Vorbildung den württembergischen Studenten unterlegen ist, vor allem im sprachlichen, und daß seine Vorzüge, abgesehen von Fleiß und gutem Willen, in seiner Wohlredenheit und seinem Predigttalent liegen. So wird es auch bleiben, obwohl er sein Studium noch verlängert und obwohl er noch als Pfarrer in Döttingen danach trachtet, sich im Sprachlichen zu vervollkommnen; nur das Lateinische macht er sich dort endlich zu eigen. Aber der Mangel an fremdsprachlichem Talent verbindet sich bei ihm mit einem ebenso großen Vorzuge im Gebrauch seiner Muttersprache: die stilistische Begabung beweisen seine gedruckten Werke.

Nach bestandenem Examen, im Frühjahr 1819, kam Gerber zunächst auf vier Wochen nach Unter-Eisisheim als Vikar *[Kandidat der evangelischen Theologie, der einem Pfarrer zur Ausbildung zugewiesen ist]* und dann auf ein Jahr zu dem neunzigjährigen Pfarrer Ackermann in Crispenhofen. Danach wird er auf die Patronats-Pfarrei Döttingen im Kochertal nominiert und erhält Urlaub zu einer Reise in die Heimat. Dort läßt er sich die Entlassung aus seinem Untertanenverhältnis beurkunden und bittet nach der Rückkehr um die Aufnahme als Untertan Württembergs. Im Dezember 1820 wird er in Döttingen bestätigt.

Döttingen war damals, mit 400 Gulden Jahreseinkommen, eine Hungerpfarre, die kaum einen Junggesellen auskömmlich ernährte. Gerbers Amtsnachfolger, der wackere Welsch, harrte dort dreizehn Jahre aus, ehe er, in

---

[3] Dazu Gerhard Schäfer: „Kleine württembergische Kirchengeschichte", Stuttgart (1964), S. 114ff. – Evangelisches Kirchenlexikon, Bd. III, Göttingen 1959, Sp.439–445, besonders 443.

Ruppertshofen, eine Heirat ins Auge fassen konnte. Gerber indes bittet schon einen Monat später um die Erlaubnis, Juliane Helene Beyer, eine Niedernhaller Pfarrerstochter, heiraten zu dürfen. Vor dem König begründet er sein Gesuch nur mit der Entfernung von allen Verwandten und mit der hauswirtschaftlichen Notwendigkeit; der Beibericht des Dekans verrät, daß ihn die reinste Neigung mit seiner Braut verbindet. Aus materiellen Gründen jedenfalls heiratete er sie gewiß nicht; denn Pfarrer Beyer hatte 1818, als er starb, seine Familie in der furchtbarsten Not, wie sie leider Gottes öfter in den Pfarrhäusern der Zeit herrschte, hinterlassen.[4] Schon am 27. Hornung *[Februar]* 1821 wird das Paar in Niedernhall getraut und lebt fortan „in einer beneidenswerth glücklichen Ehe", wie der Dekan 1827 berichtet. Sonst wissen wir leider nur wenig von Gerbers Umgang, seinen Freundschaften, überhaupt seinem persönlichsten Leben. Denn wie wir alle hört auch Gerber auf, Lebensläufe zu schreiben, sobald er es nicht mehr nötig hat. Die folgenden vierzig Jahre seines Lebens stücken wir daher aus zerstreuten Zeugnissen zusammen, und es mag uns dabei manches Wichtige an Personen und Ereignissen entgehen.

In Döttingen wurden ihm zwei Söhne geboren, aber um so drückender wirkte sich nun die schlechte Besoldung aus, so „daß er mit seiner kleinen Familie nicht würde bestehen können, wenn nicht die größte Sparsamkeit und Enthaltsamkeit in dieser Familie zu Hause wären" – so der Dekan 1827. In diesem Jahre entschloß sich nämlich Gerber, um auf eine besser dotierte Pfarrei zu gelangen, eine Beförderungsprüfung zu beantragen, – trotz seiner noch immer mangelhaften Sprachkenntnisse, die er nun zum letztenmal in einer ausführlichen Schilderung seines Bildungsganges begründet. Der Dekan befürwortet sein Gesuch mit warmen Worten, bezeichnet ihn als einen der beiden besten Pfarrer der Diözese *[evangelischer Kirchenkreis]* und nennt ihn einen Nathanael *[Gottesgabe, Gottesgeschenk]*, in welchem kein Falsch ist, – eines der wenigen Zeugnisse, die wir über den unmittelbaren Eindruck seiner Person besitzen.

Im Sommer dieses Jahres fuhr der Löwenwirt von Braunsbach mit seinem Wagen in Geschäften an den Rhein, und der Döttinger Pfarrer nutzte die Gelegenheit, Eltern und Heimat wiederzusehen – wohl das letztemal, daß er die Stätten seiner Jugend besuchte. Es kennzeichnet die Stellung des dürfti-

---

[4]   Dekanatsarchiv 17a, Niedernhall, Nr.2. Beyer starb 24.IX.1818. Der Bericht nennt „die Lage der Beyerischen Familie über alle Beschreibung traurig".

gen Pfarrerleins, wenn es auf dem Wagen des vermöglichen Wirts, so „herzlich weh" es ihm tut, durch Weinsberg und am Dichterhaus vorüberfahren muß und nicht einmal absteigen kann, um Justinus Kerner zu begrüßen, der inzwischen brieflich Freundschaft mit ihm geschlossen hat, – „allein da ich in Gesellschaft reiste, die sich durchaus nicht aufhalten konnte, so mußte ich auf dieses Vergnügen Verzicht leisten".

Auf die Beförderungsprüfung verzichtete Gerber im Juli 1828, weil die Herren von Stetten gesonnen waren, ihn für die Buchenbacher Pfarrei zu nominieren – ein höchst glückhafter Zug seines Schicksals – und im Februar 1829 erhielt er die königliche Bestätigung. Das Einkommen betrug hier 650 bis 700 Gulden, was wohl bei bescheideneren Ansprüchen, bei kleinerer Kinderzahl, vor allem wenn keine Töchter auszustatten waren, oder bei etwas eigenem Vermögen ausreichend war. lm Laufe des Sommers wurde das Pfarrhaus, das baufällig war, „in eine solide, recht schöne und anständige Wohnung" verwandelt – und damit hatte Nikolaus Gerber, fast genau in seiner Lebensmitte, auf mehr als drei Jahrzehnte bis zu seinem Tode seine Heimstatt gefunden. Wir benutzen diesen wichtigen Ruhepunkt, um uns seinem literarischen Schaffen und Wirken zuzuwenden.

Gerbers frühestes, mir bekannt gewordenes Werk zeigt ihn sogleich in enger Verbindung mit Kerner, ja, es hat sogar selbst diese Verbindung gestiftet. Als der Weinsberger Oberamtsarzt 1823 die Gründung des Frauenvereins anregte – mit dem Ziel, für die Erhaltung der Ruine Weibertreu zu sorgen – wurde in ganz Deutschland Geld dafür gesammelt. Die Spender erhielten Ringe mit eingefaßten Steinchen aus den Burgtrümmern und dazu ein Gedicht, das nicht etwa der Weinsberger Dichter, sondern das der Döttinger Pfarrer geschrieben hatte.[5] Anfang 1824 widmet nämlich Gerber dem Frauenverein dies Gedicht auf die Ringe, empfing selbst zum Dank ein solches Kleinod, und von da an wurden seine Verse mit den Ringen versandt. Den Dank des Vereins beantwortete Gerber mit der Einsendung eines Schauspiels, das die Sage von der Weibertreu behandelt, und verzichtete zugunsten des Vereins auf den halben Erlös. Es wurde indes vermutlich nie gedruckt; denn Uhland, dem Kerner das Werk zusandte und der sich selbst einmal vergeblich

---

[5] Marie Niethammer, in „Justinus Kerners Jugendliebe und mein Vaterhaus", Stuttgart 1877, S. 133 ff, druckt das Gedicht ab.

an dem Stoffe versucht hatte, fand auch des Pfarrers Behandlung allzu wenig gelungen.[6]

Das genannte Gedicht aber wurde nicht nur als fliegendes Blatt, sondern auch in einer Sammlung von Gedichten veröffentlicht, die Gerber 1826 mit seinem Freunde K. Hahn, Hohenlohe-Ingelfingenschem Hofrat, herausgab. Diese Freundschaft, die eine so schöne Frucht zeitigte, entstand wohl während jenes Vikarsjahres in Crispenhofen, und ihr verdankte es der Elsässer vermutlich, daß ihn die Patronatsherren von Buchenbach als Pfarrer nominierten. Hahn blieb auch später sein Freund, der einzige, klagt Gerber nach seinem Tode, den „ich in der Gegend hatte und welchem ich wenigstens im Brief meine Gedanken mitteilen konnte".

Das Gedichtbändchen, auf Kosten der Verfasser gedruckt, mit einem von Gerber gezeichneten Titelbild, die Linde von Griesbach darstellend, ist den Eltern des Pfarrers gewidmet. Es enthält 18 poetische Beiträge, darunter einen Gesang aus Hahns Epos „Preußen", das die Napoleonischen Kriege darstellt und für dessen Abdruck die Probe Subskribenten *[Vorbesteller]* werben soll. Das einzige Exemplar des Büchleins, das sich bisher auffinden ließ, gehört der Universitätsbibliothek in Halle, stammt aber aus der Bücherei des preußischen Königshauses, war also ursprünglich wohl der Band, mit dem die Freunde eine Druckbeihilfe Friedrich Wilhelms zu gewinnen hofften. Von Gerber ist das Widmungsgedicht; die Allegorie eines Bachlaufes; ein „Gebet am Neujahrsmorgen"; ein Volkslied, wie er es nennt, „Zufriedenheit in Armut", bei dem man an Trostworte denken mag, die der arme Vikar einst zu seiner mitgiftlosen Braut gesprochen hatte; „Die Ringe von der Weibertreu" und Stanzen *[Strophenform aus acht elfsilbigen Verszeilen]* „An die Linde bey Griesbach", der Hahn Hexameter *[aus sechs Versfüßen bestehender erzählender Vers]* gewidmet hat, – wie überhaupt der Hofrat die antiken Maße bevorzugt, während der Pfarrer fast durchweg reimende acht- oder vierzeilige Strophen verwendet.

Auch an der Griechenbegeisterung der europäischen Jugend in jenen Jahren hatte Gerber Anteil; aber das Gedicht, das ihr entsprang und das er einmal einem Brief an Kerner beilegt, ist wohl verloren, denn es durfte nicht gedruckt werden: „Es wurde nach dem Fall Missolunghis gedichtet und ist ein Erguß des überströmenden Gefühls, womit dieses Ereignis wohl jedes Herz

---

[6] Der diesbezügliche Brief Uhlands: „Justinus Kerners Briefwechsel mit seinen Freunden", Stuttgart 1897, Bd.I, S. 550.

erfüllte. Es paßt heute nicht mehr ganz", fährt er fort; damals aber sei es vom Griechenverein in Basel beifällig aufgenommen und in der Schweiz handschriftlich verbreitet worden.

Gerbers Freund Hahn ist uns noch dadurch merkwürdig, daß von ihm eine der vielen wohlbezeugten Spukschilderungen stammt, die wir besitzen. Sie wurde in Kerners „Seherin" veröffentlicht und gibt eine nüchterne Aufzählung der merkwürdigen Vorfälle, die Hahn auf einem schlesischen Schlosse seiner hohenlohischen Herren erlebte. In seinem Nachtgebiet wird Gerber später den Bericht abdrucken und eine Charakteristik seines Freundes dazusetzen, die in der Versicherung gipfelt, daß die Geschehnisse ihm gewisser seien, da jener sie beobachtet hat, als wenn er selbst sie erlebt hätte. Hahn war damals Materialist der französischen Schule, auch später nicht geistergläubig – gesund, kräftig, mutig, von scharfen Sinnen, verständig ohne des Gefühls und der Phantasie zu ermangeln, redlich und wahrheitsliebend. Er drängte seine rätselvolle Erfahrung niemandem auf, auch Gerber erfuhr erst zufällig durch andere davon. Durch seine Vermittlung gelangte der Bericht in Kerners Buch[7].

1827 erschien jenes musikpädagogische Schriftchen, das wir erwähnt haben, 1828 ein sozialer Appell an den Staat, insbesondere die Ortsvorsteher, die Armen nicht zur Ehelosigkeit zu verdammen. Zwar besaß in Württemberg jedermann grundsätzlich das Recht zu heiraten, den Armen aber war es dadurch praktisch entzogen, daß die Gemeinden die Vorbedingung für die Ehe, die Bürgeraufnahme, von einem gewissen Vermögen abhängig machten. Unser Pfarrer zeigt an vielen Beispielen, wie diese Forderung, weit davon entfernt, die Vermehrung der Armen zu unterbinden, vielmehr zu vielerlei Ungerechtigkeit und Unsittlichkeit und in Wirklichkeit zu nicht weniger zahlreichen Geburten führt, – nur daß diese Kinder nun, statt in armen Familien, in den dürftigsten außerehelichen Verhältnissen aufwachsen, – Zustände, die sozial gewiß weit unerwünschter und gefährlicher seien als die Ehe der Armen. Überdies aber würde vielen tüchtigen Menschen das Leben zerstört, weil wider Vernunft und Christlichkeit der Mensch ohne Metallzusatz nur gleich einem Unkraut geachtet werde. Mit Unrecht halte der Staat die Geburt eines künftigen Arbeiters für weniger erfreulich als die eines wohlha-

7 Justinus Kerner: „Die Seherin von Prevorst, Zweite Abteilung: Eine fremde Tatsache zur Vergleichung mit denen der Seherin". – „Das Nachtgebiet der Natur im Verhältniß zur Wissenschaft, zur Aufklärung und zum Christentum von N. Gerber", Mergentheim, 1840, Verlag der Neuen Buch- und Kunsthandlung, 2. (Titel-) Aufl, Augsburg 1844 (Schlosser), S. 216f.

benden Müßiggängers. „Daß die Organisation unserer Staaten immer noch an großen Hauptfehlern leidet, sieht man schon daran, daß man mit dem Menschen an und für sich nichts anzufangen weiß." Mit diesem Satz überforderte der Kirchenmann gewiß den Staat, der ja überall auf Zwecke hin angelegt ist; das schreiende Unrecht aber, das der Staat den Armen antat, widersprach seinen eigenen Grundsätzen.

1835 tritt Gerber mit einer moralischen Erzählung hervor: „Die Räuber auf der Muswiese oder die Entstehung des Metzgertanzes". Sie knüpfte an jenes weitbekannte Volksfest zu Musdorf an und verwendete das Motiv des den Eltern in zartester Jugend geraubten Kindes, das sich endlich, nach vielerlei Schickungen, wieder mit ihnen zusammenfindet; die Zeit ist die des „Dreißigjährigen Krieges", die Gegend das Hohenlohische zwischen Heilbronn, Künzelsau und Musdorf, vermutlich mit einigen Zügen aus Gerbers unmittelbarer Umgebung. – In seiner nächsten Erzählung: „Abdel Kader und der Christenknabe" und der ebenfalls 1846 gedruckten volkstümlichen „Geschichte von Algier und seiner Eroberung durch die Franzosen" schöpft Gerber aus dem Geschehen seiner Zeit; in unseren Tagen hat sich der Kreis gerade wieder geschlossen. Sowohl „Abdel Kader" wie die „Muswiese" sind bis zum Ende des Jahrhunderts mehrfach neu aufgelegt worden.

Übergangen haben wir in dieser Übersicht Gerbers Hauptwerk, „Das Nachtgebiet der Natur", und die Erlebnisse, denen es entsprang, – So wenig Hahn das einzigartige Spukerlebnis, das ihm zuteil geworden war, in sein nüchtern-klares Weltbild eingeordnet hatte, so wenig hatte seinen Freund Nikolaus der Bericht zu einer Revision seiner rationalen Grundansicht bewegt. Das Rätsel einer solchen Erscheinung blieb isoliert in der vielgliedrigen Masse des vermeintlich Durchschauten, so wie unsere vielschichtige Kultur überhaupt derartige Erscheinungen bis heute verkapselt und ausscheidet. Es bedurfte für Gerber eines persönlichen Erlebnisses, um ihn in eine Geisteswende zu führen, wie Kerner sie schon durch die Seherin Friederike Hauffe erlebt hatte.

Im Frühjahr 1831 hörte der Buchenbacher Pfarrer, daß es in Orlach bei dem Bauern Gronbach spuke; es würde nämlich dort im menschenleeren Stall das Vieh verstellt und an den Kühen alles Haar geflochten. Gerber hielt das für abergläubisches Gerede und kümmerte sich nicht darum. Im Februar des nächsten Jahres erzählte man, daß der Spuk wieder eingesetzt habe, diesmal mit geheimnisvollen Zündungen im Hause, und daß der Tochter des Bauern eine graue Geistergestalt erschienen sei, die den Abbruch des Hauses verlange. Nun rissen die Wundergeschichten gar nicht mehr ab. Ein zweiter, schwarzer Geist erschien im Laufe des Sommers, zunächst in allerlei Tiergestalten, dann als ein schwarzer Kapuziner, der Magdalena, Gronbachs Tochter, bedrängte und bedrohte; aber sie dürfe ihm nicht antworten, weil sonst das Haus zusammenbreche. Vielmehr müsse dieses Anfang 1833 abgebrochen werden, dann wären die Geister erlöst. Aber es galt unserm Pfarrer so ganz als ausgemacht, „daß alles nur Betrug oder Selbsttäuschung, auf jeden Fall nur eine Dummheit seyn müsse, daß ich keine Viertelstunde weit darum gegangen wäre". Schließlich, im Herbste, hörte man etwas davon, daß die Orlacher Bauerntochter nun von dem Schwarzen des öfteren besessen sei, daß sogar Kerner sie untersucht und ebenfalls das Wort Besessensein auf ihre Zustände angewandt hätte. Darüber ergriff unsern Pfarrherrn denn „ein wahrer Aufklärungsschauer …, und ich nahm es Kerner im höchsten Grade übel und rechnete es ihm als größte Verstandesschwäche an, daß er mit diesem alten Aberglauben, welcher von allen Gebildeten längst abgetan war, wieder hervorzutreten wagte; kurz, ich kann versichern, daß ich mit derselben Leidenschaftlichkeit über diesen vermeintlichen Rückschritt zu der Finsternis abergläubischer Zeiten entrüstet war, welche damals aus Veranlassung des Mädchens von Orlach die ganze gebildete Welt erfüllte".

Diese Vorurteile verhinderten – was er später bedauerte – die eigene Untersuchung. Erst am letzten Tage, als es hieß, der Geist werde nicht mehr kommen, und weil doch allzuviele achtungswerte Personen die Vorgänge interessant genug fanden, sah er sich bewogen, hinzugehen. Allerdings nicht, um sich mit zu wundern, sondern um seine vorgefaßte Meinung von Trug und Täuschung an Ort und Stelle zu bestätigen. Doch verhielt sich alles ganz anders, als er sich's in der Ferne zurechtgelegt hatte. Er kannte die Orlacher Verhältnisse und Personen allzu gut, – da er lange in Döttingen nahe genug gewohnt hatte und oft herübergekommen war, – um die unmittelbaren Berichte kurzerhand zu verwerfen. Überdies ward er Zeuge des erhebenden und erschütternden Abschlusses der Erscheinungen: des Überganges von der dämonisch entstellten zu der eignen schönen Gestalt des Mädchens – der endgültigen Befreiung, wie alle Anwesenden hoffnungsfroh versicherten. „Ich kam verblüfft nach Haus, und es entstund ein langer, schwerer Kampf in mir, zwischen meiner bisherigen Denkungsweise, an welcher ich so steif und fest hielt wie jeder Gebildete, welche mir von Kindesbeinen eingepflanzt war, und der Macht der Tatsachen, welche ich nicht wegzudemonstrieren wußte. Ich machte es mir daher zur besonderen Aufgabe, den gestörten Frieden wieder herzustellen und diesen Zweifel zu lösen. Ich machte mich mit der Literatur über dieses dunkle Gebiet bekannt, prüfte, dachte, und trotz allem Widerstreben war eine gänzliche Änderung meiner bisherigen Meinungen das Resultat meines redlichen, eifrigen Nachdenkens, bei welchem ich mir bewußt bin, nach nichts als Wahrheit gestrebt zu haben."[8]

Der Erfolg dieser Arbeit war das mehr als 600 Seiten starke Werk: „Das Nachtgebiet der Natur im Verhältniß zur Wissenschaft, zur Aufklärung und zum Christentum". In dem Titel kommt zum Ausdruck, nach welchen beiden Seiten, zur aufklärerischen Philosophie hin und zum christlichen Glauben, der rationalistische Theologe in ihm die Harmonie der neuentdeckten Nachtwelt mit dem bisherigen Weltbild herstellen mußte. Der Angelpunkt der ganzen Überlegungen lag in der Anerkennung einer tatsächlich existierenden Geisterwelt und der Wirklichkeit seeleunabhängiger Geistererscheinungen – eine Erkenntnis, zu der sich Kerner durch zahlreiche Erlebnisse, die nicht erst mit der Seherin von Prevorst begannen, gedrängt sah und zu der sich Gerber Ende 1833 durchrang.[9] Inzwischen hatte er, noch im März dieses Jahres, in dem Frankfurter Tagesblatt „Didaskalia" über die Orlacher Begebenheit berichtet und, als ein Zeugnis seines eigenen Ringens, einige halb zweiflerische, halb anerkennende Betrachtungen dazugesetzt. Mit diesen machte er sich indes auf keiner Seite beliebt: die Redaktion der „Didaskalia", die ihn bei dieser Gelegenheit übrigens einen ihrer geschätztesten Mitarbeiter nennt, warf ihm in einer der üblichen seichten Erklärungen der Erscheinung den Mangel an Skepsis vor, – Kerner dagegen stellte in seinen „Geschichten Besessener" Gerbers Bedenken grade als Beispiel für die Zweifelsucht eines „Denkgläubigen" hin[10], ohne ihn freilich als solchen noch mit Namen zu nennen. Die Entgegnung, die Gerber der „Didaskalia" zusandte, die all ihre Plattheiten auslöscht und das Rätsel wieder herstellt, wurde von der Redaktion nicht aufgenommen, – ohne Zweifel deswegen, weil sie ihrem vernünftig gebildeten Publikum mit der Geschichte selbst schon allzuviel zugemutet hatte. Aber die Abhandlung fand in Kerners Buch als „Nachträglicher Bericht über das Mädchen von Orlach" eine Freistatt, und bringt in der Tat dazu eine

---

[8]   „Das Nachtgebiet der Natur im Verhältniß zur Wissenschaft, zur Aufklärung und zum Christentum von N. Gerber", Mergentheim, 1840, Verlag der Neuen Buch- und Kunsthandlung, 2. (Titel-) Aufl, Augsburg 1844 (Schlosser), S. 389–391.

[9]   „Wie sehr freut mich die Sinnesänderung von Pfarrer Gerber!" Johann Friedrich von Meyer 12.XII.1833 an Kerner, Schiller-Nationalmuseum Marbach, Kerner-Nachlaß.

[10] Justinus Kerner: „Geschichten Besessener neuerer Zeit", 2.Aufl., Karlsruhe 1835, S. 50–58.

wesentliche Ergänzung, weil sie in vorbildlicher Weise jener Art von Verständigkeit den Weg verlegt, die schon glaubt erklären zu können, wenn sie noch nicht einmal verstanden hat.

Im Laufe des Sommers versucht der Buchenbacher Pfarrer, in dessen lebhaftem Geiste es nun mächtig arbeitete, einen theologischen Aufsatz für das Konsistorium über die Orlacher Begebenheit auszuarbeiten, scheint aber über dem Schreiben eingesehen zu haben, daß der weitschichtige Gegenstand nur auf einem breiten Unterbau einigermaßen standfest dargestellt werden könne. Dieser Einsicht ist vermutlich sein „Nachtgebiet" entsprungen, – als ein umfangreiches Werk in der Reihe jener Schriften, die immer wieder verfaßt werden, um die allzu vernünftige Welt daran zu erinnern, daß es hinter und unter ihren Alltäglichkeiten geheimnisvolle Gründe des Erlebens gibt, welche unser eigentliches Wesen näher angehen als alle Tatsachen des Tages. Zu seinen Vorgängern in diesem Bemühen gehören, um nur wenige Namen zu nennen, Erasmus Francisci, Jung-Stilling und Georg Conrad Horst, – zu den Fortsetzern in unseren Tagen Friedrich von Gagern, Wilhelm von Scholz und Alexander von Bernus, drei Schriftsteller, die auch auf anderen Gebieten Vorzügliches geleistet haben.

Wir können hier auch nicht entfernt eine Übersicht des Gerberschen Hauptwerkes liefern, doch sollen wenigstens drei Punkte hervorgehoben werden. Der erste beträfe die originelle Art, in der unser Pfarrer das Wiedererscheinen der Toten verständlich zu machen sucht. Er belegt nämlich an vielen Einzelzügen das Traumartige dieser Erscheinungen und nimmt auf Grund der allgemeinen Vorstellung vom Todesschlafe an, daß es die Träume der Toten von ihrem gelebten Lehen seien, in denen sie uns bemerkbar würden. Gewiß eine Idee, die des Nachsinnens Wert ist und die daher auch von der späteren parapsychologischen Forschung des Öfteren wieder aufgenommen wurde, – und es wäre kein Einwand gegen sie, wenn man sie poetisch fände. Denn eine poetische Ader muß wohl überhaupt zu dem Sinn für dieses Gebiet gehören, das belegen nicht nur Kerner und Gerber selbst, sondern auch ein Teil der oben genannten Namen. Gerber aber bleibt dazu – wie übrigens auch Kerner – immer seiner rationalistischen Grundeinstellung treu: „Recht herzlich würde ich mich darüber freuen, wenn durch eine richtige Erklärung aller Geisterspuk und alles Unbegreifliche weggeräumt werden könnte, denn den Schlüssel zu dieser Erklärung zu finden, war von der ersten bis zu der letzten Stunde mein eifrigstes Bestreben", so äußert er sich in jenem „Nachträglichen Bericht", und im „Nachtgebiet" heißt es ganz entsprechend: „Sobald die Wissenschaft in Beziehung auf diese Erscheinungen dasselbe geleistet haben wird wie das Copernikanische System (für die Planetenbewegungen), so bin ich der erste, welcher nicht mehr daran glaubt."[11]

Eine wissenschaftliche Skepsis läßt Erlebnisse und Erscheinungen als solche gelten, versagt ihnen jedoch die letzte Bestimmung: daß sie auch sind, was sie scheinen. Von einer solchen Haltung unterscheidet sich Gerbers Geistesart gründlich. Er bewahrt sich lediglich die Freiheit, jederzeit zu einer rationalistischen Grundansicht und Deutung zurückzukehren; im übrigen aber fordert er, daß man bei dem derzeitigen Stande der Wissenschaft eindeutig Stellung nehme zugunsten einer objektiven Wirklichkeit seelenunabhängiger Geistererscheinungen. Das Dahingestelltseinlassen und das Abwarten künftiger wissenschaftlicher Einsichten, wie David Friedrich Strauß es in seiner Besprechung der Orlacher Geschichte empfohlen hatte[12], sei ein Mangel an Folgerichtigkeit und Mut. „Denn wohin würde es führen, wenn man in dem ganzen Reich des Wissens nach diesem Grundsatz handeln wollte und jedes Urteil immer aufschieben würde, weil möglicherweise in Zukunft durch spätere Entdeckungen und die Fortschritte der Wissenschaft eine andere Ansicht gewonnen werden könnte?"[13] Und da es nun keine rationale Erklärung für die Geistervisionen gäbe, müsse der Wahrhaftige sie eben für das nehmen und erklären, als was sie sich selber gäben. Gerber geht dabei so weit, daß er überhaupt alle Visionen als von Geistern verursacht ansieht, auch das Zweite Gesicht *[Vorhersage zukünftiger Ereignisse]*, auch beispielsweise die Gesichtstäuschungen Nikolais, die in den Diskussionen der Zeit eine große Rolle spielen, weil damit einer der führenden Aufklärer einmal etwas Unerklärliches erlebt und zugegeben hatte. Als Proktophantasmist *[Steißgeisterse-*

---

[11] Justinus Kerner: „Geschichten Besessener neuerer Zeit", 2.Aufl., Karlsruhe 1835, S. 60; „Das Nachtgebiet der Natur im Verhältniß zur Wissenschaft, zur Aufklärung und zum Christentum von N. Gerber", Mergentheim, 1840, Verlag der Neuen Buch- und Kunsthandlung, 2. (Titel-) Aufl, Augsburg 1844 (Schlosser), S. 502.

[12] „Das Nachtgebiet der Natur im Verhältniß zur Wissenschaft, zur Aufklärung und zum Christentum von N. Gerber", Mergentheim, 1840, Verlag der Neuen Buch- und Kunsthandlung, 2. (Titel-) Aufl, Augsburg 1844 (Schlosser), S. 519–522, vgl. Strauß in den Jahrbüchern für wissenschaftliche Kritik, Berlin 1836, Bd.I, Sp.840.

[13] „Das Nachtgebiet der Natur im Verhältniß zur Wissenschaft, zur Aufklärung und zum Christentum von N. Gerber", Mergentheim, 1840, Verlag der Neuen Buch- und Kunsthandlung, 2. (Titel-) Aufl, Augsburg 1844 (Schlosser), S. 522. Auf Straußsche Ansichten geht Gerber an vielen Stellen ein, vgl. z. B. S. 429ff., 480ff., 519ff. Persönlich schätzte er ihn, weil er im wissenschaftlichen Kampfe nicht von der Schätzung der Person lasse: an Kerner 2.VI.1838.

her – einer, der infolge von Unterleibskrankheiten an Halluzinationen leidet] spukt dieser rationale Geisterseher noch bis in den Faust hinein.

Die einseitige Konsequenz, mit der Gerber, nachdem er sich einmal zur Anerkennung der Geisterwirklichkeit entschlossen hatte, nun jede rätselvolle Erscheinung auf sie begründete, hatte ihren geistesgeschichtlich bedeutsamen Grund. Da das Problem, wenn auch in verwandelter Gestalt, immer wieder und auch in unseren Tagen noch auftaucht, verweilen wir kurz dabei. Gerbers Philosophie und ebenso die führende Philosophie seiner Zeit hatte die von der romantischen Naturansicht und insbesondere vom animalischen Magnetismus aufgedeckte Wirklichkeit der Seele bei weitem noch nicht genügend erwogen und ihrem Sinne nach organisch dem übrigen Wissensstoffe eingegliedert. Noch fehlte in der Psychologie, trotz Leibniz, Goethe und anderen Wegbereitern, ein auf die Einzelfragen anwendbarer Begriff des Unbewußten und des Unterbewußten. Noch war das Dunkel unter der Helle des Ich nicht als ein eigenständiger Bereich, als erfüllt, gestalthaft und urwüchsig wirkend, als eigentliches Unbewußtsein erkannt worden. Im Grunde hat dahin erst die psychiatrische Auswertung und Auswirkung der Mesmerschen Befunde und Heilweisen geführt und gerade auch in Gestalt der hier in Rede stehenden Problematik Gerbers. Denn er sah Selbstbewußtsein, Ich und Seele als Funktionen ein und derselben mit sich einigen und in sich klaren Innerlichkeit an. Inwiefern eines ihrer Vermögen etwas produzieren könne, das dem anderen als etwas Fremdes, als ein Außer-Ich erschiene, dies zu begreifen war er begrifflich ganz und gar nicht gerüstet. Um eine beliebige Erscheinung zu erklären, blieb ihm nur die Wahl zwischen der schaffenden Phantasie und der objektiven Verursachung, etwa durch einen fremden Geist. Bei der Phantasie, als einem aktiven Vermögen des Innern, mußte er aber stets wieder feststellen, daß der Erlebende sich darauf besinnen könne, selbst die Ursache der Erscheinung zu sein. Da aber faktisch in zahlreichen Fällen eine noch so stark erregte Phantasie in der höchsten Erwartung nicht zu Geistererscheinungen geführt hat und andererseits bei nüchternster und ganz und gar nicht erregter Phantasie dennoch Geister erblickt wurden: so war unser Pfarrer zu der Annahme außerseelischer, geistig aktiver Verursachung genötigt.

Wir wenden uns den Entscheidungsfragen zu, mit denen der Buchenbacher sich neu in seiner Geisteswelt orientiert: wie sich das Nachtgebiet der Natur zur Aufklärung, wie zum Christentum verhalte. Er selbst wurzelte geistig hier wie dort, aber die Exponenten *[herausgehobenen Vertreter]* beider Richtungen wandten sich leidenschaftlich gegen die von ihm verfochtene

These. Gerber bekennt sich nach wie vor zu der geistigen Erneuerung, welche die Aufklärungszeit herbeigeführt hat, und beruft sich dazu vor allem auf die „unschätzbaren Güter der Toleranz, der Humanität, der Aufklärung, der höheren Bildung" – auf das Erblühen einer von den Fesseln des Glaubenszwanges freien Forschung und Wissenschaft, den Zuwachs an Ideen, Kenntnissen, Kunstwerken und Kunstsinn, auf die Veredlung der Sitten, die Verpönung barbarischer Härten, die freisinnigeren Staatsverfassungen[14]. Es ist nicht überflüssig, dies aus der Sicht eines Pfarrers um 1840 zu wiederholen, da man heute, angesichts mancher Gefahren des Freisinns und der freien Forschung, die wirklichen Errungenschaften des 18. Jahrhunderts nur allzusehr zu übersehen geneigt ist. Umgekehrt können wir uns nur schwer vorstellen, wieso man all dies durch Kerners Forschungsergebnisse gefährdet vermeinte. Aber die Verfechter der Aufklärung sahen den sogenannten Aberglauben und den Geisteszwang vor der Aufklärung eng verwoben – und zwar sicherlich mit einem gewissen Recht – so daß sie eine wirkliche Gefahr in Kerners Behauptungen und nichts kleineres darin witterten als einen Vorstoß reaktionärer katholischer Kreise.[15] Gerber aber weiß, daß diese Verbindung so wenig bei ihm wie bei Kerner besteht: Gäbe es nur die Wahl, die Kunde von den Geistererscheinungen gewaltsam zu unterdrücken oder in die Barbarei zurückzuverfallen, so wäre Gerber selbst für die Unterdrückung, da sie weniger schädlich und unwürdig sei als der frühere Aberglaube, – aber er ist ebenso fest davon überzeugt, daß sich diese Tatsachen nicht wegräsonieren *[mit Vernunft wegreden]* lassen. Ebensowenig allerdings könnten ein paar Geistererscheinungen der Menschheit das errungene Geistesgut wieder entreißen. „Welch ein erbärmliches Ding müßte unsere Aufklärung sein, wenn der erste Geist, welcher einmal unbestreitbar erscheinen würde, ihr ein Ende machen und sie davonjagen könnte?" Überhaupt gäbe es zwischen aufgeklärter Geistigkeit und der Anerkennung des dunklen Nachtgebietes keinen wirklichen Gegensatz, da die Aufklärung nicht in bestimmten Meinungen, sondern in der Selbständigkeit des Urteils, in dem Wagemut des Wissens bestehe. Dies eigentliche Gut aber fehle nicht nur den Nachbetern des alten Aberglaubens,

---

[14] „Das Nachtgebiet der Natur im Verhältniß zur Wissenschaft, zur Aufklärung und zum Christentum von N. Gerber", Mergentheim, 1840, Verlag der Neuen Buch- und Kunsthandlung, 2. (Titel-) Aufl, Augsburg 1844 (Schlosser), S. 529.

[15] Dies kommt in der Polemik der Zeit, in der gedruckten wie in den Akten immer wieder zum Ausdruck; siehe z. B. Hufelands Meinung bei Wilhelm Erman: „Der tierische Magnetismus in Preußen", München 1925, S. 13.

sondern ebenso den Nachbetern herrschender Meinungen. Für die letzteren sei die Aufklärung nur der modische runde Hut, und sie würden, wenn es die Mode gebiete, sich den dreieckigen samt dem alten Aberglauben wieder über die Ohren ziehen, „so daß ich nicht weiß, warum die Gebildeten so verächtlich auf die Ungebildeten herabsehen, da nicht mehr Verstand dazu gehört, nachzusprechen: es gibt keine Geister, als: es gibt Geister."[16] Hinsichtlich des Christentums stellt sich Gerber auf den Standpunkt der Seherin von Prevorst: ein guter Christ könne man auf jeden Fall sein, ob man Geister nun glaube oder ableugne. Die Behörden haben freilich zu verschiedenen Zeiten verschiedene Meinungen für rechtgläubig erklärt und dementsprechend gehandelt, Balthasar Bekker, der mit seiner Betoverten Werelt einen der ersten Vorstöße gegen den Hexenaberglauben unternahm, wurde abgesetzt, weil sein Verwerfen von Geistern und dergleichen angeblich dem Christentum widerspräche, – aber 150 Jahre später wurde Stillings Geisterkunde in Basel wie in Württemberg verboten, weil eine Annahme von Geistern und dergleichen angeblich dem Christentum zuwiderliefe.

Neuerdings hatte der Pfarrer U. Wirth in einem Werk über den Somnambulismus ausdrücklich zu zeigen versucht, daß die rationalistische Grundidee von der alleinigen Wahrheit des bewußten wachen Lebens allein zum Wesen des Christentums stimme, während die Kernersche Richtung ihrem innersten Wesen nach nicht nur unchristlich, sondern sogar unreligiös sei, weil sie – nach Wirth – das bewußte Geistesleben dem Schlaf, der Nacht und der Ekstase unterwerfe. Man sieht, wie hier der Rationalismus zugunsten der Bewußtheit gerade den Zusammenhang von Religiosität und Unbewußtsein zerreißt. Nicht schwer fällt es unserem Pfarrer nachzuweisen, daß Kerner und seine Freunde ihre Ansichten keineswegs von Geisterworten und Visionen ableiten. Überdies, meint er, sei die helle Welt der Evangelien weitaus wirkungsmächtiger als das somnambule Dämmern. Daß aber die Erforscher dieses Dämmerlichtes Bestätigungen für ihre christlichen Überzeugungen darin fänden, mache die christlichen Wahrheiten nicht von ihm abhängig, da ja auch die übrige christliche Welt, ohne dadurch im Glauben abhängig zu werden, das Wirken ihres Schöpfers überall in der Natur suche und erkenne, – warum dann nicht auch im Nachtgebiet der Natur! Zudem irre sich Wirth

---

[16] „Das Nachtgebiet der Natur im Verhältniß zur Wissenschaft, zur Aufklärung und zum Christentum von N. Gerber", Mergentheim, 1840, Verlag der Neuen Buch- und Kunsthandlung, 2. (Titel-) Aufl, Augsburg 1844 (Schlosser), S. 551–559.

auch über das innere Wesen des Christentums, da echte Ekstase schon zur Zeit der Apostel eine geschichtsentscheidende Rolle gespielt habe, beispielsweise in jener Vision Petri zu Joppe, welche für die gesamte judenchristliche Gemeinde die Heidenmission rechtfertigte (Apg. 11)[17].

Zum Schluß fordert Gerber Lehrer und Geistliche auf, statt Tatsachen – einer mißverstandenen Aufklärung zuliebe – abzuleugnen, lieber sich selbst den unverwerflichen Zeugnissen zu öffnen, damit die Kluft zwischen ihnen und den vermeintlich abergläubischen Bauern sich schließe und eine echte Aufklärung gedeihe, in der die mit den Erscheinungen des Nachtgebietes verbundenen, tatsächlich abergläubischen Ängste und Praktiken abgetan werden könnten. Als Grundlage für die wahre Aufklärung auf diesem Gebiet nennt er- indem er zugleich einige leicht auszumerzende Irrtümer darin bezeichnet – Stillings „Theorie der Geisterkunde". An diesem Programm Gerbers ist zu ermessen, wie weit wir auch heute noch von gründlicher Aufklärung entfernt sind.

Zur Vollendung seines Hauptwerkes brauchte Gerber ein Jahrsiebent. In dieser Zeit hat er sich mit der ausgedehnten Literatur des Gebietes vertraut gemacht, er las die großen Sammlungen wunderbarer Vorfälle, die Deuter und die Mißdeuter, die Werke über Lebensmagnetismus, die Berichte über die Somnambulen. Manche Bücher kaufte er selbst, die meisten entlieh er von Kerner, mit dem er in dauerndem Gedankenaustausche stand. Teile des fertigen Manuskriptes legte er ihm vor und arbeitete seine Besserungen und Ratschläge ein. Im Spätsommer 1838 begann der Druck, aber zugleich ward noch immer rastlos fortgearbeitet, – bis in den Sommer 1839 hinein, doch so, daß nun das Geschriebene nicht mehr erst zu Kerner, sondern sogleich in die Druckerei ging. Für die lange Dauer der Ausarbeitung gibt sich Gerber gelegentlich selbst die Schuld, „einer gewissen Trägheit und Langsamkeit im Arbeiten", aber andererseits brauchten die auf neue Erlebnisse und Kenntnisse gegründeten Ansichten, wie er hinzufügt, auch Zeit zum Reifen. Ein Gedicht schenkt ihm die Muse in diesen Jahren nur ausnahmsweise einmal, „sonst habe ich sie, oder sie mich verlassen, da mich mein Buch ganz in Anspruch nimmt".

Aber dieser Verzicht und all der Aufwand an Geist und Mühe waren vergebens, die Wirkung blieb aus. Die Angegriffenen, Strauß, Fischer, Wirth, die ganze Gegenwart, zu der er ein richtweisendes Wort hatte sprechen wol-

---

[17] Ebenda S. 99ff., 307ff. – vgl. J. U. Wirth: „Theorie des Somnambulismus", Leipzig 1836.

len, blieb stumm. Die Gründe dafür, eine zusammenwirkende Masse von Ursachen, wie sie meist in solche Schicksalsentscheidungen hineinwirkt, sind nicht schwer zu finden. Ein äußerer, aber doch auch bezeichnender Grund war, daß das Buch von einem unbekannten und offenbar wenig geschäftstüchtigen Augsburger Buchhändler gedruckt wurde, obwohl es, wie Gerber schreibt, durch Kerners Verwendung „möglich gewesen wäre, einen so ausgezeichneten Verleger wie Cotta zu bekommen; doch das gehört zu dem Mißgeschick, das manche Menschen verfolgt, welches nicht zu ändern ist". Wenn Gerber schon dies als schicksalhaft empfindet, so sind die inneren Gründe noch entscheidender; in aller Breite sind sie hier freilich nicht zu entwickeln. Nur soviel sei gesagt, daß Gerber gerade gegen Männer geschrieben hatte, die ihre diesbezüglichen Ansichten im Geiste des Jahrhunderts selbst konnten gerechtfertigt finden und die sich daher nicht veranlaßt fühlten, sie gegen jede, wie es ihnen scheinen mußte, reaktionäre Meinung zu vertreten. Und wenn es kaum je vorkommt, daß ein Wissenschaftler sich vom Gegenteil überzeugt bekennt, so war dies noch weniger zu erwarten in einer Sache, die an die Fundamente des Denkens selber rührte. Widerstreiten aber läßt sich stets bequemer den kleinen Tagesschriften als einem geistesstarken Werk von 600 Seiten.

Dazu kommt noch ein grundlegender Unterschied zwischen Gerbers Werk und gleichgesinnten Büchern, die besser fuhren, wie insbesondere denen Kerners oder selbst gegenüber unbedeutenderen Werken wie etwa dem des Pfarrers Werner, der im Geiste Eschenmayers ein Buch über einige Somnambule veröffentlicht hatte und den Wirth einer Entgegnung würdigte. Die eigentliche Stärke solcher Schriften bestand im Grunde und besteht heute noch, wenn auch in vermindertem Maße, in der Autorität, welche ihnen selbsterlebte, neue und neuartige Ereignisse verleihen. Das habe ich selbst gesehen!, dies Wort besitzt in den Bezirken jenseits der Logik naturgemäß weit größere Schlagkraft als die noch so logische Exposition *[Darlegung, Erörterung]* des Nachtgebietes im allgemeinen. Wenn Kerner die Zeitgenossen mit einer neuen Tatsache überraschte, mußten sie aufhorchen, ob auch wider Willen und obschon sie sich schnell genug den eigenen Überzeugungen und Vorurteilen wieder zuwandten. Wie ganz anders ergriffen wenige Jahre später Gerbers eigene Thesen die Welt, als sie mit den ersten spiritistisch genannten Tatsachen *[Erscheinungen von Seelen Verstorbener]* zusammen auftraten und als bald darauf das Tischrücken aufkam. Gerade auf diesem Gebiet ist das Ego ipse *[die Selbsterfahrung]*, sind die eigenen Facta und Visa *[zu Gesicht bekommenes]* besonders erschütternd und verpflichtend, – gerade daran aber gebrach es unserem Pfarrer.

Nicht ohne eigene Schuld, – oder doch nicht ohne einen Grund, der in seinem Charakter lag. Was angesichts der Orlacher Aufgabe Kerner tun konnte, der im entfernten Weinsberg als überlasteter Amtsarzt lebte, das hätte der Buchenbacher Pfarrer weit leichter leisten können und vielleicht mit einem umfassenderen und tiefer begründeten Ergebnis. Gerade an Gerbers Beiträge zum Mädchen von Orlach hatte Strauß seinerzeit entsprechende Hoffnungen geknüpft[18]. Der Buchenbacher kannte die Personen, die dörflichen Verhältnisse, er hätte wie Kerner Einblick in des Vaters Tagebuch erhalten und wäre in einen Meinungsaustausch mit den Teilnehmern der Geschichte getreten; er hätte sowohl die Realien schärfer erkannt als auch die lokalen Zusammenhänge des Ganzen. Aber Gerber blieb zwei Jahre daheim, er begnügte sich mit einer halben Beobachtungsstunde am letzten Tage und einer gelegentlichen späteren Nachfrage; seine eigene Darstellung referiert die Geschichte nach Kerners Buch. Auch setzte er sie nicht etwa, als Beginn seiner eigenen geistigen Wanderungen und Wandlungen, an den Anfang, sondern tief hinein um die Seite 400. Er war ein allzu gründlicher, allzusehr auf geistige Harmonie, auf Denkprinzipien und Universalität gerichteter Geist, als daß er ein streitlustiges, aufsehenerregendes Schriftchen über die Orlacherin hätte erscheinen lassen können, um das ringsherum die losen Enden unverknüpfter Gedankenfäden flatterten.

Daß er aber daheim blieb, mochte anfangs wohl in seiner Verachtung für die tolle Spukgeschichte und ihre abergläubischen Nachbeter begründet sein; daß er aber später nicht dieser wichtigen Geschichte, die ja sein eigenes Denken wandelte, an Ort und Stelle in allen ihren Phasen nachforschte, daß er sie nicht in ihrer bäuerlichen Atmosphäre, in Stall und Stube zu ergründen suchte, diese Eingezogenheit lag in seiner eigensten Natur begründet, für welche die geistige Anteilnahme, die innerliche Teilhabe schon alles bedeutete. Gewiß, ihn hinderte auch eine echte und edle Bescheidenheit daran, dem von ihm verehrten Kerner vorzugreifen: „Lassen Sie mich nicht so lange allein stehen in einer Sache, die Sie ja so viel besser führen können als ich", schreibt er im August 1833 an Kerner. Aber selbst in einer solchen Äußerung zeigt sich die Hochschätzung der geistigen Schlüssel gegenüber der wirklichen Sache, ihrem lebendigen Eigenwert, dem leibhaften Dabeisein.

---

[18] Strauß in den Jahrbüchern für wissenschaftliche Kritik, Berlin 1836, Bd.I, S. 817f.

Daß es sich da wirklich um einen Grundzug in Gerbers Charakter handelt, verraten auch seine persönlichsten Verhältnisse. Wir hörten schon, daß Hahn der einzige Freund in der Gegend war, daß er aber auch mit ihm nur brieflich verkehrte. Ein anderer Freund, er nennt ihn den besten, den er auf dem Lebensweg gefunden hat, war der elsässische Pfarrer Fischer, den er auf dem Gymnasium zu Buchsweiler kennengelernt und mit dem er noch in Straßburg zusammen studiert hatte. Auch mit ihm stand er fast vierzig Jahre in Briefwechsel, ehe sie einander 1852 zum erstenmal wiedersahen; natürlich war es Fischer, der in Buchenbach den Besuch machte. Mit Kerner verkehrt Gerber fast zwei Jahrzehnte lang geistig und brieflich und gedachte seiner in Freundschaft ohne Zweifel bis an seinen Tod, obwohl der Briefwechsel Anfang der Vierziger Jahre abbricht. Aber er springt 1827 dem Löwenwirt nicht vom Wagen[19], und nur ein einziges Mal, als er zur Einschulung des Sohnes nach Stuttgart fährt, unternimmt er noch den Versuch, Kerner zu besuchen, – unglücklicherweise just an dem Tage, da Passavant mit Gattin in Weinsberg weilt[20] und Kerner das Paar zum Theußerbad zu begleiten vorhat. Natürlich verzichtet Gerber auf das Angebot Kerners, die Mitfahrt aufzugeben, begnügt sich mit der halben Stunde, die ihm dann noch bleibt, und sieht ihn zeitlebens nicht wieder, obwohl er auch weiterhin eine Begegnung wünscht und sogar Kerner nach Buchenbach einlädt. Dem Freund Fischer gibt er 1852 ein Empfehlungsschreiben nach Weinsberg mit, dieser hat auch Kerner tatsächlich besucht[21]; aber Gerber hat ihn nicht begleitet, obwohl dies doch so nahelag und auch wohl ohne Schwierigkeit möglich gewesen wäre.

Es trifft natürlich zu, daß Gerber in der Döttinger Zeit nicht selbständig reisen durfte, daß er auch die geringste Ausgabe scheuen mußte. Aber in Buchenbach hat er diese beklommene Vermögenslage längst überwunden, und zwar aus eigener Kraft und sicherlich mit Hilfe der tüchtigen und sparsamen Hausfrau. „Meine häuslichen Verhältnisse" schreibt er 1846 „sind fortdauernd die glücklichsten. Bei einer mittelmäßigen Pfarrei und einem

---

[19] Oder war er doch auf der Hinfahrt schon vom Wagen gesprungen? Im „Nachtgebiet" S. 569 Anm. bemerkt er, „daß ich Kerner in meinem ganzen Leben wenige Stunden gesehen habe, zu einer Zeit, in welcher er selbst noch nicht an Geistererscheinungen glaubte ...", also vor dem entscheidenden Einfluß der Seherin von Prevorst, die von November 1826 bis Mai 1829 in Weinsberg war. Für diesen Besuch habe ich kein weiteres Zeugnis gefunden.

[20] Vgl. Kerners Briefwechsel II, S. 151: „Diesen Sommer und besonders Herbst hatten wir viele Besuche. Unter die erfreulichsten gehörten allerdings Passavants. Ach, die sind zu lieb!"

[21] Siehe Theobald Kerner: „Das Kernerhaus und seine Gäste", 3. Auflage, Weinsberg 1913, II, S. 193.

selbstersparten Vermögen, welches gleich entfernt von Armuth und Reichthum ist, war es mir möglich, meine beiden Söhne ... studieren zu lassen; der ältere wird als Jurist nächstens das erste Examen machen und der zweite als Theologe im nächsten Jahr ausstudiert haben. Freylich wurde mir dies nur dadurch möglich, daß ich hübsch in meinem lieben, freundlichen Thal blieb, wo mich nichts zu unnöthigen Ausgaben veranlaßt."

Wir gehen also sicher nicht fehl, wenn wir meinen, daß er den nahen Hofrat Hahn, den in Weinsberg nicht sehr entfernten Kerner, den besten Freund Fischer im Elsaß deswegen nicht aufsuchte, weil ihm an der leibhaften Nähe nicht allzuviel, desto mehr allerdings an seelischer Berührung und geistigem Austausch gelegen war. Dann aber verstehen wir auch, wie tief es ihn enttäuschen mußte, daß sein „Nachtgebiet" weder Widerhall noch Widerstreit fand. Es war in Wirklichkeit der große Versuch gewesen, trotz der Abgelegenheit seines Wohnsitzes sich mitten im Geistesleben seiner Zeit Geltung zu erkämpfen und Anteil zu haben an ihren Entscheidungen. Dies aber wurde ihm ganz und gar und mit einem Schlage versagt, nachdem er sieben Jahre sein Bestes darangesetzt hatte. Wir sagten schon, daß Gerber kurz nach 1840, also nach dem Erscheinen seines Buches, gegen Kerner verstummt. Wir besitzen nur noch je einen Brief aus den Jahren 1841, 1843, 1846 und 1852. Den von 1846 veranlaßte Kerner selbst, indem er Gerber eine Ausgabe des „Magikon" zusandte und nach dem Grunde des Schweigens fragte; der von 1852 ist das Empfehlungsschreiben für Pfarrer Fischer. Der innere Grund des Schweigens ist zweifellos die Enttäuschung durch das Schicksal seines Buches und die Entmutigung: Gerber wird auf diesem Gebiet nichts mehr unternehmen, und schon aus Selbstachtung muß er sich von Kerner, dem er einmal ein erfolgreicher Mitstreiter zu sein hoffte, fernhalten. Der Brief von 1841 ist der einzige, in dem er über eine eigene, langwierige Erkrankung klagt.

Es ist andererseits klar, daß ihn dies Schicksal noch weiter in die Richtung drängt, in der er angelegt ist: sich auf sich selbst zurückzuziehen und nur noch geistig Anteil zu nehmen, aber nicht mehr einzugreifen und mitzuwirken. Es kommt noch hinzu, daß Gerber geistesgeschichtlich in einer sehr eigentümlichen und derzeit ohne Zweifel isolierenden Position ist: als Theologe Rationalist, als Psychologe aber entschiedener Irrationalist, – wenn wir durch diesen letzteren Begriff hier allgemeiner eine Haltung bezeichnen dürfen, die sich der Auflösung des seelischen in „Bewußtseinsinhalte" widersetzt und ihm vielmehr bewußtseinsunabhängige Wesenheiten als Anlaß auch für „innerlichste" Erlebnisse unterstellt. Wir hoffen nicht zu viel zu sagen, wenn wir in dieser Geisteshaltung Gerbers Züge unserer eigenen geistigen Entwicklung, Ziele des 20. Jahrhunderts erkennen.

Für Gerbers Wesensart, wie wir sie bisher entwickelt haben, seien nun einige Selbstzeugnisse und Stimmen anderer beigebracht. Schon 1837 schreibt er selbst, unter Bezug auf den ebenfalls schriftstellernden Pfarrer Schönhuth an Kerner: „Ich kann nicht begreifen, wie er 30 Jahre alt werden konnte, ohne es aus bitterer Erfahrung zu lernen, daß man seine Gefühle vor der Menge verschließen muß. Mich hat die Welt mit ihrer Kälte und Erbärmlichkeit längst in mein Inneres zurückgedrängt." 1846 gibt er nach langer Pause dem Weinsberger ausführlich Einblick in seine Lebensart. Seit er vor sieben Jahren bei ihm war, hat er sein Tal nicht mehr verlassen, und er hat in diesen einförmigen, beschränkten Verhältnissen nichts erlebt, das er der Aufmerksamkeit Kerners Wert erachtet hätte. „Aber je stiller und unbedeutender mein äußeres Leben ist, um so zufriedener und glücklicher ist mein inneres Leben. Ich ehre den Willen der Vorsehung, welche mich grade in diese ungewöhnlichen Verhältnisse versetzt hat, und es fehlt mir nicht an Mitteln, um auch diesen einen Eigenthümlichen Reiz abzugewinnen. ... in meinem Garten ist es so schön, und unter meiner Trauerweide, von einer Laube umgeben, durch welche eine Quelle murmelt, ist es so idyllisch lieblich, daß ich sonst gar nichts brauche, um zufrieden zu seyn, ja daß ich sogar nicht einmal mehr schreiben oder dichten mag, sondern es ganz empfinde, was Freiligrath oder Lenau von einer ähnlichen Stelle sagt: hier träumt man nur, hier schreibt man keine Lieder! Alle Erscheinungen und Bewegungen der Zeit beschäftigen mich dabei auf vielfache Weise, worunter, wie es sich von selbst versteht, die kirchlichen Fragen obenan stehen, um so mehr, als ich zur rationalistischen Opposition gehöre. Dabei habe ich aber das ganze Jahr keinen Menschen, gegen welchen ich mich aussprechen könnte; um so reicher ist mein Hofstaat der Gedanken, welchen ich mir selbst gebildet habe, weil ich durch Austausch keinen verliere, sondern alle für mich behalte. Die stillen Eindrücke der Natur sind die einzigen, welche ich von der Außenwelt empfange, und wer es nicht weiß, der wird es nicht begreifen, welch ein Glück in dieser tiefen Stille, in dieser Einförmigkeit, in diesem Vergessen der Welt liegt."

Acht Jahre später berichtet der Dekan über ihn, er sei „ein verständiger, durch aus biederer und friedlich gesinnter, ruhig-heiterer, gern ein beschauliches Leben führender, bequemer, bei seinen Collegen beliebter Mann." Gerber selbst kennzeichnet sich 1858, also abermals vier Jahre später, in seinem Pfarrbericht in einem Tone, aus dem wir die Ferne des Greises zu Menschen,

Amt und Selbst bedenklich heraushören: „Nikolaus Gerber, ... 62 Jahre alt, im Ganzen seit 35 Jahren im Amt, auf der hiesigen Stelle seit 29 Jahren. Er hat zwei Söhne, wovon der ältere Rechtsconsulent in Öhringen, der jüngere sein Vicar *[Kandidat der evangelischen Theologie, der einem Pfarrer zur Ausbildung zugewiesen wird.]* ist. Er studiert nicht mehr viel und hat auch wenig Nebenbeschäftigungen; predigt, wie ers vor Alters gelernt hat, schreibt jedoch seine Predigten noch immer und legt sie aus dem Gedächtnis ab." Der Dekan merkt dazu auf dem Rande an: „Pfarrer Gerber von der theologischen Seite kennenzulernen, hat Dekan keine Gelegenheit, da derselbe an keinem Diöcesanverein *[Zusammenkunft von Vertretern eines evangelischen Kirchenkreises]* und jetzt auch nicht mehr an Disputationen teilnimmt, überhaupt Buchenbach kaum in den dringendsten Fällen verläßt. Indes hat Gerber kein Hehl, daß er auf dem rationalistischen Standpunkte seiner Studienzeit in der Hauptsache ist stehen geblieben, wodurch er nun freilich nicht mehr allen Gliedern seiner Gemeinde genügt. Zugleich hindert ihn die Weichheit und Milde seines Wesens, in der Art, wie es manchmal wäre am Platze gewesen, ... auf Ordnung zu dringen. Pfarrer geht lieber, wo und soweit es irgend möglich ist, Conflicten aus dem Wege, freilich hie und da nur, um eben dadurch in andere zu geraten."

Daß die passive Anteilnahme, die aus den Zeugnissen spricht und die sich gegen das Alter hinauf verstärkt, ihn nicht vollends und nicht immer beherrscht hat, dürfen wir schon aus dem einen energisch unternommenen Versuch, auf den Geist der Zeit zu wirken, entnehmen. Auch dürfen wir nicht vergessen, daß er mit der Schrift über den Armen-Zölibat noch unmittelbarer die sozialen Verhältnisse zu bessern trachtete. Daß er dabei nicht nur die Feder am Schreibtisch rührte, sondern auch in die Vorgänge selbst eingriff, mögen wir wohl glauben, wenn auch die Natur der Quellen uns darüber viel spärlicher unterrichtet als über seine geistigen Anstrengungen. Einige Fälle haben die Akten und die Briefe uns doch bewahrt, und sie seien zur Vervollständigung unseres Charakterbildes angeführt. Daß Gerber durchaus bereit war, die gewonnenen Überzeugungen, auch in heiklen Lagen, in die Tat umzusetzen, dafür zeugt einige Jahre nach der Orlacher Begebenheit eine Geschichte, die sich in Laßbach, unweit von Buchenbach, abspielte. Dort verfiel nämlich ein Bauernmädchen, die Tochter des Schultheißen, ebenfalls in somnambule Zustände mit Geistervisionen. Gerber berichtete darüber nicht nur ausführlich an Kerner, sondern übermittelte dem Mädchen auch selbst dessen Sympathiemittel und Amulette – obwohl die Medizinal-Ordnungen natürlich dergleichen verboten (auch einem Oberamtsarzt!) und obschon Laßbach überdies in Regenbach eingepfarrt war, dessen Pfarrer die Geisterdiagnose entschieden ablehnte.[22]

Bei den anderen drei Fallen, über die wir berichten können, handelt es sich um das tatkräftige Einstehen für die Rechte der Armen. Allein dem Herzen folgend, war Gerber bereit, dem Menschenrecht Genüge zu tun, auch wenn er selbst sich gegen das äußere Recht verging. Das bewies er 1832/33, als er das Kind eines katholischen Korbmachers taufte[23]. Die Frau dieses blutarmen Wanderarbeiters war nämlich unterwegs in einem evangelischen Hause, einem Filial von Buchenbach niedergekommen. Der Arme mußte sich in seiner Bedrängnis die Paten im Ort zusammensuchen – Paten bedeuteten für ihn wohlgeneigte Nachbarn und eine Finanzhilfe – und er konnte diese evangelischen Leute, die ohnehin der Bitte des mittellosen Katholiken nur zögernd nachgeben mochten, nicht gut nach dem entlegenen Mulfingen zur katholischen Taufe pilgern lassen, noch dazu zur Winterszeit. Ebensowenig konnte der Arme den katholischen Geistlichen in das evangelische Heim, die Notunterkunft aus Nächstenliebe, zu einer katholischen Taufe rufen – verstrickende Verhältnisse, die Gerber an Ort und Stelle einleuchteten, jedoch nicht seinem Dekan in Künzelsau und nicht dem Mulfinger Priester. Da die Länge des zumutbaren Weges strittig war, so ließ die Behörde ihrem Pfarrer diesen Verstoß noch hingehen, – schlimmer fuhr er 1839 in einem anderen Fall.[24] Da taufte er nämlich ein im Ehebruch gezeugtes Kind auf Wunsch der Pflegeeltern, ohne die ihm vorgeschriebenen Erkundigungen und Meldungen vorzunehmen und indem er die Augen schloß gegen die verdächtigen Einzelheiten des ihm von den Pflegern vorgelegten Schreibens der angeblichen Mutter. Da die wirkliche Mutter in kriminalpolizeiliche Untersuchung geriet, kam Gerbers Rolle ebenfalls ans Licht; das Konsistorium sprach ihm einen ernsten Verweis aus und belegte ihn mit einer Strafe von 20 Talern.

In die tiefste Tiefe der sozialen Mißstände jener Zeit steigen wir mit einem weiteren Vorfall hinab, zu dem Gerber in seiner Weise Stellung nahm. In Nitzenhausen lebte 1860 eine Witwe P. im Armenhaus; sie versorgte dort die Kinder eines gewissen E., pflegte sie, wenn sie krank waren, und wusch auch für den Mann die Wäsche. Auch E., dessen Frau sich von ihm getrennt

[22] Gerber an Kerner Mai bis August 1837.
[23] Dekanatsarchiv, Buchenbach 153 d „Innere Angelegenheiten".
[24] Die Sache wurde vor dem Oberamtsgericht Öhringen verhandelt; dorthin gingen seinerzeit auch die Akten zurück.

hatte und die an einem entfernten Ort in Diensten stand, war im Armenhaus
untergebracht, fand aber gewöhnlich, wenn er irgendwo eine Arbeit annahm,
dort auch Quartier. Die Witwe P. nun war von dem Sohn des Gemeinderats
B, mißhandelt worden, hatte ihn verklagt, und er war bestraft worden. Nun
verdächtigte B. die Witwe, mit E. verbotenen Umgang zu haben; die Frau
ward durch den Landjäger aus dem Armenhause geworfen, ihre geringe Habe
in einem Stall, sie selbst dort im Hause untergebracht, aber nur auf so lange,
als die Umstände und ihre schwankende Gesundheit ihr dort zu arbeiten er-
laubten. In dieser Not hatte die Frau es nicht nur gewagt, sich trotz des auf ihr
lastenden Verdachtes über B. zu beschweren, sondern auch – ein weit schwe-
reres Ärgernis – ihren Lebensüberdruß zum Ausdruck zu bringen! – Gerber
hält die ganze Maßnahme für abwegig, da am Ende die Witwe doch wieder
im Armenhaus untergebracht werden müsse. Er vermerkt auch, daß in B's
eigenem Hause die ledige Tochter zweimal schwanger geworden sei: „Wenn
dies an solchem Holze geschieht, was soll an dem dürren eines Armenhauses
geschehen? Es halten sich zu Nitzenhausen in diesem Hause mehrere Weibs-
leute auf, welchen seit vielen Jahren die Verheurathung mit den Vätern ihrer
unehelichen Kinder nicht erlaubt wird. Wäre ihnen diese zutheilgeworden, so
würden diese Personen, welche nun allerdings ein Ärgerniß geben, gesetzli-
che Ehefrauen seyn. Der Zuwandel zwischen solchen Personen ist überall
schwer zu verhüten, am schwersten in einem Armenhaus, denn schon die
Fürsorge für die erzeugten Kinder, und oft für die Mutter, macht einen vielfältigen Verkehr nothwendig, welcher schwer zu überwachen ist. Unnatürliche Gesetze bringen unnatürliche und verderbliche sittliche Verhältnisse
hervor, welche kein Kirchenvorstand verhindern kann."[25]

Wir wenden uns von diesen traurigen sozialen Verhältnissen der Zeit
wieder zurück zu unserem Pfarrer und führen an, daß er hoch in den Fünfzi-
gern noch einmal sich erhebt, um in die Weite zu fahren, und diesmal wirklich nicht etwelcher Menschen halber, sondern ausgesprochenermaßen um
geistiger Güter willen, die Buch und Brief nicht vermitteln können: das Erlebnis von Kunst und Technik. Im Jahre 1854 nämlich erbittet er einen drei-
wöchigen Urlaub und begründet das Gesuch mit folgenden Worten: „Der
ehrerbietigst Unterzeichnete, welcher in seinem Leben keine Vergnügungs-
reise gemacht hat, noch nie auf einer Eisenbahn fuhr, in 15 Jahren nicht über
die Oberamtsstadt hinausgekommen ist, wünscht vor seinem Ende noch ein

---

[25] Dekanatsarchiv, Buchenbach 153 d „Innere Angelegenheiten".

Stück von der Welt zu sehen und die Kunstwerke Münchens kennenzulernen."

Von dieser Reise, die wirklich genehmigt wurde, besitzen wir leider kein Zeugnis darüber, ob ihm zuteil ward, was er ersehnte.

Es bleibt uns übrig, von Schmerz und Tod zu berichten, – von einem Schmerze freilich, der bezeichnend ist für dieses Leben, sein Schicksal und jene vergangene Welt. Wir schicken voraus, daß im Jahre 1843 zwei sehr junge Schwestern, ausgezeichnete Geigenspielerinnen, Milanollo mit Namen, die feurige elfjährige Maria und die fromm-ernste sechzehnjährige Teresa, Deutschland bereisten und erinnern daran, daß damals die Magie der Musik noch nicht abgenutzt war durch ständigen Mißbrauch wie heutzutage. Kerner, der die Schwestern in Heilbronn gehört hatte, versagte ihnen am nächsten Tage, als sie ihn besuchten und im Haus für ihn spielen wollten, die Wiederholung: „Nun, meine lieben Kinder! Ich habe euch gestern gehört und werde ewig mit Freuden an euer herrliches Spiel denken, aber bei mir dürft ihr nicht spielen, da müßt ihr eure armen Nerven ausruhen lassen!"[26] Ein verwandtes, aber ein nicht mehr bewältigtes Erleben spricht aus den Worten Gerbers, in jenem Bericht über seine Lebensstimmung für Kerner vom Jahre 1846, im Anschluß an die oben wiedergegebenen Sätze von der Stille und dem Vergessen der Welt: „Nur ein Ton aus dem Reich der Kunst ist in dieser langen Zeit in mein Ohr gedrungen, das Spiel der Schwestern Milanollo, welche ich in Künzelsau hörte, und diesen Kunstgenuß habe ich theuer büßen müssen, denn die Freude meines Herzens war auf lange Zeit dahin, und nur mit Mühe konnte ich die frühere Ruhe wiedergewinnen. Und doch gäbe ich viel darum, wenn ich diese Töne wieder hören und mir diesen Schmerz noch einmal holen könnte!"

Nikolaus Gerber starb am 20. April 1861, im fünfundsechzigsten Jahre, an einem Karbunkel *[Ansammlung dicht beieinander liegender eitriger Entzündungen]*. Sein Grab in Buchenbach ist noch erhalten. Seine Teilnahme an einem geistigen Kampfe, der auch heute noch nicht zu Ende gekämpft ist und

---

[26] Theobald Kerner: „Das Kernerhaus I", S. 120, vgl. „Justinus Kerners Briefwechsel mit seinen Freunden", Stuttgart 1897, BdII, S. 229. Lauteten die Worte Kerners im Manuskript vielmehr: „Nein, meine lieben ... meine armen Nerven ..."? Zu Teresa Milanollo siehe noch „Brockhaus", 14. Auflage, 1903, Bd. XI, S. 866f. – danach hier die etwas abweichende Altersangabe.

in dem es um nichts Geringeres geht, als was der Mensch in dieser Welt sei, sichert ihm ein ehrendes Andenken[27].

Anmerkung

Frühere Versuche, das Leben Gerbers zu beschreiben, sind mir nicht bekannt geworden. Auch bei Karl Walter: Justinus und Theobald Kerners Beziehungen zum Elsaß, Mühlhausen 1914, später Ludwigburg, wird Gerber nicht erwähnt, obwohl dort mehrere elsässische und gerade auch aus Mühlhausen stammende Freunde angeführt werden.

Quellen – Akten und Briefe

1   Landeskirchliches Archiv Stuttgart
Personalakte Nikolaus Gerber (Hierin selbstgeschriebene Jugend- und Bildungsgeschichte, Zeugnisse, Gutachten, Vorlesungsverzeichnisse, Strafsache 1839).
Ortsakten von Buchenbach A 29, 702 und 703 (Nominierung, Bauwesen, Pfarrberichte, Besoldung) .

2   Dekanatsarchiv Künzelsau
Ortsakten von Buchenbach (Hier unter anderem die „Sozialfälle")
Ortsakten von Döttingen, Crispenhofen, Niedernhall
Visitationsberichte.

3   Schiller-Nationalmuseum Marbach
Briefe an Kerner von 1824 bis 1852.

---

[27] Rühmliche Erwähnung z.B. bei Traugott Konstantin Oesterreich: „Die Besessenheit", Langensalza 1921, S. 27; August Ludwig und Rudolf Tischner: Geschichte der Parapsychologie, 2. Aufl., Tittmoning 1960, S. 96f.

Bibliographie – Werke Gerbers

Nicht erfaßt sind einzelne Aufsätze und die Gedichte, die in den Wochenblättern der Gegend und in der Frankfurter „Didaskalia" aufzufinden bleiben.

1 K. K. A. Hahn und M. (!) Gerber: Gedichte, Mit 1 Steindruck, Ludwigsburg 1826 (Nast).

2 Widerlegung der Schwierigkeiten, welche gegen den methodischen Gesang-Unterricht in den Schulen und die zukünftige Einführung eines mehrstimmigen Gesanges von ganzen Gemeinden in den evangelischen Kirchen vorgebracht worden sind. Von N. Gerber, Pfarrer in Döttingen. Mit besonderer Rücksicht auf die Schrift des Herrn Pfarrers Dillenius: Über die Schwierigkeiten bei einem methodischen Gesang-Unterrichte. Ludwigsburg 1827 (Nast).

3 Der Armen-Cölibat, oder die, in unseren Tagen herrschende Sitte, den Armen die Bürgeraufnahme zu verweigern, um ihre Verheurathung zu erschweren, in ihrer Ungerechtigkeit und ihren traurigen Folgen dargestellt und allen Menschenfreunden, besonders allen Ortsvorstehern, zur Beherzigung empfohlen von N. Gerber. Ludwigsburg 1828 (Nast).

4 Die Räuber auf der Mußwiese oder die Entstehung des Mezgertanzes. Eine moralische Erzählung für Kinder und Erwachsene von N. Gerber. Schwäbisch Hall 1835 (Haspel). 2. und 3. Aufl. ebenda 1838, 4. Aufl. 1842, 5. Aufl. 1842, 6. Aufl. ebenda 1854. Neudruck Stuttgart 1895 (Gundert).

5 Die Geisterseherin in Orlach. (Von einem Augenzeugen) „Didaskalia". Blätter für Geist, Gemüt und Publizität, XI. Jg., Frankfurt am Main 1833, Nr.81–86, 22. März bis 27. März. (Die letzte Fortsetzung mit „Gerber" unterzeichnet). (Dazu: Einige Bemerkungen über die Hellseherin in Orlach. Ebenda Nr.89–91, 30. März bis 1. April 1833. – Nicht unterzeichnet, aber nach der Vorankündigung in Nr.86 von der Redaktion.)

6 Nachträglicher Bericht über das Mädchen von Orlach, nebst einer Beleuchtung der Bemerkungen der Didaskalia über diese Erscheinungen, von Pfarrer Gerber. In: Justinus Kerner, Geschichten Besessener neuerer Zeit (S. 59–72 der 2. Aufl., Karlsruhe 1835. Außerdem schon vorher. S. 45–57 ausführliche Zitate aus dem Didaskalia-Bericht Gerbers).

7   Das Nachtgebiet der Natur im Verhältniß zur Wissenschaft, zur Aufklärung und zum Christentum von N. Gerber. Mergentheim, 1840. Verlag der Neuen Buch- und Kunsthandlung. 2. (Titel-) Aufl. Augsburg 1844 (Schlosser).

8   Abdel Kader und der Christenknabe. Eine Erzählung für das Volk von N. Gerber. Eigenthum des württembergischen Volksschriftenvereins, Ulm 1846 (Heerbrandt und Thämel). Neue Ausgabe Stuttgart 1895 (Gundert).

9   Geschichte von Algier und seiner Eroberung durch die Franzosen. Für das Volk dargestellt von N. Gerber. Eigenthum des württembergischen Volksschriftenvereins, Ulm 1846 (Heerbrandt und Thämel).

Künstlerische Arbeiten Gerbers

Hiervon sind mir nur die folgenden zwei bekannt geworden:

1   Die Linde bey Griesbach – Titelbild von dem Gedichtband: K. K. A. Hahn und M. (!) Gerber: Gedichte, Mit 1 Steindruck, Ludwigsburg 1826 (Nast), „Lith. de G. Engelmann" – in dem Stück der Universitätsbibliothek Halle handschriftlich signiert „Gezeichnet v. Gerber".

2   Döttingen am Kocher. Nach der Natur gezeichnet von Pfarrer Gerber, Döttingen, 1824. – Abgedruckt in: Württembergisch Franken, Bd.47, N. F. 37, Schwäbisch Hall 1963, S. 87. – Original im Besitz von Herrn Archivrat K. Schumm, Schloß Neuenstein.

VOM UNÜBERBRÜCKBAREN GEGENSATZ

Marginalie *[Anmerkungen]* **zu einem neuen Buch über Justinus Kerner**[1]

[Erschienen in „Zeitschrift für Parapsychologie und Grenzgebiete der Psychologie 31", Nr. 1/2, Aurum Verlag, Freiburg 1989, S. 20–51]

Übersicht

Der Beitrag skizziert das geistesgeschichtliche Umfeld Justinus Kerners, um daran das Programm der rationalen Aufklärung in seiner Zwiespältigkeit zu demonstrieren: auf der einen Seite Kerner als naturwissenschaftlich ausgewiesener Arzt (Entdecker des „Wurstgifts"), auf der anderen Seite seine Begegnungen mit seelischen Grundphänomenen wie Somnambulismus, Besessenheit und Spuk. Beide Wirklichkeitserfahrungen klaffen aber auseinander. Kerners Weg vom Botulismus-Forscher *[Forschung über bakterielle Lebensmittelvergiftung]* zum Parapsychologen *[Lehre von den außerhalb der Wahrnehmbarkeit liegenden Erscheinungen]* wird als Initiation *[Einführung]* beschrieben, die einen Bewußtseinswandel bewirkte, dem neuere Kerner-Forscher, wie zum Beispiel O.-J. Grüsser (1987), verständnislos oder ablehnend gegenüberstehen. Wie die Geschichte der Zauberei und des Hexenwesens zeigt, hat der Prozeß der Aufklärung nicht nur alten Aberglauben beseitigt, sondern auch neuen geschaffen, indem eine gleichsam imperialistisch *[mit machtpolitischem Erweiterungsbestreben]* gehandhabte Weltdeutung alles verworfen hat, was sich einem einseitigen Rationalitätspostulat *[einer Rationalitätsforderung]* nicht fügen wollte. Von dieser reduzierten Weitsicht, die ausschließlich naturgesetzliche Ursachen kennt, ist besonders der „aufgeklärte" Umgang mit Spukphänomenen betroffen. Dieser Punkt wird an vier

---

[1] Otto-Joachim Grüsser: „Justinus Kerner 1786–1862, Arzt – Poet – Geisterseher", Springer Verlag Berlin/Heidelberg/New York 1987. – Zu dem unten behandelten Weinsberger Spuk siehe vor allem: Eberhard Bauer: „Kerner und die Parapsychologie", in: Berger-Fix, Andrea (Hrsg.): „Nur wenn man von Geistern spricht", Thienemanns Verlag Stuttgart/Wien 1986, S. 105–123, und derselbe: „Exkursionen in ‚Nachtgebiete der Natur'", in: Zeitschrift für Parapsychologie und Grenzgebiete der Psychologie 31, 1989, S. 3–19. – Einen aufschlußreichen Vergleich der mesmeristischen Lehre und insbesondere der kernerschen medizinischen Vorstellungen mit den heilerischen der Zulus bietet die theologische Dissertation von Gabriele Lademann-Primer: „Heilung als Zeichen für die Einheit der Welten", Inauguraldissertation Marburg 1988. Erscheint auch im Buchhandel.

Fallberichten verdeutlicht: dem Dibbesdorfer „Klopfgeist" der Jahre 1767/68 (Capelle 1811), den „selbsterlebten mystischen Erscheinungen" des Nationalrates M. Joller (1863), dem Weinsberger „Gefängnisspuk" (Kerner 1856) und schließlich dem Fall der Apothekerin A. Kornitzky[2]. Die Fixierung auf ein bestimmtes, an den Naturwissenschaften orientiertes Methodenideal parapsychologischer Forschung bringt die Gefahr mit sich, die sich in solchen Phänomenen manifestierenden seelischen Wirklichkeiten und ihre Symbolsprache zu verfehlen und eher zur Zementierung denn zur Überbrückung der Kluft beizutragen.

I.

Die Parapsychologie hat in Deutschland mancherlei bedeutsame Vorläufer gehabt. Ihnen muß man noch nicht zurechnen die älteren gewissenhaften Sammler von wunderbaren Ereignissen wie etwa Erasmus Francisci, obwohl auch sie schon der Wissenschaft zu dienen gedachten; denn ihre Aufzeichnungen im Charakter der Dämonologien verfaßten sie als Historiker des Wunderbaren, nicht eigentlich als Forscher. Der letzte bedeutende Vertreter dieser Richtung mag der Theologe Georg Conrad Horst (1767–1838) gewesen sein. Doch reicht er mit Leben und Werk schon in die neue Epoche hinein, in die der Mesmeristen, die nicht nur Berichterstatter, sondern in erster Linie Forscher waren. Sie haben an ihren Medien, damals Somnambule genannt, eine Fülle von bedeutungsvollen Phänomenen beobachtet, haben Berichte darüber verfaßt und Zusammenhänge herzustellen versucht. Als ein erster Höhepunkt dieser Richtung ragt unter ihnen Justinus Kerner hervor.[3]

---

[2] Mitgeteilt bei Moser „Spuk, Irrglaube oder Wahrglaube? Eine Frage der Menschheit", Baden bei Zürich: Gyr 1950, mit aufschlußreichen, vom Verfasser recherchierten Einzelheiten.

[3] Kerners parapsychologische Werke: „Geschichte zweyer Somnambulen. Nebst einigen anderen Denkwürdigkeiten aus dem Gebiete der magischen Heilkunde und der Psychologie", Karlsruhe 1824 – „Die Seherin von Prevorst. Eröffnungen über das innere Leben des Menschen und über das Hereinragen einer Geisterwelt in die unsere", Stuttgart 1829 – „Geschichten Besessener neuerer Zeit. Beobachtungen aus dem Gebiete kakodämonisch-magnetischer Erscheinungen", Karlsruhe 1834, 2.Aufl. ebd. 1835 – „Nachrichten von dem Vorkommen des Besessenseyns, eines dämonisch-magnetischen Leidens, etc.", Stuttgart 1836 – „Eine Erscheinung aus dem Nachtgebiet der Natur, durch eine Reihe von Zeugen gerichtlich bestätigt und den Naturforschern zum Bedenken mitgetheilt", Stuttgart 1836 – „Die somnambülen Tische. Zur Geschichte und Erklärung dieser Erscheinung", Stuttgart 1853 – „Franz Anton Mesmer aus Schwaben, Entdecker des tierischen Magnetismus. Erinnerungen an denselben, nebst Nachrichten von den letzten Jahren seines Lebens zu Meersburg am Bodensee", Frankfurt 1856.

Mehr als hundert Jahre nach seinem Tode – 21.2.1862 – und zweihundert Jahre nach seiner Geburt – 18.9.1786 – bahnt sich eine neue Auseinandersetzung mit seinem Werk und seiner Persönlichkeit an. Sie verspricht, um so grundsätzlicher und fruchtbarer zu werden, als es sich bei Kerner nicht nur um eine höchst eigenartige Persönlichkeit handelt, sondern auch um ein Forscherschicksal, das in einer Zeit entscheidender Geisteskämpfe und Geisteswandlungen gelebt wurde.

Justinus ward geboren in den Jahren, als die rationale Aufklärung ihren geistesgeschichtlichen Gipfel erreicht hatte – freilich schon unter Protesten von Männern wie Herder und Hamann –, er trat in die wissenschaftliche Ausbildung ein, als die mesmeristische Praxis schon auf jahrzehntelanges Wirken zurückblickte und als romantisches Denken und Dichten bereits in kraftvollen Meisterwerken Widerspruch eingelegt hatte gegen den rationalen Totalitarismus –, und er lebte über die Mitte eines Jahrhunderts hinaus, das in vielen Erscheinungen nur die Ausarbeitung und Verkörperung, aber auch die Erstarrung der Ideen des ihm vorangehenden darstellte. Was um 1786 genialischer Entwurf war, wollte um 1850 politische Maßnahme, staatliche und akademische Institution, theoretischer Entwurf und Controverse, Aktion und Reaktion, mußte Aufruhr und Polizei werden. Zeitweilig verschwand damit die philosophische, die occultistische *[übersinnliche]*, die dämonologische Thematik aus dem Panorama erregendster Ereignisse. Zwar gewann sie unter einem neuen Blickwinkel Ende der vierziger Jahre auch eine neue Faszination, in Gestalt des Spiritismus *[der Geisterlehre]* nämlich und, noch verbreiteter, in den Manifestationen des Tischrückens. Zugleich aber waren dies die Jahrzehnte, in denen die Naturwissenschaften mit immer wirkungsvolleren Forschungsmethoden die ersten großen Ernten eintrugen, und in der Folge erreichte ihr Fortschritt ein bis dahin unvorstellbares Tempo.

Während sich diese der gegenständlichen Welt zugewandte Wissenschaft immer weitere Gebiete unterwarf, setzte die dem Menschen zugewandte zu einer folgenschweren Entdeckung an. Die Philosophie der Aufklärung, bei aller Vielseitigkeit ihrer genialen Pioniere, hatte doch den Menschen als ein in sich einhelliges Wesen betrachtet, das nur der Freiheit bedurfte, der Befreiung von kirchlicher und staatlicher Bevormundung, um seiner rationalen Grundwesenheit entsprechend, sinnvoll zu denken und sich zu verhalten. Indessen drängte sich eine schon im Mesmerismus auflebende Thematik im Laufe des Jahrhunderts immer deutlicher in die philosophische und die psychologische Diskussion ein; die Erkenntnis von einer Uneinhelligkeit des

267

menschlichen Gemütes, der paradoxen Existenz einer Dunkelwelt unterhalb der Vernunft: des Unbewußten, des Unterbewußtseins. Die allmähliche Aufdeckung und Anerkennung dieser Welt ward von vielerlei Forschern vorangetragen, in seelenkundlicher Hinsicht ist sie um das Ende des Jahrhunderts mit den Namen Freud und Jung verknüpft. Höchst sonderbar erscheint es uns jetzt, daß es vor dieser Entdeckung kaum einsehbar gewesen ist, jedenfalls nicht klar zu formulieren war, daß ein Mensch eine Vorstellung zugleich haben und nicht haben, ein Wirken zugleich ausüben und nicht ausüben könne. So argumentiert Nikolaus Gerber, Freund Kerners, Verfasser eines umfangreichen „Nachtgebietes der Natur" noch um 1840 dagegen, „daß in meinem eigenen innersten Reich irgendetwas mehr sein soll als Ich", erklärt sich gegen das „Zerspalten der Einheit des Ichs in zwei Individuen", wobei die Einheit für ihn Bewußtsein, Ich und Seele umfaßt[4]. In diesen Sätzen vertrat Gerber im Grunde noch die Anschauung des vorausgehenden Jahrhunderts. Damals war die Vorstellung vom Denkvermögen in hohem Maße an die Metapher vom Lichte gebunden, was allein schon die Ausdrücke Enlightenment *[englisch: Erleuchtung]*, Éclaircissement *[französisch: Klärung]*, Aufklärung belegen, – und dieses Licht galt selbst als so machtvoll, daß es alles Dunkel erhellen könne, wenn nur die absichtlichen Verdunkelungen entfielen. Von den entsprechenden sprachlichen Figuren wurde daher der Impuls, die Aufklärung voranzutreiben, auch weithin beherrscht.

Wie sehr das Räsonnement *[vernünftige Beurteilen]* von der Metapher gegängelt sein konnte, mögen 5 Druckseiten von Christoph Martin Wieland zeigen, seine „Sechs Fragen zur Aufklärung" mit der ersten: Was ist Aufklärung?[5] – Fragen, die er 1788 in seinem „Teutschen Merkur" gestellt und beantwortet hat. Der Text wird ganz und gar beherrscht von der Licht-Metapher, und sie zieht andere Bildwörter aus demselben Wortfelde und dem entgegengesetzten in großer Fülle an: Hell und Dunkel, Licht und Finsternis, Schwarz und Weiß, heller Sonnenschein gegenüber Nacht oder Mondschein, sehen können, sehen wollen, sichtbar, Licht gebracht, Licht genug, Licht des Geistes, materielles Licht verbreiten, mit Licht versehen, Licht vermehren, lichtbegierig, äußeres und inneres Auge, heller in den Köpfen, Beleuchtung,

---

[4] Nikolaus Gerber: „Das Nachtgebiet der Natur – im Verhältnis zur Wissenschaft, zur Aufklärung und zum Christentum", Neue Buch- und Kunsthandlung Mergentheim 1840, 2.(Titel)Aufl. 1844, S. 329–344, bes. S. 336, vgl. S. 68.

[5] Ehrhard Bahr (Hrsg.): „Was ist Aufklärung? Themen und Definitionen", Stuttgart 1974, S. 22–28.

übernatürlich erleuchtet (ironisch), – und dagegen: blind, stockblind, gelbsüchtig (= -sichtig), im Finstern, Dämmerung, Nacht, Nachtvögel, lichtscheues Völkchen, Verstand verfinstert, Laternen zerschlagen, obskur *[zweifelhafte Herkunft]*, am schwarzen Star operieren, dunkle Körper wegschaffen, finstere Winkel und Höhlen beleuchten, das Licht behutsam, stufenweise einfallen lassen (letzteres von Wieland abgelehnt). „Sie werden auch künftig wie bisher ihr möglichstes tun, alle Öffnungen, Fenster und Ritzen, wodurch Licht in die Welt kommen kann, zu verbauen, zu vernageln und zuzustopfen" – (die später so genannte Verfinsterungssucht. „Es wäre Spott und Schande, wenn wir, nachdem wir schon dreihundert Jahre lang nach und nach einen gewissen Grad von Licht gewohnt geworden sind, nicht endlich imstande sein sollten, hellen Sonnenschein ertragen zu können."

Einen völlig anderen Klang haben die 8 Seiten, die Kant als Antwort zu derselben Frage geschrieben hat[6]. Die Lichtmetapher kommt nicht vor; das Thema ist vor allem die religiöse und die politische Freiheit, und die Gegensätze sind demnach die Bewegung und ihre Antriebe einerseits und die Fesselung andererseits: Mut, Verstand, Entschließung, sicherer Gang, Fortgang, eigener Wert, öffentlicher Gebrauch der Vernunft, Fortschritt der Aufklärung, der Gelehrte, Überzeugung, Gewissen, Erkenntnis, bessere Einsicht, von Irrtümern reinigen, in der Aufklärung weiterschreiten, aus der Rohigkeit herausarbeiten, das Feld geöffnet, uneingeschränkte Freiheit, sich seiner eigenen Vernunft bedienen: Sapere aude! *[Habe Mut, dich deines eigenen Verstandes zu bedienen.]* – Der Text setzt dagegen: Unmündigkeit, Faulheit, Feigheit, geistlichen Despotism *[geistliche Gewaltherrschaft]*, gewinn- und herrschsüchtige Bedrückung, Einschränkung der Freiheit: räsonniert nicht *[nicht vernünftig reden]*!, gehorchen, dumm gemacht, bequem, Aufklärung aufschieben, Gängelwagen, Fußschellen, Joch, Leitband.

Der Unterschied in der Wortwahl bei einer im wesentlichen gleichen Gesinnung und in der Beantwortung derselben Frage ist auffallend und um so bemerkenswerter, als die Antwort Kants, die mehr als vier Jahre früher gegeben wurde, Wieland gewiß bekannt war. Offensichtlich argumentieren die beiden Männer zwar von geistig verwandten Positionen her, jedoch aus einem ganz verschiedenen Empfinden heraus: Wieland erschiene als der optische, Kant als der haptische *[den Tastsinn betreffend]* Typus. Den einen dünkt vor allem das Sehen bedroht, das Leben im Licht, den anderen die

---

[6] Ebenda S. 9–17.

Bewegungsfreiheit, die aber der Gelehrte vor allem im Denken und Reden erlebt.

Stimmen die Träger dieser beiden Typen des Erlebens und Auffassens zu dieser Zeit noch agitatorisch *[politisch aufklärend]* überein, so fallen sie in der Folge, nachdem das vorläufige Ziel erreicht ist, die Freiheit des Denkens und der Anschauungen, zusehends auseinander. – Aber in dem Vorwalten der einen wie der anderen Metaphorik *[Gebrauch von Metaphern als Stilmittel]* drängt sich gleichermaßen die Frage auf, ob es sich in der aufklärerischen Thematik wirklich nur um ein geistiges oder gesellschaftliches Problem handelt, ob in ihm nicht ein ganz anderer Antrieb zu Worte kommt, – nämlich das alte menschliche Verlangen nach Erlösung, Erlösung aus der Finsternis zum Licht, aus der Schicksalsfessel zum Aufflug in eine aller Bande ledige Freiheit. Die Aufklärung wäre damit nicht etwa nur unter anderem auch ein religiöses Thema, sondern hauptsächlich und grundsätzlich dieses religiöse Anliegen: die Erlösung auch noch und selbst noch aus der Religion. Und Religion heißt ja Bindung (nicht, wie irrigerweise immer wieder übertragen wird: Rückbindung).

Folgenschwerer als das visuelle war das Lebensgefühl des kantischen Philosophierens, da es dem naturwissenschaftlichen Forschen von vornherein verbunden war und dessen Grunderlebnis in verstärkter Gestalt an die folgenden Jahrhunderte weitergab, den tastbaren Körper im Raume als Gewißheitsgrundlage überhaupt, – verbunden mit der Vorstellung, ihn durch eine Stellenmannigfaltigkeit verfolgen und überall wieder auffinden zu können, – bis dahin, wo die umfassendere Wirklichkeit ihr nicht mehr wegzuleugnendes Übergewicht behauptet und das vermeintlich Stetige als unstetig erweist.

Eine andere Art von Unstetigkeit spiegelt sich in Kants Philosophie in eigenartiger Weise in einer Grenze, die von einer Denkart wohl zu erreichen, aber nicht zu überschreiten ist. Diesseits der Grenze ist Regel und Gewißheit. In den psychologischen Vorlesungen[7] spricht er dies so aus, daß die Gegenstände, sofern sie gedacht werden, unter einer Regel stehen müssen, „denn sonst könnten sie nicht gedacht werden. Was also eine Regel unmöglich macht, das ist verstandeswidrig." – „Die Gegenstände müssen konform sein den Bedingungen, unter denen sie erkannt werden können; das ist die Natur des menschlichen Verstandes. Der Verstand a priori *[von Erfahrung oder*

---

[7] Carl du Prel (Hrsg.): „Immanuel Kants Vorlesungen über Psychologie. Mit einer Einleitung: ,Kants mystische Weltanschauung'", Fischer Verlag Pforzheim 1964.

Wahrnehmung unabhängig] ist also das Vermögen, über Gegenstände zu reflektieren. Über Gegenstände der Sinne (hinaus) geht der Verstand nicht, aber doch bis an die Grenze; das ist Gott und die künftige Welt." In dem letzten Wort faßt Kant hier die Begriffe Seele und Unsterblichkeit zusammen, und ein wichtiges Ergebnis seines Philosophierens war, daß die reine Vernunft über diese Gegenstände nichts Gewisses auszusagen vermöge. Sie muß das Feld der Empirie *[des Erfahrungswissen]* überlassen oder, soweit diese auf Unerforschliches stößt, der praktischen Vernunft, also der Beurteilung unseres wesensangemessenen, das heißt, des der Moralität entsprechenden Handelns. In diesem Rahmen erscheinen aber Gott und die künftige Welt nicht als Gewißheiten, sondern nur als sinnvolle Ergänzungen, Postulate *[Forderungen]*, des moralischen Imperativs *[Pflichtgebots]*.

Seit Kant hat es zwar vielerlei Philosophien gegeben, auch grenzüberschreitende, der Zeitgeist aber, insofern er noch immer überwältigt ist vom naturwissenschaftlichen Denken und dessen praktischen Erfolgen, auch weil dort, kantisch gesehen, die Moralität nur schwerlich einen Ort findet, besteht in vielen maßgebenden Vertretern noch immer auf der alten haptisch gegründeten Forderung nach der greifbaren Regelmäßigkeit des wissenschaftlichen Gegenstandes und weist den Anspruch der Vision und allgemein des Erlebens zurück, ebenfalls als Grundlage eines Existentialurteiles dienen zu können, mag sich das Widerfahrende auch noch so aufdringlich kundtun. Als Wissenschaft ist die Parapsychologie am stärksten der Nötigung ausgesetzt, sich im Ansturm des im alten Sinne Regellosen oder gar Regelwidrigen zu behaupten, und diese ihre erkenntniswissenschaftliche Schwierigkeit offenbart sich am klarsten in ihrer Erfindung eines „Faktors" ψ vor 40 Jahren. Dieser hat offensichtlich die Aufgabe, quasi-mathematisch das Regellose ihres Gegenstandes in das Regelrechte einer etablierten Wissenschaft zu transformieren *[umzuwandeln]* oder es wenigstens dort anzuschließen. Aber – kann ψ eine Konstante sein? – oder was leistet es, wenn es ein Signum der Regellosigkeit darstellt?

Traugott Konstantin Oesterreich, der zugleich Philosoph und Parapsychologe war, hat mit einem kühnen Gedanken einen Brückenschlag versucht zwischen den regulären und den irregulären Gegenständen, indem er den Begriff der singulären *[vereinzelt vorkommenden]* Tatsache prägte[8]: „Die

---

[8] Maria Oesterreich: „Traugott Konstantin Oesterreich. ‚Ich'-Forscher und Gottsucher. Lebenswerk und Lebensschicksal", Frommans Verlag, Stuttgart 1954, S. 258.

Wissenschaft hat bisher dem Vorurteil gehuldigt, daß alle Tatsachen der Wirklichkeit Fakta sein müssen, die als Einzelfälle einer ganzen Gruppe sich darstellen. Diese Auffassung ist unbewiesen und ein bloßes Vorurteil, das der Physik entsprungen ist, für die jeder Vorgang, mit dem sie sich beschäftigt, unter ein allgemeines Gesetz fällt. Nichts aber hindert vom rein logischen, wie vom Erfahrungsstandpunkt aus, daß es auch singuläre Tatsachen in der Welt gibt, die für sich stehen. Vielleicht ist jeder einzelne Mensch eine solch singuläre Tatsache. Individuum est ineffabile *[das Individuum ist nicht zu fassen]*, hat Leibniz gesagt. Sicher aber ist Jesus eine solche singuläre Tatsache."

Die Brücke, die Oesterreich mit diesem Gedanken schlägt, ist als Theorem *[Lehrsatz]* sicher bedeutungsvoll und beherzigenswert. Indessen bahnt er doch keinen Weg zwischen entgegengesetzten Überzeugungen. Dies wird besonders deutlich daran, daß er als ein Beispiel für die singuläre Tatsache gerade einen religiösen Tatbestand ansetzt, also just einen solchen, an dem sich die Geister scheiden wie am singularischen Psi *[bestimmtes Element parapsychologischer Vorgänge]*. Diese Übereinstimmung könnte von grundsätzlicher Bedeutung sein, und wir kommen auf sie zurück. Der Befund aber: singuläre Tatsache, verlautbart eine Wahrheit. An ihr hätte sich eine Kritik, die gegen eine Wissenschaft vom Regelwidrigen gerichtet ist, zuvor zu erproben, also ehe sie den vereinzelten Tatbestand ad absurdum zu führen versuchte *[die Widersinnigkeit nachzuweisen versuchte]*. Als einzelner wird der kritische Mensch dabei oftmals selbst in einen Zwiespalt geraten, dem Fall gegenüber mag er Zweifel hegen, aber angesichts vieler Fälle allen ein gewisses Maß an Möglichkeit zubilligen – wie Kant den Träumen Swedenborgs gegenüber[9]. Gerade dies aber ist überhaupt, angesichts unserer Art zu existieren, die typische Situation des menschlichen Bewußtseins. Die Begriffsfallen, die wir für die Wirklichkeit aufstellen, vermögen nicht all und jedes zu attrappieren *[erwischen]*, vieles hält sich im Unfaßlichen, und das Vorurteil gegen diejenigen, die trotzdem in jenen Gebieten sich umschauen, das Vorurteil, sie seien auf Nichtiges aus, ist nicht sachangemessen, so sehr auch der nach Kant charakterisierte Verstand dem Regelwidrigen abhold ist. Die tiefste Wirklichkeit ist ihrem Wesen gemäß irregulär.

---

[9] Immanuel Kant: „Träume eines Geistersehers, erläutert durch Träume der Metaphysik" Hrsg. von Rudolf Malter, Stuttgart 1976, S. 52.

An Justinus Kerner läßt sich beispielhaft dartun, wie der Forscher in das, von außen gesehen, Unfaßliche hineingerät, wie es ihm, von innen, als unzweifelhaft wirklich erscheint – und wie er dann, davon kündend, des Aberglaubens und des Mystizismus bezichtigt wird. Wissenschaftlich debütiert hat er – von den Dichtungen sehen wir hier ab – mit seiner Dissertation über das Ohr und das Hören bei Tieren, hat sodann als Arzt eingehende Forschungen über die Fleischvergiftung, den Botulismus, angestellt und hat darüber zwei Schriften veröffentlicht, die heute noch wegen ihrer genauen Fallstudien von Bedeutung sind. Seine nächste Schrift, umfangreiche Aufzeichnungen über zwei Somnambule, war ein erster Schritt in die Geheimnisse menschlicher Existenz – mit der Feststellung hellseherischer Fähigkeiten und der Schilderung von Jenseitsvisionen. Den zweiten Schritt tat er mit den Beobachtungen an einer schwerkranken Frau, der Friederike Hauffe, die unter dem Buchtitel Kerners: „Die Seherin von Prevorst", berühmt geworden ist. Durch sie gelangte Kerner zu der Überzeugung, daß eine Geisterwelt in die unsere hereinrage, und hat dies an einer Fülle von Erlebnissen an der Frau und durch die Frau zu erhärten gesucht.

Bekanntgeworden durch dieses Buch, wurde er in den folgenden Jahren von einer Reihe von Patienten mit Besessenheitserscheinungen aufgesucht, von denen er einige mit Hilfe eines dafür begabten Mannes zu heilen vermochte. Darüber hat er in zwei Büchern berichtet. Er mußte diese Exorzismen aufgeben, weil sein Helfer einen Kraftverlust erlitt, und er mag wohl auch selbst das Ende dieser Epoche schwerer menschlicher Anforderungen als erwünscht angesehen haben. Jedenfalls ward ihm in diesen Jahren die Neuentdeckung der Besessenheit als einer seelischen Erkrankung zuteil, die sich von anderen Gemütskrankheiten wesentlich unterscheidet.

Das vierte Erlebnis war ein Fall von Spuk – in einem Hause, das am allerwenigsten dem Geisterhaften offenzustehen scheint, das aber darum gerade strikte Aussperrung von Betrugsmöglichkeiten und die verschiedensten Beobachter als wechselnde Zeugen möglich machte: im Weinsberger Oberamtsgefängnis nämlich – mit dem typischen Spuklärm und anderen Erscheinungen – und einer Geistervision als Abschluß.

Dies ist eine überaus bemerkenswerte Folge von Beobachtungen, und man wird nicht fehlgehen, wenn man sie als eine Initiation betrachtet, – Initiation nämlich als sinnvoll geordnete Reihe eindrucksstarker Erlebnisse, die auf einen Bewußtseinswandel hin angelegt sind. Die Stufen dieser Introduktion *[Einführung]* waren: die Jenseitsreise, die Geisterbegegnung, die Geisterbeschwörung und die Infestation *[Angriffe]* eines nichts weniger als geheimnisreichen Gebäudes. Wie bedeutsam diese Reihenfolge ist, bemerkt man erst recht, wenn man versuchen wollte, sie umzukehren. Als unvermeidlicher Höhepunkt erscheint dann die Penetration *[Durchdringung]* des gerade als impenetrabel *[undurchdringlich]* eingerichteten Bauwerks durch jene Geisterwelt, die sich durch die Seherin schon als möglicherweise hereinragende dargestellt hatte. Daß in seinen Beobachtungen wirkliches menschliches Erleben vorlag, dies mußte für Kerner evident *[offenkundig]* sein, und über dies Evidente hat er berichtet. Seine Berichte waren einerseits eine Bestätigung für diejenigen, denen das Gebiet vertraut war, und eine Herausforderung für alle anderen, deren Menschlichkeit sich durch die Aufklärung just von der dämonischen Verwicklung befreit gewähnt hatte. Die Frage bleibt, ob diese Befreiung wirklich eine solche war – oder eine Illusion, weil nämlich das Dämonische – im allgemeinsten wie auch im Sinne Goethes – nur aus dem Bewußtsein der Aufgeklärten verdrängt worden war.

II.

Werfen wir an dieser Stelle den Blick zurück in die alte, noch mit den Dämonen bekannte, ja vertraute Welt, um die geistesgeschichtliche Situation der Aufklärer und Kerners wirklich zur Anschauung zu bringen und zu verstehen, inwiefern das 18. Jahrhundert nicht nur freimachte, sondern auch neue Fallen stellte. Hat die Aufklärung einen Zustand herbeigeführt, in dem freies Forschen nicht nur erlaubt, sondern sogar geboten ist, dann mutet es seltsam an, wenn der Wissenschaft Kerners ebenso wie der Parapsychologie just aus rechtshistorischer Sicht der Vorwurf gemacht wird, sie führten den endlich abgetanen Hexenaberglauben wieder herauf und sie rechtfertigten dergestalt wohl gar die kriminellen Übergriffe der im Hexenwahn Befangenen gegen unschuldige Dorfgenossen. In diesen Meinungen äußert sich noch immer eine auch in einem halben Jahrtausend nicht aufgelöste Frage: die nach dem Wesen der Zauberei und nach dem eigentlichen Unrecht im Hexenprozeß. Aber nicht die Aufklärer, die alle Zauberer zu schlichten Menschen und alle Hexenrichter zu wahnbefangenen Totschlägern gemacht haben, sind auf die Lösung gestoßen, sie haben die Verknotung lediglich durchgehauen. Wohl aber waren die Mesmeristen auf dem rechten Wege, als sie die Verwandtschaft erkannten zwischen ihren Somnambulen und den mannigfaltigen Widerfahrnissen, Zuständen und Anschauungen der Hexen und Zauberer. Auch vor drei- bis vierhundert Jahren standen im Widerstreit einerseits das echte Phänomen – und etlicher Unfug, wie sich versteht, mancherlei Selbstbetrug und vielerlei Erfoltertes – und andererseits die rationalistische Mißdeutung. Nicht dies war Täuschung, daß es zauberhafte Wirkungen und wunderbare Wesen gäbe, sondern der große Irrtum war, daß aller Zauber, alles Wunderwirken, alle Ekstasis, aller Enthusiasmus sich nur im Zusammenwirken mit dem Satan abspiele. Aber im Hintergrunde dieser Überzeugung erhob sich ein bedrohliches Rätsel: das der Zulassung Gottes, die unvermeidlicherweise hinzugedacht werden mußte, die aber notwendigerweise unverstanden blieb. Der Deismus der Aufklärung *[Gott hat die Welt zwar geschaffen, übt aber keinen weiteren Einfluß auf sie]* hat das Gottesbild auch von diesem schweren Delikt der Unterlassung oder gar einer Mittäterschaft gereinigt. Zugleich damit mußte er folgerechterweise allerdings auch andere Züge tilgen, die von Ursprung her einem echten Gottesbilde eigen sind.

Der Hexenwahn im eigentlichen Sinne, mit teuflischem Helfer und Teufelsbuhlschaft, fiel infolge der Aufklärung dahin. Aber damit war nicht etwa ein Wahnglaube des Mittelalters abgetan. Der Hexenhammer entstand erst im 15. Jahrhundert. Noch gegen Ende des I5. Jahrhunderts dichtete ein Süddeutscher eine Versnovelle[10], die von der Ehe des Ritters Peter Diemringer von Staufenberg mit einem nichtmenschlichen Weibe erzählt, mit einer Fee nach sonstigem Sprachgebrauch. Dies Wesen wird als eine fromme Frau geschildert. Auf einem Kirchgange des Ritters begegnen die zwei einander zum erstenmal und schließen ihren Ehebund. Da aber der junge Mann nun sogleich den Beischlaf begehrt, verweigert sie ihm den mit den Worten: „Du reitest auf der Fährte Gottes; wer dich davon abhielte, beginge eine Sünde, die ich nicht auf mich laden will." Solche frommen Reden hört man auch weiterhin von ihr. Es sind dann die Geistlichen, die ihr den Ritter abspenstig machen: „Der Teufel hat sich in ein Weib verwandelt; Eure Seele wird auf ewig verloren sein, denn den reinen Frauen habt ihr abgesagt. Der Teufel aus der Hölle ist Euer Schlafgenoß!" Der Erzähler, ebenfalls dem staufenbergischen Geschlechte angehörend, nimmt zu der Anklage nicht Stellung, den Ritter wie die Jenseitige trifft in seiner Darstellung kein Tadel. Eher könnte man eine umgekehrte Bewertung vermuten: daß er die Dreinredenden, Bischof und Kaplan, für schuldig hält am Tode seines Verwandten. Denn wie

---

[10] „Zwei altdeutsche Rittermaeren, ..., Peter von Staufenberg". Neu hersg. von Edward Schröder, 3. Aufl., Berlin 1910, S. 67f.

ihm die Fee es vorausgesagt hat: er muß sterben, wenn er ihr die Treue aufsagt und sich einem Menschenweibe verlobt.

In den folgenden Jahrhunderten setzte sich die priesterliche Auffassung durch, eine einheitliche dämonologische Erklärung alles dessen, was von der Vorstellung des rein Menschlichen und seines Verkehrs mit dem Heiligen abwich. All das, was bis ins vorige Jahrhundert hinein wenigstens in Sage und Märchen noch als lebendiger Austausch mit einer nicht-menschlichen, aber auch nicht unmittelbar gottesbestimmten Umwelt oder Zwischenwelt gegolten hatte, alle Naturgeister, alle jene hilfreichen, ratgebenden, das Notmittel schenkenden Wesen, die dankbaren Toten, jene helfenden Tiere, die sich am Ende der Handlung als menschengestaltige Geister demaskieren, sie alle unterlagen der dämonologischen Gleichschaltung. Der Liebespartner von drüben, wie immer er eigentlich beschaffen gewesen sein mag, mußte ein teufelsgesandter Incubus *[männlicher Dämon, der mit einer Frau geschlechtlich verkehrt]* oder Succubus *[weiblicher Dämon, der mit einem Mann geschlechtlich verkehrt]* sein. Für Zauber und Wunder insgesamt bot ein diabolisch *[teuflisch]* bestimmter Rationalismus die einheitliche und authentische „Erklärung". In den Besessenheitszuständen insbesondere siegte die theologische Auffassung, und zwar, infolge der Suggestibilität *[leichten Beeinflußbarkeit]* der Energumenen *[Besessenen]*, schon im Tatsachenmaterial. Der Exorzismus zwang dem besitzenden „Geist" ein diabolisches Selbstbekenntnis auf.

Diese künstliche und gewaltsame Vereinheitlichung der lebendigen Wunderweite menschlichen Inderweltseins schlägt dann um gegen das Ende der eigentlichen Aufklärungsepoche hin. Die satanische Fiktion erlischt im 18. Jahrhundert, die deistische Überzeugung läßt für den Teufelsaberglauben keinen Raum mehr. Aber alles, was jener Aberglaube durch die Jahrhunderte hindurch bekämpft und fast vernichtet hat, das nun gilt neuerdings als Aberglaube und muß weiter bekämpft und vernichtet werden. Mit dem Enthusiasmus des Aufklärers verbindet sich ein missionarischer Impuls. Infolgedessen gehen Geistlichkeit und Polizei mehr als je gegen bisher noch verschonte Enklaven *[vom eigenen Gebiet eingeschlossener Teil eines fremden Gebietes]* volkstümlicher Tradition vor, und nicht nur die aus alter Zeit überlieferten Erzählungen, auch heutzutage als ganz unverfänglich angesehene Brauchtümer legen der Obrigkeit die Verpflichtung auf, sie auszurotten. Daß in Deutschland ein einziges lokales Drachenkampfspiel am Leben bleiben konnte, in Furth in Bayern, im Kampf der Gemeinde gegen den Widerstand der

Pfarrer, gibt ein lehrreiches Beispiel ab für den verderblichen Streit, der sich bis nah an unsere Zeit auf diesem Felde abgespielt hat.[11]

Der Freiheitsbegriff der Aufklärung hatte in diesen Vorgängen unversehens einen anderen Inhalt bekommen. Er bedeutete nicht mehr schlicht die Befreiung von den äußeren Gewalten, die dem Menschen die freie Bewegung und das freie Denken verwehrten, sondern darüberhinaus auch noch, mit einem Worte unserer Zeit, eine Gehirnwäsche besonderer Art. Da der Mensch nicht in jeder Hinsicht frei ist, sondern mancherlei faßlichen wie unfaßlichen Einwirkungen auf Zustand und Lebensgang unterworfen, so richtet sich das aufklärerische Freiheitsverlangen auch gegen diese Gewalten. Mancherlei Fesseln noch gilt es zu lösen außer denen des Geistes. Das Hochbild, das sich diesem Bestreben darbietet, ist ein im Willen freier, im Handeln perfektibler *[vervollkommnungsfähiger]* Mensch in der nach Art einer Maschine steuerbaren Welt. Dies wäre die ideale Welt ohne Schicksal, ohne Karma *[durch ein früheres Handeln bedingtes gegenwärtiges Schicksal]*, ohne Mächte, ohne jenen alldurchwaltenden dämonischen Zusammenhang, der unter anderem besagt: deine erste Handlung ist frei, mit dem zweiten Schritt trittst du schon in die mit dem ersten geschlungene Fessel.

Der Argwohn ist berechtigt, daß das Wesen dieser unserer Welt, die in Wahrheit gegensätzlich ist zu jener „idealen" Welt, mindestens zum Teil sich spiegelt in all jenen Bildern überlieferten Volksglaubens wie auch der Kirchenlehre, die zu bekämpfen sich der Aufklärer für berufen hielt. Daher sein Kampf gegen den Spuk angeblichen Aberglaubens im Gehirn seiner Mitmenschen. Ein nutzloser Kampf, denn mit der Ausrottung der Vorstellung von Mächten, die im Menschenleben wirken, wären doch die Mächte selbst, mögen sie sein welche und wie sie wollen, nicht exorziert *[ausgetrieben]*. Nicht nur die widerstandsfreie Helle, auch das Dunkel und die aus ihm herrührenden Dränge sind wesentlich und wirklich, und sie widerstehen, weil im Wesen der Welt begründet, aller Aufhellung und Beherrschung. Der missionarische Zug im Handeln und Denken des Aufklärers ist seinem eigentlichen Ideal der Freiheit ganz zuwider, dem freien Denken und Forschen; er selbst steht darin in der Unfreiheit: er leidet unter der geheimen Furcht, der Grund seines Daseins könne auch nicht rational sein, und dies ist in Wirklichkeit

---

[11] Heino Gehrts: „Das Mädchen von Orlach. Erlebnisse einer Besessenen", Klett-Verlag Stuttgart 1966, S. 128ff. – Hermann Bausinger in: „Deutsche Sagen, Sitten und Gebräuche aus Schwaben, ges. von Ernst Maier", Stuttgart 1851, Neudruck Kirchheim/Teck 1983, S. 546. – „Der Drachenstich zu Furth im Wald", Hrsg. Drachenstichfestausschuß Furth im Wald 1960.

eine ganz und gar irrationale Angst, da ihr das vor sich selbst verheimlichte Eingeständnis vorausläuft, daß dies in der Tat zutrifft. Von daher rührt die zwanghafte Vorstellung, er könne dem Zwang, dem er als Denker sich entrungen zu haben meint, auch als Existierender entrinnen.

III.

Es muß ein solcher tief in der menschlichen Existenz begründeter Antrieb sein, der seit über zweihundert Jahren gegen den „Aberglauben" gerichtet ist und sich zum Kampfe befugt und verpflichtet glaubt. Denn „die Zweifler aus Profession" (so Hans Bender) zeigen sich oftmals durchaus nicht als klare Denker. Das Bestehen auf der Regel und die Ablehnung der „singulären Tatsache" kommen nicht als kritischer Einwand und wissenschaftliche Widerlegung zutage; sie gründen in einem „Widerstand", der aus vielerlei Gefühlen und Vorstellungen gespeist wird. Spontane rätselhafte Ereignisse, Spuk, Geistererscheinung, Besessenheit, traten und treten trotz aller Aufklärung und Technisierung nach wie vor auf: unter anderem als Zeichen, Menetekel *[geheimnisvolle Anzeichen eines drohenden Unheils]* unserer in ihrem Grunde unfaßlichen Existenz. Ihnen gegenüber entwickelte sich der Widerstand zu einem neuartigen Wahn. Der Teufel war aus den Hirnen exorzisiert, aber es bedurfte, um die geistige Beherrschung nicht zu verlieren, einer Alternative: der Vorstellung, daß man in diesen aus der Regel fallenden Begebenheiten überall einer naturgesetzlichen Ursache habhaft werden könne – oder des kriminellen Verursachers.

Eine andere Ursache kann es nicht geben und wenn auch alle Anzeichen darauf hinweisen: dann werden sie eben ignoriert – wider alle Vernunft. Hier ist der Ort erreicht, wo die Vernunft nicht nur gegenüber dem Gegenstande versagt, sondern auch vor sich selbst. Ein typisches solches Versagen finden wir am Schluß der Schilderung, die sich mit einem berühmten Spukfall des 18. Jahrhunderts befaßt, mit dem Dibbesdorfer Klopfgeist.[12] Es ist eine alte Geschichte, doch neu und typisch genug, um von den Vorfällen und der rationalen Stellungnahme Kenntnis zu nehmen. Es war ein Spuk, der sich um die

---

[12] J.G.C. Capelle: „Der Klopfgeist zu Dibbesdorf, eine interessante Begebenheit des 18. Jahrhunderts", in: „Braunschweigisches Magazin 40. Stück" (5. Okt 1811), S. 627–656. Auch ausführlich in: Wilhelm Görges (Hrsg.): „Vaterländische Geschichten und Denkwürdigkeiten der Vorzeit der Lande Braunschweig und Hannover", 2.Aufl. von Ferdinand Spehr, Braunschweig 1885, I, S. 457–465.

Wende der Jahre 1767/68 in Dibbesdorf, einem braunschweigischen Dorfe zutrug, und der Gelegenheit gab, den beiden rationalen Möglichkeiten nachzuspüren, sie nicht aufzufinden und trotzdem die eine von ihnen zum Faktum zu erklären. Der Bericht stammt aus dem Jahre 1811 und ist von dem Pfarrer J.G.C. Capelle aus den umfangreichen Akten und den Erinnerungen Lebender geschöpft. Die Zusammenstellung weiß von einer einzigen Erscheinung, dem Klopfen eines „Geistes". Zufällig wurde entdeckt, daß dies „Kloppedings" angesprochen werden könne und zu vernünftigen Antworten fähig sei. Im Laufe der Zeit und bei einem Massenandrang von Neugierigen und mit Besuchern aus allen und auch den höchsten Ständen entwickelten sich auf diese Weise regelrechte Gespräche; Fragen nach Zahlen wurden durch entsprechend häufiges Klopfen beantwortet, solche nach anderen Gegenständen durch Zupochen auf den zutreffenden unter den Vorschlägen des Fragenden.

Beantwortet wurden Fragen nach der Zahl der Knöpfe am Anzug, der Menschen auf der Diele, der Münzen in der Börse, eintreffender Pferde, zuvor gebackener Zwiebäcke, gemessener Ellen Band, Urlauber einer Kompanie; nach dem Alter, dem Werte von Münzen, der Höhe einer empfangenen Geldsumme, nach aufgeschlagener Seitenzahl in einem Buche und der mit dem Finger bedeckten Gesangbuchnummer, die der Frager selber noch nicht gesehen; durch Zupochen wurden beantwortet Fragen nach Namen der Besucher, Haarfarbe, Kleidern, Herkunft, Stand, Gewerbe. Besonders bemerkenswert scheinen die folgenden Antworten. Ein vor kurzem in Braunschweig zugereister und noch unbekannter Stettiner fragte nach seinem Geburtsort und stellte ungestört fast alle Städte der österreichischen und der preußischen Monarchie nacheinander zur Wahl, bis am Ende Stettin das Klopfzeichen erhielt. Überhaupt wurden viele den Einheimischen oder den Anwesenden noch unbekannte Dinge, die aber nachprüfbar waren, durch Zuklopfen kundgetan. So hatte ein Bürger eine große Anzahl Pfennige in einen Beutel geschüttet, die ihm selber unbekannt war. Die 681 Pochtöne, die ihm antworteten, erwiesen sich beim Nachzählen als zutreffend. Es bleibt am Ende noch zu bemerken übrig, daß auf Anruf das Klopfeding sich meldete, daß es nicht nur Aussagen machte, sondern auch darstellte, nämlich den taktmäßigen Schlag von sechs Dreschern, und daß es regelmäßig zum Amen beim Tischgebet pochte.

Vier Untersuchungen sind zu unterscheiden. Die erste ward von dem Besitzer des Hauses unternommen, als er den vermeintlichen Täter hinter der Wand zu ertappen suchte. Die zweite und gründlichere führte er am folgenden Tage durch: auf der Suche nach der Ursache, womöglich einer Ratte, wurden „Wände, Decke und Boden umrejolt", doch vergeblich. Die dritte geschah in einem anderen Hause, wohin das Pochen sich verzogen hatte, durch Gerichtspersonen. Man schlug die Eckwände und den Boden auf und konnte doch nichts finden. Nun ward die ganze Familie einschließlich der Dienstboten daraufhin vereidigt, daß sie um die Ursache nichts wußten.

Die vierte Untersuchung ward durch die vom Herzog bestellte Kommission, einen Physiker und einen Juristen, vorgenommen. In der Annahme, daß unterirdische Quellen das Pochen verursachten, ward eine Bohrung niedergebracht. Bei acht Fuß Tiefe quoll das Wasser bereits hervor und überschwemmte die ganze niedriggelegene Stube. Das Klopfen hielt jedoch an, es klang nur dumpfer. Der zweite Versuch der Kommission fiel in das Gebiet des Juristen; man verdächtigte einen Knecht, daß er – womöglich mit einem Gehilfen – der Urheber sei. Wegen eines Mädchens könnte er ein persönliches Interesse daran gehabt haben, die Spinngesellschaft zu stören, Also erging von Kommissionswegen an alle Hausbewohner ein scharfer Befehl, ihre „Domestiken" [„Dienstboten"] zu einer bestimmten Zeit unter Aufsicht zu halten, – aber Pochen wie Pochantworten waren ungehemmt.

Auf den Verdacht des Betruges hin arbeitete die Kommission weiter; ein einfältiges Kindermädchen, noch selber Kind, wurde dahin gebracht, durch Verlockung mit einem Beutel Geld und bedroht mit dem Zuchthaus, seine Herrschaft zu bezichtigen. Es widerrief zwar sogleich wieder, doch das Kettelhut'sche Ehepaar ward trotzdem ins Zuchthaus gebracht und ihm bedeutet, daß es dort bis zum Eingeständnis sitzen müßte. Da indes die Erscheinung selber blieb, wurde zunächst die Frau und nach drei Monaten der Mann wieder freigelassen – ohne Entschädigung für Arbeitsausfall und Ehrverletzung. Die Kommissarien berichteten, „daß sie zwar alle nur mögliche Wege der Untersuchung eingeschlagen, aber nichts entdeckt hatten, was Licht in dieser Sache gäbe, deren Aufklärung der Zukunft vorbehalten sey."

Die Kommission war schon durch ihre Zusammensetzung blindlings der Hypothese von den allein möglichen zwei Ursachen ausgeliefert. Offenbar hat sie sich um das Phänomen selbst mit seinem seltsamen Wissen nicht gekümmert, vor allem auch nicht um die sowohl bei materieller wie bei krimineller Ursache unerklärliche Umsetzung einer wie auch immer vorhandenen Kenntnis der Antworten in Pochtöne. Daß die Verhaftung der Hausbesitzer ganz unbegründet war und ein Schandfleck der Justiz, meint auch der Berichterstatter des vorigen Jahrhunderts, fehlte es doch ihrerseits völlig an einer Motivation. Sie haben keine Vorteile aus ihrem Gespenst gezogen, bedurften auch nicht der angebotenen Trinkgelder der wohlhabenden Besucher und haben sie stets abgelehnt. Der Andrang unkontrollierbarer Neugieriger war im Gegenteil nur eine Belastung für den Hof. Nichtsdestoweniger und angesichts des vielen Unerklärlichen, das der Pfarrer Capelle nicht bezweifelt, findet der Aufklärer doch am Ende eine ihn befriedigende Lösung des Rätsels. Einer nicht allgemein bekanntgewordenen Überlieferung nach folgte die Erscheinung nämlich einem Knecht später von Hof zu Hof, und dieses Faktum muß ausreichen zum rationalen Begreifen des Spuks: „Die ganze Begebenheit erhält durch diesen nicht überall bekannten Umstand ein helleres Licht, und das Wunderbare verschwindet gänzlich daraus. Denn es geht soviel daraus hervor, daß die Sache, da sie ein Mensch unternahm, auch erklärbar sey. Mithin kann diese Begebenheit, die den Grundsatz bewährt, daß ohne natürliche Ursachen keine Wirkungen Statt finden können, so wenig den Aberglauben begünstigen, daß sie vielmehr ein neues Grab desselben wird."

Die Freiheit aufklärerischen Bemühens überstürzt sich hier, indem sie ihre nichts erklärende Hypothese für wirklicher hält als das rätselhafte Faktum. Die Frage ist, wie weit wir unterdessen geschickt geworden sind, es zu lösen. In Dibbesdorf tritt der Spuk in gemäßigter, sozusagen umgänglicher Gestalt auf, in seiner persongebundenen Form, die auch die in Amerika aufgekommene Bezeichnung „wiederkehrende spontane Psychokinese *[physikalisch nicht erklärbare, unmittelbare Einwirkung eines Menschen auf die Körperwelt]*" zu rechtfertigen scheint, ein Name, RSPK, der so etwas wie Begreiflichkeit demonstriert. Der Knecht war das Spuk-Medium, und damit scheinen alle gefährlichen Tiefen plan *[flach, eben]* zu werden. Aber, sobald wir uns nach älteren Anschauungen umsehen, etwa auch nach der ältesten, der schamanischen – und warum nicht auch dorthin? – indem wir uns versuchsweise so orientieren, taucht die Möglichkeit auf, daß selbst in einem solchen Spukfall ohne manifeste „Erscheinungen" ein Hintergrund oder Untergrund nichtindividuell-menschlicher Natur aufgeregt oder aufgereizt gewesen ist, dem letzten Endes auch die geheimnisvollen Wissensäußerungen entsprungen sein könnten. Die drei Spukfälle, denen wir uns nun zuwenden, enthalten Hinweise auf eine solche Mitwirkung.

IV.

Besonders deutlich geht das Bedürfnis nach Einsicht in diese dunkelste Seite menschlicher Existenz hervor aus einem Fall des 19. Jahrhunderts, der sich ebenfalls auf der Tabula rasa *[etwas, das durch nichts vorgeprägt ist]* abgespielt hat, die eine diabolische Aufklärung und die rationale Gegenaufklärung hinterlassen haben. Es ist der Fall des Schweizers Melchior Joller, eines Rechtsanwaltes, liberalen Parteimannes und Nationalrats in den Jahren 1860 bis 1863[13]. Das Spukgeschehen hat ihn zur Aufgabe der Heimat gezwungen, ihn aus dem ererbten Besitz in Stans vertrieben – zunächst nach Zürich, dann nach Rom, wo er dann bald, noch in mittleren Jahren, gestorben ist. Der Art nach unterschieden sich die Vorkommnisse nicht von anderen, wohl aber durch die Heftigkeit der Einzeleinwirkungen, die Masse und das lange Anhalten der Vorfälle: das Anklopfen, Poppern *[wohl Pochen im Sinne von Herzschlägen]*, Pochen, Poltern und Krachen, Geräusche, deren Artung sich nicht mechanisch reproduzieren ließ; mächtige Erschütterungen, aber auch starke lokale Schläge ohne weiterlaufendes Beben; Bewegungen besetzter Stühle; Mimikrigeräusche *[Nachahmungsgeräusche]* wie Schritte und Geldaufzählen; gewaltsames Öffnen und Schließen von Türen, die mit Riegeln oder Fallen verschlossen sind; über Menschenkraft hinausgehender Widerstand gegen versuchtes Öffnen und Schließen; das Durcheinanderwerfen von Haushaltsgegenständen; das Eindringen unterschiedlicher Gegenstände in verschlossene Räume: Steine, Früchte, Nüsse, Hölzer, Rußstücke; einmal der Transport eines ganzen Pferdegeschirres, das durchs Fenster geflogen kommt und hinter dem Ofen fest eingepreßt wird; Berührung von Menschen durch solche fliegenden Dinge ohne schmerzhaften Stoß. Dazu gibt es auch optische Erscheinungen, einerseits alltäglich anmutende Gestalten: ein freundliches, halbangekleidetes Kind; ein aus dem Fenster sich lehnendes, ins Rebenspalier greifendes Mädchen; andererseits eine weißliche Gestalt von unheimlichem Aussehen, ein durchsichtiges ungenaues Schattenbild, ein unförmliches Nebelbild, auch wolkenartig genannt: eine „entsetzliche Manifestation", wie Joller schreibt; dazu Berührungen, kaltes Anfassen, eiskalter Luftzug; schließlich auch Wimmern, Schluchzen, Rufe, eine Gebetsmelodie, Stoßseufzer und menschliche Laute: Erbarmet Euch meiner!

---

[13]   Fanny Moser: „Spuk, Irrglaube oder Wahrglaube? Eine Frage der Menschheit", Baden bei Zürich: Gyr 1950, S. 45–148 – Reprint Walter Verlag Olten/Freiburg i. Br. 1977.

Waren diese jahrelang anhaltenden Erscheinungen an sich schon eine schwere Last für die Familie, so wurden sie es erst recht dadurch, daß nicht nur den Geplagten selbst die Geschehnisse ganz unerklärlich blieben, sondern obendrein von einflußreichen Personen der Umgebung und in den Zeitungen als Umtrieb und Machenschaft bezeichnet wurden. Joller selbst, offenbar ein tätiger, froher Mensch ohne die geringste Kenntnis vom Nachtgebiet der Natur, entließ ein Dienstmädchen, weil er es für abergläubisch hielt. Als die Kinder ihm von den Erscheinungen berichteten, verwies er „ihnen ihre abergläubische Furcht unter ernstester Hinweisung auf die Rute, sofern wieder ein Wort von solchen Albernheiten über ihre Zunge käme."[14] In der Folge wendet sich dann solche abweisende Härte gegen ihn selbst.

Zunächst, in der Vermutung, daß ihm jemand den Spuk mache, durchsucht er, mit Kerze und Stilett in den Händen, das Haus – vergeblich, und legt sich in der Folge mehr darauf, die Vorgänge selbst zu beobachten und schriftlich festzuhalten. Sie wachsen ihm dann freilich über den Kopf. Man kann dergleichen nicht unter Verschluß halten, und er stößt nun auf den Widerstand und den Widerwillen der „in falscher Aufklärungssucht Befangenen"[15]. Zu diesen gehören auch die Mitglieder einer Untersuchungskommission. Sie stellen lediglich fest, daß sich bei ihrer Beobachtung im Hause in Abwesenheit der Familie keine Spukvorfalle zugetragen haben, umgehen jedoch die Verpflichtung, im Ort die vielen Zeugen der Ereignisse zu Protokoll zu vernehmen. In der Zeitung, sogar und gerade in dem liberalen Blatt, dessen Richtung Joller selbst vertritt, für das er selbst Beiträge schrieb, wird er in der schändlichsten Weise verhöhnt und verleumdet, als habe er ein Interesse daran, durch willkürlich gemachten Spuk den Wert seines Hauses herabzusetzen.

In diesem Zusammenhang und angesichts des Verfahrens der Kommission hat sich Joller aufs bitterste in seiner Schrift beklagt: daß er schutzlos den niederträchtigsten Gerüchten ausgesetzt gewesen sei. Ohne eine Erklärung abzuwarten, hob man „unter der blöden Maske der Freisinnigkeit mit dem bittersten persönlichen Hasse und der schmutzigsten Verdächtigung" seiner Person gierig den Stein auf, „um ihn nach demjenigen zu schleudern, der zur Verwirklichung zeitgemäß freisinniger Zustände seit zwanzig Jahren mit größter Aufopferung und unter den schwierigsten Verhältnissen treu mitge-

---

[14] Ebenda S. 64.
[15] Ebenda S. 49.

holfen hatte".[16] Ein tragisches Schicksal in dieser nun schon seit so vielen Jahrhunderten fortgehenden Auseinandersetzung: „Ein scharfer Griffel hat aus dem Tagebuch meines Lebens die schönere Hälfte mit einem Zuge gestrichen ..."[17] Dabei überschaute Joller in jenem Zeitpunkt noch nicht einmal das ganze unselige Los, das ihm durch jenen Spuk und seine gesellschaftlichen Folgen aufgebürdet wurde – bis zum frühen Tode hin.

Uns erschiene die Schattenfabel seines Schicksals noch um so verworrener, falls er selbst medial [als Mittler] in das Spukgeschehen mit eingebunden gewesen wäre. Einmal, so heißt es, allerdings in später Überlieferung, habe er von ferne das Einsetzen des Spukes verspürt[18], ein andermal hallte das Aufzählen von Münzen, das er an einem anderen Orte vornahm, spukhaft zugleich in seinem Hause nach[19].

In abgeschwächter Form hat sich der Spuk auch in Zürich nach dem Umzug noch fortgesetzt; er war also nicht an Stans und das Stanser Haus gebunden. Fanny Moser hat daher gemeint, daß allein eine Deutung als personengebundener Spuk in Betracht komme[20]. Offenbar haftete der Spuk in Wahrheit an der Familie Joller, nicht an dem Ort, wo er zuerst auftrat. Damit ist allerdings ebensowenig wie im Dibbesdorfer Falle ausgemacht, daß er lediglich der Medialität [Vermittlung] von einem oder mehreren Gliedern der Familie wesenhaft entsprang. Sehen wir von den geschilderten geisterhaften Erscheinungen ab, die nicht unbedingt von Wesen außerhalb des Kreises lebender Menschen herrühren müssen, so gibt es doch noch ein Ereignis, das erst Fanny Moser ans Licht gebracht hat, das seinem tatsächlichen Inhalte nach unbekannt bleibt, das aber sicherlich eine über das Diesseitig-Menschliche hinausweisende Botschaft enthielt.

Nach der bestimmten Tradition seiner Familie hatte Joller in Zürich in einer Nacht ein Erlebnis, das ihm offenbar das Rätsel des Stanser Spukes, wenn nicht gelöst, so doch zumindest in deutlicheren Umrissen dargestellt hat. Die Überlieferung spricht von der famose notte des Vaters, der berühmten Nacht, in der er die rivelazione, die Enthüllung oder Offenbarung erlebt hat[21]. Unklar bleibt, ob diese rivelazione von der Person von hoher Statur ausgegangen

---

16 Ebenda S. 81.
17 Ebenda S. 102.
18 Ebenda S. 135.
19 Ebenda S. 89.
20 Ebenda S. 148.
21 Ebenda S. 140.

ist, deren Erscheinung er in Zürich erlebt hat, ein weiteres Überlieferungs-fragment aus jener Zeit[22]. Festzustehen aber scheint, daß er unter dem Ein-druck jenes nächtlichen Erlebnisses sagte: Jetzt habe ich verstanden![23] – und sich entschloß, nach Rom zu ziehen, wo er eine Unterredung mit dem Papst anstrebte. Die Rivelazione muß also von religiösem Gehalt gewesen sein, und so gewichtig, daß der Katholik Joller sie dem Oberhaupte seiner Kirche vor-legen zu müssen glaubte, so gewichtig auch, daß er ihren Inhalt gegenüber seinen Kindern nicht mehr zur Sprache brachte. Anvertraut hat er sie vermut-lich nur einem in Geheimschrift niedergelegten und später verlorengegange-nen Tagebuch. Ist damit auch der spezielle Inhalt der Enthüllung für die Deu-tung des Falles nicht mehr erreichbar, so liegt doch in dem Faktum selbst ein Gehalt, der durch das zerfetzte Lebensgewebe der vorangegangenen Jahre nachträglich einen verbindenden Faden schlingt.

V.

Solche Epiphanien *[Erscheinung göttlicher Einleuchtung]* treten als erklä-rende Abrundung auch in anderen Spukfällen auf. Zu erwähnen ist hier die Orlacher Besessenheitsgeschichte[24] über die Kerner berichtet hat, die mit Stallspuk und anderen spukhaften Vorfällen beginnt, die dann zwar laufend sich selbst in den Reden des weißen Geistes kommentiert, die aber ihren eigentlichen Sinn, die vollständige, 400 Jahre zurückliegende Vorgeschichte der Geister erst am Ende, mit der Erlösung des Schwarzen Geistes, enthüllt. Eine innere Logik ist dem Gesamtgeschehen damit gegeben, ihre Veranke-rung in der realen Historie jedoch verfehlt, da die aufgedeckte Klosterge-schichte sich in der geschilderten Weise an dem Ort nicht zugetragen haben kann. Indessen schließt sich eine derartige Episode, auch wenn sie „unhistori-schen" Charakter hat, doch wesenhaft und sinnvoll einem solchen Geschehen an, mag man nun die „Geister" für selbständige Wesenheiten halten oder für halluzinierte Projektionen eines das Spukdrama unbewußt inszenierenden Menschen.

Dies gilt insbesondere auch für den von Justinus Kerner mit besonderer Hingabe und Genauigkeit untersuchten und protokollierten Spuk im Weins-

---

[22] Ebenda S. 139.
[23] Ebenda S. 140.
[24] Heino Gehrts: „Das Mädchen von Orlach. Erlebnisse einer Besessenen", Klett-Verlag Stutt-gart 1966, S. 76f.

berger Gefängnis – mit der einsitzenden „Esslingerin" als dem Spukmedium. In diesem Falle ist es ganz besonders zu beklagen, daß die Vorgeschichte des Weinsberger Geschehens, nämlich die angeblich betrügerische Schatzgräberei der Frau, nicht in das Buch mit aufgenommen worden ist. Es war daher ein leichtes für alle, die den Spuk nicht wahrhaben wollten, auf den früheren „Betrug" der Frau hinzuweisen. Indessen ist es nach Kerners detaillierten Berichten völlig ausgeschlossen, daß die Frau die zahlreichen Sinnesphänomene erzeugt haben sollte: die vagierenden *[unruhig bewegenden]* Lichter und Beleuchtungen, Lärm und Mimikrigeräusche verschiedenster Art, Erschütterungen, Stöße, Wegziehen von Bettdecken, kaltes Angeblasenwerden, atembenehmender Gestank – Erscheinungen aus vier Sinnesgebieten, über die eine klägliche Gefängnis-Insassin in ihrer Zelle mit kärglichster Ausstattung unmöglich verfügen konnte –, um damit eine Vielzahl wechselnder Gefängnis-Insassen und von Kerner berufener Beobachter zu täuschen. In der Tat, entweder akzeptiert man die Phänomene oder man bequemt sich zu der Ansicht eines Herausgebers kernerscher Dichtungen, des Dr. Josef Gaismaier, daß in Kerners späteren Schriften – nach der Seherin von Prevorst – „der Verdacht einer groben Mystifikation nicht mehr abzuweisen" sei, was ganz besonders für das Buch „Eine Erscheinung aus dem Nachgebiete der Natur" gelte, „wo eine wegen betrügerischer Schatzgräberei im Gefängnis zu Weinsberg eingesperrte Weibsperson angibt, nächtlich von einem Geiste besucht zu werden."[25]

Angesichts einer solchen Behauptung stellt sich die Frage nach der Einsichtsmöglichkeit dessen, der sie aufstellt. Gaismaier war ein Kenner der Werke Kerners, hat zumal die „Reiseschatten" gewissenhaft ediert *[zur Veröffentlichung vorbereitet]* und eine einleitende Biographie geschrieben. Eine grobe Mystifikation sollte ihm unmöglich scheinen angesichts der großen Anzahl von Ehrenfrauen und -männern, die Kerner als Zeugen benennt, unter ihnen selbst den Oberamtsrichter. Hat Kerner sie ebenfalls mystifiziert oder warum hat Gaismaier sich nicht bemüht, Proteste aufzudecken, die sie gegen den Mißbrauch ihrer Namen erhoben haben? Man will das der Vernunftregel Widersprechende nicht und ignoriert es daher ohne jeden Grund oder täuscht einen fadenscheinigen Grund vor. So sagt David Friedrich Strauss dies über den Fall: „Eine wegen betrügerischer Schatzgräberei im Gefängnis zu

---

[25] Josef Gaismaier (Hrsg.): „Justinus Kerners sämtliche poetische Werke", Leipzig o. J., I, S. 52.

Weinsberg eingesperrte Weibsperson gibt an, nächtlich von einem Geiste besucht zu werden: das heißt sie spekuliert auf den eben damals am Orte sogar in Beamtenkreisen im höchsten Schwung befindlichen Geisterglauben ...“[26] Es scheint so, als sei der Geisterunglaube ein noch stärkeres Hemmnis für die Vernunft – eben Widerstand.

Da die stehende Redensart von der betrügerischen „Weibsperson" immer wieder ohne Untersuchung als Argument benutzt wird, so dürfte doch einmal auch eine Konjektur *[Vermutung]* zugunsten des armseligen Weibes erlaubt sein. Es kann kaum ein Zweifel daran bestehen, angesichts zahlloser Schatzgräbergeschichten in unseren Sagensammlungen und dessen, was aus Kerners Buch erhellt, daß die Frau, wenn sie betrogen hat, zuerst betrogen worden ist – nämlich von dem Geist, der ihr erschienen ist, der nach Erlösung verlangt und dafür einen Schatzfund versprochen hat. Wes Geistes der Geist war, braucht zu diesem Verständnis gar nicht ausgemacht zu werden; auch wenn er eine ausschließlich von ihrem Unterbewußtsein hervorgebrachte Personation *[Verkörperung]* war – was allerdings unwahrscheinlich sein dürfte –, konnte die Frau dies unmöglich erkennen und sich den Versprechungen gegenüber zurückhalten. In zahllosen Sagen wird auf Erscheinungen hin und unter Erscheinungen gegraben, aber in der weit überwiegenden Zahl der Fälle wird kein Schatz gefunden. Oft ist der Schatz selber ein Spuk. Hat also die Frau auf Grund ihrer von dem Geist erregten Hoffnung betrogen, so hat dem Betrug jedenfalls keine Betrugsabsicht zugrunde gelegen, – das dürfte auf Grund der volkskundlichen Überlieferungen und der fragmentarischen Angaben bei Kerner zu erschließen sein. Daß der Oberamtsarzt die Vorgeschichte nicht in seinen Bericht mit aufgenommen hat, kann man ihm schwerlich zum Vorwurf machen. Ließ sich ohnehin eine unsachliche, plattaufklärerische Kritik voraussehen, so mußte er Scheu tragen, dergleichen noch mehr herauszufordern durch eine einleitende Gespenstergeschichte. Die Gegner hakten trotzdem bei der kläglichen Weibsperson ein, die auf den Geisterglauben der Weinsberger Bürger spekuliert habe. Wie armselig ist doch angesichts der nothaften Wirklichkeit die Spekulation ihrer Beurteiler! Das Sapere aude! *[habe Mut, dich deines eigenen Verstandes zu bedienen]* haben jedenfalls nicht sie, erfüllt vom timor sapiendi *[furchtsamen Verstand]*, sondern Kerner beherzigt und seine Freunde.

---

[26] David Friedrich Strauss: „Justinus Kerner. Zwei Lebensbilder aus den Jahren 1839 und 1862", Marbach 1953, S. 78f.

Eine Unwissenheit hinsichtlich der zentralen Person derartiger Vorfälle wäre, wenn sie nach den neuerdings erprobten Methoden psychologischer Diagnostik registriert würden, heute kaum noch möglich. In allen älteren Fallen aber fehlen zumeist die Angaben über die psychische und die lebensgeschichtliche Einbettung des Geschehens wie eben auch die über eine enthüllende Nacht, wie sie Joller als einen Verstehen schenkenden Abschluß erlebt hat. Der Weinsberger Spuk schloß ebenfalls mit einer nächtlichen Szene, ohne aber als berühmt Geltung zu erlangen. Kerner selbst war durch Amtsgeschäfte daran gehindert, in der vorher angekündigten Nacht dabei zu sein, hat aber die „als redlich und verständig bekannte Frau Fabrikantin Wörner von hier", die auch „die Gabe des innern Schauens von Jugend auf hatte", mit der Zeugenschaft beauftragt. Diese hat dann, auch gegenüber dem Oberamtsrichter, den Bericht über die Abschlußszene „bei Gott und Gewissen" abgelegt.

Die Zeugen, darunter auch zwei Schwestern der Esslingerin, begaben sich zu der entscheidenden Szene um 3 Uhr morgens bei furchtbar stürmischern Wetter „an den von der Erscheinung bezeichneten Ort bei Wimmenthal", hielten sich dann aber dreißig Schritte von der Frau entfernt. Diese, voller Angst, wie auf dem Richtplatz, kniete zum Gebet nieder, und nach einer halben Stunde näherte sich ihr „eine lichte Gestalt ..., eine männliche Erscheinung, welcher bald zwei andere lichte Gestalten, aber klein wie Wölkchen, nachfolgten." Von diesen Begleiterscheinungen ist in der Geschichte auch früher schon die Rede gewesen. Die Frau Wörner vernimmt dann, wie von der Erscheinung her, „einen unbeschreiblich lieblichen zarten Gesang", sieht die Annäherung der großen Erscheinung an die Esslingerin, dann das Auffahren einer sternschnuppenartigen Lichterscheinung und schließlich das Aufschweben einer weißen Wolke, worauf es um die Esslingerin völlig dunkel wird. Erst nach einer Viertelstunde wagen sich die Zeuginnen zu der Frau und finden sie kalt und besinnungslos am Boden liegen. Die Sternschnuppe war ein Flämmchen, das bei dem auch sonst aus vielen Geschichten bekannten Handschlag mit der Erscheinung von der mit einem Tuch umwickelten Hand der Esslingerin auffuhr. Brandmale, aber geruchlos, waren an dem Tuch zu sehen. Die große und die kleinen Erscheinungen seien danach wie auf einer dazu niedergelassenen Wolke emporgeschwebt, dann aber sei, so berichtet die Esslingerin, „ein ganzer Troß scheußlicher Tiergestalten auf sie zu und an ihr vorübergerauscht, worauf sie bewußtlos niedergefallen sey."[27] Bemerkenswert ist, daß eine solche seltsame Doppelung der Erscheinungen auch in der Orlacher Geschichte beim Abschied der erlösten Weißen Geistin stattfand[28]. Unter deren Abschied, in weißglänzendem Gewand und Schleier, stand zugleich ein schwarzer Pudel dabei, der Feuer spie, ohne die Geistin damit zu erreichen. Auch hier versengt die Erlöste das Tuch in der Hand der Erlöserin. Merkwürdig ist ferner, daß diese in ihrer Version einer weiteren gleichzeitigen dämonischen Erscheinung nicht gewahr wird, vielmehr dies Gebilde erst später zur Sprache bringt, als sie von dem Schwarzen Geiste besessen ist. Bei jener Abschiedsszene, so behauptet er nun, habe nämlich sein Herr zu Pferde oberhalb des Mädchens auf zwei Quadersteinen gehalten. Hätte es aber aufgeschaut, so hätte es einen Schrei ausgestoßen, wäre vor Schrecken ohnmächtig geworden, und die Erlösung wäre mißlungen. Letzteres ist vermutlich nur als eine lügenhafte Prahlerei des Schwarzen zu verstehen. – Solche in sich gepolten Erscheinungsbilder sind seelenkundlich und religionsgeschichtlich von hoher Bedeutung. Mit den Begriffen Betrug und Täuschung sind sie wissenschaftlich nicht zu erreichen.

Man kann von Halluzinationen sprechen, hat aber damit zunächst nur ein Wort geliefert, das den kulturgeschichtlichen Zusammenhang und das Wesen solcher Erscheinungen gewiß verfehlt. Hier ist Wirklichkeit, es fragt sich nur, welcher Art. Du Prel unterschied drei Arten von Halluzination: die reale Erscheinung und das leere Hirngespinst, dazu als dritte mit Kants Träumen der Metaphysik, im II. Hauptstück: „zwar ein Blendwerk der Einbildung ..., doch so, daß die Ursache davon ein wahrhafter geistiger Einfluß ist, der nicht unmittelbar empfunden werden kann, sondern sich nur durch verwandte Bilder der Phantasie, welche den Schein der Empfindungen annehmen, zum Bewußtsein offenbaret."[29] – Schon die Möglichkeit einer solchen, „dritten Halluzination" sollte den mangelhaft erwogenen Gebrauch des Wortes verhindern, da sonst auch „wahrhafte geistige Einflüsse" durch ihn ad absurdum geführt werden könnten.

---

[27] Justinus Kerner:„Eine Erscheinung aus dem Nachtgebiet der Natur, durch eine Reihe von Zeugen gerichtlich bestätigt und den Naturforschern zum Bedenken mitgetheilt", Stuttgart 1836, S. 205–212.

[28] Heino Gehrts: „Das Mädchen von Orlach. Erlebnisse einer Besessenen", Klett-Verlag Stuttgart 1966, S. 75–77.

[29] Immanuel Kant: „Träume eines Geistersehers, erläutert durch Träume der Metaphysik" Hrsg. von Rudolf Malter, Stuttgart 1976, S. 36.

Sehr mangelhaft erwogen hat seine Einwände gegen Kerner und andere Forscher im Bereich der Geistererscheinungen ein hochberühmter Wissenschaftler jener Ära, ein Pionier der modernen Chemie, Justus von Liebig.[30] In seiner akademischen Einführungsrede vom Herbst 1852 wendet er sich gegen den Glauben an Gespenster, „obwohl Tausende von Menschen Gespenster gesehen haben, weil einem körperlosen Wesen die Eigenschaft, Licht zu reflektieren, die Hauptbedingung um gesehen zu werden, nicht mehr zukommt." Nicht bedenkt Liebig die Möglichkeit, daß ein solches Wesen sich vorübergehend einen Körper zubilden könnte. Die Unsichtbarkeit begründet er noch besonders durch die Analogie mit der Luft, da „selbst die körperliche Materie von einem gewissen Grade von Feinheit, wie die atmosphärische Luft zum Beispiel nicht mehr gesehen werden kann" – ohne zu bedenken, daß die Luft als Atmosphäre durchaus gesehen wird, als Himmelsblau nämlich, aber auch als Hitzeflimmern und in Verbindung mit anderen Körpern als Luftblase, als Schaum, als Rauch sichtbar wird, – und wie wollte man a priori *[grundsätzlich]* einem Geiste eine analoge Möglichkeit, sichtbar zu werden, bestreiten. Aber auch das Zeugnis der Geisterseher muß Liebig auszuschalten sich bemühen, und so behauptet er, daß wir dem historischen Zeugnis, es habe einen Julius Caesar gegeben, nicht bloß um dieser Bezeugung willen glauben, „sondern weil seine Existenz durch Ereignisse festgestellt ist, deren Wirkungen in der Geschichte der Menschheit noch Jahrhunderte nach ihm wahrgenommen werden", – ein Versuch, die naturwissenschaftlich-kausalistische Schlußweise auf die Geschichtswissenschaft zu übertragen. Aber wieso wäre damit das Zeugnis Tausender von Geistersehern als nichtig erwiesen – und wie stände es um Nachwirkung und Zeugenschaft der Himmelfahrt des Geistes Christi?

Kerner wendet gegen Liebig ein, daß er den visionären Charakter des Geisterschauens nicht berücksichtige, er wolle fälschlich „die gewöhnlichen Gesetze von Licht und Farbe ... und das Sehen mit den mechanischen Vorrichtungen des äußeren Auges auch auf ein Gebiet und auf Erscheinungen anwenden, die jenen Gesetzen durchaus nicht unterworfen sind. Im Nachtleben der Natur herrscht das Schauen des inneren Auges vor ..."[31] Liebig hat

---

[30] Justus von Liebig: „Reden und Abhandlungen. Hrsg. von M. Carriere", Wiesbaden 1875, S. 164.
[31] In der Schrift: „Die somnambülen Tische. Justinus Kerner's sämtliche Werke", Hersg. von Walter Heichen, Berlin o. J., Band 8, S. 224. Ganz ähnlich schon 1850 Arthur Schopenhauer

vermutlich sich nie zu einer Antwort herbeigelassen; denn er spricht jene Urteile nicht als diskussionsbereiter Forscher aus, sondern sozusagen als Missionar: „Der Glaube, welcher Gespenster sieht, dieser Glaube, meine Herren, gehört der Wissenschaft nicht an; er ist des Wissens schlimmster Feind, denn das Wissen ist dieses Glaubens Tod." – Missionare aber sind durch Argumente nicht zu überwinden.

Absonderlich muß es anmuten, daß in der umfassenden Würdigung des Genius Kerner, die O.-J. Grüsser mit seinem Buch unternommen hat, die Schrift über den Weinsberger Gefängnisspuk als einzige nicht behandelt wird, also gerade der Bericht, „der auch vom Standpunkt heutiger Zeugnisanforderungen als mustergültig bezeichnet werden darf."[32] Er erwähnt ihn lediglich nebenher[33] im Zusammenhang mit der Rolle von Kerners Frau, dem Rickele. Er habe nämlich, als sie sich erbot, ebenfalls eine Nacht in dem Gefängnis zu verbringen, davon abgeraten „aus Furcht, es möge ihrer Gesundheit schaden. Ob Kerner ihren kritischen Kommentar fürchtete?" – fragt Grüsser. Man braucht nur an die Leiden der Esslingerin zu denken, an Therese Hubers Warnungen vor einer Beteiligung von Kerners Frau in anderen Fällen – oder etwa die furchtbaren Folgen zu vergleichen, die Spukerlebnisse für Werner Helwigs Frau und Kind hatten[34], um Kerners Besorgnis vollkommen gerechtfertigt zu finden – im Spuk, nicht in möglichen Einwendungen seiner Frau gegen die Geisterhypothese.

Es ist zu bedauern, daß ein Autor, der offensichtlich eine Affinität *[Verwandtschaft]* und einen Sinn für das schwäbische Genie Kerner hat, sich den Weg verlegt zu dessen Hauptforschungsgebiet und sein umfassendes und in vielen Teilen anmutendes Buch entstellt durch den ungerechtfertigten psychiatrischen Zweifel am occulten Gegenstand. Nötigt ihn doch hier dieser Zweifel sogar dazu, die Ehe Kerners mit einem Zwiespalt zu belasten, den es gewiß nicht gab. Vermutlich war Kerner weniger an seine Hypothese fixiert als

---

in dem Parergon: „Versuch über das Geistersehn ...", Zürcher Ausgabe, Diogenes 1977, Band 7, S. 249f.

[32] Emil Mattiesen: „Das persönliche Überleben des Todes", Verlag de Gruyter, Berlin 1939, Reprint 1987, Band III, S. 43.

[33] Otto-Joachim Grüsser: „Justinus Kerner 1786–1862, Arzt – Poet – Geisterseher", Springer Verlag Berlin/Heidelberg/New York 1987, S. 248f., vgl. auch 218f., 252.

[34] Therese Huber in: Theobald Kerner, Theobald und Ernst Müller (Hrsg.): „Justinus Kerner: Briefwechsel mit seinen Freunden", Deutsche Verlags Anstalt Stuttgart 1897, Band I, S. 547. Werner Helwig: „Spuk im Fürstentum Liechtenstein", in: Zeitschrift für Parapsychologie und Grenzgebiete der Psychologie 26, 1984, S. 81–88.

O.-J. Grüsser an seine Antihypothese. Wenn man wolle, meint er, könne „man Kerner als einen frühen Verfechter einer empirischen Parapsychologie bezeichnen." Doch habe ihm, zeitbedingt, noch „das notwendige wissenschaftskritische Rüstzeug" gefehlt. „Auch heute vermißt man bei der Mehrzahl der sogenannten parapsychologischen Untersuchungen ein einwandfreies methodisches Vorgehen, und den Untersuchern fehlt in der Regel das zur Deutung pathologischer *[krankhafter]* Wahrnehmungen erforderliche psychiatrische Wissen."[35]

Sicherlich kann man dazu sagen, daß es keine einzige Wissenschaft gibt, auf deren Felde man nicht auch manchen Pfuschern begegnet. Gerade bei der Parapsychologie aber müßte man feststellen, daß ihre führenden Vertreter – und nur sie erlauben das Allgemeinurteil – wie die keiner anderen Wissenschaft sich mit geradezu altjüngferlicher Selbstkritik plagen. Was aber Grüssers psychiatrische Weichenstellung betrifft, so erscheint es abwegig, wenn er auch einen Fall wie den Weinsberger Gefängnisspuk demgemäß beurteilt sehen möchte. Nach S. 218 – mit dem Bezug auf Kerners Schrift 1836b in Anmerkung 319, S. 219 – sieht er offenbar auch die Esslingerin als Patientin Kerners an und beklagt es, daß „man heute aus Kerners Beschreibungen nur mit großer Mühe und nicht sehr sicher zu einem diagnostischen Urteil über die bei seinen Patienten oder ‚Besessenen' geschilderten Symptome kommen" könne.

Demgegenüber scheint es nicht unangebracht, auf einen wirklichen Kenner des Gebietes zu verweisen, auf C.G. Jung. Dieser war sich darüber klar, „daß die Parapsychologie eines der schwierigsten Probleme darstellt, mit dem der menschliche Geist je konfrontiert war. Sogar Nuklearphysik ist einfacher", und er sah „wenigstens vorläufig keine nützliche Verbindung zwischen Parapsychologie und Psychiatrie."[36] Von solchem gegenstandsbezogenen Zweifel bleibt selbstredend unberührt die bei jeder Untersuchung eines parapsychologischen Ereignisses notwendige lebensgeschichtliche und psychologische Beurteilung des oder der „Perzipienten" *[Empfänger]*. Nur erbringt

---

[35] Otto-Joachim Grüsser: „Justinus Kerner 1786–1862, Arzt – Poet – Geisterseher", Springer Verlag Berlin/Heidelberg/New York 1987, S. 217, mit Hinweis auf David Marks: „Investigating the paranormal", in: „Nature 120", 1986, S. 119–124.

[36] C.G. Jung: „Briefe zur Parapsychologie", I/II, in: Zeitschrift für Parapsychologie und Grenzgebiete der Psychologie 15, 1973, S. 94–128 und S. 139–170; bes. S. 152 und S. 117.

gerade für das echte Ereignis eine psychiatrische Diagnose vermutlich nichts hinsichtlich seines Gehaltes an Wirklichkeit.[37]

Die Wichtigkeit einer abschließenden Erscheinung sei noch einmal an einem dem Anschein nach besonders einfachen und klaren Beispiel von Spuk gezeigt.[38] Er hat sich vor mehr als 50 Jahren in Berlin in einem großen Wohnblock zugetragen – in so distinkten *[klar und deutlich abgegrenzten]*, atmosphärelosen Einzelvorfällen, daß die Erlebende meinte, es ginge sie das gar nichts an. Die Geschichte ist im Druck erschienen, doch der letzte, freilich ziemlich unscheinbare Auftritt ist dabei fortgeblieben. Auch fehlt nahezu jeglicher Versuch einer lebensgeschichtlichen Einbettung. Es handelt sich um den Fall der Apothekerin A. Kornitzky. Ich nenne die Berichtende im Folgenden nach ihrem Geburtsnamen AW oder, wenn es sich um spätere Äußerungen handelt, AK.

In der Wohnung der fünfundzwanzigjährigen Frau trugen sich Ende 1934 die folgenden Ereignisse zu.

1. Sie liegt, Tucholskys „Schloß Gripsholm" lesend, abends im Bett, erhält eine heftige Ohrfeige, springt auf und schaut in den Spiegel.

2. Ein Bild, Foto eines antiken Reliefs, die sogenannte Geburt der Aphrodite vom ludovisischen Thron, eher vielleicht das Bild einer Initiandin *[Eingeweihten]* im Tauchbade, verläßt wiederholt seinen Platz an der Wand und wird unbeschädigt drei bis vier Meter davon auf dem Boden gefunden. Die junge Frau ließ das Bild darauf, an die Wand gelehnt, unten stehen. Nach etwa einem Monat hängt sie es wieder an seinen Nagel, und es bleibt fortan ungestört hängen.

3. Eine Kristallpuderdose fällt im Badezimmer, in dem sich niemand befindet, unter Gepolter und Geklirr in die Badewanne – von einem darüber befindlichen Bord – aus einer hinteren Reihe von Gefäßen und über die vorderen hinweg. Der Staub auf dem Bord, der den Standort anzeigt, ist unberührt.

---

[37] Otto-Joachim Grüsser: „Justinus Kerner 1786–1862, Arzt – Poet – Geisterseher", Springer Verlag Berlin/Heidelberg/New York 1987, unternimmt es, S. 287f., die Spukphänomene in Mörikes Pfarrhaus zu Cleversulzbach andeutungsweise psychiatrisch zu begreifen.

[38] Fanny Moser: „Spuk, Irrglaube oder Wahrglaube? Eine Frage der Menschheit", Baden bei Zürich: Gyr 1950, S. 283–289 – Reprint Walter Verlag Olten/Freiburg i. Br. 1977, und aus eigenen Gesprächen des Verfassers mit A. Kornitzky 1962 und 1989.

4. Eine kleine, aus Silberblech geschnittene und gebogene Giraffe verschwindet und findet sich wieder in der unbeschädigten Kopfrolle der Couch. Ein Ohr schaut aus dem Gewebe; nur dadurch wurde die verschwundene Plastik von der Reinmachefrau wiedergefunden.

5. Diese behauptet aus dem gegebenen Anlaß, es spuke in der Wohnung, dort sei es ihr unheimlich, es habe an die Scheibe der Küchentür geklopft, und es sei dort auch eine Hand erschienen. Die Frau kam nicht wieder.

6. Im eben aufgeräumten Zimmer liegen beim Wiedereintreten die fünf bis sechs Kissen der Couch auf dem Fußboden verstreut.

7. Ein wichtiges Schlüsselbund verschwindet und wird nach Wochen in einem verschnürten Paket mit Leinen, einem Aussteuergeschenk der Mutter, wiedergefunden.

8. In einem Zimmer, in dem ein Bekannter übernachtet hat, findet sich vormittags, als AW ihn aufweckt, die Lache von einer Flüssigkeit wie Milch auf dem Boden. Milch war überhaupt nicht in der Wohnung, da AW sie nicht mochte.

„Mit diesem ‚Milch'-Spuk brach die Kette der beschriebenen Ereignisse ab. Nie nachher, ebensowenig wie je vorher, habe ich in der Wohnung oder sonst an anderen Plätzen irgendetwas erlebt, das nicht mit rechten Dingen zugegangen wäre. – Nachträglich habe ich oft und immer vergeblich versucht, diese Ereignisse irgendwie zu erklären. Ich bin aber noch immer davon überzeugt, daß diese Dinge gar nichts mit mir zu tun hatten, sich auch (von der Ohrfeige abgesehen) überhaupt nicht auf mich bezogen, sondern daß sich alles ganz zufällig in dieser Wohnung abspielte"[39]

Sicherlich befand sich AW im Irrtum, als sie meinte, daß wohl der Backenstreich sich auf sie bezogen habe, aber nicht das, was diesem Auftakt, wie sie ihn selber nennt, folgte. Es stimmt auch nicht, daß sie weder vor noch nachher etwas erlebt habe, das nicht mit rechten Dingen zugegangen wäre. Denn einem somnambulisch begabten Menschen, wenn dieser Ausdruck versuchsweise eintreten darf, erscheint vieles normal, was anderen nicht rechter Dinge zu sein dünkt. So schlug sie am Abend vor der schriftlichen Lateinarbeit des Abiturs den „Agricola" des „Tacitus" auf, sah die Stelle vor

---

[39] Ebenda S. 287.

sich, von da bis da, suchte davon noch eine Freundin zu benachrichtigen, vergeblich, und präparierte sich allein. Am Morgen ward der Umschlag geöffnet, und das Thema war wirklich die bestimmte Stelle. – Später einmal, als sie in Berlin mit einer Freundin zusammenwohnte, haben die beiden sich ein Paar völlig gleicher Nachthemden gekauft und sich abends in den Hemden vorm Spiegel über ihre Zwillingsgleichheit amüsiert. Dann gingen sie zu Bett, jede in ihrem Zimmer. Am Morgen lag AW unbekleidet in ihrem Bett, das Hemd lag, so gefaltet, wie es gekauft war, oben auf dem Kleiderschrank; doch zeigte es beim Auseinandernehmen die Falten, die durch den kurzen Gebrauch entstanden waren. Vorn hatte es Schleifchen, die auch adrett gerichtet am Morgen vorgefunden wurden.

Einmal sah sie im Traum, daß sie einen riesengroßen Zahn verlor, und hörte eine Stimme dreimal dazu Wurmfortsatz sagen. Auch sah sie einen durchscheinenden Plastikbeutel mit einer grünlichen Flüssigkeit. Sie war zu der Zeit noch ohne Beschwerden; das Wort Wurmfortsatz vermochte sie, vom Bilde eines Wurmes mit rätselhaftem Furtsatz getäuscht, nicht richtig zu verstehen. Am folgenden Tage begann sie sich übel zu befinden. Sie wurde operiert, und man stellte eine fortgeschrittene Blinddarmentzündung fest. Im Krankenhause fiel ihr der Traum wieder ein.

In Schweden, wo sie oft im Sommer verweilt, besitzt sie ein kleines Haus mit einem winzigen Keller. Dort unten sieht sie es im Traum von den Wänden rieseln, angstvoll, und besinnt sich nach dem Erwachen darauf, daß sie krank werde: „das Haus bin ich", und sein Keller ist die Grundveste *[Grundfeste]*. Sie bekam dann eine langwierige Gürtelrose.

Bei einer schweren, fast hoffnungslosen Erkrankung ihres Mannes sieht AK sich im Traum auf einer Höhe in einer wunderbar stillen und schönen Landschaft; vor ihr in der Tiefe liegt ein kreisrunder See. Neben ihr hält eine riesengroße Faust eine Angel. Sie zieht an einem auseinandergespreizten Doppelhaken zwei kleine Fische aus dem Wasser. Die Träumerin sieht, nun unten am See, mit Entsetzen, wie die Hand die Fischlein eines nach dem anderen vom Angelhaken nimmt, sie aber dann in den See setzt, wo sie lustig fortschwimmen. Von da an war sie über die Genesungsaussichten ihres Mannes ganz beruhigt.

1962 über ihr Verhältnis zu den spukhaften Vorfällen befragt, also 28 Jahre nach dem Geschehen, 12 Jahre nach dem gedruckten Bericht, hat AK darüber nachgesonnen und ist sich ihrer besonderen Einstellung dazu bewußt geworden. Jedenfalls glaubt sie sich an eine ganz eigentümliche, etwas traumhafte Stimmung zu entsinnen, in der sie die Vorfälle erwartete – auch wohl an eine gewisse Ironie gegenüber den Miterlebenden. Furcht hat sie bei den Begebnissen nie empfunden. Der Fremdheit und Frechheit der Vorfälle scheint jedenfalls eine eigenartige Vertrautheit gegenüberzustehen.

Diesen wenigen die Berichterstatterin charakterisierenden Einzelheiten ist vor allem noch anzufügen, daß die Ereignisse mit der vergossenen Milch in der Tat nicht zu Ende gewesen sind. Es folgte noch eine letzte Episode, die AK bewußt bei der Schilderung für Frau Moser ausgelassen hat, weil sie für die Objektivität des Geschehnisses sich nicht verbürgen konnte. Eines Abends hörte sie beim Briefeschreiben Geräusche wie die eines Kleides, in denen sich ein Mensch bewegt. Sie näherten sich ihr von der linken Seite her, und dann entfernte sich das Rauschen wieder, wie schrittweise, von ihr. Der Brief, an dem sie schrieb, sollte ihrem Verlobten in Schweden von den Spukvorfällen berichten.

Es ist seltsam, daß der „Eindruck der Zuverlässigkeit und schlichten Sachlichkeit", den auch Pascual Jordan von dem Bericht erhalten hatte[40], unter anderem erkauft wurde durch das Fortlassen dieser kurzen Abschlußgeschichte. Und doch erscheint sie von großer Wichtigkeit. Denn es liegt nahe, bei dieser Annäherung, die sich nicht bis zur visuellen oder visionären Erscheinung steigerte, an Jollers famose Nacht und die abschließenden Erlebnisse der Orlacherin und der Esslingerin zu denken, an den Versuch einer Sinngebung oder Sinnkundgabe, der aber nicht die vollendete Klarheit erreichte.

Die Frage ist, mit welchen Erlebnissen AW's diese Annäherung in Zusammenhang gebracht werden kann. Sie hatte damals, nach dem auf Fanny Mosers Anfrage gegebenen Selbstzeugnis, keine Aufregungen und Sorgen. In der Tat lagen 1954 alle tief erregenden, bewußt zu erinnernden Ereignisse der schwierigen Berliner Jahre von 1928 an schon hinter ihr. Indessen, ob sie zu jener Zeit auch schon abgeklungen oder bewältigt waren, bleibt ungewiß. Die politischen Zusammenhänge gaben, auf Grund von Freundschaften – mit einer Jüdin, mit Kommunisten –, noch immer Anlaß genug zu Unruhe und Besorgnis.

Das aufwühlendste Erlebnis lag freilich schon fast vier Jahre zurück. Es waren Mord und Selbstmord in einem abgelegenen Waldhause gewesen, das AW mitbewohnte, – nicht in jenem Wohnblock, in dem sich später der Spuk

---

40 Ebenda S. 288.

zugetragen hat. In jenen Jahren äußerster Not war sie zu einem arbeitslosen, tief zerstrittenen Liebespaar ins Haus gezogen – auf dessen Bitten, um von ihrem Erwerb zum Lebensunterhalt jener beizutragen. Die beiden waren ebenfalls Apotheker, beide Kommunisten, der Mann war verheiratet, der Geliebten nicht wirklich zugetan, diese darüber in schwerem Leid, dabei zugleich von einer mütterlichen Art der Zuwendung, auch AW gegenüber. Am Weihnachtsabend 1930 erschoß die Frau den Geliebten und sich selbst. Als AW heimkam, fand sie das Haus verschlossen, mußte eine Scheibe eindrücken und entdeckte die beiden Toten in der Wohnung.

Einen symbolischen Sinn für die Einzelheiten des Spuks aufzudecken, wäre verhältnismäßig einfach: für den Backenstreich bei der Lesung von „Schloß Gripsholm", für die Bewegung des Aphrodite-Bildes, das Zerspringen der Kristalldose, die Giraffe in der Couch, das Schlüsselbund im Leinenpaket, die Vertreibung der Reinmachefrau, die verschüttete Milch, – dazu die jeweilige Einstellung und die schicksalhafte Spannung, die mit diesen Dingen und den Anwesenden oder Abwesenden verknüpft waren. Der Erlebenden selbst blieb der Symbolgehalt fremd, ebenso das, was sich in der spukhaften Verwirrung eigentlich zutrug.

Andererseits gibt es im Leben von AK aufschlußreiche Träume mit unmittelbarer Einsicht in ihren Sinn. Der Traum vor der Gürtelrose weiß auch, daß der Außenraum die Träumerin selbst ist, ihr Leib: das Haus bin ich, der Keller ist die Grundveste meines Lebens. Umgekehrt dürfte man darauf schließen, daß die unnatürlichen Vorfälle im materiellen Hause eine Verwirrung in der Leibseele bedeuten. Daß unbewußte Probleme der Hausbewohner sich spukhaft im Außenraum manifestieren können, war auch C.G. Jungs Meinung[41]. Der Spuk wäre, so wagen wir zu vermuten, bei Personen von entsprechender angeborener Natur oder in einem zeitweiligen derartigen Zustand, äußere Darstellung des inneren Konfliktes, Anzeichen für ein übermäßig schwer zu verarbeitendes Erlebnis, bei dem das Bewußtsein zwischen Verdrängung und Vergegenwärtigung einherpendelte.

Ein solches Erlebnis gibt es in der Tat im Falle AW, im Jahre des Spukes selber, und es ist bei den Nachfragen, die Frau Moser stellte, nicht einmal bewußt verschwiegen worden. Die Symbolik der Vorfälle und ihr Verwirrtheitscharakter würden damit zusammenstimmen. Auch die Abschlußszene

---

[41] Jung bei Fanny Moser: „Spuk, Irrglaube oder Wahrglaube? Eine Frage der Menschheit", Baden bei Zürich: Gyr 1950, S. 256 – Reprint Walter Verlag Olten/Freiburg i. Br. 1977.

hätte dann einen damit zusammenhängenden Sinn. Fanny Moser hat anscheinend auch nach Todesfällen im Hause gefragt. Wenn Tote in das seltsame Geschehen verwoben waren, dann waren es gewiß jene beiden unversöhnt Dahingegangenen, zumal der weibliche Partner, eine Tote, deren Lebensschicksal zeitweilig eng verwoben war mit dem der jungen weiterlebenden Frau AW. Gerade wenn diese selbst in eine schwierige Lage geraten war; wenn sie von einem aufwühlenden Schicksalsschlage heimgesucht wurde, der sie zwischen Verdrängung und Akzeptanz hätte schwanken lassen; einem Schlage, der infolge ihrer Seelenart bis in die Tiefen unbewußter Medialität hineingewirkt hätte, so daß er sogar in spukhaften Vorgängen nach außen drang: gerade dann läge es nahe, auch an eine „Reminiszenz" *[Erinnerung]* im kollektiven Unbewußten zu denken, mit der jene befreundete und mütterliche, schicksalsverwandte Tote wieder aufgetaucht wäre. Ob diese Mitwirkende die identisch-personale Totenseele war oder eine aus dem Unbewußten herrührende Personation, ist hier gleichgültig. Weist doch der Spuk als solcher in jedem Falle auf einen außerpersönlichen Bereich hin, der nicht ein „Hades" *[Totenreich]* sein muß, sondern auch als ein umfassendes Unbewußtes sinnvoll ist.

VI.

In einem Brief[42] betont Jung die merkwürdige Tatsache, „daß einerseits das Bewußtsein fast keine direkte Information über die inneren Vorgänge des Körpers erhält und daß andererseits das Unbewußte (das heißt Träume und andere Gestaltungen des ‚Unbewußten') sich nur selten auf den Körper bezieht oder nur über Umwegen, nämlich in stark ‚symbolisierten' Bildern. Lange Zeit erblickte ich darin einen negativen Beweis für die Existenz eines ‚subtilen *[fein strukturierten]* Körpers' oder wenigstens für eine seltsame Lücke zwischen Geist und Körper. Man müßte erwarten, daß die Seele unmittelbare und umfassende Informationen über jede Veränderung im Innern des von ihr belebten Körpers erhielte. Daß dem nicht so ist, bedarf der Erklärung." Es ist im Grunde sonderbar, daß Jung die Lücke schon darin erblickt, daß die Kunde vom Leibe in stark symbolisierten Bildern aufsteigt. Denn dies ist ja die Sprache der Seele, ist sie seit je gewesen, und zu verwundern

---

[42] C.G. Jung: „Briefe zur Parapsychologie", I/II, in: Zeitschrift für Parapsychologie und Grenzgebiete der Psychologie 15, 1973, S. 139.

bleibt nur, daß wir selbst unsere eigenen Traumbilder nicht verstehen und nach einem begabten oder eigens geschulten Deuter suchen, der die Bildersprache unserer Leibseele besser versteht als wir selbst.[43] Und diese seltsame Weitläufigkeit unseres inneren Zwiegespräches, seine Dolmetscher-Bedürftigkeit findet sich nicht nur beim modernen Zivilisationsmenschen, sondern ebenfalls, wenn auch in geringerem Ausmaß, in ursprünglicheren Kulturen und bereits im Altertum.

Doch bedeutet die Symbolsprache an sich im Grunde nicht eine Lücke, sondern eine Stufe. Des Leibes eigene Sprache sind seine Schmerz- und Lustgefühle, während die ihm verbundene Seele sich in Bildern ausdrückt. Sie kann, wo der Blinddarmschmerz ausgeblieben ist, den aus dem Munde brechenden Zahn und den Eiterbeutel zeigen. In AKs Traum vom Wurmfortsatz trat nur ausnahmsweise zum Bild noch das interpretierende Wort, das aber sonderbarerweise doch nicht begriffen ward. Daß diese sekundäre Aufklärung gewöhnlich fehlt, darin eigentlich tut sich die schlimme Lücke auf, die zu denken gibt. Hier klafft der weite Abstand zwischen der Begriffs- und Sachsprache des Bewußtseins und der Bildersprache der Seele. Dieser Mangel hat überdies noch die Tendenz sich weiter zu verkargen durch mangelnde Hinwendung. Denn wo der bekümmert Hinschauende nur rätselhafte oder gar sinnleere Bilder zu erblicken meint, wie sollte er dort zu verweilen und Antworten zu erhoffen geneigt sein!

Es ist anzunehmen, daß im Prozeß der Aufklärung selber, also seit mindestens einem halben Jahrtausend, eine derartige Entfremdung stetig fortgeschritten ist. Für die Wirklichkeit der davor liegenden Zeiten mag einmal ein Ausspruch des Aufklärungsgegners Hamann stehen: „Sinne und Leidenschaften verstehen nichts als Bilder. In Bildern besteht der ganze Schatz menschlicher Erkenntnis und Glückseligkeit."[44] Diese Sätze erklären nicht den Menschen insgesamt, wohl aber bezeichnen sie die heraufdrohende Gefahr, daß mit anwachsender Begrifflichkeit dem Menschen selbst sein eigentliches Wesen entfremdet wird. Und nicht nur das Wesen seines Innern, sondern möglicherweise auch das der Welt. Dann nämlich, wenn die metaphysische Auffassungsweise von Ludwig Klages zutrifft, daß auch die Welt eine Wirklichkeit wandelbarer Bilder ist und nicht ein begriffsverwandtes Außereinan-

---

[43] Ebenda S. 119: es sei „unser Bewußtsein auch in der Gegenwart noch viel zu sehr vom Unbewußten abgespalten …, was zu einer psychischen Entwurzelung des Menschen führt."
[44] „Johann Georg Hamann: Magus des Nordens. Hauptschriften", Hrsg. von Otto Mann, Leipzig o. J., S. 381, S. 125.

der unwandelbarer Dingpunkte.[45] Die beiden Sätze von Hamann und Klages coincidieren *[fallen zusammen]* im Bilde und setzen zwischen Seele und Welt eine ursprüngliche Übereinstimmung, an der das auf Dingbegriffe sich stützende Bewußtsein nicht unmittelbar Anteil hat. Das dem Leben entfremdete Bewußtsein, von Klages Geist genannt, wird nach ihm als solches, nicht überhaupt! – zum Widersacher der Seele. Auch bei Hamann finden sich entsprechende entschiedene Aussagen: „Durch die geschminkte Weltweisheit einer verpesteten Menschenfreundin (gleich der Aufklärung) ist die unserer Natur tief eingeprägte Liebe des Wunderbaren und die Spannader aller poetischen und historischen Kräfte in einen skeptischen und kritischen Unglauben aller Wunder und Geheimnisse erschlafft."

Zauber, Wunder und Geheimnis sind einer bildhaften Auffassung der Welt nicht fremd und fragwürdig; für diese müssen sie nicht zu Fragepein und quälendem Rätsel werden. Aber nach dem großen Umschwung, nach der Zentrierung des Menschenwesens im Bewußtsein und mit dem stetigen Versuch, es dort zu equilibrieren *[ins Gleichgewicht zu bringen]*, müssen auch jene drei Grunderlebnisse notwendigerweise dort getragen werden. Von einer skeptischen Wissenschaft, die überall nach dem Dinghaften, Gegenständlichen fragt, werden sie aufgefangen und entwickeln sich damit zum Schrekken: „Die ganze Frage der sogenannten ‚okkulten Phänomene' läßt keine Naivität zu. Sie stellen eine schreckliche Herausforderung des menschlichen Geistes da", so Jung 1958.[46] Was aber wäre Naivität? – Doch offensichtlich eine Art darüber zu denken, die das Menschenbild der Aufklärung nicht bis in den Grund hinein in Frage stellt; die nicht erkennt, daß anders als in den Sachwissenschaften, zu denen mittlerweile auch große Teile der Psychologie gehören, auf dem Gebiet der Parapsychologie in wirklich entscheidender Weise die Frage zu stellen wäre nach dem fundamentalen Verhältnis von Welt und Mensch, nach beiderlei Wesen in ihrem Zusammenwirken.

Könnte die Naivität, etwa auch darin bestehen, daß man Millionen von Zahlen auf verschiedenerlei Weise miteinander verschränkt und glaubt, damit der schrecklichen Herausforderung gerecht zu werden?[47] War das Rhinesche

---

[45] Ludwig Klages: „Der Geist als Widersacher der Seele", Bouvier Verlag, München/Bonn 1954, besonders S. 174ff.

[46] C.G. Jung: „Briefe zur Parapsychologie", I/II, in: Zeitschrift für Parapsychologie und Grenzgebiete der Psychologie 15, 1973, S. 167.

[47] Ebenda S. 155; „Unsere intellektuellen Methoden genügen nur bis an die Grenze der archetypischen Erfahrungen, aber innerhalb der archetypischen Sphäre sind wir nicht die Bewegen-

Experimentieren gewiß ein Fortschritt vom „Okkultismus" *[Geheimwissenschaft]* zur Parapsychologie als Wissenschaft, so könnte das Beharren auf dieser Methodik zu einer Abblendung gegen das eigentlich Geforderte führen. Hat Hans Bender recht mit der Ansicht, daß „der Abgrund zwischen Naturwissenschaft und Religion, wie er lange Zeit zu bestehen schien", durch die Parapsychologie und ihre Erkenntnisse „überbrückt" wird[48], dann kann sich die Parapsychologie nicht einseitig an den Naturwissenschaften orientieren, sondern auch die religiöse oder metaphysische Fragestellung muß dann ihre Methodik mitbestimmen. Allerdings erhebt sich damit sogleich das Problem, ob sie mit so erweiterter Perspektive noch eine akademisch unterstützte Wissenschaft bleibt oder eine neue Zweigwissenschaft aus sich entläßt, die abermals einen noch schwierigeren Kampf um ihre akademische Anerkennung zu bestehen hätte.

Oben habe ich Kerners Weg vom Botulismus-Forscher zum Parapsychologen als eine echte Initiation bezeichnet. Auf diesem Wege, den er geführt wurde, gelangte er dahin, wissenschaftlich die „Geisterhypothese" zu vertreten. Dies wurde und wird ihm dann als Mystizismus und Aberglauben ausgelegt. Die Geisterhypothese aber war seiner eigenen Phantasie immer entgegen[49], und er nahm sie nur genötigt an, gezwungen, wie er meinte, durch seine rationalen Beobachtungen, im tieferen Grunde aber, wie ich meine, durch die initiatische Führung, die auch seine Phantasie umwandelte und empfänglich machte für das Unerwartete. Offensichtlich ist es diese gewandelte Phantasie, die auch der ungewandelten Phantasie seiner Kritiker zuwiderläuft, und nicht eigentlich ihrem Verstande, und gerade dadurch werden sie zu einem rationalen Widersprechen gedrängt, das unlogisch und ihrem sonstigen intelligenten Vermögen nicht gleichwertig ist, – sei das nun David Friedrich Strauss oder Justus von Liebig – oder seien es, der occulten Begebenheit überhaupt zuwider, der Pfarrer Capelle oder Jollers Verleumder. Sie finden sich genötigt, einem Sachverhalt zu widersprechen, über den von ihrer Sache her, ja, im Sachdenken überhaupt gar nichts entschieden werden kann. Die Entscheidung fällt auf dem tieferen Boden, den Kerner als Phantasie

---

den, sondern bewegte Objekte. Aus diesem Grund wird ein Experimentieren im üblichen Sinn unmöglich."

[48] Hans Bender: „Parapsychologie und Spiritismus", in: Zeitschrift für Parapsychologie und Grenzgebiete der Psychologie 13, 1971, S. 13.

[49] Theobald Kerner, Theobald und Ernst Müller (Hrsg.): „Justinus Kerner: Briefwechsel mit seinen Freunden", Deutsche Verlags Anstalt Stuttgart 1897, Band II, S. 106.

benennt und den wir auch mit dem produktiven Unbewußten vergleichen können oder mit dem Traumbewußtsein. Oben war die Rede von der wachsenden Lücke zwischen diesem Bereich und dem bewußten Verstand. Wo dieser dem Traumbewußtsein nicht mehr interessiert zugewandt bleibt, reißt die Kluft auf. Träume sind erlebte Metaphysik, und wer nicht mehr metaphysisch träumt oder den Glauben an diese Möglichkeit verloren hat, nicht mehr, mangels seelischer Brückenpfeiler, wenigstens in der Nacht, wenigstens im Nachtbewußtsein, die große Kluft überwindet, dem fehlen auch die Ahnungen, die ein großes, die Scheide überspannendes Denken zu tragen bestimmt sind. Man muß des Nachts die Ströme überflogen haben, damit man am Tage es wagt, die Pontons *[schwimmende Körper zum Bau von Brücken]* in ihnen zu verankern.

Kerner hat auf den denkerischen Typus, der sich gegen die Phantasie abschirmt, die Glasmetapher angewendet, und zwar unter dem Eindruck der damaligen Elektrizitätslehre, für die das Glas der vornehmste Isolator war. Der Glaskopf, der Glasschädel sind solche Menschen, die vom strömenden Leben, insbesondere von den durch das Gangliensystem *[Nervensystem]* vermittelten Erscheinungen ausgeschlossen sind. Das durch die magnetischen Erscheinungen erweiterte Erleben muß solchen Personen „kraft ihrer geistigen Isolierung", wie es heißt, als Lug und Trug erscheinen. Man kann ihnen sogar zubilligen, daß die Phänomene für sie wirklich nicht existieren und daß sie mit ihrer Leugnung subjektiv im Recht sind. Nur beschränken sie sich nicht auf dieses Recht, sondern sie treten auf als „Zwingherrn, die gewaltsam befehlen wollen. Andere sollen nur so weit sehen, als sie sehen." Das habe die Wirkung, daß mancher echte Beobachter „scheu vor ihnen zurücktrat, oder aus Furcht vor dem Geschrei aufgeklärter, wissenschaftlicher Glasköpfe, die Beobachtung in sich verschloß oder sich dieselbe am Ende selbst mit gläsernem Gehirne wegstritt", ein Geschehen, das Kerner auch als Hinaushirnisieren der Erscheinungen bezeichnet hat.[50]

Es kann nicht verwundern, daß sich Kerner, angesichts eines solchen wissenschaftlichen Gegensatzes, der für sein Urteil universale Geltung beanspruchte, auf die im Volk herkömmlichen Ansichten über den Gegenstand seiner Forschungen berief. „Bekennen muß ich übrigens, daß mir bei Gegenständen aus der Nachtseite der Natur, der oft nur aus dem Instinkt hervorge-

---

[50] „Justinus Kerner's sämtliche Werke", Hersg. von Walter Heichen, Berlin o. J., Band 6, S. 66; Band 8, S. 221f. und S. 277.

gangene Volksglaube, möge er von der Wahrheit auch noch so fern stehen, immer noch ihr näher zu stehen scheint, als das intellektuelle Theoretisieren, Meinen und Dafürhalten der gebildeten und gelehrten Welt in diesem Felde."[51] Diese Haltung, verbunden mit der Forderung, auch auf die im Volke traditionsgemäß verwendeten Heilverfahren zu achten, hat ihm neuerdings den Vorwurf des Populismus eingetragen, ein überhaupt nicht zutreffendes modernes Schlagwort, da es das Buhlen um Volksgunst bezeichnet, ein Verhalten, das einem Menschen wie Kerner völlig fernlag.

Wir hätten abschließend zu fragen, wie trotz aller Gegensätze eine Überbrückung der Kluft zu gewinnen, wie der schrecklichen Herausforderung denkerisch zu begegnen sei. Der erwägenswerten Vorschläge gibt es manche; unter ihnen ragt hervor als eine wichtige heutige Antwort die Archetypenlehre C.G. Jungs in Verbindung mit seiner Vorstellung von der Synchronizität. Unmittelbar will ich auf diese Lösung hier nicht eingehen, sondern zumal auf ein Erlebnis Jungs, das allerdings mit jenen wissenschaftlichen Vorstellungen zusammenhängt, das aber wesentlich religiös war; eine abschließende Offenbarung von der allgemeinen Wirklichkeit, die die eigentliche ist und die das begrenzte Dasein, das wir kennen und leben, umschließt; auf eine Vision, die verwandt ist auch mit der rationaleren Vorstellung, es sei das Unbewußte „viel mehr eine Atmosphäre, in der wir leben, als etwas, das nur in uns sich findet."[52]

Die Anschauung Jungs steht nicht allein, sie ist auch die anderer Seher gewesen, und sie klingt auch in philosophischen Weltdeutungen an. Erwähnt sei hier ein Bild, das William Blake gebraucht in seinem Frühwerk „Die Hochzeit von Himmel und Hölle". Dort beschreibt er seine Rückkehr aus den Feuern der Schauung so: „Als ich heimkam auf den Absturz der fünf Sinne, wo eine glattwandige Steile stirnrunzelt über der Gegenwartswelt", da sah ich an der Felswand einen Teufel schweben, der dort einen Spruch anschrieb. Dazu ist anzumerken, daß Blake mit den Teufeln als den Bekennern der eigentlichen Wirklichkeit damals auf besserem Fuße stand als mit den Engeln, die die Einbildungen pflegen. Der Spruch lautet: „Wie, ist nicht jeder Vogel, der die Lüfte schneidet, ein Riesenall der Lust, durch eure Sinne fünf verdammt!"[53]

---

[51] Ebenda Band 8, S. 167.

[52] C.G. Jung: „Briefe zur Parapsychologie", I/II, in: Zeitschrift für Parapsychologie und Grenzgebiete der Psychologie 15, 1973, S. 122.

[53] Poetry and Prose of William Blake. Edited by Geoffrey Keynes. London 1956, p. 183.

Einer solchen Wahrheit seherischen Erlebens entspricht auch die philosophische Vorstellung von Hans Driesch; er „sah die Sinnesorgane nicht mehr, wie sonst üblich, für Einfallstore der Weltwahrnehmung an, sondern für Ordnungs-Organe, die uns aus der Erlebnis- und Wahrnehmungsfülle des universellen Hellsehens dasjenige herausgrenzen, was uns für unseren exoterischen *[allgemein verständlichen]* Alltag gemäß ist. Der Mensch ist demgemäß anlagemäßig ein Allseher, aber seine Sinnesorgane beschneiden dieses Allsehen (und Allhören, Allfühlen usw.) für den Hausgebrauch in der Wohnung der Welt."[54]

Eine verwandte Vorstellung findet man bei dem Lebensphilosophen Ludwig Klages in seiner Wahrnehmungslehre. Hier ist dazu nur kurz anzumerken, daß der Mensch auf zweierlei Weise mit der Welt verbunden ist: durch das Schauen, ein unaufhörliches Zuströmen der Bilder, das noch kein Anschauen ist, sondern das schlechthinnige Zusammenhangen mit der unendlichen Welt, durch das auch die Ferne im Hier und Jetzt anwesend ist, – und durch das Anschauen in Haltepunkten des Erlebens, durch das allererst ein erinnerbares Bild, ein Anblicken möglich wird und damit auch die bewußte Feststellung von Dingen. Alle Vision, alles Hellsehen und Vorhersehen wäre in dem ursprünglichen Schauen begründet.[55]

Wichtig erscheint mir nun, daß Jung bei seiner Erkrankung oder genauer, bei seiner zögernden Genesung im Frühjahr 1944 etwas diesen Vorstellungen Entsprechendes erlebt hat.[56] Zwei, drei Wochen lang wurde er einmal täglich um Mitternacht entrückt, in wachem Zustand, so wach, daß dies sogar die einzige Stunde war, zu der er essen konnte, und erlebte in unbeschreibbaren Seligkeitszuständen, anschauend und mit einbezogen, mystische Hochzeiten, die abschließend im Hieros Gamos *[der heiligen Hochzeit]* des Allvaters

---

[54] Anmerkung des Herausgebers zu: Carl du Prel: „Das Rätsel des Menschen, eine Einführung …, neu herausgegeben … von Dr. Herbert Fritsche", Löwith Verlag Wiesbaden o. J., S. 162. Zu vgl. das Jenseits als „Jenseits der Empfindungsschwelle" in Carl du Prel (Hrsg.): „Immanuel Kants Vorlesungen über Psychologie. Mit einer Einleitung: ‚Kants mystische Weltanschauung'", Fischer Verlag Pforzheim 1964, S. 55, S. 63.

[55] Ludwig Klages: „Der Geist als Widersacher der Seele", Bouvier Verlag, München/Bonn 1954, besonders S. 280ff., S. 824ff.

[56] „Erinnerungen Träume Gedanken um C.G. Jung", Aufgezeichnet und hersg. von Aniela Jaffé, 4.Aufl., Rasche Verlag Zürich 1967, S. 297ff. – Zu vgl. ist die umgekehrte Einschätzung des Zellensystems unter den überwältigenden Aufwallungen des Unbewußten um 1916, S. 193. Höchst bemerkenswert ist die ähnliche Polarität von ordinärer [gewöhnlicher] Welt und Ungeheuern, Tonal und Nagual [Welt der materiellen Objekte und der nichtmateriellen Welt], in der Philosophie von Juan Marus / Carlos Castaneda, besonders in den Bänden: „Tales of Power", und: „The Second Ring of Power".

Zeus mit der Göttin Hera gipfelten. Zum Morgen hin dämmerte dann die banale Welt herauf – und Jung erlebte dies mit dem Gefühl, es komme „der graue Morgen wieder ... die graue Welt mit ihrem Zellensystem." So pendelte er hin und her, – zwischen dem Ungeheuersten, das er je erlebt hatte und dem, was zu materiell war, grob, schwerfällig, „räumlich und geistig beschränkt, zu unerkennbarem Zwecke künstlich eingeengt, und besaß doch etwas wie eine hypnotische *[beeinflussende]* Kraft, an sich glauben zu machen, wie wenn es die Wirklichkeit selber wäre, während man doch ihre Nichtigkeit deutlich erkannt hatte. Im Grunde genommen bin ich seither, trotz revalorisierten Weltglaubens *[Erhöhung des Weltglaubens auf seinen eigentlichen Wert]*, nie mehr ganz vom Eindruck losgekommen, daß das ‚Leben' ein Existenzausschnitt sei, welcher sich in einem hiefür bereitgestellten dreidimensionalen Weltsystem abspielt." Synchronistisch wäre ein Ereignis, so mag man es angesichts dieses Erlebens deuten, das „zugleich" in der umfassenderen, gewaltigeren Wirklichkeit und im „Zellensystem" sich zutrüge – oftmals ein Geschehen freilich in jener, das in diesem nur durch ein Zeichen, eine Ankündigung wahrnehmbar wird. Welch ein Irrtum, wollte man dies Zeichenhafte allein im Zusammenhang der „Gesetzmäßigkeiten" des Zellensystems verstehen! Der Versuch dazu läßt erst die Lücke in uns aufklaffen und macht den Abstand zwischen den Psychikern und den Physikern unüberbrückbar.

Inhalt

Schriften zur Märchen-, Mythen- und Sagenforschung Band 1:

Heino Gehrts

**Gesammelte Aufsätze 1
Aspekte der Märchenforschung**

Mit einem Vorwort herausgegeben
von Heiko Fritz

Br., 304 Seiten
36,90 €
ISBN 978-3-86815-588-4

Igel Verlag, Hamburg 2014

Heino Gehrts gehört zu den bedeutendsten Märchen-, Mythen- und Sagenforschern der jüngsten Vergangenheit. Er verfügte nicht nur über fundierte Kenntnisse auf diesen Gebieten, sondern verlieh ihnen auch durch seinen zusätzlichen philosophischen Denkansatz eine bis dahin nicht gekannte Universalität.

Seine grundlegende Entdeckung des Zusammenhangs von Märchenentstehung und kulturellen Gegebenheiten erklärt Phänomene wie die voneinander unabhängige Entwicklung von Märchen mit ähnlicher Struktur und Inhalt in allen Teilen der Erde oder das große Interesse, das Kinder in einer bestimmten Entwicklungsphase den Märchen entgegenbringen.

Trotz seiner bahnbrechenden Erkenntnisse, insbesondere im Bereich der Zaubermärchen, sind Heino Gehrts' Forschungen gegenwärtig nahezu unbekannt. In den „Schriften zur Märchen-, Mythen- und Sagenforschung" wird sein Werk nun neu aufbereitet und gebündelt wieder greifbar.

Dieser erste Band führt den Leser mithilfe einer Auswahl von Gehrts' Aufsätzen in das Gebiet der Märchenforschung ein. Zudem werden aber auch Themen anderer Forschungsgebiete behandelt, mit denen sich Heino Gehrts befasste, wie zum Beispiel der Psychologie oder der Parapsychologie.